MARIVAUDAGE
THÉORIES ET PRATIQUES D'UN DISCOURS

OXFORD UNIVERSITY STUDIES IN THE ENLIGHTENMENT
(formerly *SVEC – Studies on Voltaire and the Eighteenth Century*)
is dedicated to eighteenth-century research.

General editor
Jonathan Mallinson, Trinity College, University of Oxford

Editorial board
Wilda Anderson, Johns Hopkins University
Matthew Bell, King's College London
Marc André Bernier, Université du Québec à Trois-Rivières
Daniel Brewer, University of Minnesota
Nicholas Cronk, Voltaire Foundation, University of Oxford
Rebecca Haidt, Ohio State University
Jens Häseler, Universität Potsdam
Colin Jones, Queen Mary, University of London
Mark Ledbury, University of Sydney
J. B. Shank, University of Minnesota
Céline Spector, Université Bordeaux 3
Joanna Stalnaker, Columbia University
Karen Stolley, Emory University
W. Dean Sutcliffe, University of Auckland
Alexis Tadié, Université de Paris-Sorbonne
Stéphane Van Damme, European University Institute

http://www.voltaire.ox.ac.uk/www_vf/svec/svec_board.ssi

Senior publishing manager
Lyn Roberts

The Voltaire Foundation is a department of the University of Oxford.
It furthers the University's objective of excellence in research,
scholarship and education by publishing worldwide.

Marivaudage
Théories et pratiques d'un discours

Sous la direction de

CATHERINE GALLOUËT

avec YOLANDE G. SCHUTTER

VOLTAIRE FOUNDATION
OXFORD

www.voltaire.ox.ac.uk

© 2014 Voltaire Foundation, University of Oxford
ISBN 978 0 7294 1134 9
Oxford University Studies in the Enlightenment 2014:04
ISSN 0435-2866

Voltaire Foundation
99 Banbury Road
Oxford OX2 6JX, UK
www.voltaire.ox.ac.uk

A catalogue record for this book is available from the British Library

The correct style for citing this book is
C. Gallouët et Y. G. Schutter (ed.), *Marivaudage: théories et pratiques d'un discours*, Oxford University Studies in the Enlightenment (Oxford, Voltaire Foundation, 2014)

Cover illustration: Composition avec 'Portrait de Marivaux' par Louis-Michel van Loo (1743) et 'A l'Enseigne de Gersaint' par Jean-Antoine Watteau (1720), de Catherine Gallouët, d'après une idée de Kathleen Tocke, réalisée par Christine Chin.

MIX
Paper from responsible sources
FSC® C013056

FSC® (the Forest Stewardship Council) is an independent organization established to promote responsible management of the world's forests.
This book is printed on acid-free paper
Printed in the UK by TJ International Ltd, Padstow, Cornwall

OXFORD UNIVERSITY STUDIES IN THE ENLIGHTENMENT

MARIVAUDAGE
THÉORIES ET PRATIQUES D'UN DISCOURS

Le terme *marivaudage*, qui évoque encore aujourd'hui un excès de langage et une virtuosité superficielle, limite la portée d'un œuvre dont l'ambition était de créer un langage nouveau et naturel. Cet ouvrage retrace les vicissitudes d'un terme, en faisant l'examen critique à la fois des diverses définitions auxquelles il a donné lieu et de la réaction initiale de Marivaux lui-même. Au-delà du stéréotype ordinairement associé au théâtre, l'œuvre de Marivaux est considéré dans sa totalité et dans ses prolongements modernes, au cinéma par exemple. Les auteurs élargissent les perspectives ouvertes par ce terme, et reconsidèrent les enjeux esthétiques, éthiques et politiques qu'il a suscités depuis le dix-huitième siècle. Le marivaudage gagne à être conçu comme un phénomène autant social que littéraire.

Literary studies / intellectual history / theatre studies

Etudes littéraires / histoire des idées / études théâtrales

Table des matières

Liste des illustrations et tables	ix
Liste des abréviations	xi
CATHERINE GALLOUËT, Introduction	1

I. Marivaux et ses contemporains — 9

FRANÇOISE RUBELLIN, Sur l'apparition du mot 'marivaudage' et de l'expression 'tomber amoureux'	11
CHRISTELLE BAHIER-PORTE, 'Chacun à son gré peut manier ses sujets': Marivaux commentateur	19
SARAH BENHARRECH, L'union du renard et de la cigogne: hybridité et préciosité moderne chez Marivaux	33
CATHERINE GALLOUËT, 'Voilà bien des riens pour un véritable rien': les enjeux du marivaudage	47
FRANCK SALAÜN, La réponse de Marivaux ou la face cachée du marivaudage	59
FRANÇOISE GEVREY, L'*Esprit de Marivaux* (1769): analectes et marivaudage	71

II. Le marivaudage à l'œuvre — 85

JEAN-PAUL SERMAIN, Critique du marivaudage et marivaudage critique dans le théâtre de Marivaux	87
ELENA RUSSO, Marivaudages tragiques: Marivaux et Racine	97
PHILIPPE BARR, Marivaudage et éducation: l'éthique du sentiment maternel dans *L'Ecole des mères* et *La Mère confidente*	109
SARAH LEGRAIN, Marivaudage et redondances: un style dramatique entre langage-action et métalangage	123
UGO DIONNE, Les bégaiements du cœur et de l'esprit: Marianne, la récapitulation et le marivaudage romanesque	143

III. Postérité du marivaudage — 163

KARINE BÉNAC-GIROUX, Quelques héritiers du marivaudage	165
LYDIA VÁZQUEZ ET JUAN MANUEL IBEAS, Le marivaudage en espagnol: avatars d'un mot français en terres hispaniques	179
CATHERINE AILLOUD-NICOLAS, Le marivaudage: un outil pour l'acteur?	191

ANNE DENEYS-TUNNEY, Mettre en scène *La Dispute* de Marivaux: 'dance with words' entre savoir et vérité, le bouger-trembler des corps   209

GUILLAUME GOMOT, Lisette en Seine-Saint-Denis: le marivaudage en jeu dans *L'Esquive* d'Abdellatif Kechiche   227

Résumés   241

Bibliographie   247

Index   263

Liste des illustrations et tables

Figures 1-6: Mise en scène Anne Deneys-Tunney; décor et installation sonore Stephen Tunney; costumes Anne Deneys-Tunney. Judson Memorial Church, New York City, avril 2007. 218-20

Tableau 1: Tableau des récapitulations de *La Vie de Marianne*. 147

Liste des abréviations

D	Voltaire, *Correspondence and related documents*, éd. Th. Besterman, *Œuvres complètes de Voltaire*, t.85-135 (Oxford, 1968-1977).
JOD	Pierre Carlet de Chamblain de Marivaux, *Journaux et œuvres diverses*, éd. Frédéric Deloffre et Michel Gilot (Paris, 1988).
OCV	Voltaire, *Œuvres complètes de Voltaire*, éd. Th. Besterman, *et al.* (Genève, Banbury, Oxford, 1968-).
OJ	Pierre Carlet de Chamblain de Marivaux, *Œuvres de jeunesse*, éd. Frédéric Deloffre et Claude Rigault (Paris, 1972).

Introduction

CATHERINE GALLOUËT

Le terme marivaudage, bien que nom commun selon les définitions des dictionnaires d'aujourd'hui, n'est pas un terme neutre. 'Honneur douteux'[1] pour Marivaux, il est très tôt associé à la préciosité, et plus précisément au néologisme, et son évocation est, la plupart du temps, péjorative. Du temps de Marivaux, on ne fait pas allusion au marivaudage sans quelque ironie; le marivaudage est un excès de langage qui prête au persiflage, et même à la polémique. Le passage du temps n'a guère nuancé les connotations d'origine. Le *Dictionnaire de l'Académie* de 1835 le définit ainsi: 'MARIVAUDAGE. s. m. Manière d'écrire, qui a été reprochée à Marivaux, et qui consiste dans des raffinements d'idées et d'expressions. *C'est du marivaudage. C'est un pur marivaudage. Donner dans le marivaudage*'. Le Littré (1868-1872) donne une définition similaire:

> MARIVAUDAGE (*ma-ri-vô-da-j'*) s. m. Style où l'on raffine sur le sentiment et l'expression, et qui a été ainsi nommé d'après les qualités et les défauts du style de Marivaux.
> LA HARPE, *Lycée ou Cours de littérature, XVIIIe siècle, I, ch.5, sect. 5*: Marivaux se fit un style si particulier qu'il a eu l'honneur de lui donner son nom; on l'appela marivaudage: c'est le mélange le plus bizarre de métaphysique subtile et de locutions triviales, de sentiments alambiqués et de dictons populaires.
> ETYMOLOGIE. Marivaux, écrivain du XVIIIe siècle, auteur de plusieurs pièces fines et spirituelles. On remarquera que le mot a été formé comme si Marivaux s'était écrit Marivaud; c'est une erreur fondée sur ce que le son ô à la fin des noms propres s'écrit très souvent par aud.[2]

La huitième édition du Dictionnaire de l'Académie (1932-1935) est encore plus défavorable:

> MARIVAUDAGE. n. m. Action de marivauder ou propos dans lesquels on marivaude. *Toute sa conversation n'a été que pur marivaudage. Donner dans le marivaudage. Cet homme est insupportable par son perpétuel marivaudage.* Il se dit aussi d'une manière d'écrire recherchée et quintessenciée. *Son style est déparé par le marivaudage.*

---

1. Jacques Scherer, 'Marivaux', dans Marivaux, *Théâtre complet*, éd. Bernard Dort (Paris, 1964), p.7.
2. Dictionnaire de l'Académie française, 6e éd. (1835). Emile Littré, *Dictionnaire de la langue française* (Paris, 1872-1877). http://artflx.uchicago.edu/cgi-bin/dicos/pubdico1look.pl?strippedhw=marivaudage

Aujourd'hui, la définition en ligne du CNRTL prolonge cette définition: 'Recherche dans le langage et le style, dans l'analyse et l'expression des sentiments' et y associe les synonymes suivants: 'affectation, afféterie, préciosité'.[3] Le marivaudage est réduit au badinage amoureux, définition qui lui colle encore: 'Tenir des propos, particulièrement en matière d'amour, qui rappellent les raffinements et la subtilité des personnages de Marivaux (autrement dit, parler pour ne rien dire d'une façon amoureuse)' répète une définition contemporaine qui explicite celle du *Dictionnaire de l'Académie* (1932-1935).[4] De telles définitions, constatent Henri Coulet et Michel Gilot, aboutissent à un 'rétrécissement', qui fait du marivaudage 'une activité de loisir, un flirt d'un certain genre, un manège infini, qu'on imaginera plus ou moins plaisant (plus ou moins hardi et gracieux) [...]: un cérémonial, un jeu convenu, une certaine façon de "faire l'amour" et de filer la vie (seuls importent des gestes préréglés, des poses, des mots)'.[5]

Frédéric Deloffre est revenu sur cette notion dans son immense étude *Une préciosité nouvelle: Marivaux et le marivaudage* d'abord publiée en 1955, puis rééditée et augmentée à trois reprises. Il y montre que 'le marivaudage, au sens historique du mot, ne peut être considéré comme un accident';[6] il est le produit de son temps, marqué par l'influence de Fontenelle tant pour l'esthétique que pour le style, mais aussi par une transformation sociale: 'La ville constitue un public nouveau, dont les cafés et les salons forment l'opinion' (p.18). Deloffre insiste qu'on ne peut pas séparer le marivaudage de ce contexte, de la langue parlée dans ces lieux où, selon le critique, le langage est familier, on ne disserte plus, on cause (p.25). Cette familiarité langagière est en effet liée au mouvement intellectuel associé aux Modernes, et à cette seconde préciosité à laquelle le titre de Deloffre fait allusion, une préciosité bien éloignée de ce que le terme conjure chez le lecteur d'aujourd'hui qui, nourri de ses lectures scolaires, se souvient surtout du ridicule des Précieuses de Molière.

Du temps de Marivaux, les reproches portaient surtout sur des textes que la critique a redécouverts assez récemment ou que le public connaît encore mal.[7] Aujourd'hui, si on pense au marivaudage de Marivaux, c'est au théâtre que l'on pense le plus souvent (parce qu'on le connaît mieux) et l'on a recours à ce terme pour désigner, au mieux, une fine analyse du

3. Centre national des ressources textuelles et lexicales, http://www.cnrtl.fr/definition/Marivaudage
4. Analyse et traitement informatique de la langue francaise, adresse URL: http://www.cnrtl.fr/definition/academie8/marivauder
5. H. Coulet et M. Gilot, *Marivaux: un humanisme expérimental* (Paris, 1973), p.236.
6. Frédéric Deloffre, *Une préciosité nouvelle: Marivaux et le marivaudage* (1955; 3ᵉ éd. revue, Genève, 1993), p.15.
7. Il s'agit en effet du *Spectateur français* (1721-1724) réédité par Frédéric Deloffre et Michel Gilot dans *Journaux et œuvres diverses* (Paris, 1988), et *La Vie de Marianne* (1731-1742).

langage amoureux, au pire, une joute verbale sans profondeur. Ainsi on ne verrait 'dans l'œuvre de Marivaux qu'un théâtre de mots, virtuose et habile, mais creux; un théâtre dont les personnages seraient interchangeables et n'auraient rien d'autre à faire que de rivaliser d'ingéniosité verbale'.[8] Au delà de cette recherche dans laquelle on confine le texte marivaudien, Patrice Pavis préfère voir 'une manière théâtrale de marquer (et pourquoi pas aussi de parodier) les subtilités de l'intrigue et des sentiments, en les soumettant à un jeu particulièrement outré et excessif'.[9] Multiples sont les études contemporaines qui, à la suite de Pavis, montrent bien que le théâtre de Marivaux va bien au delà de telles définitions réductrices.[10]

Par ailleurs, quand il s'agit de marivaudage, se focaliser uniquement sur le théâtre serait courir le risque de limiter sérieusement les enjeux de la pratique de l'écriture marivaudienne.[11] Ce serait rendre 'l'écrivain [...] prisonnier d'un stéréotype',[12] et comme ces dictionnaires qui renvoient tous à un certain maniérisme précieux dans l'expression, méconnaître fondamentalement l'envergure de son œuvre. L'étude de Frédéric Deloffre, qui examine autant le théâtre que les romans et les parodies que les écrits philosophiques, a montré une fois pour toute que le marivaudage est un style d'écriture qui se retrouve dans la totalité de l'œuvre marivaudienne. La préciosité dont il est accusé n'est pas mièvrerie; elle relève d'un mouvement intellectuel qui reflète une nouvelle société en devenir et procède chez Marivaux d'une ambition moderne: créer un langage nouveau, naturel, qui puisse dire l'homme en toute transparence et en toute 'vérité'.

Ce volume collectif se propose donc de réexaminer le marivaudage. Il s'agit d'interroger le discours théorique sur le marivaudage, ses définitions aussi bien dans les textes contemporains de l'auteur qu'à travers les commentaires qu'en fait Marivaux lui-même, de revenir à la pratique de ce marivaudage dans le texte marivaudien, et de considérer comment cette pratique se prolonge aujourd'hui sur la scène du théâtre et même au cinéma. Les lectures critiques variées que comporte le présent ouvrage suggèrent ainsi de nouveaux exemples et des définitions plus

---

8. Jean-François Castille, 'Le dire et le dit dans *La Surprise de l'amour* de Marivaux', *Questions de style, Dossier: Genres littéraires et pratiques énonciatives*, http://www.unicaen.fr/puc/revues/thl/questionsdestyle/print.php?dossier=dossier7&file=02castille.xml
9. Patrice Pavis, *Marivaux à l'épreuve de la scène* (Paris, 1986), p.51.
10. Voir la bibliographie en fin de volume, p.247-61.
11. L'étude de Patrice Pavis, tout en concentrant son analyse sur quatre pieces, *La Double Inconstance, Le Jeu de l'amour et du hasard, Les Fausses Confidences* et *La Dispute*, ouvre justement la voie pour une étude élargie de l'œuvre marivaudienne. Voir en particulier le chapitre 2 qui décrit 'les conditions de la réception et le contexte social'.
12. H. Coulet et M. Gilot, *Marivaux: un humanisme expérimental*, p.237.

larges du marivaudage, et mènent à reconsidérer l'importance des enjeux esthétiques et éthiques du marivaudage dans la modernité.

L'ouvrage se présente en trois parties. La première revient à la période contemporaine de Marivaux et montre comment est venue la notion de marivaudage; la deuxième partie met en quelque sorte le marivaudage à l'épreuve des textes marivaudiens; enfin, la troisième partie considère la postérité du marivaudage dans la production littéraire, sur la scène, et au cinéma.

Dans l'article qui ouvre la première partie de l'ouvrage, Françoise Rubellin montre que c'est à Mme de Graffigny que revient l'honneur d'avoir utilisé la première le terme 'marivaudage'. Le fait que l'on continue d'attribuer ce premier usage à Diderot montre comment la multiplication des moyens de diffusion de tous les textes, et de tous les jugements sur la toile ne sert qu'à réitérer un fait dont la fausseté a déjà été prouvée. De même, la répétition du lieu commun *marivaudage* engendre tout un courant critique qui continue de répéter et de se répéter. Reprenant les débats entourant le marivaudage, les autres articles de la première partie reviennent en détail sur la discussion contemporaine du marivaudage, et sur la façon dont Marivaux a discuté et répondu de son style. Christelle Bahier-Porte montre comment Marivaux, en quelque sorte confronté à son propre style, en vient à décrire l'écriture comme la pratique d'un style singulier. Sarah Benharrech situe l'audace du style marivaudien par rapport au va-et-vient d'idées entre la science et les belles-lettres que préconise la Querelle d'Homère et le mouvement des Modernes tant récrié par Desfontaines. Mais s'il a soulevé de telles polémiques, c'est bien que le marivaudage a dérangé. Aussi notre essai tente-t-il de mesurer les enjeux qui se cachent derrière la férocité des débats concernant le marivaudage. Marivaux a vigoureusement réfuté ses critiques de façon très spécifique dans ses propres textes comme le montre l'analyse de Franck Salaün, ce qui n'empêche nullement qu'une acception déformée du marivaudage survit à l'auteur. Ainsi que le montre Françoise Gevrey, Lesbros de La Versane, reprend, et même renforce dans son *Esprit de Marivaux* les lieux communs les plus usités alors même qu'il tente de résister aux clichés.

Ce que Jean Fleury écrivait en 1881 reste vrai: 'Le nom de Marivaux est connu de tous; ses œuvres le sont beaucoup moins.'[13] Pour comprendre le marivaudage, il faut donc revenir aux textes de Marivaux. C'est pourquoi la deuxième partie, 'Le marivaudage à l'œuvre', revient en particulier sur le théâtre et le roman, et les examine à l'aune du marivaudage, tel qu'il est conçu chez ses contemporains, et tel que

---

13. Jean Fleury, *Marivaux et le marivaudage, suivi d'une comédie, de la suite de 'La Vie de Marianne', et de divers morceaux dramatiques qui n'ont jamais paru dans les œuvres de Marivaux* (Paris, 1881), p.v.

Marivaux le définit lui-même. L'article de Jean-Paul Sermain montre comment, dans 'un enroulement sur son propre style', Marivaux peut utiliser les critiques faites au marivaudage pour ridiculiser ce qui lui est reproché. De son côté, Elena Russo montre les affinités qui rapprochent le théâtre marivaudien du théâtre racinien pour souligner le statut paradoxal de ce qu'on appelle le marivaudage. Dans *L'Ecole des mères*, où les discours pédagogiques d'une mère qui ne veut que préserver son enfant de la galanterie des hommes contredisent la nature vraie et innocente de sa fille, Philippe Barr montre la complexité de la pratique du marivaudage, complexité dont Marivaux était parfaitement conscient mais qui selon son exigence de vérité ne pouvait se simplifier ni se réduire à des formes convenues. Les deux derniers articles reviennent tous deux sur un aspect particulier du marivaudage à l'œuvre, la redondance. Sarah Legrain montre que même s'il semble y avoir des piétinements, la redondance dans le langage théâtral assure en fait la continuité dramatique, alors qu'Ugo Dionne suggère que le discours récapitulatif de l'héroïne sur sa vie dans *La Vie de Marianne* procède de l'effort d'affirmation d'une existence qui se construit par la réitération de son récit.

L'ouvrage de Frédéric Deloffre a restitué la vraie valeur de la préciosité marivaudienne, mais il n'a pas réussi tout à fait à séparer l'auteur étonnement moderne, et même dangereusement innovateur, qu'était Marivaux d'une réputation qui le diminue. Tributaire malgré lui de sa légende, ou tout au moins de la postérité d'un terme, le discours contemporain ne cesse de reprendre le terme et de le mettre à toutes les sauces.[14] La publication en 2006 dans un numéro spécial de *Coulisses* de la série d'articles sur *Le Marivaudage: corps, passion et politique* a le grand mérite, en particulier avec les articles de Jean Goldzink et de Jean-Paul Sermain,[15] de rouvrir le débat sur le marivaudage.

C'est ce même débat que la dernière partie du présent ouvrage souhaite élargir en considérant la postérité du marivaudage, telle qu'elle se manifeste dans le théâtre du dix-neuvième siècle (Karine Bénac-Giroux), et à travers la pratique langagière de l'espagnol dans la culture hispanique (Lydia Vàzquez et Juan Manuel Ibeas). Deux contextes différents de mises en scène contemporaines du marivaudage sont ensuite présentées: outre Atlantique où Anne Deneys-Tunney a présenté *La Dispute* à New York, et la France où Catherine Ailloud-Nicolas a pu dialoguer avec sept metteurs en scène sur la relation du marivaudage et du jeu de l'acteur. Enfin, nulle analyse du marivaudage aujourd'hui ne

14. La bande dessinée de Martin Veyron *Marivaudeville* (Paris, 2012) montre que le marivaudage n'a pas fini de de se réitérer sous diverses formes.
15. Jean Goldzink, 'Qu'est-ce que le marivaudage?', et Jean-Paul Sermain, 'Le "marivaudage", essai de définition dramaturgique', *Coulisses* 34 (2006), p.95-105 et p.107-22.

saurait être complète sans un regard sur *L'Esquive*, le film d'Abdellatif Kechiche; l'analyse de Guillaume Gomot met à jour l'affinité profonde entre le marivaudage et les mésaventures de jeunes gens d'une cité de banlieue, rappelant que les enjeux esthétiques du marivaudage sont aussi des enjeux politiques.

D'Alembert, dans un *Eloge* qui déploie autant l'art de maudire par de belles paroles que de celui d'assassiner par des attaques dont la virulence surprend encore, blâmait le style de Marivaux sur la nature: 'le genre d'esprit que la nature lui avait donné ne lui permettait ni d'écrire, ni de penser comme un autre, soit ancien, soit moderne'. La 'license hétérodoxe'[16] de Marivaux serait donc le produit d'une nature malveillante qui l'aurait en quelque sorte forcé de 'marivauder'. Or rien n'est moins vrai que cette remarque qui enlève à Marivaux le rôle actif de créateur de sa propre écriture. Les écrits de Marivaux, tout au long sa carrière, tissent une théorie complexe et cohérente de l'écriture où se révèle une profonde exigence de vérité. C'est que, comme l'analyse de ses textes théoriques le montre, 'La création artistique n'est [...] pour Marivaux, qu'une manière particulière d'être'.[17] Michel Gilot ne dit rien d'autre quand il affirme: 'Chez Marivaux, l'esthétique est indissociable d'une éthique et d'une métaphysique, parce qu'elle découle immédiatement de sa vision de l'être humain.' Plus précisément, 'tout part de l'homme et tout y revient'.[18]

Selon le critique John Kristian Sanaker, le marivaudage correspond à un 'discours mal apprivoisé' dont l'analyse doit 'être intégrée à un essai de description plus générale de l'idéologie marivaudienne'.[19] Le présent ouvrage tente de restituer dans toute sa complexité la question du marivaudage, de montrer comment esthétique et éthique se rejoignent à travers l'analyse du discours sur le marivaudage, le commentaire qu'en fait Marivaux et la pratique de son œuvre. A la fin de sa vie, Marivaux déclare: 'L'art d'employer les idées pour des ouvrages de l'esprit peut se perdre: les lettres tombent, la critique et le goût disparaissent; les auteurs deviennent ridicules ou grossiers, pendant que le fond de l'esprit humain va toujours croissant parmi les hommes.'[20] Pas plus qu'il n'est auteur 'grossier', Marivaux ne saurait être confondu avec une coquette 'ridicule'. Si sa réputation, comme le fond de l'esprit humain, va 'croissante', c'est

---

16. Jean Le Rond D'Alembert, *Eloge de Marivaux* (1785), dans Marivaux, *Théâtre complet*, t.2, éd. Frédéric Deloffre et Françoise Rubellin (Paris, 1992), p.980-81.
17. W. Pierre Jacoebee, *La Persuasion de la charité: thèmes, formes et structures dans les Journaux et œuvres diverses' de Marivaux* (Amsterdam, 1976), p.24.
18. Michel Gilot, *L'Esthétique de Marivaux* (Paris, 1998), p.12 et 13.
19. John Kristian Sanaker, *Le Discours mal apprivoisé: essai sur le dialogue de Marivaux* (Oslo et Paris, 1987), p.11.
20. Pierre Carlet de Chamblain de Marivaux, *Le Miroir*, dans *Journaux et œuvres diverses*, éd. F. Deloffre et M. Gilot, p.549.

que, comme l'écrit Michel Gilot, 'il a probablement contribué plus que quiconque en son temps à ce qu'on pourrait appeler la réinvention de la littérature'.[21]

Une bibliographie des textes consultés complète l'ouvrage.

Je tiens à remercier ma complice marivaudienne Françoise Rubellin qui m'a toujours soutenue, Jean-Paul Sermain pour sa gentillesse, et Andrew Curran dont l'amitié m'est un constant encouragement. Je dois aussi remercier tout particulièrement la personne qui a lu la version préliminaire du manuscrit et dont les corrections et les suggestions m'ont été si précieuses, et Yolande G. Schutter dont le scrupuleux travail d'édition a garanti la parution de cet ouvrage.

---

21. M. Gilot, *L'Esthétique de Marivaux*, p.38.

I
Marivaux et ses contemporains

Sur l'apparition du mot 'marivaudage' et de l'expression 'tomber amoureux'

FRANÇOISE RUBELLIN

Marivaudage

On a longtemps cru que la première occurrence du mot 'marivaudage' se trouvait sous la plume de Diderot. Frédéric Deloffre, en 1955, la relevait dans une lettre à Sophie Volland datée du 6 novembre 1760: 'Ô le beau marivaudage que voilà'. Il soupçonnait cependant que la création du mot, comme celle de 'marivauder', était antérieure: 'On peut conjecturer qu'ils ont été forgés dans un des cafés fréquentés par les beaux-esprits du temps.'[1] Cette affirmation nuancée a vite été transformée en attribution de la création du mot à Diderot.

Or l'entreprise éditoriale consacrée à la correspondance de Mme de Graffigny a permis d'antédater de plus de vingt ans cette apparition. Le 12 mai 1739, Françoise de Graffigny écrit à Devaux: 'Voyons ta lettre. Hélas, quelle légèreté de style! Tu ne touches pas terre. C'est un tissu de Sévigné rebrodé de marivaudage: j'en suis tout ébahie.'[2] Dans son édition de 1985, English Showalter indique dans une note, malheureusement passée inaperçue, que cette occurrence est bien antérieure à la première alors connue, celle de Diderot.

Marivauder

Frédéric Deloffre, dans le même ouvrage, donnait comme première attestation du verbe marivauder une lettre de Diderot du 26 octobre 1760:[3]

> Je me suis demandé plusieurs fois pourquoi avec un caractère doux et facile, de l'indulgence, de la gaieté et des connaissances, j'étais si peu fait pour la société. C'est qu'il est impossible que j'y sois comme avec mes amis et que je

---

1. Cité par Frédéric Deloffre, *Une préciosité nouvelle*, p.6 et 5.
2. *Correspondance de Mme de Graffigny*, t.1, éd. English Showalter (Oxford, 1985), p.486-87; nous modernisons l'orthographe, comme dans toutes les citations de cet article. Devaux reprend le substantif dans sa réponse: 'Est-ce pour vous moquer de moi que vous dites que ma grande lettre est un tissu de Sévigné brodé de marivaudage?' (p.507, n.25).
3. F. Deloffre, *Une préciosité nouvelle*, p.6.

ne sais pas cette langue froide et vide de sens qu'on parle aux indifférents. J'y suis silencieux ou indiscret. La belle occasion de *marivauder*![4]

Signalons d'ailleurs que Diderot reprend le substantif et le verbe le 10 novembre 1760: 'Vous verrez que ce que vous, Mme Legendre et madame votre mère direz sur un sujet ou de goût, ou de caractère, ou d'affaires, ou d'histoire, ou de mode [...] ne vaudra pas mieux [...] que mon marivaudage. Car je marivaude, Marivaux sans le savoir, et moi le sachant' (p.317). Et encore le 15 septembre 1765: 'Eh bien! chère amie, ne trouvez-vous pas que, depuis la fée Taupe[5] de Crébillon jusqu'à ce jour, personne n'a mieux su marivauder que moi?'[6]

Mais on sait aujourd'hui que 'marivauder' était déjà employé par Mme de Graffigny dix-sept ans plus tôt. Le 11 juin 1743, elle écrit au même Devaux: 'Je me réjouis déjà de jeudi. Mon Crébillon y sera: je le ferai un peu marivauder, cela est charmant. On croit lire Marianne et cela ne lui coûte pas plus que sa conversation ordinaire.'[7] Avant même la publication de cette lettre, Jean Sgard avait signalé cette occurrence du verbe marivauder.[8]

Mme de Graffigny est-elle la première à employer 'marivaudage' et 'marivauder'? Comme Charlotte Simonin l'a remarqué, 'l'épistolière ne cesse de forger des néologismes, et le monde littéraire ne manque pas de l'inspirer, de marivauder / marivaudage à voltairien / voltairiser en passant par kerloner, killeriner (d'après le titre du roman de Prévost) ou ramoneuse (admiratrice de Rameau)'.[9] Ajoutons que Mme de Sévigné, avant elle, se plaisait à jouer sur les dérivations suffixales: d'un dîner chez Mme de Lavardin, elle tirait: 'j'ai dîné en Lavardinage, c'est-à-dire en bavardinage'.[10] Mme de Graffigny, à son exemple, joue sur les noms propres. Le jeu de mot de Mme de Sévigné nous incite à nous interroger sur le suffixe *-age*: tandis que pour Pierre Gondret (qui pense que *marivaudage* est créé par Diderot) 'c'est sans doute *badinage* qui a eu le plus d'importance dans la création de Diderot', nous nous demandons si

---

4. Denis Diderot, *Œuvres*, t.5, *Correspondance*, éd. Laurent Versini (Paris, 1997), p.280. Souligné dans le texte.
5. Personnage de *L'Écumoire ou Tanzaï et Néadarné*. La Taupe ou Fée Moustache y représente Marivaux ou sa Marianne.
6. Diderot, *Correspondance*, p.532.
7. *Correspondance de Mme de Graffigny*, t.4, éd. J. A. Dainard, M.-P. Ducretet, E. Showalter (Oxford, 1997), p.326.
8. Jean Sgard, 'Marivaux dans la correspondance de Mme de Graffigny', *Revue Marivaux* 5 (1995), p.192-93.
9. Charlotte Simonin, 'Vie privée, vie publique: hommes et femmes de lettres à travers la correspondance de Françoise de Graffigny', dans *Le Pauvre Diable: destins de l'homme de lettres au XVIIIᵉ siècle*, éd. Henri Duranton (Saint-Etienne, 2006).
10. Marie de Rabutin-Chantal, marquise de Sévigné, '3 avril 1671', dans *Lettres*, éd. Roger Duchêne (Paris, 1953-1957), 3 tomes, t.1, p.209.

le mot ne pourrait pas s'expliquer aussi par analogie avec bavardage, néologisme de Mme de Sévigné qu'a pu remarquer Mme de Graffigny.[11]

Une autre occurrence du verbe marivauder, antérieure aux lettres de Diderot, et à la forme passive cette fois, se rencontre sous la plume de Fréron, dans une satirique 'Lettre à un ami au sujet du discours de M. Le Beau' datée du 29 janvier 1746 et publiée dans ses *Opuscules* en 1753: 'Que je gémissais depuis longtemps, Monsieur, de voir régner dans l'université le style ennuyeux de Cicéron! Victoire, victoire! Les muses françaises triomphent des latines. La Sorbonne même vient d'être *Marivaudée*. Vous serez étonné comme moi, Monsieur, de l'abondante moisson d'expressions ingénieuses.'[12] Comme Fréron fréquentait Mme de Graffigny, on peut y voir le signe d'une circulation du mot dans son salon.

Il semblerait donc que revienne à Mme de Graffigny l'invention des mots 'marivaudage' et 'marivauder'. Cependant, la prudence s'impose. Si Mme de Graffigny emploie ces mots, les a-t-elle forgés elle-même, où n'est-elle que le témoin d'une sorte de jeu de mots qui circule déjà? Nous ne le saurons jamais, sauf si nous trouvons une occurrence antérieure sous une autre plume.

Tomber amoureux

C'est justement ce qui est arrivé pour l'expression *tomber amoureux*. En 1726, lors de la publication du *Dictionnaire néologique à l'usage des beaux esprits du siècle* de Jean-Jacques Bel et de l'abbé Desfontaines, farouchement opposés aux Modernes, Marivaux est accusé d'avoir créé en 1723 une expression néologique, 'tomber amoureux': 'TOMBER amoureux. (Elle *tomba* tout subitement *amoureuse* de moi) ([*Spect. Fr. f.* 7.] p.172). L'amour est par cette expression représenté comme une apoplexie agréable.'[13]

L'expression ne sera jamais reprise par Marivaux dans l'ensemble de ses *Journaux*; en revanche, il l'avait déjà utilisée dans son roman *Le Télémaque travesti* ('Je ne sais pas comment elle le connut, mais elle en tomba amoureuse'),[14] au théâtre dans *L'Amour et la Vérité*, en 1720 (pièce écrite en collaboration avec Saint-Jory). L'Amour dit à la Vérité qu'il va

---

11. Pierre Gondret, 'Rabutinage et rabutinade: formation et compréhension par la postérité de deux créations suffixales de Mme de Sévigné et de son cousin Bussy', *Le Français préclassique 1500-1650* 4 (1995), p.75-95 (p.81).
12. [Fréron], *Opuscules de M. F****, t.2 (Amsterdam, Arkstée et Merkus, 1753), p.227. Souligné dans le texte.
13. Nous citons d'après le *Dictionnaire néologique à l'usage des beaux esprits du siècle, avec l'éloge historique de Pantalon-Phœbus par un avocat de province*, nouvelle éd. (Amsterdam, Michel-Charles Le Cène, 1731), p.169. L'occurrence citée se trouve dans la 10e feuille du *Spectateur français* du 16 juillet 1723, dans *Journaux et œuvres diverses*, éd. F. Deloffre et M. Gilot, p.221.
14. Marivaux, *Le Télémaque travesti*, éd. Frédéric Deloffre (Genève, 1956), p.176.

entrer dans un arbre: 'les fruits en sont beaux et bons, et me serviront à une petite malice qui sera tout à fait plaisante. Celui qui en mangera tombera subitement amoureux du premier objet qu'il apercevra'.[15] Cinq ans plus tard, après l'occurrence du *Spectateur français*, Marivaux utilise à nouveau l'expression dans *L'Île des esclaves*: 'ARLEQUIN. – Voilà ce que c'est, tombez amoureuse d'Arlequin, et moi de votre suivante' (p.608); puis en 1740, dans *L'Epreuve*, Lisette, défiante, demande à Blaise: 'croirai-je que vous êtes tombé subitement amoureux de moi?' (p.1688). On constate que dans trois sur cinq des occurrences, l'adverbe 'subitement' accompagne 'tomber amoureux'.

Marivaux est raillé pour cette expression non seulement par le *Dictionnaire néologique*, mais aussi sur scène: Fuzelier,[16] Le Sage et d'Orneval le tournent en ridicule dans *Les Amours déguisés*, pièce représentée à la Foire Saint-Laurent le 20 septembre 1726. Voici deux extraits de la dixième scène:

> ARLEQUIN
> Voici, ce me semble, une précieuse ridicule. (*Haut*) Qui êtes-vous, Mademoiselle?
>
> MLLE RAFFINOT
> *air: J'ai fait souvent résonner ma musette*
> Je suis l'appui du style énigmatique,
> Qui fait le beau des modernes écrits.
>
> ARLEQUIN
> Ah! vous donnez dans le néologique,
> Autrement dit l'argot des beaux-esprits.

Arlequin s'enquiert alors des raisons pour lesquelles les Amours ont amené Mlle Raffinot sur l'île de Cythère, où Vénus a ordonné une revue générale de tous les amants. Elle est soupçonnée d'être éprise de quelqu'un.

> MLLE RAFFINOT. – Ha! je vois ce que c'est! Dorimon mon beau voisin, homme qui a *donné beaucoup d'éducation à son esprit*, vient souvent s'enfermer avec moi dans mon cabinet.
> ARLEQUIN, *à part*. – Nous y voilà.
> MLLE RAFFINOT. – Nous y faisons des collections des termes nouveaux, que forgent tous les jours, sur l'enclume du bon goût, les génies *conséquents* et lumineux.

---

15. Marivaux, *Théâtre complet*, éd. Frédéric Deloffre et Françoise Rubellin (Paris, 2000), p.106.
16. F. Deloffre, *Une préciosité nouvelle*, p.66. Henri Coulet et Michel Gilot – dans Marivaux, *Théâtre complet*, t.1 (Paris, 1993), p.cxvii – omettent la participation de Fuzelier: elle est attestée non seulement par les frères Parfaict dans leurs *Mémoires pour servir à l'histoire des spectacles de la Foire, par un acteur forain* (Paris, Briasson, 1743) et par le *Dictionnaire des théâtres de Paris* de Claude Parfaict, François Parfaict et Quentin Godin d'Abguerbe (Paris, Rozet, 1767), mais aussi par Fuzelier lui-même dans le manuscrit *Opéra-comique*, dans lequel il récapitule ses œuvres (Bibliothèque de l'Opéra, Carton I, C.6).

ARLEQUIN. – Fort bien. Poursuivez.
MLLE RAFFINOT. – Comme la personne de Dorimon est un *fardeau de grâces* nobles et imposantes, et que j'ai, sans vanité, sur les agréments, un visage assez *disciplinable*, les Amours se seront imaginés que nous sommes *tombés amoureux* l'un de l'autre.
ARLEQUIN. – Tomber amoureux. Oh! pour celui-là, je ne l'avais pas encore entendu.
MLLE RAFFINOT. – Hé, oui, tomber amoureux. Ne dit-on pas tomber malade? Or, comme l'amour est une maladie, on doit dire tomber amoureux, et tomber en amour, comme tomber en apoplexie.[17]

Frédéric Deloffre a souligné tous les emprunts au *Dictionnaire néologique*, en mentionnant leur source; l'exemple de 'tomber amoureux' permet ici de remarquer la façon dont les auteurs ont travaillé, puisqu'on retrouve la définition du dictionnaire.

La lutte contre les Modernes est vive en 1726, et Marivaux se voit accuser de déformer la langue. Or, ce n'est pas lui qui a inventé l'expression 'tomber amoureux'; nous en avons rencontré des occurrences bien antérieures.[18] Ainsi, elle figure dans une pièce de l'ancien Théâtre-Italien, *Les Momies d'Egypte*, de Regnard et Dusfresny (19 mars 1696). A Cléopâtre qui lui dit 'Petit mouton d'amour, doux objet de mes vœux!', Marc-Antoine répond: 'Je sens que je m'en vais retomber amoureux'.[19] Nous l'avons également trouvée dans *Le Bourgeois de Falaise* de Regnard (aussi appelé *Le Bal*), représenté le 14 juin 1696 à la Comédie-Française:

> LISETTE
> Le cousin est masqué mieux que personne en France.
> Il est tout à manger; les femmes dans le bal
> Le prendront pour l'Amour en propre original.
>
> MATHIEU CROCHET [*déguisé en Cupidon*]
> N'est-il pas vrai?
>
> SOTENCOUR
> Parbleu, plus d'une curieuse
> De l'aîné des Amours va tomber amoureuse
> Et voudra de plus près connaître le cousin.[20]

---

17. Alain-René Le Sage et d'Orneval, *Le Théâtre de la Foire ou l'Opéra-comique* (Paris, Veuve Pissot, 1728), p.342-46. Nous soulignons les termes traités de néologisme dans le dictionnaire de Bel et Desfontaines.
18. Voir Françoise Rubellin, *Lectures de Marivaux: 'La Surprise de l'amour', 'La Seconde Surprise de l'amour', 'Le Jeu de l'amour et du hasard'* (Rennes, 2009), p.16-19.
19. Jean-François Regnard, *Comédies du Théâtre-Italien*, éd. Alexandre Calame (Genève, 1981), p.759.
20. Jean-François Regnard, *Le Bal*, éd. Charles Mazouer (Genève, 1991), scène xvi, p.245.

Et enfin, elle figure dans *Le Joueur* de Regnard, donné en décembre 1696 à la Comédie-Française: le Marquis, fanfaron, se vante auprès de Valère de son pouvoir de séduction sur la Comtesse:

> LE MARQUIS
> J'ai sur certaine femme
> Jeté, sans y songer, quelque amoureuse flamme.
> J'ai trouvé la matière assez sèche de soi;
> Mais la belle est tombée amoureuse de moi.[21]

Marivaux connaît très bien cette pièce: il emprunte à ce même Marquis la phrase que prononce Arlequin à la fin du *Jeu de l'amour et du hasard*, 'Allons, saute, Marquis'; il s'en inspire aussi pour la lecture par Hortensius de livres de philosophie, et pour les réflexions sur Sénèque. C'est assurément du *Joueur* qu'il a pris l'expression; rappel involontaire, pourrait-on penser, mais on notera que dans *Le Joueur*, comme dans le passage du *Spectateur français*, l'expression est mise dans la bouche d'un personnage vantard, qui se targue de séductions immédiates; dans *Le Spectateur français*, elle figure au cœur d'une lettre introduite dans le récit par 'Voici à présent quel était son style dans le billet', ce qui met d'une certaine manière l'expression à distance.[22]

Marivaux, candidat à l'Académie française en 1736, fut refusé en ces termes: 'Notre métier à l'Académie est de travailler à la composition de la langue, et celui de M. de Marivaux est de travailler à la décomposer.'[23] Pour ce qui est de l'accusation de néologisme pour 'tomber amoureux', il doit être blanchi.

Le point commun entre ces deux remarques – ce n'est pas Diderot qui a créé 'marivaudage' et 'marivauder', ce n'est pas Marivaux qui a créé 'tomber amoureux' – sera une constatation méthodologique, à l'orée de ce riche volume dont Catherine Gallouët a eu l'initiative: si la critique sur Marivaux ne cesse de se développer, elle met fort longtemps à prendre en compte certaines découvertes qui ne sont ni des théories, ni des interprétations, mais des faits, des occurrences. Depuis 1985 on sait que le mot marivaudage apparaît sous la plume de Mme de Graffigny, mais la critique continue à se fonder sur les emplois de Diderot. On aurait dû savoir depuis Littré que 'tomber amoureux' n'est pas une création de

---

21. Acte III, scène ix; *Théâtre du XVII*[e] *siècle*, éd. Jacques Truchet et André Blanc (Paris, 1992), t.3, 1, p.770. Littré donne cet exemple s. v. *tomber* à la quatorzième rubrique, pour illustrer 'Par extension, tomber amoureux, devenir amoureux', dans *Dictionnaire de la langue française* (Paris, 1877), repris par Walther von Wartburg en 1967 (*Französisches Etymologisches Wörterbuch* XIII / 2 s. v. tumb-) et le *Trésor de la langue française* en 1994 (http://www.cnrtl.fr/etymologie/tomber). Les critiques ne semblent pas y avoir prêté attention.
22. Au théâtre, l'expression correspond à un tour de magie (*L'Amour et la Vérité*), à un tour que les esclaves font à leur maître (*L'Île des esclaves*), à un sentiment peu crédible (*L'Épreuve*).
23. Cité par Gaston Deschamps, *Marivaux* (Paris, 1897), p.78.

Marivaux, mais parions qu'elle lui restera très longtemps attribuée, puisque l'erreur a été commise par ses contemporains, et qu'il n'existe pas trace d'une dénégation de Marivaux.

L'innovation considérable que représente pour les études littéraires et linguistiques la mise en ligne sur le web de millions de pages de toutes époques produira deux effets contraires: d'une part une facilité pour rechercher des occurrences, surtout si l'on utilise une procédure de recherche telle que celle par 'période personnalisée' proposée par Google livres:[24] c'est ainsi que nous avons trouvé 'tomber amoureux' chez Regnard; mais d'autre part la recherche sur Internet aura pour effet que pendant des dizaines d'années, si l'on cherche 'tomber amoureux expression', on *tombera*, justement, sur Marivaux. Et saisir 'Marivaux tomber amoureux' déclenchera toujours l'apparition de centaines de pages indiquant que Marivaux a créé l'expression.[25] On aura beau dire, comme Monsieur Orgon dans *Le Jeu de l'amour et du hasard*, 'ces gens-là ne savent pas la conséquence d'un mot'...[26]

24. Toutes les occurrences ont cependant besoin d'être vérifiées; on sait que la reconnaissance optique peut être déficiente et tromper sur les dates et sur les mots. Voir Geoff Nunberg, 'Google Books: the metadata mess', Google Book settlement conference, UC Berkeley, 28 août 2009, http://languagelog.ldc.upenn.edu/myl/GoogBookSM.pdf
25. Nous avons nous-même commis l'erreur dans notre *Marivaux dramaturge* en 1996.
26. Marivaux, *Le Jeu de l'amour et du hasard*, acte II, scène xi.

'Chacun à son gré peut manier ses sujets': Marivaux commentateur

CHRISTELLE BAHIER-PORTE

Depuis la thèse de Frédéric Deloffre, le marivaudage ne cesse de s'étendre. Il désigna d'abord une pratique du langage mais gagne, comme l'ont montré Jean Goldzink et Jean-Paul Sermain,[1] à être appliqué à la poétique et à la dramaturgie; il fut même question de 'marivaudage conceptuel' pour rendre compte de l'appropriation de catégories héritées comme la clarté.[2] Le présent volume invite à revenir à l'origine en interrogeant le marivaudage en rapport avec la préciosité à laquelle l'associe Frédéric Deloffre, et dans la pratique même de l'écrivain. Nous voudrions ainsi confronter les réflexions théoriques de Marivaux sur le style, ou plus largement sur le langage, avec les commentaires qu'il propose dans les années 1716-1734. En se confrontant à la manière d'écrire des écrivains pour la louer ou pour s'en distancier, Marivaux approfondit sa propre conception du style voire la met à l'épreuve ou l'infléchit. Les réflexions théoriques s'inscrivent dans un contexte polémique qui exige notamment de répondre à l'accusation de préciosité. Toutefois, les commentaires révèlent une attention à la finesse du style, et donc de la pensée, et font une large place au lecteur / spectateur dont le rôle mérite d'être réexaminé au regard d'un marivaudage que l'on a souvent défini du seul point de vue de la création. Dans la préface de *L'Homère travesti*, Marivaux pose d'emblée les fondements de sa conception du langage comme expression exacte de la pensée, aussi fine soit-elle, réponse principale à l'accusation de 'préciosité'. En 1734, la célèbre sixième feuille du *Cabinet du philosophe*, intitulée 'Du style', s'inscrit toujours dans un contexte polémique, en répondant aux attaques de Desfontaines contre *La Vie de Marianne*. Cette feuille se fonde sur le commentaire d'une maxime de La Rochefoucauld et propose des critères pour le jugement critique: la clarté, la quantité et la vérité. De la seconde Querelle des Anciens et des Modernes, dans laquelle Marivaux s'engage par la rédaction de ses deux romans

---

1. F. Deloffre, *Une préciosité nouvelle*. J. Goldzink, 'Qu'est-ce que le marivaudage?'; J.-P. Sermain, 'Le "marivaudage", essai de définition dramaturgique'.
2. Carsten Meiner, *Les Mutations de la clarté: exemple, induction et schématismes dans l'œuvre de Marivaux* (Paris, 2007), p.19-20.

'travestis', à la querelle avec Desfontaines qui le conduit à rédiger la très célèbre, et très commentée, feuille sur le style, s'affirment une pensée et une pratique du style qui évoluent subrepticement, mais non moins fermement, de l'éloge de la clarté à celui de la singularité, de l'enthousiasme rhétorique des passions tragiques qui se communiquent d'homme à homme, à un repli sur soi qui exige un public choisi et averti.

'Que voulez-vous dire avec votre style': le marivaudage, concept polémique

Si comme le rappelle Bruno Clément, il est sans doute anachronique de vouloir définir 'une pensée du style' aux siècles classiques,[3] il est indéniable que les écrivains par leur pratique, mais aussi les lecteurs par leurs commentaires, contribuent à la constitution de cette pensée, à une pensée en acte en quelque sorte: 'La question du style relève aussi et surtout de la réception des œuvres, la manière dont on les lit et les commente. Le style c'est avant tout ce que le lecteur commentateur perçoit comme tel.'[4] Marivaux a toute sa place dans cette histoire. On pourrait même dire que l'histoire critique de la notion de marivaudage suit cette évolution. Frédéric Deloffre propose de l'inscrire dans le 'moment linguistique' de la nouvelle préciosité, et donne une description extrêmement précise des traits stylistiques, rhétoriques et grammaticaux de cette 'alliance d'une forme de sensibilité et d'une forme d'esprit'.[5] La réflexion contemporaine sur le style s'est emparée du concept de *manière* et invite à confronter la pensée du style et l'anthropologie, et à nous demander dans quelle mesure le marivaudage serait autant un style, une manière d'écrire qu'une manière de penser, de lire et de comprendre le monde.[6]

Lorsque le libraire qui s'apprête à publier *Le Télémaque travesti* nie que la lettre qui désavoue la paternité de cet ouvrage puisse être de Marivaux, il se fonde sur la connaissance partagée du public: 'quiconque connaît tant soit peu la manière de penser et le tour d'expression de M. de Marivaux, ne pourra s'imaginer que ce célèbre écrivain ait livré au libraire, pour le public, une lettre si désobligeante'.[7] En 1736, on en appelle donc à la 'manière de penser' d'un écrivain qui au moment de la

---

3. Bruno Clément, 'Ecrire singulièrement au siècle des règles ou du Dieu caché', *Littératures* 137 (mars 2005), p.60-82 (p.73).
4. Anne Herschberg-Pierrot et Olivia Rosenthal (éd.), 'La singularité d'écrire aux XVIe-XVIIIe siècles', *Littératures* 137 (mars 2005), p.7.
5. F. Deloffre, *Une préciosité nouvelle*, p.499.
6. Voir Gérard Dessons, *L'Art et la manière: art, littérature, langage* (Paris, 2004), et pour une application à Marivaux, Arnaud Bernadet, 'Marivaux: le théâtre et la manière. Réflexions improvisées autour du "marivaudage"', *Coulisses* 34 (2006), p.77-94.
7. Marivaux, *Œuvres de jeunesse*, éd. Frédéric Deloffre et Claude Rigault (Paris, 1972), désormais *OJ*, p.715.

rédaction de ces romans travestis, quelques vingt ans plus tôt, invitait à distinguer les manières des auteurs. On lit ainsi à propos de Fénelon: 'chacun a sa manière de tourner les choses, et [...] toutes les manières sont également louables, aussitôt qu'elles sont également instructives', et à propos de Scarron: 'chacun à son gré peut manier ses sujets, sans imiter Scarron dans sa manière de plaisanter'; la manière de La Motte est également évoquée à plusieurs reprises.[8] C'est d'ailleurs précisément la manière, et non le style, qui définit le bel esprit dans les *Lettres sur les habitants de Paris* en 1717: une 'manière de penser, dont l'étendue, l'évidence et la chaleur ne font qu'un corps' (*JOD*, p.34). Le mot 'style' apparaît assez peu dans les textes de notre corpus pour définir les choix d'écriture d'un auteur.[9] Marivaux utilise plus volontiers 'manière', 'exposition', 'façon', notamment 'façon de faire' brocardé par Desfontaines dans son *Dictionnaire néologique*.[10] Le mot 'style' pour désigner un usage singulier du langage n'apparaît finalement qu'en 1734, dès la première feuille du *Cabinet du philosophe*. La définition du style du philosophe reprend d'ailleurs les termes précédents: 'voilà ce que vous allez voir ici dans le style d'un homme qui écrivait ses pensées comme elles se présentaient, et qui n'y cherchait point d'autre *façon* que de les bien voir, afin de les *exprimer* nettement' (*JOD*, p.335, nous soulignons). Le mot donne enfin son titre à la célèbre sixième feuille du même journal qui reprend avec fermeté la définition du style comme expression de la pensée, et permet à Marivaux de répondre à l'accusation de 'style précieux'. C'est d'ailleurs le mot lui-même qui semble déclencher la colère du philosophe: 'que voulez vous dire avec votre style?' (p.384). Dès les premiers textes théoriques et bien avant la démonstration de 1734, la manière d'écrire est indissociable d'une manière de penser ou de sentir.

Comme cela a été déjà bien montré, notamment par Henri Coulet, Marivaux semble postuler une certaine transparence entre le langage et les pensées.[11] Si, dans la préface de *L'Homère travesti*, le jeune écrivain se distingue de la manière de Scarron, c'est parce que le comique de ce

---

8. *OJ*, p.718, p.962. Voir également *OJ*, p.964, p.971 et la 'manière de traiter' les faits dans *Inès de Castro, Journaux et œuvres diverses*, dans Marivaux, *Journaux et œuvres diverses*, éd. Frédéric Deloffre et Michel Gilot (Paris, 1988), désormais *JOD*, p.226.
9. On le trouve dans la préface de *L'Homère travesti* à propos de la suppression des incises qui donnent 'de la rapidité au style' et à propos du 'style comique' distingué du pathétique (*OJ*, p.962, p.971). Dans ces deux occurrences, le mot *style* garde son sens rhétorique de procédé ou de genre.
10. Par exemple, la façon dont Scarron ou La Motte 'expriment' leurs pensées, la 'façon' du sublime pour représenter 'l'âme réfléchissante', la 'façon d'imaginer' des auteurs et la 'façon de faire' (*OJ*, p.964; *JOD*, p.59, p.145, p.148).
11. Henri Coulet, *Marivaux romancier: essai sur l'esprit et le cœur dans les romans de Marivaux* (Paris, 1975), notamment le chapitre 7 et 'De l'usage du langage selon Marivaux', dans *Marivaux subversif?*, éd. Franck Salaün (Paris, 2003).

dernier réside dans 'la façon dont il exprime sa pensée qui divertit, plus que sa pensée même': le comique repose sur les mots, les procédés, par exemple la présence d'un narrateur (*OJ*, p.961). Marivaux propose contre le comique de mots un comique de pensée. Les mots devraient être 'l'image réjouissante' de la combinaison des pensées, condition d'une continuité du comique sur l'ensemble de l'œuvre. Dans les faits, on perçoit mal en quoi les octosyllabes burlesques de Marivaux se distinguent véritablement du modèle du *Virgile travesti*, et en fait de continuité comique on doit bien reconnaître une certaine monotonie systématique du procédé. Théoriquement cependant, le postulat est déjà présent: les mots sont les images de la pensée. L'idée se retrouve quelques pages plus loin lorsqu'il s'agit de défendre les 'expressions vives' de La Motte: 'l'expression de M. de La Motte ne laisse pas d'être vive; mais cette vivacité n'est pas dans elle-même, elle est toute dans l'idée qu'elle exprime. [...] Il lui faut une expression qui fixe positivement ses idées; et c'est de cette justesse si rare que naît cette façon de s'exprimer' (*OJ*, p.963 et 964). Ces affirmations se retrouvent encore de manière plus abstraite pour définir la clarté et le sublime. Le commentaire de deux vers de Crébillon extraits de *Sémiramis* entend le démontrer:

> Et quand j'ai recherché votre auguste alliance,
> J'ai compté vos vertus, et non votre naissance.[12]

Marivaux entend répondre à la critique du choix du verbe 'compter' allié au substantif 'vertu'. Le commentaire se réduit tout d'abord à une paraphrase pour prouver que tout le monde comprend ce que l'auteur veut dire, l'exigence de clarté est donc respectée: 'quand j'ai recherché votre alliance, vos vertus, et non votre naissance, me la firent regarder comme honorable'. En outre, le choix du verbe ajoute une idée de calcul qui 'sert à mieux marquer le peu d'impression que [la naissance] fait sur lui'. La démonstration est donc faite: 'en un mot, c'est une façon de penser qui met en image courte et vive le mépris généreux qu'il a pour cet avantage' (*JOD*, p.54).

Dans la sixième feuille du *Cabinet du philosophe* (1734), Marivaux reprend très fermement l'idée d'une concordance entre le choix des mots et la pensée ainsi exprimée. La thèse défendue est loin d'être originale: les mots ne sont que les signes des idées, ce sont des conventions, à chaque idée correspond un mot. Cette argumentation est déjà celle de Vaugelas et Malherbe, plus que de Port-Royal d'ailleurs qui met davantage en question les obstacles à cette transparence des mots et des idées, le premier obstacle étant le corps. Henri Coulet et Michel Gilot rappellent également que cette thèse avait été reprise dès 1718 par l'abbé

---

12. Acte II, scène iii; cité dans *JOD*, p.53.

de Pons.[13] Pourquoi y revenir en 1734? Ce qui frappe est finalement moins le contenu que la visée démonstrative: Marivaux prouve qu'il connaît et applique cette conception du langage défendue par les théoriciens les plus rigoristes. La démonstration est presque scolaire, on suit pas à pas le raisonnement à partir d'un exemple ('Les charmes d'une femme égarent la raison') et la conclusion confirme la thèse: 'de sorte que j'ai d'abord eu des idées, qui ont chacune leur mot. De ces idées j'en ai formé une pensée. Et cette pensée, je l'ai exprimée en donnant à chacune de ces idées, le signe qui la signifie' (*JOD*, p.384). Un corollaire assure la transition avec la deuxième partie de la feuille: 'un homme qui sait bien sa langue [...] peut penser mal mais exprimera toujours bien ses pensées'. On peut alors rapprocher le commentaire de la maxime de La Rochefoucauld des vers de Crébillon en 1719: justifier le choix d'un mot, ici 'dupe', comme expression la plus juste de la pensée. La raison d'être de cette démonstration, qui peut sembler d'arrière-garde par rapport à certaines idées défendues par les Modernes, est sans doute polémique. La critique d'un 'style précieux', trop 'brillant' ou obscur à force d'être trop raffiné, qui a fondé la définition péjorative du marivaudage, est contemporaine aux écrits de Marivaux et fait précisément du marivaudage d'abord un concept polémique.[14] Elle est déjà lisible dans la défense de la 'sorte d'esprit très rare' qu'est La Motte, dans la préface de *L'Homère travesti*, ancrée dans la polémique contre Anne Dacier (*OJ*, p.963). Les répliques deviennent plus personnelles dans *Le Spectateur français*, dès la sarcastique sixième feuille contre les contempteurs des feuilles périodiques et plus précisément encore dans la septième feuille. Le Spectateur se dit d'abord dégoûté d'écrire à cause des critiques qu'il a reçues et en particulier: 'n'être point naturel' et 'courir après l'esprit' (*JOD*, p.145). On y trouve déjà les fondements de l'argumentation qui sera développée dans la sixième feuille du *Cabinet du philosophe*. La réponse s'adresserait déjà à l'abbé Desfontaines qui, dans *Le Mercure* de 1722, fustigeait la 'corruption du style qui naît le plus souvent d'un excès d'esprit'.[15] Or, si le style n'est 'qu'une figure exacte [des] pensées', la notion de 'style précieux' est un non-sens. La feuille 6 montre ainsi que l'accusation est en fait l'indice de la finesse des pensées par une sorte de retournement axiologique qui fondera d'ailleurs la redéfinition du marivaudage par F. Deloffre: le 'style précieux' est le style adéquat à une pensée fine.

Le danger fondamental d'un style artificieux, 'précieux' est en effet l'imposture, le mensonge, d'où l'importance de répondre à cette critique qui attaque directement la pensée de l'auteur et plus largement la vision

---

13. H. Coulet compare terme à terme les discours de l'abbé de Pons et de Marivaux, dans *Marivaux romancier*, p.273-76.
14. Voir dans ce volume, la contribution de Catherine Gallouët, p.47-58.
15. Voir les notes de Michel Gilot, *JOD*, p.589.

des hommes et du monde qu'il propose à travers ses choix stylistiques. C'était déjà la raison d'être du *Télémaque travesti*. L'*Avant-propos de l'auteur* affirme que Fénelon représente la nature humaine sous un 'imposteur et brillant aspect' qui cache la vanité des actions et des vertus des personnages. C'est pourquoi il est nécessaire de montrer, par le style comique du travesti, que la vérité de la nature humaine est bien moins 'brillante' et de 'démasquer' les héros de l'épopée (*OJ*, p.718-19). En revanche, la préface de *L'Homère travesti* défend l'adaptation de l'*Iliade* par La Motte qui, pour sa part, ne 'fait point un plaisir imposteur et confus' (*OJ*, p.964). Par sa vivacité d'esprit, La Motte délivre sagesse et vérité, car cette vivacité, est 'toute dans l'idée qu'elle exprime' (p.963). Certes, mais dans les faits qu'est-ce qui distingue véritablement l'épopée de Fénelon de celle de La Motte? Pourquoi est-il nécessaire de rétablir la vérité de la première par le travestissement alors que pour la seconde le travesti n'est qu'un exercice de style qui ne remettrait absolument pas en cause la 'sagesse et la vérité' de l'adaptation, dite plus vraisemblable et juste que la traduction de Mme Dacier? Le décalage entre les affirmations théoriques de la préface et la réalisation – un travestissement burlesque à la manière de Scarron – a été bien montré.[16] La défense inconditionnelle de La Motte peut alors devenir sujette à caution. Une comparaison, censée se moquer de la déploration de Mme Dacier, est intrigante: 'vous n'en serez pas consolée, vous, madame, qu'un habit magnifiquement brodé d'or ne consolerait pas, pour ainsi dire, de la perte d'un chausson d'Homère' (p.971). L'adaptation de La Motte serait donc comparable a un 'habit magnifiquement brodé d'or': dans quelle mesure se distingue-t-elle alors de cet 'appareil d'expressions magnifiques' qui caractérise dans la même préface les génies d'imagination, potentiellement imposteurs? On sait d'autre part que cette métaphore de l'habit deviendra récurrente sous la plume des journalistes fictifs de 1721 à 1734, précisément comme métaphore de l'imposture, stylistique ou morale. Comment distinguer alors entre le style dit imposteur d'un Fénelon et le style dit vrai d'un La Motte, par ailleurs tous deux travestis?

La pratique du commentaire devant illustrer les théories présentées montre alors que la confrontation au texte rend les distinctions plus complexes. Dans l'exercice du commentaire, s'affirme une pratique du style qui, détachée du cadre des affirmations polémiques, se déplace du créateur vers le récepteur: la manière d'écrire trouve son accomplissement dans une manière de lire exigeante. C'est en lecteur-commentateur-spectateur que Marivaux approfondit et éprouve sa conception du style.

16. Françoise Rubellin, 'Une adaptation burlesque de l'*Iliade*: *L'Homère travesti* de Marivaux', dans *Homère en France après la Querelle*, éd. Françoise Létoublon et Catherine Volpilhac-Auger (Paris, 1999).

Un art de lire: le marivaudage, concept critique?

A la charnière des dix-septième et dix-huitième siècles, l'histoire *des* styles, essentiellement rhétorique, se meut en une histoire *du* style, d'abord sous l'influence de Port-Royal qui annexe l'éloquence à une philosophie du langage, puis sous l'influence de certains rhétoriciens comme Bernard Lamy. *La Rhétorique ou l'Art de parler* (1675 – la 5e édition paraît en 1715) reprend la description rhétorique des styles et des procédés qui leur sont attachés, mais pose la question de ce que nous appellerions aujourd'hui un style d'auteur, voire une 'anthropologie du style'.[17] On trouve par exemple sous sa plume, dès 1675, la définition de ce que Marivaux appellera 'le caractère d'esprit' d'un auteur, la manière propre qui le définit: 'On voit donc que chaque auteur doit avoir dans ses paroles ou dans ses écrits un caractère qui lui est propre et qui le distingue. Il y en a qui ont des manières plus particulières et plus extraordinaires; mais enfin chacun a les siennes.'[18] Au dix-huitième siècle, la pratique de ce que nous appelons critique littéraire est le fruit de cette histoire d'une part et d'autre part, de l'évolution de la critique normative, héritée des grammairiens et commentateurs de la langue française, comme Vaugelas, vers une critique évaluative fondée sur les critères élus par l'écrivain.

La querelle entre Valincour, héritier des grammairiens, et l'abbé de Charnes autour de *La Princesse de Clèves* marque un tournant dans cette évolution. Delphine Reguig y voit même l'étape décisive qui conduit d'une critique de la langue à une véritable critique du style, mot choisi par Du Plaisir lorsqu'il synthétise le débat dans les *Scrupules sur le style*. Que cette 'invention' de la critique littéraire se fasse à partir d'un roman, une 'nouvelle', qui se donne pour objet le cœur humain nous intéresse particulièrement. La critique de Charnes se fonde sur une véritable 'conscience linguistique', un savoir, une compétence égale à celle de son adversaire 'grammairien' mais il en montre, pragmatiquement, l'insuffisance pour rendre compte du projet singulier de la romancière, notamment à l'aide d'un 'vocabulaire de la description psychologique'.[19]

Nous ignorons dans quelle mesure Marivaux connaissait les termes exacts de cette querelle des années 1678-1680, mais le parallèle est

---

17. Voir 'Du style!', *Critique* 752-753, éd. Marielle Macé (janvier-février 2010), et Philippe Jousset, *Anthropologie du style: propositions* (Bordeaux, 2007).
18. Bernard Lamy, *La Rhétorique ou l'Art de parler*, éd. Benoît Timmermans (Paris, 1998), IV, ch.1, p.333. Voir sur le rôle de Lamy dans l'histoire du style, Christine Noille-Clauzade, 'Styles ou style? L'invention du singulier dans la réflexion rhétorique classique', *Littératures* 137 (2005), p.55-68.
19. Delphine Reguig-Naya, ' "Il faut estre autre chose que grammairien": la fable et la norme à la fin du XVIIe siècle', *Fictions classiques* (2007), http://www.fabula.org/colloques/document432.php

frappant: Marivaux montre bien que le fait de 'savoir sa langue' est certes premier, mais insuffisant pour l'écrivain qui prétend à quelque finesse de pensée (et donc de style) mais aussi pour le critique, c'est très clair dans la feuille 6 du *Cabinet du philosophe* (*JOD*, p.384). D'autre part, la partition Valincour / Charnes semble se répéter dans les oppositions Anne Dacier / Marivaux puis Desfontaines / Marivaux: toutes proportions gardées, les premiers sont des critiques normatifs, héritiers des grammairiens et remarqueurs. Anne Dacier est une philologue érudite, Desfontaines se fait, comme Valincour, pourfendeur de la 'nouveauté' du style.[20] Marivaux entend privilégier, comme Charnes, 'la pensée de l'auteur' et la connaissance du cœur humain: 'Le mérite de l'auteur de ce Livre, est de connaître parfaitement ceux qu'il fait parler, d'avoir une *grande science de la cour et du cœur de l'homme*, une grande beauté et une grande netteté d'esprit, et ce qui est encore plus rare une délicatesse et une politesse, où peu de personnes peuvent atteindre', affirme l'abbé en 1678.[21] On sait que cette 'science du cœur humain' est pour Marivaux celle des beaux esprits, plus que des philosophes. Elle devrait aussi être au fondement de l'activité critique: 'ce n'est pas dans les livres qu'on l'apprend, c'est elle au contraire qui nous explique les livres, et qui nous met en état d'en profiter; il faut d'avance la savoir un peu pour les entendre'.[22] Les commentaires montrent que c'est précisément cette connaissance du cœur humain qui fonde les choix des écrivains et qui devrait être le principal critère de la critique.

Le travail du commentateur consiste tout d'abord à 'rendre raison' des choix de l'écrivain, de la micro-structure – le choix des mots, l'efficacité d'un trait ou d'une maxime – à la macro-structure de la séquence ou de l'œuvre entière.[23] Dans la préface de *L'Homère travesti*, Marivaux commence par examiner les vers de La Motte, puis la séquence de la surprise d'Hector. Dans les *Pensées sur la clarté du discours* et *Sur le sublime*, les citations commentées de Crébillon sont également de plus en plus longues, du choix d'un verbe jugé impropre à l'étude d'une séquence d'*Electre* permettant de rendre compte de la notion de 'sublime de continuité', jusqu'à l'analyse morale du comportement de Zénobie. Dans *Le Spectateur français*, les critiques de *Romulus* et plus encore d'*Inès de Castro* s'intéressent à l'ensemble de la pièce et on ne trouve plus

20. D. Reguig-Naya note ainsi à propos de Valincour: 'ses critiques signalent le plus souvent une atteinte à la clarté'. C'est la nouveauté qui heurte et retient le critique à la lecture du roman: 'cette phrase est une espèce de langage tout nouveau, que je n'ay jamais veû ailleurs qu'içy'.
21. Jean-Antoine de Charnes, 'Préface', *Conversations sur la critique de 'La Princesse de Clèves'* (1679), éd. Françoise Weil (Tours, 1973), p.xx, nous soulignons.
22. Marivaux, *Réflexions sur l'esprit humain*, *JOD*, p.476.
23. 'On sait rendre raison du plaisir que l'on y trouve', écrit Marivaux à propos de la 'manière' de La Motte (*OJ*, p.964).

d'analyse de vers ponctuels. Marivaux revient à l'analyse microstructurale, pour les besoins de la démonstration, dans la feuille 6 du *Cabinet du philosophe* avec la maxime de La Rochefoucauld. A la fin de ce dernier commentaire, il élit trois critères pour le jugement critique.[24] La clarté, définie comme devoir de l'écrivain en 1719, est le premier; vient ensuite l'examen de la 'quantité': pouvait-on dire la même chose en 'moins d'idées' ou 'moins de mots', 'sans rien ôter de sa finesse, et de l'étendue du vrai qu'elle embrasse'? L'ultime critère est celui de la vérité: 'l'objet qu'elle peint, regardé dans ce sens-là, est-il conforme au portrait qu'elle en fait?' (*JOD*, p.387). L'élargissement du commentaire du vers à l'œuvre entière est à l'image d'une conception de la critique qui doit précisément se défaire du rigorisme des mots, hérité d'une conception grammairienne de la langue, pour se tourner vers la 'pensée de l'auteur', pour reprendre l'expression de l'abbé de Charnes, s'ouvrir à la poétique et à l'esthétique pour utiliser nos concepts contemporains.

Si le premier devoir de l'écrivain est la clarté, le premier devoir du critique est bien d'en faire état. On a montré que le verbe *compter* choisi par Crébillon dans le vers de *Sémiramis* permettait à Marivaux de montrer que le choix d'un mot est commandé par le souci d'exprimer la pensée avec le plus de justesse possible. Et nous citions la conclusion de la démonstration: 'en un mot, c'est une façon de penser qui met en image courte et vive le mépris généreux qu'il a pour cet avantage' (*JOD*, p.54). L'"image" désigne ici une exposition claire de la pensée, on ne peut dire que le verbe 'compter' soit une métaphore ni ne relève vraiment d'un emploi néologique: les dictionnaires de l'époque donnent d'ailleurs des sens abstraits pour ce verbe parfaitement conformes à l'emploi de Crébillon.[25] C'est peut-être même le commentateur qui ajoute l'image (celle du calcul) où elle n'est pas forcément. Ce glissement du sens abstrait du mot 'image' comme exposition transparente de la pensée ou de l'idée, à celui d'imagination,[26] voire de tableau rhétorique est encore plus sensible dans le commentaire de deux vers extraits de l'*Iliade*

---

24. Marc Escola montre que Marivaux fonde 'une pratique du commentaire': 'le postulat d'un lien nécessaire entre pensée et expression ne revêt dans cette sixième feuille du *Cabinet du philosophe* un tour radical que parce qu'il est une exigence propre du commentateur' ('"Une singularité d'esprit et conséquemment de style": de Montaigne à La Bruyère et de Pascal à Marivaux', *Littératures* 137, mars 2005, p.93-107, ici p.107).
25. Pour le verbe 'compter', Furetière donne: 'tenir compte de' dans *Dictionnaire universel; contenant generalement tous les mots françois tant vieux que modernes, et les termes de toutes les sciences et des arts, sçavoir...* recueilli et compilé par feu Messire Antoine Furetière, 3 vol. (La Haye et Rotterdam, Arnout et Reinier Leers, 1690); le *Dictionnaire de l'Académie française* (1694): 'réputer, estimer'.
26. Voir Eloïse Lièvre, 'Imaginations, images, image de la pensée (Préface de *L'Homère travesti*, 1716 – *Pensées sur différents sujets*, 1719)', dans *Marivaux et l'imagination*, éd. Françoise Gevrey (Toulouse, 2001).

de La Motte, dans la préface de *L'Homère travesti*. Anne Dacier souligne le ridicule des vers suivants:

> La mer blanchit d'écume, et l'horrible tempête
> Des pâles matelots environne la tête.

Marivaux en défend la parfaite cohérence. Le premier vers donne 'une courte et juste image de la tempête', c'est l'expression utilisée pour le vers de Crébillon. En revanche, le second 'nous peint l'effet dans les matelots d'une *manière* qui représente merveilleusement leur effroi' (*OJ*, p.971, nous soulignons). C'est cependant moins la manière qui est développée que le 'merveilleux' du tableau en question: 'l'obscurité de l'air dans une tempête, les éclairs, la foudre qui gronde, les vents qui soufflent avec mugissement, sont comme un cercle de terreur qui environne la tête des matelots'. Le mot juste est donc expliqué par une hypotypose rhétorique et par une comparaison qui ajoute elle-même une image: le cercle de terreur. Il s'agit alors moins d'exprimer clairement que de 'sentir' le désordre dans lequel se trouvent les matelots: 'tout cela se sent dans ce vers'. Le vers est d'ailleurs répété, sans doute pour que le lecteur le relise enrichi du commentaire. C'est alors à une hyperbate que l'on doit le rappel de la thèse de départ: le mot est bien choisi parce qu'il est 'une idée magnifique' (p.972).

On comprend néanmoins, et ce sera encore plus clair avec l'analyse des pièces de Crébillon et La Motte, que la fonction du commentaire est double: prouver le juste choix du mot par l'écrivain certes, mais aussi en 'développer' tout le contenu, peut-être inaccessible à un lecteur qui, comme Anne Dacier n'y verrait que laideur et ridicule. La critique de la scène de la surprise d'Hector, dans la même préface, nous conduit plus précisément vers l'idée d'un commentaire qui serait déploiement du sens plus que critique normative. Anne Dacier compare cette scène inventée par La Motte à une scène de comédie italienne jouée par Arlequin et Scaramouche dont le dénouement se lirait dans les vers suivants:

> Hector soupire; il semble, à son air abattu,
> Qu'en le désabusant, Patrocle l'a vaincu.

Après avoir souligné, non sans ironie, 'l'art de travestir' de l'éminente helléniste, Marivaux affirme que la comparaison de Dacier peut avoir 'quelque rapport' avec la surprise d'Hector selon le principe que 'les plus belles choses peuvent en avoir avec de très petites; les plus sérieuses avec les plus comiques' (*OJ*, p.973). Arlequin comme Hector sont désabusés, cependant l'un fait rire et l'autre inspire 'un noble intérêt'. La différence s'explique par les 'circonstances', pas seulement parce que Patrocle ne vaut pas Achille mais plus subtilement parce que la surprise d'Hector touche moins en tant que telle que par l'"image' (le mot est récurrent) qu'elle donne d'Achille lui-même, pourtant absent de la scène: 'les efforts de l'un et de l'autre [Hector qui croit combattre contre Achille, Patrocle qui s'en rend digne] m'ont fait un portrait vif d'Achille dont l'idée agissait sur les deux combattants. [...] Le combat même a eu quelque chose de plus sensible que si Achille eût combattu lui-même' (p.974). On voit comment progressivement le commentaire enrichit la lecture des vers incriminés, répétés comme dans l'exemple précédent. La première occurrence de la citation servait de conclusion au travestissement italien de Dacier; la deuxième occurrence vient souligner l'idée du 'chagrin' d'Hector quand il découvre Patrocle et donc la 'triste différence' entre Patrocle et le héros qu'il croyait combattre. La troisième répétition vient 'illustrer' l'idée de la grandeur d'Achille, qui donne tout son sens à la surprise d'Hector et sanctionne le contresens de Dacier. Le commentaire de la surprise d'Hector 'développe' ou 'déploie' la pensée pour utiliser des verbes fréquents sous la plume de Marivaux. Il faut ajouter que ce commentaire est par ailleurs parfaitement cohérent avec le dessein de La Motte tel qu'il est exposé dans le *Discours sur Homère*: la grandeur et la colère d'Achille sont le sujet, digne d'admiration, de l'épopée d'Homère. Le commentaire rend donc compte finalement de la vérité des choix de l'écrivain, conformes à son dessein.

Marivaux en donne encore un exemple dans *Sur la pensée sublime*, lorsqu'il compare le commentaire de la tirade de Zénobie par un homme délicat, capable de percevoir la leçon de vertu adressée à Rhadamiste, avec celui de l'homme ordinaire. L'écrivain définit l'interprétation de l'homme délicat comme un 'développement de principes', alors que l'homme grossier n'a saisi qu'une vérité 'sans extension': les 'finesses de traits' ne se 'développent point en lui'. L'homme épais est cependant doté d'un 'sentiment d'instinct' qui lui permet de *sentir* la vérité de ce que décrit le poète, ce sentiment 'porte instruction sans clarté', c'est un 'sentiment non déployé' que l'homme délicat, le bel esprit aide à développer, par le commentaire notamment (*JOD*, p.71). Ce déploiement du sens pourrait bien alors relever d'une forme de marivaudage critique: la lecture fine et approfondie, développée, donne sens à ce qui pourrait sembler commun.[27]

Le commentaire est aussi le lieu d'un renouvellement des catégories critiques traditionnelles. C'était déjà l'objet des discours sur la clarté et le sublime, catégories éminemment classiques. On retrouve l'engagement de Marivaux auprès des Modernes, qui explique sans doute le choix des écrivains commentés: Moderne militant (La Motte) ou auteur tragique contemporain (Crébillon). Les commentaires montrent en quelque sorte

---

27. C'est dans ce sens que j'avais proposé de définir le marivaudage à l'œuvre dans *La Surprise de l'amour*, ' "Cette éternelle surprise de l'amour": aux origines du marivaudage?', *Coulisses* 34 (2006), p.123-38.

en acte la nécessité et la fécondité de ce renouvellement. La pertinence n'est plus conformité aux règles et aux attentes du public mais un inédit assemblage de termes,[28] qui rend la chose plus 'vivement intelligible' (*JOD*, p.54) et crée un nouveau plaisir qui lui-même viendra valider le choix de l'écrivain.[29] Les commentaires des textes de La Motte et de Crébillon proposent, pour leur part, une redéfinition de la convenance.

Dans *Sur la pensée sublime*, le commentaire des trente-quatre vers extraits de l'*Electre* de Crébillon n'a plus seulement pour fonction d'expliciter le sens et de 'rendre raison' des choix lexicaux d'un écrivain, mais bien de juger d'un ensemble qui relève de ce que Marivaux appelle à plusieurs reprises la 'continuité'. Après avoir identifié la tirade d'Electre comme 'sublime continu', l'écrivain s'adresse directement au lecteur en lui demandant d'abord d'imaginer la situation d'Electre afin de 'confronter [...] ce qu'elle *doit* dire à ce qu'elle dit ici' (nous soulignons). Ce n'est donc pas ce qu'elle dit effectivement qui est objet de commentaire mais ce 'qu'elle doit dire'. L'aune du jugement n'est plus la raison, encore moins la grammaire ou l'usage: 'mettez-vous à sa place et essayez votre âme à ses discours' (*JOD*, p.62). Il nous est demandé de juger si les mots d'Electre conviennent à la situation dans laquelle elle se trouve, et plus précisément à l'expérience que le lecteur pourrait avoir de cette situation. Cette expérience est peut-être moins celle de son imagination, ou d'une identification avec le personnage, que cette 'science du cœur humain' universellement partagée que l'abbé de Charnes élisait déjà comme critère de réussite de l'œuvre de Mme de Lafayette. Voilà une 'convenance' qui ne doit plus rien aux règles normatives. Ce n'est pas tant le discours d'Electre qui est jugé que son âme: c'est son âme qui est ingénieuse 'comme Electre infortunée *doit* l'être, et non comme le poète aurait dû la rendre' (p.62).

Dans la vingtième feuille du *Spectateur français*, la critique d'*Inès de Castro* reprend les points précédents. L'intérêt de la pièce vient moins des faits relatés dans la tragédie que 'de la manière de les traiter' et de leur continuité (*JOD*, p.226). Cette remarque rejoint la définition du quatrième type de sublime tragique décrit à l'aide de *Rhadamiste et Zénobie* en 1719: les détails les plus indifférents ne sont pas exempts de sublime, ce qui permet la continuité de la tragédie. Dans *Le Spectateur français*,

---

28. Marivaux y revient dans la sixième feuille du *Cabinet du philosophe*: la finesse d'une pensée ne peut s'exprimer 'qu'en approchant des mots, des signes qu'on a rarement vus aller ensemble', par 'un assemblage d'idées et de mots très rarement vus ensemble', une 'union "singulière" ' (*JOD*, p.386).
29. Sur la pertinence revue par les Modernes, voir mon article: 'Les réécritures modernes du bouclier d'Achille: l'inavouable pertinence d'un modèle inconvenant (Lesage, La Motte, Marivaux)', dans *Impertinence générique et genres de l'impertinence du XVIe au XVIIIe siècle*, éd. Isabelle Garnier-Mathez et Olivier Leplâtre (Paris, 2012).

Marivaux précise que cette continuité vient de la capacité de l'âme de l'auteur à 'se pénétrer jusqu'à un certain point des sujets qu'elle envisage'. Il s'agit d'une 'profonde capacité de sentiments', mais aussi d'une capacité 'd'ajustement' (p.226). On retrouve ici les arguments défendus dans la critique d'*Electre*: la compréhension presque empathique des personnages et le juste point de clarté qui permet au spectateur d'y participer. Le critique d'*Inès de Castro* explique les choix de l'auteur, il n'y a pas d'analyse de vers comme dans les autres commentaires, l'idée compte plus que les mots. Il justifie, par exemple, 'l'étourderie apparente' de l'aveu de Don Pèdre, qui révèle son amour pour Inès alors qu'il était convenu entre eux que cet amour restât secret, par la loi supérieure de la passion et de l'intérêt de celle qu'il aime. Le commentaire développe les raisons du Prince qui, de fait, ne sont pas claires dans la pièce: 'voilà les idées en conséquence desquelles sa passion inquiète lui fait négliger une convention qu'un auteur ordinaire aurait cru sacrée' (*JOD*, p.228). La convenance à la logique de la passion est supérieure à la convention; la vérité s'obtient aux dépens de la norme.

De la critique d'*Electre* à celle d'*Inès de Castro* s'éprouvent donc les critères d'un juste commentaire critique que nous tirions de la sixième feuille du *Cabinet du philosophe*: la clarté, la quantité, la vérité. C'est finalement moins la clarté, défendue dans le discours de 1719, que la vérité qui permet de rendre compte des choix, stylistiques et poétiques, de l'écrivain et qui justifie la quantité. Cette vérité n'est pas celle de la grammaire, parce qu'elle autorise les 'assemblages extraordinaires', ni celle des règles. Le commentaire peut alors être le lieu d'une redéfinition des critères, nécessaire lorsque l'on se confronte à la finesse de l'expression. Le critique s'en remet pour cela à son 'sentiment' de spectateur ou de lecteur, nous conduisant sur la voie d'une 'subjectivation' de la critique, pour reprendre un terme de la théorie contemporaine du style et de la lecture. Le commentateur d'*Electre* donne lui-même la limite possible de son commentaire: 'j'aime le sentiment, Madame' (*JOD*, p.65). Une forme d'empathie, d'identification prend peut-être la place du véritable commentaire: Marivaux en lecteur de Malebranche connaît la puissance contagieuse des 'imaginations fortes'.[30] Le meilleur critique serait-il donc 'moi'? La (brève) critique de *Romulus* fondée sur l'anaphore 'j'aimais' (p.123) ou les remarques à propos d'*Inès de Castro*: 'Que j'aime alors à voir la passion de ce prince' (p.228), 'oui je l'avoue Constance m'a charmé' (p.230), vont dans ce sens. Il ne s'agit pas pour autant d'une critique subjective, puisque le moi est capable de 'rendre raison' de son plaisir, indépendamment de toute critique extérieure comme l'explique

---

30. Voir sur ce point et sur le sublime tel qu'il est redéfini par Marivaux, Jean-Philippe Grosperrin, 'Des tours séduisants de l'imagination: Marivaux et le sublime tragique', dans *Marivaux et l'imagination*, éd. Françoise Gevrey (Toulouse, 2001).

la septième feuille du *Spectateur français*: 'je lis le livre, et le jugement que j'en forme m'appartient à moi, à mes lumières sûres ou non sûres, sort pur de toute prévention, et est à moi, tout comme si j'étais seul au monde' (p.148). Le repli sur le 'moi' est celui d'un bel esprit capable de goûter la finesse et de comprendre que l'esprit déployé par l'écrivain est l'image exacte des pensées, que le plan d'une tragédie répond à un dessein concerté et original, n'en déplaise aux défenseurs des conventions 'sacrées'. Le commentaire d'*Electre*, comme l'appréciation de l'esprit d'un La Motte, ne peuvent en effet venir que d'un 'homme délicat' capable de 'porter sa vue et son sentiment plus loin que l'homme ordinaire' (p.67).

Faut-il voir une limite: les beautés de la tragédie ne seraient accessibles qu'aux esprits fins? Sans doute, mais c'est aussi la fonction du commentateur, s'il est doté de cet esprit fin, que de permettre aux lecteurs d'accéder aux pensées du personnage ou de l'écrivain; de voir dans la surprise d'Hector la grandeur d'Achille et dans la tirade d'Electre, le portrait de l'âme dans toutes ses contradictions. Le commentateur est peut-être alors ce 'spectateur supérieur' qui 'sans avoir le goût général au degré de capacité qu'il faut pour être auteur, l'aura du moins au degré qu'il faut pour sentir le vaste génie de l'auteur' (*JOD*, p.70). Le moi du lecteur ou du spectateur et celui de l'écrivain finissent par se confondre, la lecture devient une expérience partagée.

Le marivaudage comme pratique du style pourrait donc bien être une 'forme maîtresse', au sens de Montaigne, qui rend compte du 'geste naturel' de l'écrivain, de son 'caractère d'esprit', et consiste à 'se ressembler fidèlement à soi-même' (*JOD*, p.149). La manière d'écrire s'accomplit dans une expérience de lecture, elle-même singulière et compétente. La pratique du commentaire montre qu'il faut 'mériter d'être lecteur', savoir distinguer la finesse du style, et donc de la pensée, pour ne pas être dupe du faux brillant.[31] Concept polémique à l'origine, synonyme d'excès de raffinement, le marivaudage conçu comme une *pratique* du style, une *manière* nécessairement singulière, peut rester un concept opératoire. L'application d'un tel concept au commentaire critique montre qu'il ne concerne pas seulement le geste créateur mais s'appuie sur l'acte de réception: le lecteur ou le spectateur est finalement celui qui rend raison des choix de l'écrivain, en vertu d'une expérience partagée, cette 'science du cœur humain' qu'en retour la lecture lui permettra de développer.

---

31. L'Indigent philosophe lance cet appel inquiet: 'Est-ce qu'il y a des lecteurs dans le monde? je veux dire des gens qui méritent de l'être' (*JOD*, p.317).

L'union du renard et de la cigogne: hybridité et préciosité moderne chez Marivaux

SARAH BENHARRECH

'Avouer ce que l'on ne veut même pas s'avouer, exprimer ce que personne n'a jamais su exprimer auparavant, tels sont les deux aspects fondamentaux du marivaudage.'[1] Frédéric Deloffre donne ce premier élément de définition dans sa magistrale étude publiée en 1955, pour un marivaudage qu'il explore, en amont, dans le terreau de la préciosité, et en aval, dans son acception actuelle de dialogue.[2] F. Deloffre s'est toutefois imposé de ne considérer le marivaudage que comme pur langage, voire comme une essence, esquivant par ce biais, selon Jean Goldzink, le comique et le burlesque d'une pratique dramatique 'inclassable'.[3] En outre, F. Deloffre a formulé les innovations des Modernes en nouvelle préciosité pour leur reconnaître surtout des enjeux stylistiques, perpétuant en quelque sorte le point de vue critique de Desfontaines, pourfendeur de la néologie.[4] Dans les toutes dernières pages de son analyse, F. Deloffre nous invite cependant à nous interroger sur la portée épistémologique de ce style innovant: 'Le marivaudage est encore, en un autre sens non moins valable, une forme d'investigation psychologique et morale. Des observations jamais encore faites exigeaient des termes nouveaux.'[5] Il nous semble intéressant de poursuivre cette amorce, mais dans son versant culturel et anthropologique, afin de revoir l'apport des Modernes dans la circulation des idées entre sciences et belles-lettres et d'examiner un élément-clef de leur programme, à savoir, apporter en littérature un changement de paradigme à l'image de ce qui s'était fait dans les sciences à la suite de

---

1. F. Deloffre, *Une préciosité nouvelle*, p.8.
2. 'Qui dit de nos jours marivaudage pense à un dialogue. Cette acception inconnue du XVIIIe siècle constitue par elle-même une sorte d'hommage à un maître du style dramatique' (*Une préciosité nouvelle*, p.499).
3. Jean Goldzink, 'Qu'est-ce que le marivaudage?', p.96. Outre cette analyse fondamentale, on lira avec profit celle que donne Jean-Paul Sermain dans 'Le "marivaudage", essai de définition dramaturgique'.
4. Nous renvoyons aux remarques de Catherine Gallouët, dans les pages du présent recueil (p.47-58), sur le marivaudage comme prisme réducteur à travers lequel les contemporains de Marivaux se sont obstinés à vouloir lire l'ensemble d'une œuvre pourtant riche et variée.
5. F. Deloffre, *Une préciosité nouvelle*, p.500.

Descartes, quitte à devoir bousculer les idées reçues et à refuser ce que les disciplines peuvent avoir de disciplinaires. Notre objectif sera de reconsidérer le projet de Marivaux à la lumière de la remarque de D'Alembert, qui avait vu en lui un 'hérésiarque en littérature'.[6] Nous proposons de comprendre le 'marivaudage' comme une 'poétique du savoir', issue d'une posture décidément moderne, qui rejette les contraintes de genre et de discipline. Nous aurions pu mesurer la perméabilité des domaines du savoir en relevant les termes, qui vont et viennent, sans égard pour les limites des disciplines, à l'instar du mot 'volatil' dont Pierre Saint-Amand avait mis en lumière l'ascendance chimique.[7] Nous aurions pu tout aussi bien examiner les ramifications des mots 'rapports', 'sympathie', ou encore 'développement', etc. Notre démarche sera ici de revisiter les postulats esthétiques qui sous-tendent le projet néologique de Marivaux et son rejet de la composition méthodique, afin de voir comment ces deux aspects témoignent d'un ethos de 'poète-philosophe' et d'une anthropologie de l'hybride.

Au début du dix-huitième siècle, la figure du scientifique n'est pas encore clairement distinguée de celle de l'érudit ni de celle du bel esprit.[8] Belles-lettres et sciences sont, à l'aube des Lumières, un 'organisme bicéphale et siamois' selon Frédéric Charbonneau.[9] Dans le couple que forment les belles-lettres et les sciences dans le premier dix-huitième siècle, les relations sont toutefois tumultueuses et le partage des tâches, déséquilibré. Furetière, dans son *Dictionnaire universel*, avait poussé l'audace jusqu'à nier le bien-fondé de l'existence des lettres. 'On appelle, avait-il déclaré, *lettres humaines*, ou les *belles-lettres*, la connaissance des poètes, et des orateurs. Les vraies *belles-lettres* sont la physique, la géométrie, et les sciences solides.'[10] L'attaque, frontale, était rude car Furetière réfutait le fait que les belles-lettres puissent donner de l'homme un quelconque savoir digne d'intérêt. D'autres essaient de les sauver, en leur attribuant le rôle secondaire de magasin d'ornements, mais peut-être ces derniers ont-ils contribué, plus que les autres, à précipiter la chute des lettres dans l'inanité du frivole. Ainsi, on demandera à la philosophie de produire des pensées nouvelles, mais

---

6. D'Alembert, *Eloge de Marivaux*, dans *Œuvres philosophiques, historiques et littéraires*, éd. J.-F. Bastien, 18 vol. (Paris, 1805), t.10, p.212.
7. Pierre Saint-Amand, 'Marivaux ou les surprises de la paresse', *Dix-huitième siècle* 37 (2006), p.549-60.
8. Voir Bruno Belhoste, *Paris savant: parcours et rencontres au temps des Lumières* (Paris, 2011), et Claire Salomon-Bayet, *L'Institution de la science et l'expérimentation du vivant* (1978; éd. revue et augmentée, Paris, 2008), en particulier, p.115-16.
9. Frédéric Charbonneau (éd.), *L'Art d'écrire la science: anthologie de textes savants du XVIIIe siècle français* (Rennes, 2006), p.5.
10. Antoine Furetière, 'Lettres', dans *Dictionnaire universel*, t.2.

l'on se contentera d'aller puiser dans les belles-lettres les ornements de ces mêmes pensées.

Dans l'article 'Lettres' de l'*Encyclopédie*, le chevalier de Jaucourt évoque, certes, une collaboration mais il donne aux hommes de science l'ascendant sur leurs confrères littéraires: 'si les belles-lettres prêtent de l'agrément aux sciences, les sciences de leur côté sont nécessaires pour la perfection des belles-lettres' qui, continue-t-il, seraient autrement 'condamnées à une éternelle enfance'.[11] D'autres encore tentent de sortir les lettres de l'insignifiance à laquelle elles semblent désormais condamnées. L'abbé Forest s'évertue à prouver la préséance des belles-lettres vis-à-vis des sciences, mais il est près de s'avouer vaincu dès les premières lignes de son discours: 'L'esprit d'analyse et de calcul règne avec tant d'empire dans notre siècle que toute étude qui n'a pas quelque rapport aux sciences exactes, passe en général pour inutile.'[12] La tendance semble donc irréversible; elle est même accélérée par des rivalités institutionnelles dont témoigne La Nauze en 1735. Le membre de l'Académie des inscriptions ne peut que prendre acte des malentendus qui ébranlent la stabilité d'un ménage, voué au divorce: 'Le goût décidé qu'on a pour l'étude qu'on cultive, est souvent une prévention contre un genre d'étude opposé. Il peut donc arriver que l'homme de lettres et celui qui s'applique aux sciences, ne sentiront point le mérite de leurs travaux respectifs.'[13]

A l'encontre de cette opinion communément répandue, non seulement Marivaux réaffirme avec force la nécessité de cette alliance, mais il adopte une position encore plus radicale – et symétriquement opposée à celle de Furetière – lorsqu'il déclare que l'homme de lettres *est* homme de science. Cette opinion reflète l'engagement d'une vie. Il en fait part en 1717 dans les *Lettres sur les habitants de Paris*, puis en 1749 dans son essai philosophique des *Réflexions sur l'esprit humain à l'occasion de Corneille et de Racine*. Dans ces deux textes, qui bornent toute la carrière littéraire de Marivaux, l'auteur récuse tout d'abord l'assertion selon laquelle les philosophes et géomètres sont supérieurs aux beaux esprits. Au contraire, si on les compare, on verra que le géomètre avance d'un pas lourd dans ses raisonnements tandis que le bel esprit est 'un architecte né, qui, méditant un édifice, le voit s'élever à ses yeux dans

---

11. 'Sciences, (connaissances humaines)', dans *Encyclopédie, ou Dictionnaire raisonné des sciences, des arts et des métiers par une société de gens de lettres*, éd. Jean Le Rond D'Alembert et Denis Diderot, 35 vol. (Paris et Neufchâtel, 1751-1780), t.14, p.788.
12. 'Discours qui a remporté le prix, par le jugement de l'Académie des jeux floraux, en l'année 1753, sur ces paroles: combien les sciences sont redevables aux belles-lettres. Par M. l'abbé Forest, de Toulouse, bachelier de Sorbonne', *Mercure de France* (août 1753), p.47.
13. La Nauze, 'Des rapports que les belles-lettres et les sciences ont entre elles' (19 avril 1735), dans *Mémoires de littérature, tirés des registres de l'Académie royale des inscriptions et belles-lettres*, t.13 (Paris, imprimerie royale, 1740), p.372.

toutes ses parties différentes; il en imagine et en voit l'effet total par un raisonnement imperceptible et comme sans progrès'.[14] Puis Marivaux s'attache à démontrer l'équivalence de leurs productions. 'A entendre fastueusement prononcer le nom de philosophe, qui ne croirait que son esprit est d'un autre genre que celui du bel esprit? L'homme, pour l'ordinaire, est cependant leur objet commun. En quoi diffèrent-ils donc? *C'est que l'un traite ce sujet dans un poème, dans une ode; l'autre le traite dans un corps de raisonnement qu'on appelle système.*'[15]

Marivaux revendique pour les beaux esprits une compétence dans cette science de l'homme égale, voire supérieure à celles des géomètres, de même qu'il refuse de donner plus de poids aux équations qu'aux odes. Notre auteur n'a pas l'intention d'embellir la physique des ornements de la poésie, pas plus que de géométriser les belles-lettres. Marivaux conçoit la littérature comme une poétique du savoir, capable, comme nulle autre discipline, d'instruire les hommes et de transmettre les productions qu'engendre l'esprit humain à travers les siècles. Le bel esprit, que Marivaux définit comme 'philosophe qui fait un poème ou une ode', anticipe le 'poète philosophe' de Fontenelle.[16] Le chef de file des Modernes encouragera également à 'pénétrer plus avant dans la nature' des choses et à introduire des 'réflexions d'une certaine espèce, qui n'appartiennent pourtant pas uniquement à l'école philosophique'.[17]

A la lumière de la position radicale de Marivaux, on comprend mieux l'attrait qu'a dû exercer sur lui l'argumentaire des Modernes impliqués dans la Querelle d'Homère. Cet épisode de la Querelle des Anciens et des Modernes a pour particularité d'être une entreprise conjointe d'hommes de lettres et d'hommes de science unis dans l'intention de développer, sur le modèle revendiqué de la réfection des sciences par Descartes, une nouvelle culture qui dépasse par son ampleur la question d'une poétique autorisée par la raison. Bâtie sur le principe esthétique du burlesque et de l'irrespect cultivé envers les icônes du passé, cette querelle engage penseurs et auteurs à fonder une nouvelle littérature. Certains critiques

---

14. 'Le bel esprit, en un mot, est doué d'une heureuse conformation d'organes, à qui il doit un sentiment fin et exact de toutes les choses qu'il voit ou qu'il imagine; il est entre ses organes et son esprit d'heureux accords qui lui forment une manière de penser' (Marivaux, *Lettres sur les habitants de Paris*, dans *JOD*, p.34.
15. Marivaux, *JOD*, p.34, nous soulignons.
16. Bernard Le Bouyer de Fontenelle, *Sur la poésie, en général*, dans *Rêveries diverses: opuscules littéraires et philosophiques*, éd. Alain Niderst (Paris, 1994), p.68. Fontenelle a rédigé son texte en 1740 et l'a publié en 1750.
17. Selon Paul Dupont, Fontenelle avait activement œuvré à la réconciliation des lettres et des sciences: 'L'homme qui avait préparé le rapprochement des sciences et des lettres, ce commerce intime et ce mélange de l'esprit littéraire avec l'esprit scientifique, c'était l'ami, le maître et le modèle de La Motte, c'était Fontenelle' (*Un poète au commencement du XVIIIe siècle: Houdar de La Motte, 1672-1731*, Paris, 1898, p.15).

ont vu dans la Querelle d'Homère un échange entre philologues et rationalistes et ont condamné l'"hypertrophie de la raison critique' parmi les émules de Fontenelle,[18] coupable selon Marc Fumaroli, d'avoir étendu 'l'autorité de la méthode géométrique jusque dans la poésie et la morale' (p.188). Il est vrai que, parmi les accointances de Houdar de La Motte, figurent de nombreux géomètres. Le poète retrouve Maupertuis, Saurin et Nicole au café de la Veuve Laurent puis au Gradot.[19] Cette confluence d'hommes de sciences et d'hommes de lettres nous mène à penser que la Querelle d'Homère dépasse donc le simple fait d'un débat entre beaux esprits rationalistes et érudits esthètes. Pour ce qui nous occupe, c'est l'épisode peut-être le plus marquant de cette éphémère alliance des hommes de science et des hommes de lettres, unis dans l'assaut concerté de la forteresse homérique.

Il fallait beaucoup d'irrespect, et assez d'humour, pour renverser les murs de l'épopée et l'on pourrait se demander pourquoi le pauvre rhapsode a fait les frais de cette controverse, si Mme Dacier n'avait exigé de ses lecteurs qu'ils fussent éblouis par la grandeur d'Homère, sans discuter les fondements de cette vénération. Proposant de réformer la littérature et de la sauver des fables et des cultes qui la pétrifient dans une admiration qu'ils trouvent stérile, les Modernes proposent une révolution modelée sur la transformation des sciences physiques. A cette intention, Terrasson déclare dans les toutes premières lignes de son examen de *L'Iliade*: 'Ma vue principale est de faire passer jusqu'aux belles-lettres cet esprit de philosophie, qui depuis un siècle a fait faire tant de progrès aux sciences naturelles.'[20] Une fois l'autorité de l'auteur réaffirmée dans la maîtrise d'une langue dont il postule la transparence, une fois le carcan de la tradition détruit, s'ouvre alors un champ illimité de possibles. La Motte célèbre l'invention poétique ainsi ré-enchantée:

> Que de terres encor restent à découvrir!
> La fiction sur tout est un pays immense:
> On ira loin, pourvu qu'on pense.
> Les chemins manquent-ils? C'est à nous d'en ouvrir.
> Imaginons des faits; créons des personnages.[21]

Subversion, philosophie, fertilité universelle, tous ces éléments constitutifs du discours et de la pensée des Modernes, se retrouvent,

---

18. Marc Fumaroli, 'Les abeilles et les araignées', dans *La Querelle des Anciens et des Modernes*, éd. Anne-Marie Lecoq (Paris, 2001), p.205.
19. Boindin en parle comme 'le rendez-vous de tous les jeunes gens qui avaient du talent pour la poésie, l'éloquence, les sciences exactes ou les arts', dans *Œuvres de M. Boindin*, 2 vol. (Paris, Prault fils, 1753), t.1, p.33.
20. Jean Terrasson, *Dissertation critique sur l'Iliade d'Homère*, 2 vol. (1715; Genève, 1971), t.1, p.iii.
21. Antoine Houdar de La Motte, *Fables nouvelles dédiées au roi, avec un discours sur la fable* (Paris, Grégoire Dupuis, 1719), p.213-15.

éparpillés, dans l'œuvre de Marivaux. Dans la Préface de *L'Homère travesti*, notre auteur condamne les 'dévots' dont il dénonce le 'zèle' intempestif et le 'culte' qu'ils vouent au 'divin Homère'.[22] Blâmant leur enthousiasme, Marivaux poursuit son geste iconoclaste dans *Le Spectateur français*, en imaginant qu'une 'feuille de l'homme divin avait servi à envelopper des denrées d'épicier'.[23] Il reproche au culte d'Homère d'anéantir tout germe d'invention. Amèrement, il constate que 'pourvu qu'on adore Homère, Virgile, Anacréon, etc., on peut avoir de l'esprit, tant qu'on pourra; les amateurs des Anciens ne vous le reprocheront pas' (p.146).

En 1748, dans *Le Miroir*, Marivaux revendique toujours l'appartenance aux Modernes quand il loue Descartes pour avoir 'détruit cette ancienne idole de notre ignorance' (*JOD*, p.536). Optimiste, il voit, dans le temps, un processus d'accumulation des connaissances, auquel ne font rien les ruptures de l'histoire. Confiant dans l'avenir, Marivaux déclare avoir vu, dans *Le Miroir*, 'que l'accroissement de l'esprit est une suite infaillible de la durée du monde' et il en tire une conception de la perfectibilité de la nature humaine (p.549). Au tout est dit et l'on vient trop tard, il rétorque: 'Et de même qu'on n'a pas encore trouvé toutes les formes dont la matière est susceptible, l'âme humaine n'a pas encore montré tout ce qu'elle peut être; toutes ses façons possibles de penser et de sentir ne sont pas épuisées' (p.548). L'histoire est jeune et la nature, fertile. 'Non, monsieur, la nature n'est pas sur son déclin, du moins ne ressemblons-nous guère à des vieillards, et la force de nos passions, de nos folies, et la médiocrité de nos connaissances, malgré les progrès qu'elles ont faits, devraient nous faire soupçonner que cette nature est encore bien jeune en nous' (p.546). Cette nature, dont le naturel de l'auteur est une efflorescence, est à la fois le magasin de toutes les idées passées et le laboratoire où s'élaborent toutes les promesses d'idées. Or, l'ordre de la nature arrange également celui de nos pensées selon un principe d'isomorphie entre les représentations de l'imaginaire et la logique interne qui préside au fonctionnement de la nature. Ainsi, les imprécations de Marivaux contre la composition qui déforme la configuration naturelle de l'esprit, débordent du cadre de l'esthétique et prennent un tour philosophique puisque les contraintes affectent également notre compréhension de la nature.

Voir et dire cette nature exigent de nouveaux outils, de nouvelles idées, ingrédients du marivaudage comme 'poétique du savoir'. A cet égard, la piste indiquée par Carsten Meiner, qui a récemment défini le 'marivaudage conceptuel' comme 'flexibilité, voire expérimentation,

---

22. Marivaux, *L'Homère travesti ou l'Iliade en vers burlesques*, dans *OJ*, p.964-67.
23. Marivaux, 9ᵉ feuille, *Le Spectateur français*, *JOD*, p.159.

déambulation en marge des contraintes génériques', nous semble prometteuse.[24] Souvent accusé de préciosité, Marivaux rejette l'idée que le style soit un phénomène purement linguistique et l'investit d'une visée cognitive, comme l'a évoqué très justement dans ce volume l'étude de Christelle Bahier-Porte (p.19-33). Le marivaudage a pour vocation de susciter une lecture qui épouse les méandres du moi, qui évoque l'implicite, qui accorde plus de valeur aux rapports entre les choses qu'aux choses elles-mêmes, en grossissant les plus petits détails d'une vie intérieure bousculée par l'expérience sensible. Le marivaudage s'offre comme une méthode naturelle qui permet de voir la nature dans ce qu'elle a de subtil, dans ses rapports délicats, dans la discontinuité apparente qui n'est, de fait, qu'un effet optique créé par le dogmatisme de la poétique traditionnelle.

> Regardez la nature (nous exhorte l'Indigent philosophe), elle a des plaines, et puis des vallons, des montagnes, des arbres ici, des rochers là, point de symétrie, point d'ordre, je dis de cet ordre que nous connaissons, et qui, à mon gré, fait une si sotte figure auprès de ce beau désordre de la nature; mais il n'y a qu'elle qui en a le secret, de ce désordre-là; et mon esprit aussi, car il fait comme elle, et je le laisse aller.[25]

Le spectre du système aux classifications artificielles pousse Marivaux à rejeter cet ordre plaqué sur une nature prolifère et diverse. Son indigent philosophe dresse l'histoire naturelle de son esprit et réclame une méthode non systématique. Souvenons-nous des traits qu'il lance contre l'écrivain qui ajoute au forfait d'être 'auteur' celui d'être 'méthodique':[26] 'qu'est-ce qu'un auteur méthodique? comment pour l'ordinaire s'y prend-il pour composer? Il a un sujet fixe sur lequel il va travailler; fort bien: il s'engage à le traiter, l'y voilà cloué; allons, courage: il a une demi-douzaine de pensées dans la tête sur lesquelles il fonde tout l'ouvrage.'[27] Le refus de la composition systématique s'avère donc être beaucoup plus qu'un simple souci esthétique car cette esthétique de la nonchalance engage une anthropologie évolutive et bigarrée de l'individu.

Marivaux se trouve pleinement en accord avec la démarche des scientifiques de son époque, conscients, eux aussi, que la structure et les objectifs de la méthode modifient les représentations discursives de la nature. Le désordre de la composition que revendique le *Spectateur français* dans ses feuilles périodiques, correspond à la volonté de se

---

24. Carsten Meiner, *Les Mutations de la clarté*, p.19.
25. Marivaux, *L'Indigent philosophe*, *JOD*, p.310.
26. Lire à ce propos l'analyse menée par Catherine Gallouët dans 'Spectateurs et écriture dans les *Journaux* de Marivaux', dans *Marivaux journaliste: hommage à Michel Gilot*, éd. Régine Jomand-Baudry (Saint-Étienne, 2009).
27. Marivaux, *L'Indigent philosophe*, p.311.

soustraire au système, le mot désignant en poésie, nous rappelle Furetière, 'une certaine hypothèse à laquelle le poète doit toujours se tenir'.[28] La méthode du hasard mise en place par les différents narrateurs des *Journaux*, requiert une écoute particulièrement attentive à soi, aux images produites par l'imagination, aux associations d'idées, dans un mouvement naturel que l'écrivain doit continuellement sauvegarder des tendances à la systématisation, sans cesse exigée par la critique.[29]

De même, Fontenelle, auquel on doit d'avoir été le premier l'inventeur de l'histoire des sciences en France, célèbre la modestie sceptique de ses confrères. Le secrétaire de l'Académie loue les académiciens des sciences pour avoir refusé le dogmatisme des systèmes en ne prenant 'la nature que par petites parcelles. Nul système général, de peur de tomber dans l'inconvénient des systèmes précipités, dont l'impatience de l'esprit humain ne s'accommode que trop bien, et qui étant une fois établis, s'opposent aux vérités qui surviennent.' L'anti-dogmatisme exige de recourir à une forme discursive discontinue dans laquelle les hommes de science, presque à leur insu, pratiquent une écriture de la variété et du fragment. 'Ainsi, ajoute Fontenelle, les recueils que l'Académie présente tous les ans au public, ne sont composés que de morceaux détachés, et indépendants les uns des autres, dont chaque particulier qui en est l'auteur, garantit les faits et les expériences, et dont l'Académie n'approuve les raisonnements qu'avec toutes les restrictions d'un sage pyrrhonisme.'[30]

Comme le remarque Simone Mazauric, l'auteur justifie le choix du fragment et des pièces détachées par sa volonté de s'abstenir d'établir un large récit qui poserait avec aplomb le pourquoi des choses.[31] Le discontinu est un outil critique, qui contraste avec l'arbitraire d'un ordre imposé à la nature. Un principe de composition primesautier, voire paratactique, est symptomatique d'une pensée anti-systématique pour Fontenelle comme pour Marivaux. La composition discontinue, parce qu'elle réfute non pas toute continuité, mais une continuité artificielle que l'autorité impose à l'esprit, se présente comme la forme discursive d'élection pour transmettre l'individualité de la pensée. Il

---

28. Furetière, 'Sisteme', dans *Dictionnaire universel*, t.3, p.734.
29. Comme le remarque Eloïse Lièvre, le rejet de la composition dénote dans l'esprit de Marivaux 'l'assimilation de la critique à la règle et en cela à l'esthétique classique de l'imitation' ('D'une Querelle à l'autre: l'auteur et le critique, une relation sociale et morale', dans *Critiques au 18ᵉ siècle*, éd. Malcolm Cook, Marie-Emmanuelle Plagnol-Diéval, Oxford, 2006, p.17).
30. Fontenelle, 'Préface sur l'utilité des mathématiques et de la physique et sur les travaux de l'Académie des sciences', dans *Histoire de l'Académie royale des sciences* (1699; Paris, 1732); dans *Œuvres complètes*, t.6 (Paris, 1994), p.49-50.
31. Simone Mazauric, *Fontenelle et l'invention de l'histoire des sciences à l'aube des Lumières* (Paris, 2007), p.105.

suffit de lire Maupertuis, pour voir à quel point l'adoption d'une pratique du décousu révèle l'ascèse d'une pensée qui rejette les tentations du système. Maupertuis dira ainsi que le format de la lettre convient mieux que le traité pour suivre les sinuosités de sa pensée, et conserver par là les hésitations et les contradictions qui sous-tendent les hypothèses et raisonnements de physique: 'je ne suivrai aucun ordre', annonce donc Maupertuis,

> je parcourrai les sujets comme ils se présentent à mon esprit: je me permettrai peut-être même jusqu'aux contradictions. Lorsqu'on fait un livre, on n'emploie que ce qui sert à prouver un système qu'on s'est formé; on rejette plusieurs pensées qui valaient celles dont on se sert, et qui auraient établi le contraire: c'est une espèce de mauvaise foi. Mes lettres seront le journal de mes pensées: je dirai sur chaque sujet ce que je pense au moment où j'écris; et quelles sont les choses sur lesquelles on doive toujours penser de la même manière? Elle sont en bien petit nombre: et je ne parlerai guères de celles-là.[32]

Restituer la pensée vivante, dans ce qu'elle a d'éphémère, d'insistant, d'éclatant et d'obscur, voilà un objectif commun qu'ont partagé Marivaux et Maupertuis dans des domaines différents. Le style primesautier leur semble également plus adapté pour un objet d'étude qui est moins considéré comme un tout que comme une multitude de facettes partielles et divergentes, s'épanouissant dans une succession d'instants présents.

Dans ce que John O'Neal a appelé 'la poétique de la confusion', règne le souci de se soustraire à l'explication générale, à la définition définitive, à la classification hâtive.[33] Maupertuis parachève dans les recommandations méthodologiques dont Fontenelle avait assuré la diffusion dans les éloges des membres défunts de l'Académie des sciences. Dans celui qu'il fait du naturaliste Denis Dodart, le Secrétaire perpétuel le loue de s'être abstenu de jugements précipités et de s'être livré à l'examen minutieux, et même fastidieux, de détails dans ses observations naturelles. Erigeant la patiente méthode de Dodart en programme de recherche de l'Académie des sciences, Fontenelle déclare à propos du défunt que dans ses tâtonnements,

> il s'agissait d'une longue recherche et d'une subtile discussion, et [M. Dodart] possédait au souverain degré l'esprit de discussion et de recherche. [...] Il est vrai que cette attention scrupuleuse qui ne croit jamais avoir assez bien vu, que ce soin de tourner un objet de tous les sens, en un mot que l'esprit de discussion est assez contraire à celui de décision; mais l'Académie doit plus

---

32. Pierre Louis Moreau de Maupertuis, *Lettres*, dans *Œuvres de Mr de Maupertuis*, t.2 (Dresde, George Conrad Walter, 1752), p.189-90.
33. Voir John C. O'Neal, *The Progressive poetics of confusion in the French Enlightenment* (Newark, DE, 2011).

examiner que décider, suivre attentivement la nature par des observations exactes, et non pas la prévenir par des jugements précipités.[34]

La parenté méthodologique et philosophique entre Marivaux et les scientifiques de son temps n'a pas échappé à l'historien des sciences Jacques Roger qui voit dans Marivaux un confrère littéraire de l'entomologiste Réaumur: 'Jamais écrivain n'a ressemblé plus que lui à un naturaliste [...] Nul romancier ne méritait mieux d'être le contemporain de Réaumur.'[35] Le naturaliste et le moraliste détaillent le réel, discernent des dissimilitudes là où l'on ne voyait que des identités, retournent leur objet mille fois sur le métier pour en tirer de nouvelles observations.[36] L'analogie entre la nature et le texte n'en demeure toutefois pas là. Habitée par des espèces et des genres que sont les mots et les ensembles discursifs auxquels ils appartiennent par leur registre, la nature-texte se renouvelle par la création de mots et d'expressions hybrides. Sans égard pour les espèces lexicales, les Modernes renversent les hiérarchies, décomposent les mots et les rendent étranges à force de les interroger, sans compter qu'ils inventent de nouvelles expressions, au grand dam des partisans des Anciens.

L'union inhabituelle de mots qui a tant valu à Marivaux d'être accusé de galimatias, et de ne pas être naturel, correspond autant au besoin d'ajuster le langage à l'esprit individuel, comme nous l'avons vu précédemment, qu'à la nécessité de créer de nouvelles idées. En cela, c'est un prolongement d'une conception optimiste de la nature, capable de générer du nouveau mais à condition que l'on veuille bien outrepasser les frontières arbitrairement dressées dans le passé.

Dans la sixième feuille du *Cabinet du philosophe*, le narrateur défend une fois de plus un style précieux, apte à rendre la finesse des idées de l'auteur: 'ce sont seulement des mots qu'on ne voit pas ordinairement aller ensemble, parce que la pensée qu'il [un jeune homme qui a de l'esprit] exprime n'est pas commune, et que les dix ou douze idées, qu'il a été obligé d'unir pour former sa pensée, ne sont pas non plus ordinairement ensemble'.[37] La démarche de Marivaux demeure néanmoins profondément méconnue et incomprise de ses contemporains. Pour mieux prendre compte des innovations que propose Marivaux, mesurons son originalité à l'aune des réticences

---

34. Fontenelle, 'Eloge de Monsieur Dodart', dans *Œuvres complètes*, t.6, p.180.
35. Jacques Roger, *Les Sciences de la vie dans la pensée française au XVIIIe siècle: la génération des animaux de Descartes à l'Encyclopédie* (Paris, 1993), p.777.
36. S'abstenant de toute visée systématique, Réaumur est un descripteur et non un classificateur. Voir à ce sujet, Pascale Heurtel et Françoise Serre, 'Les grands livres de la nature', dans *Tous les savoirs du monde: encyclopédies et bibliothèques, de Sumer au XXIe siècle*, éd. Roland Schaer (Paris, 1996).
37. Marivaux, *Le Cabinet du philosophe*, JOD, p.385.

qu'exprime l'abbé Buffier, qui prend soin d'expliquer dans son traité, l'*Examen des préjugés vulgaires*, pourquoi il ne peut y avoir de pensée nouvelle dans les belles-lettres.

Si le jésuite reconnaît que dans les sciences, comme la physique et les mathématiques, il y a de nouvelles connaissances et de nouveaux raisonnements, toute nouveauté est, en littérature, une fausseté. 'La pensée nouvelle, et la pensée commune ne sont pourtant au fond qu'une même chose, et ne diffèrent, pour ainsi dire, que dans la figure, l'ornement, le tour, sans être pourtant des pensées différentes.'[38] Sûr de son fait, Buffier met son lecteur au défi de lui apporter 'aucun exemple de pensée si brillante, si nouvelle, si extraordinaire, qu'[il] ne fasse voir être une pensée ancienne, et commune en la dépouillant de ses figures et de ses ornements, qui ne contribuent en rien au fond de la pensée, comme les habits ne contribuent en rien à la personne et à la substance d'un homme' (p.247). Nous sommes là aux antipodes de l'esprit de Marivaux car Claude Buffier persiste à opposer les habits, des formes accidentelles, à la substance immanente immuable de l'homme. Dans son optique, si les accidents peuvent varier par des considérations de climat ou de géographie, l'homme est un et son immutabilité est postulée.

A l'encontre de la position défendue par Buffier, Marivaux tourne résolument le dos à toute métaphysique et se concentre sur les formes accidentelles que peut prendre la figure universelle et intemporelle de l'homme. C'est dans les 'habits' que réside la spécificité d'une époque, que brille la singularité d'une personnalité. C'est dans la tournure que se déploie la subjectivité d'une conscience créatrice. Le geste créateur de Marivaux s'accomplit dans le croisement, le contraste et la transformation. Autre illustration de cette 'conscience biologique et onirique de l'hybridité', Réaumur cherchait à croiser des poules et des lapins, interrogeant les limites de l'espèce, se demandant si c'était un concept arbitraire ou bien une entité naturelle.[39] Il faut se souvenir qu'au dix-huitième siècle, l'espèce est avant tout une catégorie logique et non une réalité biologique. De même, Marivaux croise les mots, les genres et les formes. Une fois n'est pas coutume, Diderot rendra hommage à la fécondité lexicale de Marivaux:

> Mais toute langue en général étant pauvre de mots propres pour les écrivains qui ont l'imagination vive, ils sont dans le même cas que les étrangers qui ont beaucoup d'esprit; les situations qu'ils inventent, les nuances délicates qu'ils aperçoivent dans les caractères, la naïveté des peintures qu'ils ont à faire, les écartent à tout moment des façons de parler ordinaires, et leur font adopter

---

38. Claude Buffier, *Examen des préjugés vulgaires, pour disposer l'esprit à juger sainement de tout* (Paris, Jean Mariette, 1704), p.243.
39. Patrick Graille, 'Portrait scientifique et littéraire de l'hybride au siècle des Lumières', *Eighteenth-century life* 21:2 (1997), p.70-88 (p.70).

des tours de phrases qui sont admirables toutes les fois qu'ils ne sont ni précieux ni obscurs; défauts qu'on leur pardonne plus ou moins difficilement, selon qu'on a plus d'esprit soi-même et moins de connaissance de la langue. Voilà pourquoi M. de M... est de tous les auteurs français celui qui plaît le plus aux Anglais.[40]

Mode de composition du style burlesque, l'hybridité devient principe éthique, pariant sur la fécondité de la nature dans le cadre intellectuel de l'alliance des sciences et des belles-lettres.

Le lecteur le plus acerbe de la nouvelle préciosité fut sans aucun doute Desfontaines, qui donna essor à la néologie, dont il fut, en quelque sorte, l'inventeur avec son *Dictionnaire néologique*.[41] Frédéric Deloffre a souligné l'apport du journaliste satirique dans la critique néologique et de sa subtile lecture du langage des Modernes. Si l'on met de côté les fautes de traduction du latin au français, que Desfontaines relève chez les historiens et traducteurs, 'toutes les autres remarques du *Dictionnaire néologique* sont justifiées par les trois principes énoncés plus haut, interdiction de créer des mots ou d'utiliser les mots existants dans des sens nouveaux, distinction des tons et des styles, condamnation des tours et des figures contraires au bon goût'. S'attachant à dévoiler au grand jour les 'recettes' néologiques, Desfontaines fustige La Motte, 'grand marieur de mots étonnés'.[42] Dans ce qui pourrait être une réponse parodique aux propos de Claude Buffier, Desfontaines emprunte l'habit du néologue et paraphrase ironiquement la déclaration d'indépendance de La Motte:

> La création des pensées est devenue desormais impossible, et notre esprit a beau penser, il ne travaille plus qu'en vieux. Mais ce vieux sera neuf, ou du moins le semblera, si nous l'habillons de neuf, si nous savons le revêtir d'expressions rares, de mots heureusement hasardés, et de tours d'élocution affranchis d'une certaine trivialité, insipide, qui confond l'esprit sublime avec le rampant vulgaire.[43]

Desfontaines reproche aux Modernes de créer du neuf en apparence, bref, d'être des charlatans, et résume ainsi les divers procédés néologiques:

> Mais sans créer des mots, et sans se faire une nouvelle syntaxe, il est un art de se mettre à l'aise en écrivant, et d'enrichir même la langue sans aucun frais.

---

40. Denis Diderot, *Lettre sur les aveugles* (1749), dans *Œuvres philosophiques*, éd. P. Vernière (Paris, 1998), p.111.
41. Le *Dictionnaire néologique à l'usage des beaux esprits du siècle, avec l'éloge historique de Pantalon-Phœbus, par un avocat de province* (s.l., 1726) est réimprimé en 1727, 1728, 1731, 1747, 1748, 1750, 1780. Voir Thelma Morris, *L'Abbé Desfontaines et son rôle dans la littérature de son temps*, SVEC 19 (1961).
42. Deloffre, *Une préciosité nouvelle*, p.45 et 39.
43. Pierre François Guyot Desfontaines, 'Préface de l'auteur', *Dictionnaire néologique* (Amsterdam, Michel-Charles Le Cène, 1728), n.p.

Séparez des mots que votre oreille prévenue croit devoir être nécessairement unis, et unissez-en d'autres qui n'ont point coutume de se voir ensemble. Joignez par exemple le mot le plus familier et le plus trivial avec un mot noble et savant, comme phénomène potager; transportez au style élégant et à la poésie les termes de la grammaire ou du palais, comme pléonasme et avancement d'hoirie; employez des figures hardies, comme marchand des ramages pour dire, marchand d'oiseaux; métathèse admirable, qu'on pourrait imiter en appelant les apothicaires des marchands de santé, les cabaretiers des marchands d'ivresse, et les libraires des marchands de science, ou dans un autre sens des marchands d'ennui! Inventez des métaphores surprenantes, comme le sénat planétaire, pour signifier les seize planètes, comme le greffier solaire, pour exprimer un cadran, quoique j'aimasse mieux l'appeler le plumitif solaire, puisque ce n'est pas le cadran qui écrit, mais le soleil qui est proprement lui-même son greffier, et qui écrit sur un cadran comme sur un registre.[44]

Examinant le style de Marivaux, Desfontaines blâme l'emploi de l'expression 'à l'avenant' ou de l'adjectif 'gratieusé', au titre que tous deux appartiennent au style parlé, et qu'ils ne devraient pas être écrits.[45] En outre, il critique l'alliance incongrue de mots dans l'expression 'discrétion de l'audace'. Il dénigre le glissement sémantique de 'mitiger', ou bien la création de nouveaux mots comme 'scélératesse', etc. Bref, Desfontaines condamne les alliances inattendues et bizarres de mots qui ne devraient pas se retrouver ensemble, soit parce qu'ils ne relèvent pas du même ton, soit parce qu'ils renvoient à des signifiés contraires, ou bien encore parce qu'ils appartiennent à un jargon d'usage restreint. L'utilisation dans un genre noble de mots familiers aboutit à cet effet de contraste propre au rabaissement burlesque. L'auteur du *Dictionnaire néologique* déplore en outre la confusion entre l'actif et le passif du sens des mots. Enfin il relève, pour le condamner, le procédé, auquel Marivaux a souvent recours pour donner de l'action à ses phrases, qui consiste à faire vivre les objets et les idées en leur attribuant des actions métaphoriques.

Dans l'optique de Desfontaines, Marivaux ne semble avoir aucun respect pour les frontières entre les styles de langues, entre les registres et le tons, les genres, entre l'abstrait et le matériel, entre l'inanimé et le vivant. L'invention néologique repose en effet sur l'hybridation, à savoir sur le transfert d'une espèce à une autre et met en œuvre une poétique de la métaphore, qui, comme la définit Aristote dans la *Poétique*, est 'un transport d'un nom qu'on tire de sa signification ordinaire. Il y a quatre sortes de métaphore: celle du genre à l'espèce; et celle de l'espèce au

---

44. Desfontaines, 'Préface de l'auteur'.
45. F. Deloffre relève que les citations de Marivaux 'sont le plus souvent dépourvues de commentaire' (*Une préciosité nouvelle*, p.39).

genre; celle de l'espèce à l'espèce; et celle qui est fondée sur l'analogie.'[46] L'usage immodéré de la métaphore dénote donc une confiance dans le pouvoir régénérateur des mots, une conception de la nature-texte comme un ensemble cohérent, dont toutes les parties peuvent se combiner pour créer de nouvelles entités.

De la perméabilité générale de la nature, qui appelle à l'art combinatoire, émerge donc le principe de renouvellement du langage et de la pensée. L'ordre interne au fonctionnement de la nature interroge les frontières des genres, des registres, des tons, mais aussi des disciplines du savoir. L'hybridation, mode d'écriture et de pensée, gouverne également les relations entre les domaines du savoir, que les Modernes ont appliquée dans une alliance entre les sciences et les belles-lettres. C'est ainsi que vingt ans après la Querelle d'Homère, Maupertuis est reçu membre de l'Académie française. Desfontaines ne pouvait voir que d'un mauvais œil cette preuve nouvelle d'une alliance entre la science et la littérature. Ironisant sur cette union contre-nature, il déclara:

> Le renard et la cigogne obligés de manger séparément et d'une façon très différente, avaient représenté jusqu'à ce jour les Académies française et des sciences. Mais voilà maintenant une tendre fraternité établie entre ces deux illustres corps. On doit les regarder comme deux sœurs, qui quoique différentes d'humeur et d'occupations, ne laisseront pas de loger sous le même toit, de faire ménage ensemble, et de manger au même plat. [...] Puisse une si belle union durer toujours! Puissent les deux Académies ne former qu'un hermaphrodite, sans que la duplicité du sexe en forme un monstre! Puissions-nous entendre dans une même séance un discours, une ode, le cinquième acte de Catilina, avec des démonstrations d'asymptotes et de courbes nouvelles![47]

Desfontaines voue aux gémonies toute velléité d'union des sciences et des lettres, leur promettant comme progéniture des monstres stériles. C'était ignorer les créatures nouvelles auxquelles la poétique des Modernes donna naissance, et dans lesquelles certains ne voulurent voir qu'incohérence et charlatanisme. C'était en outre nier la complétude de la poétique du savoir telle que Marivaux a pu la pratiquer dans ses œuvres et que ses contemporains ont appelée marivaudage.

---

46. *La Poétique d'Aristote*, trad. André Dacier (Paris, Claude Barbin, 1692), p.359.
47. P.-F. Guyot Desfontaines, *Lettre sur les derniers discours prononcés à l'Académie française* (s.l., 1743), p.13.

'Voilà bien des riens pour un véritable rien': les enjeux du marivaudage

CATHERINE GALLOUËT

Comme l'écrit Françoise Rubellin 'on pourrait établir sans difficulté un dictionnaire des idées reçues de la critique marivaudienne'.[1] De toutes ces idées reçues, le marivaudage paraît si évident que la réception de l'œuvre de Marivaux en est conditionnée, sa portée en quelque sorte définie. Le marivaudage préfigurerait toute lecture de l'auteur, la mettrait en scène pour ainsi dire. Ce qu'écrit Christophe Cave de l'image de Marivaux construite par Voltaire, 'la réitération forcenée des même images, des mêmes rares formules. Réitération jusqu'à la déformation',[2] est particulièrement apte en ce qui concerne le marivaudage. 'Qui dira les connotations que ce mot peut traîner après lui?' se lamentaient Henri Coulet et Michel Gilot.[3] Dans ces conditions, une lecture neuve du texte marivaudien paraît, à la limite, impossible: on ne peut que faire des relectures à l'aune des lectures passées, elles-mêmes toutes informées des mêmes stéréotypes toujours réitérés. Pris sous cet angle, le marivaudage pourrait se comparer à cet 'ordre du discours' dont la production, selon Michel Foucault, serait 'contrôlée, sélectionnée, organisée et redistribuée par un certain nombre de procédures qui ont pour rôle d'en conjurer les pouvoirs et les dangers, d'en maîtriser l'aléatoire'.[4] On peut douter de la validité de telles notions appliquées à Marivaux et au marivaudage mais la virulence du débat contemporain de l'auteur suggère que derrière lui se cachent des enjeux qui vont au-delà d'obscurs différends littéraires. Ainsi, nous proposons d'interroger ce qui sous-tend la polémique contemporaine de l'apparition du terme en revenant sur les commentaires contemporains portant sur Marivaux et son style, au regard de la pratique de ce style autant que de ce que l'auteur en dit.

On a souvent noté que Marivaux n'est pas un théoricien de son art et qu'il en préfère la pratique, une pratique réflexive, en soi une interrogation de l'écriture où le texte littéraire s'élabore et se définit à travers sa

---

1. Françoise Rubellin, *Marivaux dramaturge*, p.10.
2. Christophe Cave, 'Marivaux revu par Voltaire', dans *Marivaux et les Lumières: l'homme de théâtre et son temps*, actes du colloque international d'Aix-en-Provence, 4-6 juin 1992, éd. Henri Coulet et Geneviève Goubier (Aix-en-Provence, 1996), p.196.
3. H. Coulet et M. Gilot, *Marivaux: un humanisme expérimental*, p.235.
4. Michel Foucault, *L'Ordre du discours* (Paris, 1971), p.10-11.

production. S'il est vrai que, comme le note Patrice Pavis, dès le début de sa carrière littéraire, soit dans l'"Avis au lecteur' des *Effets surprenants de la sympathie* (1713),[5] Marivaux manifeste déjà 'le fond de sa pensée esthétique en tant que spectateur', c'est pourtant dans le texte même de ce roman que se révèle en soi un art de la fiction.[6] Il en est de même dans *Le Spectateur français* où Marivaux élabore un discours complexe sur son écriture lorsqu'il répond directement à ses critiques,[7] à tel point, écrit Michel Gilot qu'il 'devient difficile de distinguer chez lui développements théoriques et textes de création'.[8] C'est donc bien à partir de cette pratique du texte littéraire qui projette les aspirations esthétiques de l'auteur que l'on doit considérer le marivaudage.

Lorsqu'apparaît le terme en 1739,[9] la carrière littéraire de Marivaux est alors à son faîte. Auteur à succès de romans, *La Vie de Marianne* et *Le Paysan parvenu*, de nombreux écrits journalistiques, et de plus de vingt-cinq de pièces de théâtre, sans mentionner les parodies et fiction 'commises' des décennies plus tôt et qu'il renie alors même qu'elles sont publiées.[10] Il fréquente le salon de Mme de Lambert et est généralement associé au parti des Modernes. On reconnaît son style, ce qui atteste de la notoriété de l'auteur et explique sans doute autant l'émergence du terme 'marivaudage' dans les cercles éclairés de la société, que la polémique que provoque son style personnel. Ce qui paraît certain c'est que Marivaux a marqué le climat intellectuel de son époque: 'la langue littéraire des années 1730, la sociabilité fictionnelle dans laquelle s'inscrivait cette langue, le monde virtuel que définissait cette sociabilité, étaient si profondément marqués par la personnalité et par l'œuvre de Marivaux qu'un mot émergea alors pour les définir: le marivaudage'.[11] Dès lors un terme, le marivaudage, est repris pour rendre compte du style d'un auteur, Marivaux, fait exceptionnel à une époque où la critique littéraire est 'peu développée' et que son 'vocabulaire [est] extrêmement limité'.[12] Aussi se peut-il que l'apparition

---

5. *OJ*, p.3-9.
6. Patrice Pavis, *Marivaux à l'épreuve de la scène*, p.61. J'ai traité de cette question dans *Marivaux: journaux et fictions* (Orléans, 2001), en particulier dans le chapitre 'Le discours du roman sur lui-même: *Les Effets surprenants de la sympathie* et *Pharsamon*', p.111-20.
7. Sur ces commentaires de Marivaux, voir les articles de Christelle Bahier-Porte et Franck Salaün dans le présent ouvrage, p.59-70.
8. M. Gilot, *L'Esthétique de Marivaux*, p.10.
9. Voir l'article de Françoise Rubellin dans le présent ouvrage, p.11-17.
10. Entre 1735 et 1737, paraissent *Le Télémaque travesti* et *Pharsamon, ou les Nouvelles folies romanesques*, en même temps que continue la publication du *Paysan parvenu*, et de *La Vie de Marianne*.
11. Stéphane Lojkine, 'Crébillon et le marivaudage', dans *Cours d'agrégation sur les Lettres de la marquise de Crébillon* (Université de Provence, décembre 2010). http://www.univ-montp3.fr/pictura/Crebillon/CrebillonMarivaudage.php.
12. M. Gilot, *L'Esthétique de Marivaux*, p.7.

du terme soit justement liée à ce manque d'instruments du discours critique. Mais qu'ils soient flatteurs ou hostiles, les commentaires du temps sur les écrits de Marivaux sont autant d'indices sur le climat d'un débat intellectuel dont le centre est le marivaudage.

Selon Frédéric Deloffre, le marivaudage est un 'dogme à la mode' apparenté à un mouvement littéraire distinct, une 'nouvelle ou seconde Préciosité', différente de la première en ce qu'elle 'constitue presque un parti'.[13] Deloffre continue: 'A la différence même de l'ancienne, qui s'accompagnait de revendications féministes, elle n'a aucune doctrine sociale. Ce qui la définit, c'est essentiellement la croyance au progrès de l'esprit humain dans tous les domaines y compris celui des lettres et des arts' (p.33-34). A première vue, les nombreux commentaires de l'époque sur l'œuvre de Marivaux ne portent pas sur ces aspirations profondes mais se focalisent sur la forme et le style. La douzaine de comédies dont *La Surprise de l'amour*, *La Double Inconstance*, *Le Prince travesti*, *La Fausse Suivante*, *L'Ile des esclaves*, et *Le Jeu de l'amour et du hasard* que Marivaux écrit entre 1720 et 1730, sont généralement bien reçues et certaines remportent un vif succès; pour d'autres la réception est mitigée, et les commentaires variés, voire contradictoires.[14] Le commentaire du *Mercure* d'avril 1723 sur *La Double Inconstance* bien qu'élogieux, se permet quelques réserves: 'Ce qu'on appelle métaphysique du cœur y règne un peu trop'; mais celui d'avril 1725 affirme que 'tout ce qui part de [l]a plume [de Marivaux] lui acquiert une nouvelle gloire'.[15]

La publication du *Dictionnaire néologique* de Desfontaines en 1726 marque une date essentielle dans la réception de l'œuvre de Marivaux en armant les critiques de tout un vocabulaire et établissant ce que l'on peut considérer comme une base théorique. Pour Desfontaines et ses acolytes, le néologisme est un 'élément perturbateur de la langue' dont on trouve de nombreux exemples dans les premières feuilles du *Spectateur français* (1721-1724).[16] Notons que, du fait même de sa forme, *Le Spectateur* était sûr d'attirer la censure, les publications en feuilles volantes étant à priori jugées 'd'un style plus néologique que les autres'.[17]

13. F. Deloffre, *Une préciosité nouvelle*, p.15.
14. Selon Henri Coulet et Michel Gilot dans Marivaux, *Théâtre complet*, *La Surprise de l'amour* eut seize représentations en 1722, et son succès est allé 'grandissant' (t.1, p.818); *La Double Inconstance* a eu un succès mitigé (p.861), et *Le Prince travesti* a eu un succès exceptionnel avec 'un record absolu de fréquentations à la Comédie-Italienne' (p.905). *La Fausse Suivante*, elle, fut 'bien reçue du public' (p.946), *L'Ile des esclaves* eut un 'succès assez marqué' (p.994), et *Le Jeu de l'amour et du hasard*, 'reçu favorablement' (p.1125), fut repris, mais 'de loin en loin' (p.1131).
15. Cité par F. Deloffre, *Une préciosité nouvelle*, p.521. Voir aussi les jugements sur le théâtre dans le chapitre 2 d'Henri Lagrave, *Marivaux et sa fortune littéraire* (Bordeaux, 1970).
16. F. Deloffre, *Une préciosité nouvelle*, p.68.
17. F. Deloffre, *Une préciosité nouvelle*, p.42.

Aussi dès la première édition du *Dictionnaire*, Desfontaines s'en prend-il au *Spectateur* lui reprochant, parmi d'autres néologismes, des créations ou remaniements de locutions tels que 'mettre en valeur' et 'tomber amoureux'.[18] Comme l'a montré Françoise Rubellin au sujet de cette dernière expression qui nous est si familière, les accusations de Desfontaines sont mal fondées puisque Marivaux n'en était pas son inventeur.[19] Les éditions ultérieures du *Dictionnaire* censurent entre autres les métaphores basses ou déplacées de *L'Indigent philosophe* (1727), s'attaquent au *Cabinet du philosophe* (1734) mais épargnent les comédies.[20] Mais le nom de Marivaux est désormais associé à la pire expression de la préciosité, le néologisme, dans un ouvrage maintes fois réédité et très influent. Comme le confirment les textes réunis par Henri Lagrave dans sa synthèse sur la fortune littéraire de Marivaux, 'Le *Dictionnaire néologique* imposa définitivement l'image d'un Marivaux "affecté", "bel-esprit moderne", "néologue" et "précieux"'.[21] Dés 1727, *Les Nouvelles littéraires* reproduisent la critique de Desfontaines et frappent le style de *L'Indigent philosophe* d'un jugement tendancieux en le traitant de 'précieux et ridicule', expression faite pour évoquer la pièce de Molière et suggérer par là qu'une satire similaire pourrait tout aussi bien s'appliquer au théâtre de Marivaux.[22] Dès la parution du *Paysan parvenu*, on convient: 'c'est toujours Marivaux se retournant sur lui-même et remaniant les mêmes idées'.[23]

En ce qu'elle est fréquemment associée à la féminité, la préciosité dont Marivaux est accusé a sans doute justifié la mauvaise foi de Grimm écrivant peu après la mort de l'auteur: 'Il a eu parmi nous la destinée d'une jolie femme, et qui n'est que cela, un printemps fort brillant, un automne et un hiver des plus durs et des plus tristes. Le souffle vigoureux de la philosophie a renversé depuis une quinzaine d'années toutes ces réputations étayées sur des roseaux.'[24] Il est important de revenir sur cette accusation répétée de féminité portée contre Marivaux, autant par Grimm que par Desfontaines et Voltaire, entre autres, d'autant que la misogynie particulièrement féroce qu'elle révèle n'apporte rien à l'analyse d'une forme ou d'un style particulier, encore moins à celle d'un mouvement; partant elle nous force à supposer que la condamnation du

---

18. F. Deloffre, *Une préciosité nouvelle*, p.45-66.
19. Voir Françoise Rubellin, *Lectures de Marivaux*, p.16-18, et sa contribution dans le présent ouvrage, p.11-17.
20. F. Deloffre, *Une préciosité nouvelle*, p.42.
21. H. Lagrave, *Marivaux et sa fortune littéraire*, passim.
22. Cité par F. Deloffre, *Une préciosité nouvelle*, p.525. Rappelons que 1727 est aussi l'année de *L'Ile de la raison* (août) et de *La Surprise de l'amour* (décembre).
23. Cité dans la Chronologie de Marivaux, dans *Théâtre complet*, éd. H. Coulet et M. Gilot, t.1 (Paris, 1993), p.cxxviii.
24. Cité par H. Lagrave, *Marivaux et sa fortune littéraire*, p.165.

marivaudage dépasse les simples considérations de style et que, en visant Marivaux et son style, on vise en fait une pensée sous-jacente qui dérange. A cet égard, la leçon d'Emile Faguet qui 's'adresse particulièrement aux étudiants en littérature' est particulièrement frappante.[25] Dès le début de son propos, il situe Marivaux dans la féminité (p.85):

> Ce sera un divertissement de la critique érudite dans quatre ou cinq siècles; on se demandera si Marivaux n'était point une femme d'esprit du XVIIIe siècle, et si les renseignements biographiques, peu nombreux dès à présent, font alors totalement défaut, il est à croire qu'on mettra son nom, avec honneur, dans la liste des femmes célèbres. – Si on se bornait à le lire, on n'aurait aucun doute à cet égard. Il n'y eut jamais d'esprit plus féminin. Et par ses défauts et pas ses dons. Il est femme, de cœur, d'intelligence, de manière et de style.

Du féminin, Marivaux a le mystère: 'il y a toujours du je ne sais quoi dans Marivaux, et un très piquant mystère. Il inquiète. Il échappe'. De là à lui attribuer la légèreté mentale des femmes, il n'y a qu'un pas, vite franchi: 'Il était incapable d'une idée abstraite' (p.86). Tout en notant dans ses comédies 'quelque chose de nouveau, d'inattendu, de parfaitement original, et de très profond sous les apparences d'un jeu de société', et en concédant qu'il 'a conquis à la comédie des terres nouvelles' (p.133), E. Faguet considère qu'en définitive Marivaux est 'un peu déplacé au dix-huitième siècle' (p.137), parce que, 'faible penseur et médiocre moraliste' (p.95) et à l'exemple de toute femme, il n'en a pas l'envergure philosophique. Aussi conclut-il: 'La conversation des femmes a de ces surprises; et c'est pour cela que la postérité s'est engouée, sans avoir lieu d'en rougir, de cette coquette, de cette caillette, de cette petite baronne de Marivaux, qui en savait bien long sur certaines choses, sans en avoir l'air' (p.138). Derrière la misogynie féroce de ces propos choquants aujourd'hui, se cache l'inquiétude devant le féminin qui échappe au contrôle masculin. Cette inquiétude était déjà présente au dix-huitième siècle. Elle se doublait d'une autre inquiétude, celle-là manifeste dans d'autres critiques du style de Marivaux.

Malgré les avis divergents, tous les critiques s'accordent pour reconnaître la nouveauté du style de Marivaux: le compte rendu du *Mercure de France*, déjà mentionné, convient à propos de *La Surprise de l'amour*, de '*la nouveauté* du genre' (nous soulignons). Dans une critique acerbe de la *Mère confidente*, Dubuisson concède que, bien qu'il s'agisse d'"une cinquième ou sixième surprise de l'amour", la pièce 'a pourtant *quelque air de nouveauté*'.[26] Prévost apprécie qu'avec son analyse des sentiments, Marivaux 'conduise quelquefois le lecteur par *des voies qui*

---

25. Emile Faguet, *Dix-huitième siècle. Etudes littéraires* (Paris, 1890), p.v.
26. Cité par H. Lagrave, *Marivaux et sa fortune littéraire*, p.160, nous soulignons.

lui semblent nouvelles'.[27] Quant au marquis d'Argenson, il s'étonne qu'avec *L'Heureux Stratagème* Marivaux puisse 'trouver mille ressources pour *rendre neuf* un sujet aussi rebattu'.[28] La nouveauté du style de Marivaux est reconnue de tous. Dubuisson parle de 'la laconicité et [du] tour extraordinaire des phrases de cet auteur'.[29] Elle fait sa singularité: 'Son style était à lui', écrit Lesbros.[30]

Marivaux a été très affecté par les attaques contre les premières feuilles de son *Spectateur* à tel point, juge F. Deloffre, qu''aucune de ses œuvres postérieures n'[en] retrouvera la complète liberté d'expression'.[31] Ces attaques font que Marivaux répond directement à celles du *Dictionnaire* dans la huitième feuille du *Spectateur français* en expliquant la singularité de son style par son 'naturel':

> [E]crire naturellement, [...] être naturel, [...] n'est pas se mouler sur personne quant à la forme de ses idées; mais au contraire se ressembler fidèlement à soi-même, et ne point se départir ni du tour, ni du caractère d'idées pour qui la nature nous a donné vocation; qu'en un mot, penser naturellement, c'est rester dans la singularité d'esprit qui nous est échue, et qu'ainsi que chaque visage a sa physionomie, chaque esprit aussi porte une différence qui lui est propre.[32]

Le seul devoir, la seule obligation de l'écrivain, c'est d'être fidèle à lui-même, et ne pas se renier. Michel Gilot a relevé la prépondérance de termes tels que 'génie', 'singulier', 'original', 'gradation', et même 'fureur', 'horreur' et 'trouble' dès les *Pensées sur différents sujets* (1719). Il explique: 'Dans ces *Pensées* c'est toujours le *toujours plus* qui peut le mieux caractériser à la fois l'âme, l'écrivain et le critique, c'est dans l'excès que commence à s'y constituer la pensée de Marivaux, métaphysicien concret.'[33] Dans la mesure où l'écrivain n'a de devoir qu'envers lui-même, qu'il résiste à toute idéologie littéraire, à toute imitation, à tout dogme, son texte sera neuf, unique, fondé sur le rapport étroit et indéniable avec son créateur. Dans la sixième feuille du *Cabinet du philosophe* où il traite 'Du style', Marivaux revient en 1734 sur cette notion de singularité au sujet de Montaigne: 'Il pensait, il s'exprimait au gré d'une âme singulière et fine. Montaigne est mort, on lui rend justice; c'est cette singularité d'esprit, et conséquemment de style qui fait aujourd'hui son mérite.'[34] Dans ce passage, Marivaux répond aussi aux reproches

---

27. Cité par H. Lagrave, *Marivaux et sa fortune littéraire*, p.161, nous soulignons.
28. Cité par H. Lagrave, *Marivaux et sa fortune littéraire*, p.163, nous soulignons.
29. Cité par H. Lagrave, *Marivaux et sa fortune littéraire*, p.160.
30. Cité par H. Lagrave, *Marivaux et sa fortune littéraire*, p.169.
31. F. Deloffre, *Une préciosité nouvelle*, p.69.
32. Marivaux, *Le Spectateur français*, 8ᵉ feuille, dans *JOD*, p.149.
33. M. Gilot, *L'Esthétique de Marivaux*, p.26.
34. *JOD*, p.388. Sur le débat entourant Montaigne, voir Sarah Benharrech, '"Lecteur que vous

renouvelés de préciosité qui lui sont faits à propos de la seconde partie de *La Vie de Marianne*, et s'étonne que 'dans ce monde il ne soit question que de mots, point de pensées'.[35] Il suggère alors qu'en fait ce n'est pas le style mais la pensée, qui gêne (p.384-85):

> Vous accusez un auteur d'avoir un style précieux. Qu'est-ce que cela signifie? Que voulez-vous dire avec votre style? [...] Ce sont seulement des mots, qu'on ne voit pas ordinairement aller ensemble, parce que la pensée qui les exprime n'est pas commune. [...] La critique ne parle que de style et de mots. [...] elle ne parle que de son style où il n'y a rien à redire. Du moins le vice de ce style, s'il y en a un, n'est qu'une conséquence bien exacte du vice de ses pensées.

Dès 1719, dans ses *Pensées sur différents sujets* Marivaux avait déjà écrit que 'le sublime de pensée', 'c'est l'image des efforts de l'esprit de l'auteur: ce sublime nous peint ce qu'un auteur se fait devenir; il est l'effet des impressions qu'il appelle à lui, qu'il cherche. Par sublime de sentiment, au contraire, l'auteur nous peint ce qu'il devient; il est l'effet des impressions qu'il reçoit et qui le surprennent'.[36] L'écriture naturelle est donc l'expression directe d'une pensée authentique qui ne peut être que singulière; elle est la marque du texte en devenir d'un être en devenir.

Il est d'ailleurs assez paradoxal que Marivaux soit associé si nettement à un mouvement littéraire qui a marqué son époque, car Marivaux revendique très clairement sa liberté d'écrivain, son autonomie par rapport à tout mouvement. C'est pourquoi il ne veut suivre aucune règle, ne reconnaître aucun dogme, réfute les critiques, et refuse de reconnaître la supériorité des Anciens:

> [L]eurs idées ont une sorte de simplicité noble qui naît du caractère des actions qui se passaient *alors*, et du genre de vie qu'on menait *de leur temps*. Ils avaient, pour ainsi dire, tout un autre univers que nous: le commerce que les hommes avaient ensemble alors ne nous paraît aujourd'hui qu'un apprentissage de celui qu'ils ont eu depuis, et qu'ils peuvent avoir en bien et en mal. Ils avaient mêmes vices, mêmes passions, mêmes ridicules, même fond d'orgueil ou d'élévation; mais tout cela était *moins déployé, ou l'était différemment*. Je ne sais lequel des deux c'est. Quoi qu'il en soit, *l'homme de ce temps-là est étranger pour l'homme d'aujourd'hui*, et en nous supposant comme nous sommes, c'est-à-dire en étudiant *le goût de nos sentiments aujourd'hui*, il est certain qu'on verra que nous avons des *auteurs admirables pour nous*, et qui le seront à l'avenir pour tous ceux qui pourront se mettre au *vrai point de vue de notre siècle*.[37]

êtes bigearre!". Marivaux et la "Querelle de Montaigne"', *Modern language notes* 120:4 (2005), p.925-49.
35. *JOD*, p.381.
36. *JOD*, p.59.
37. *JOD*, p.148, nous soulignons.

Derrière la revendication de la liberté nécessaire à la création littéraire singulière se profile un aspect particulier du marivaudage sur lequel on a peu réfléchi. Le texte naturel est unique car il reproduit la pensée d'un être unique non seulement par sa personnalité mais aussi par sa situation. Le texte naturel est unique parce que *situé* dans le présent de son élaboration, dans le paysage concret qui l'entoure, et dans son époque. Son originalité est fondée sur la coïncidence de sa forme avec la pensée de son créateur, lui-même lié au contexte de son temps, de sa géographie, et de sa sociabilité. Considéré sous cet angle, le marivaudage représente un renouvellement profond et radical du texte littéraire; l'enjeu de ce langage est une originalité et une diversité sans limite car la production littéraire ne peut être déterminée par les formes littéraires convenues. C'est une vision totalement neuve de la production littéraire, et de sa fonction dans la société, vision dont on ne peut négliger les implications politiques et sociales.[38] On comprend mieux alors ce que cache la virulence des attaques contre le langage de Marivaux. Derrière les critiques les plus acerbes du langage de Marivaux, se dissimule mal une inquiétude sourde sur l'avenir de la République des lettres telle qu'elle se concevait alors, et partant des formes de sociabilité qui en découlent. Car Marivaux ne propose-t-il pas, en fait, une sorte d'écologie qui met en question les bases mêmes du discours littéraire de son époque?

Dans la Préface de *La Vie de Marianne* dont les deux premières parties sont publiées en 1734, Marivaux avait écrit que 'ceux qui sont un peu plus philosophes, qui sont moins dupes des distinctions que l'orgueil a mis dans les choses de ce monde, ces gens-là ne seront pas fâchés de voir ce que c'est que l'homme dans un cocher, et ce que c'est que la femme dans une petite marchande'.[39] La réaction de Desfontaines dans *Le Pour et le contre* montre qu'il a bien compris ce qu'impliquent de telles représentations. La querelle de la lingère avec le cocher de fiacre est [dit-il] 'indigne d'un esprit aussi élevé, et aussi délicat qu'est celui de M. de Marivaux'. Il proteste: 'On ne voit que trop ces gens-là, les vils et indignes objets ne se présentent que trop souvent devant nos yeux malgré nous; ils ne nous apprennent autre chose, sinon que le peuple est fort sot: qui en doute?', puis il s'insurge:

> Ce n'est ni l'opinion, ni l'orgueil qui font qu'il y a des choses ignobles; c'est la nature et la raison. Il y a une vraie noblesse, et une vraie bassesse, indépendantes de l'opinion et de l'orgueil. La vile populace a des sentiments bas, parce qu'elle a une basse éducation. C'est par là qu'elle est ignoble. Qui

---

38. Sur la convergence des notions de goût et de politique, voir l'ouvrage d'Elena Russo, *Styles of the Enlightenment: taste, politics, and authorship in eighteenth-century France* (Baltimore, MD, 2007).
39. Marivaux, *La Vie de Marianne, ou les Aventures de madame la comtesse de ****, éd. Frédéric Deloffre (Paris, 1990), p.56.

pourrait souffrir sur le théâtre les mauvais quolibets d'un homme ou d'une femme de la lie du peuple, et leurs injures grossières? Cela est indigne d'un homme bien élevé, et dégoûtant dans un ouvrage.[40]

Il est pour le moins ironique de constater que Marivaux, à qui on reprochait trop de subtilité et de délicatesse, se voit maintenant accusé de familiarité indécente, de vulgarité même. La diatribe de Desfontaines, son ton surtout, révèlent l'ampleur du malaise de son auteur. Marivaux ose donner la parole à ceux qui ne devraient pas l'avoir. Desfontaines s'insurge contre 'la lie du peuple' dans l'enceinte de la République des lettres, de l'hétérogène et de l'irrégulier dans le domaine réservé des gens éduqués, du désordre dans la sociabilité ordonnée. Cela ne signale-t-il pas la fin des distinctions liées à l'éducation et au rang social? Pour lui, il s'agit bien d'une maladie qui pourrait contaminer le tissu même de la société; 'Heureusement l'exemple n'est pas contagieux' ajoute-t-il vite, comme pour se rassurer.

Ces reproches de vulgarité ne sont pas seulement dirigés contre les romans où, selon les normes d'alors, le langage doit maintenir une certaine noblesse; d'autres que Desfontaines les reprennent contre la comédie marivaudienne. Mieux encore, dans un reproche inverse, on accuse de marivaudage Arlequin et autres valets de comédie qui s'expriment dans un parler qui ne correspond pas à leur position sociale.[41] Ainsi, dans une lettre de 1735 où il discute *La Mère confidente*, Dubuisson 'reproche à M. de Marivaux d'avoir mis dans la bouche d'un paysan toutes les phrases précieuses de son ouvrage'.[42] La critique fera écho à cette censure. D'Alembert s'étend longuement sur le sujet dans son *Eloge*: 'Marivaux, en voulant mettre dans ses tableaux populaires trop de vérité, s'est permis quelques détails ignobles, qui détonnent avec la finesse des autres dessins.'[43] Il ajoute dans une note que:

> c'est surtout dans les conditions les plus basses, dans les valets et les paysans, que ce style paraît le plus étrange au spectateur. Marivaux voulant d'un côté ne faire dire à ces personnages du peuple que des choses assorties à leur état, et ne pouvant de l'autre, se résoudre à les faire parler naturellement comme les valets et les paysans de Molière, et de toutes les bonnes comédies, met dans leur bouche un jargon tout à la fois bas et précieux. [...] Il résulte de ce bizarre amalgame, un effet singulier au théâtre.[44]

---

40. Cité par H. Lagrave, *Marivaux et sa fortune littéraire*, p.158.
41. C'est évidemment ignorer la teneur ironique du marivaudage des valets, comme le montre l'étude de Jean-Paul Sermain dans le présent ouvrage, p.87-95.
42. Cité par H. Lagrave, *Marivaux et sa fortune littéraire*, p.160.
43. D'Alembert, *Eloge de Marivaux*, dans Marivaux, *Théâtre complet*, t.2, éd. F. Deloffre et F. Rubellin, p.988.
44. D'Alembert, *Eloge de Marivaux*, p.1014. H. Lagrave cite aussi Collé qui rappelle que 'les valets, les suivantes, jusqu'aux paysans même ont l'empreinte du style *précieux* que l'on lui a reproché avec tant de raison' (*Marivaux et sa fortune littéraire*, p.166).

Qu'elle tombe dans une vulgarité qui ne sied pas à la bonne compagnie, ou qu'elle soit trop fine pour des personnages vulgaires, la langue de Marivaux irrite profondément car elle représente un déclassement qui apparaît dangereux. Ce manque de conformité n'est pas étranger aux Modernes ou au mouvement néo-précieux, et l'on sait, rappelle F. Deloffre, qu'"un changement s'est produit dans le public. Depuis le transfert de la monarchie à Versailles, on n'écrit plus en France pour la cour, mais pour la ville.'[45] Les cafés, lieux d'une sociabilité urbaine renouvelée, sont 'le domaine d'élection des nouvellistes' et expliquent leur langage ce 'verbiage de café' si décrié par Desfontaines,[46] 'passablement négligé et volontiers néologique',[47] La préciosité que l'on reproche à Marivaux et qui conditionne notre notion de marivaudage, serait ainsi l'expression d'une modernité menaçante pour certains, et suggèrerait de dangereuses transformations d'une nouvelle société en devenir.

On a beaucoup glosé sur le terme *marivaudage*. Autrement dit, 'Voilà bien des riens pour un véritable rien' pour citer le narrateur de *Pharsamon* qui tente de s'expliquer, encore une fois, sur les multiples interruptions de son récit.[48] D'Alembert s'était élevé contre le style de ce malheureux Cliton:[49]

> Ce Cliton, dans le roman de Marivaux, parle à peu près la même langue que les valets de ses comédies; il a, comme Sancho, de l'esprit et même de la gaieté; mais l'esprit et la gaieté de Sancho sont d'un homme du peuple; et si ses idées ne sont pas nobles, si son langage est familier, il ne tombe jamais ni dans le précieux ni dans le bas. Cliton est tantôt une manière de métaphysicien qui n'a de valet que l'habit, tantôt un personnage ignoble qui n'a de propos que ceux de la plus vile populace.[50]

Il résume bientôt son propos: le style de Marivaux 'ne fait souvent qu'exprimer d'une manière précieuse des choses ordinaires, qui ne méritaient pas tant de frais' (p.1018). De toute évidence, l'enjeu qu'évoquent ces propos dépasse largement celui du domaine littéraire.

On continue à penser que le mot 'marivaudage' désigne une préciosité équivalente à une mièvrerie ou un badinage amoureux, marqués que nous sommes par un préjugé misogyne et par la réitération des stéréotypes qui entourent toute mention de ce terme. C'est oublier la dimension subversive de la préciosité du dix-septième siècle qui secouait

---

45. F. Deloffre, *Une préciosité nouvelle*, p.18.
46. Cité par H. Coulet et M. Gilot dans leur 'Chronologie', dans Marivaux, *Théâtre complet*, p.cx.
47. F. Deloffre, *Une préciosité nouvelle*, p.27, 30.
48. *OJ*, p.562.
49. F. Deloffre voyait justement le début du marivaudage dans le style de Cliton (*Une préciosité nouvelle*, p.94-102).
50. D'Alembert, *Eloge de Marivaux*, p.1015.

l'ordre établi en revendiquant le droit de cité de la parole féminine; la nouvelle préciosité qui s'exprime dans le marivaudage est tout aussi subversive, et il semble que sa remise en question va plus loin: elle revendique une subversion de l'ordre établi. Comme l'écrit Stéphane Lojkine,

> Il y aurait donc, dans le marivaudage, une sorte de pratique déclassée de la préciosité, et le symptôme d'une appropriation bourgeoise de la langue, et plus généralement du raisonnement, du monde aristocratique. Le dérapage et le rattrapage du sens, le nouage du concret dans l'insignifiance, la froideur et la chaleur de la langue, seraient autant de symptômes, d'expressions de ce déclassement social de la langue aristocratique, d'une sorte de démocratisation de la mondanité.[51]

Cette 'démocratisation de la mondanité' est un des aspects du mouvement des Modernes auquel Marivaux s'est associé sans toutefois accepter de s'y confondre. Dans la septième feuille du *Spectateur français*, il écrivait:

> je ne suis d'aucun parti: Anciens et Modernes, tout m'est indifférent: le temps auquel un auteur a vécu ne lui nuit ni ne lui sert auprès de moi. J'adopte seulement, le plus qu'il m'est possible, les usages et les mœurs, et le goût de son siècle, et la forme que cela fait ou faisait prendre à l'esprit; après quoi, je vais mon train.[52]

Cette indépendance intellectuelle n'est pas une simple réaction devant les virulentes attaques dont *Le Spectateur* est l'objet. Elle marque en fait toute sa carrière d'écrivain. Dès 1712, le narrateur de *Pharsamon* avait mis en question les données mêmes sur lesquelles se fondent les préoccupations de gens d'esprit:

> j'ajouterais, par dépit pour le rien qu'on a repris dans mon histoire, que les fameuses inutilités qui occupent aujourd'hui les hommes, et qu'on regarde comme le sujet des plus dignes travaux de l'esprit, sont peut-être, à qui les regarde comme il faut, de grands riens plus méprisables, ou pour le moins plus dangereux, que les petits riens semblables à ceux qui font en ce moment ici courir à ma plume la prétentaine sur le papier.[53]

Il en est de même de son style sur lequel 'les petits riens' de la critique n'ont aucune prise. Lorsqu'il écrit ces lignes, Marivaux n'en est qu'à ses débuts; à peine a-t-il présenté sa première pièce. Mais, quarante-cinq ans plus tard en décembre 1757 dans un de ses derniers écrits, la *Suite des Réflexions sur l'esprit humain à l'occasion de Corneille et de Racine* parue dans le *Mercure*, il ne dira rien d'autre. Marivaux y affirme encore une fois le droit à la singularité et à l'égalité et proclame que 'tout homme est

---

51. S. Lojkine, 'Crébillon et le marivaudage'.
52. *JOD*, p.147.
53. *OJ*, p.562-63.

nécessairement un philosophe commencé', et donc citoyen du monde de l'esprit:

> De toutes les routes que l'esprit humain peut suivre, aucune ne m'est interdite. Un autre y va mille fois plus loin que moi; mais j'y entre de droit, et la suis comme lui.
>
> La force d'y aller loin, et en peu de temps, appartient à peu; mais le pouvoir d'y entrer, et d'y avancer lentement, difficilement et à certain point, appartient à tous et ne saurait ce me semble, n'y pas appartenir.[54]

Il présente alors, avec une rare éloquence, une vision de l'humanité qui est profondément subversive. C'est là la base sur laquelle repose son écriture: 'Il n'y a point d'homme qui, en sa qualité humaine, ne doive être et ne soit en effet partagé à sa manière de tous les attributs qu'on voit dans les autres hommes [...] Point d'homme qui n'ait sa part universelle d'intelligence et de capacité, autrement dit son aptitude générale pour tout ce qui peut occuper et exercer l'esprit humain' (p.483-84). La notion de bon 'goût' dont se recommandait Desfontaines quand il soutenait que 'l'esprit ne fait pas un bon ouvrage. Il faut qu'il soit placé de la main du goût',[55] et que D'Alembert reprenait quand il assurait que 'Marivaux n'était un modèle ni de style, ni de goût',[56] était une notion exclusive, basée sur l'autorité de conventions convenues.

Vis-à-vis de la République des lettres, Marivaux affiche une 'insolence inouïe'.[57] Comme Marianne son héroïne, Marivaux, hétérogène, s'avère dangereux; il est plus que le 'perturbateur' de la langue et le corrupteur du bon goût; en un sens, il conteste un ordre établi, et le marivaudage est l'agent de cette subversion. Ainsi nous devons convenir avec Henri Coulet et Michel Gilot que 'l'histoire de ce stéréotype, c'est une histoire culturelle, sociale et politique'.[58]

---

54. *JOD*, p.480-81.
55. Cité par H. Lagrave, *Marivaux et sa fortune littéraire*, p.158.
56. D'Alembert, *Eloge de Marivaux*, p.992.
57. H. Lagrave, *Marivaux et sa fortune littéraire*, p.47.
58. H. Coulet et M. Gilot, *Marivaux: un humanisme expérimental*, p.237.

La réponse de Marivaux ou la face cachée du marivaudage

FRANCK SALAÜN

Marivaux semble avoir pris soin d'effacer les traces de sa vie et de son travail, afin de ne laisser derrière lui que ses textes, comme pour ne pas leur faire d'ombre.[1] Alors qu'il devait répondre d'eux, ce sont eux finalement qui doivent nous révéler sa conception de l'art et la logique de son parcours. Mais les clichés ont la vie dure. Ainsi, le fait qu'il se soit peu exprimé sur ses principes esthétiques, sur les œuvres de ses contemporains et sur la place de la littérature dans la société a pu donner l'impression qu'il ne s'intéressait pas à ces questions, ou qu'il n'entendait pas prendre position. De là à prétendre qu'il a suivi sa voie sans se préoccuper des critiques adressées à ses œuvres et sans tenir compte des courants artistiques de son temps, il n'y a qu'un pas. Peut-être faut-il envisager les choses autrement.

En effet, l'art de Marivaux ne peut être confondu avec la définition du marivaudage admise par ses contempteurs. Si l'on souhaite utiliser ce terme pour désigner sa manière, il faut donc renouveler sa signification. Je distinguerai, par conséquent, deux emplois du terme. Le premier consiste à reprendre, plus ou moins volontairement, les critiques englobées par le néologisme créé à cet effet. Dans ce cas, le terme renvoie à une série de traits stylistiques marquants, figés en clichés par ses contemporains et réhabilités au vingtième siècle. Le second suppose une caractérisation plus poussée de l'art de Marivaux. Cette fois le terme marivaudage désigne une poétique originale qui comprend une forme subtile de critique. Cependant, cette redéfinition, qui va de pair avec une réévaluation, n'implique pas de véritable rupture, puisque le cliché se fonde sur une propriété essentielle du marivaudage, dans la seconde acception, à savoir un intérêt nouveau pour le langage. Cet intérêt est

---

1. On sait peu de choses sur sa vie, et, malgré les travaux érudits, certaines idées reçues résistent encore, comme le montrent les récentes mises au point de Françoise Rubellin ('Du nouveau sur Marivaux', dans *Lectures de Marivaux*, p.9-20; et 'Sur l'apparition du mot *marivaudage* et de l'expression *tomber amoureux*', dans le présent volume, p.11-17). Voir aussi la chronologie, la plus complète à ce jour, établie par Henri Coulet et Michel Gilot (éd.), dans Marivaux, *Théâtre complet*, t.1 (Paris, 1993), p.xcvi-clxi. Les pièces sont citées d'après cette édition.

particulièrement visible dans son théâtre, devenu progressivement le principal référent du cliché, dans lequel les paroles tendent à constituer 'la matière, la trame même' de l'action dramatique, selon la formule de Frédéric Deloffre.[2] Il s'agira donc davantage ici de compléter la définition traditionnelle du marivaudage que de la rejeter en bloc. Marivaux a-t-il répondu aux critiques adressées à ses œuvres? S'est-il positionné par rapport aux tendances artistiques anciennes et nouvelles? Ses œuvres, qui de façon générale comportent peu d'allusions au contexte, expriment-elles néanmoins un point de vue sur l'art et la société? L'écriture parodique doit-elle être considérée comme accidentelle dans sa production, ou est-elle constitutive de sa manière?[3]

Son théâtre, auquel je limiterai cette étude, révèle une forme très personnelle de réaction à l'actualité littéraire et aux clichés attachés au style et à sa dramaturgie. Plutôt que de reprendre les mêmes sujets que les écrivains en vue, Marivaux semble, lorsque l'aventure en vaut la peine, analyser le projet de chacun des dramaturges en question et leur répondre par de nouvelles œuvres. Cela revient à situer la discussion sur un plan proprement artistique. Par conséquent, ses réponses doivent être cherchées du côté de la structure de ses pièces, du choix des personnages et des effets, sachant qu'il ne renonce jamais à son style de comédie. Du coup, le lien entre ses pièces et les courants esthétiques concernés n'est pas toujours visible.

Faute de prises de position explicites, et devant la rareté des témoignages, il faut donc interroger les œuvres. C'est sans doute ce que voulait Marivaux, car ses réponses sont contenues dans ses œuvres, notamment dans ses pièces de théâtre. Comment s'est-il situé par rapport aux genres dramatiques traditionnels et aux nouvelles formes de spectacle qui ont émergé au cours du dix-huitième siècle? Dans quelle mesure ses comédies tiennent-elles compte de ces nouvelles tendances et des clichés simplifiant sa propre manière? A-t-il dialogué avec les dramaturges de son temps, en particulier Voltaire, Destouches, Nivelle de La Chaussée et Diderot? Ses pièces comportent-elles des allusions aux pièces à la mode ou aux débats sur le théâtre? S'est-il intéressé à la comédie larmoyante et au genre sérieux?

Pour préciser la ou les réponses de Marivaux, il faut tenir compte de sa place singulière dans la République des lettres. En ce qui concerne le théâtre, la rivalité entre Voltaire et Crébillon masque d'autres tensions entre les dramaturges de l'époque, en particulier l'opposition entre Marivaux et Voltaire.[4] Ami de Crébillon, auteur de lignes élogieuses –

---

2. F. Deloffre, *Une préciosité nouvelle*, p.207.
3. Sur ce point, voir Franck Salaün, *L'Autorité du discours* (Paris, 2010), chapitre 22.
4. Haydn Mason, 'Voltaire vu et commenté par Marivaux', *Revue Marivaux* 4 (1994), p.37-44;

certes prêtées au personnage du *Spectateur français* – sur la tragédie de La Motte, *Inès de Castro*, Marivaux a développé sa propre esthétique en infléchissant ou en détournant les codes classiques.[5] Ses tentatives infructueuses dans le genre tragique sont révélatrices de sa situation et de ses points de repère.[6]

Au début de sa carrière, il tente logiquement sa chance dans le genre dramatique le plus prestigieux. Cela donne *Annibal*, une tragédie en cinq actes et en vers, comme il se doit. Une dizaine d'années plus tard,[7] suivant probablement l'exemple de La Motte, lequel militait en faveur de tragédies en prose et avait publié une version en prose de son *Œdipe* en 1730, Marivaux met en chantier *Mahomet second*, une tragédie en prose restée inachevée.[8] Mais ce sont ses comédies, des comédies d'un type nouveau, qui l'imposeront comme l'un des principaux auteurs de son temps. Pourtant, de ce côté-là aussi, la concurrence est rude et les échanges sans concessions. Marivaux règne chez les Comédiens-Italiens, mais rencontre des résistances à la Comédie-Française. De plus, il doit faire face à des campagnes de dénigrement, tandis que l'on débat de la supériorité de la comédie sérieuse. Dès les années 1730, Voltaire, Destouches, et, de façon différente, le promoteur de la comédie larmoyante, La Chaussée, remettent en question ses choix esthétiques. On peut d'ailleurs penser qu'il se tient à une distance prudente du Théâtre de la Foire pour cette raison, afin de garantir à ses comédies, au moins provisoirement, un statut moyen, en attendant que les mérites de son théâtre soient pleinement reconnus.

Marivaux a ainsi répondu à ses adversaires de plusieurs façons: en restant fidèle au camp des Modernes dont il a, toujours à sa manière, illustré les thèses; en décochant quelques flèches ici et là; et surtout, en

---

François Moureau, 'Marivaux contre Voltaire: une lettre retrouvée', dans *Langue, littérature du XVIIe et du XVIIIe siècle: mélanges offerts à Frédéric Deloffre* (Paris, 1990).

5. Marivaux, *Le Spectateur français*, 20e feuille (18 août 1723), dans *JOD*, p.224-31.
6. Jean Dagen, 'Marivaux et la tragédie', dans *Campistron et consorts*, éd. Jean-Philippe Grosperrin, *Littératures classiques* 52 (2004), p.115-25.
7. Frédéric Deloffre situe cette tentative 'peu après le début des représentations du *Jeu de l'amour et du hasard* (23 janvier 1730)'; voir *Théâtre complet*, éd. Frédéric Deloffre et Françoise Rubellin (Paris, 2000), p.2129. Henri Coulet et Michel Gilot, un peu plus tard, à l'époque de 'la sourde polémique qui oppose en 1733 Marivaux et Voltaire'; voir Marivaux, *Théâtre complet*, t.2, p.1111.
8. Comme le remarquent H. Coulet et M. Gilot, le fragment de *Mahomet second* publié dans le *Mercure de France* de mars 1747 'est donc soit un début de tragédie en prose, soit l'esquisse en prose d'un premier acte qui aurait dû ensuite être mis en vers' (*Théâtre complet*, t.2, p.1111). On remarquera cependant que Marivaux a choisi de le publier en l'état, ce qui revenait, en l'absence d'autres précisions, à présenter l'esquisse d'une tragédie en prose. Sur ce projet, voir Jean-Noël Pascal, 'A propos de *Mahomet II*: Marivaux entre Chateaubrun, Lanoue et Baour-Lormian', *Revue Marivaux* 5 (1995), p.81-104.

donnant de nouvelles preuves de sa virtuosité, et cela sans jamais renoncer à sa conception du comique et à son style.

Visé par Voltaire dans *Le Temple du goût*, qui rejette la 'comédie métaphysique', il le prend à son tour pour cible dans *L'Ile de la raison*, où les personnages du poète et du philosophe lui empruntent des qualités.[9] Ainsi, comme le note Haydn Mason, la réplique de Blaise, 'monsieur lé philosophe nous a dit dans lé vaisseau, qu'il avait quitté la France, dé peur dé loger à la Vastille',[10] fait très certainement allusion au 'séjour de Voltaire en Angleterre, lequel risquait en 1727 de devenir permanent'.[11] Au fil du temps, la stratégie de Marivaux se précise: il relativise l'importance de Voltaire, présenté comme un suiveur doué, contrairement à Corneille et Racine décrits comme des génies.[12]

Dans *Le Miroir*, sous le couvert d'un personnage, il évoque encore les 'auteurs vivants', 'pas même contents des éloges' qu'il pourrait leur adresser, et formule cette étonnante mise en garde:

> Je veux pourtant bien qu'ils sachent que je les épargne, et qu'il ne tiendrait qu'à moi de rapporter leurs défauts [...] je m'abstiens de les dire. Il me semble même les avoir oubliés: mais ce sont encore là de ces choses qu'on oublie toujours assez mal, et je me les rappellerais bien s'il le fallait; qu'on ne me fâche pas.[13]

Cet avertissement à l'intention des auteurs, inséré dans une fiction, pourrait bien viser rétrospectivement le premier d'entre eux.[14] Voltaire, de son côté, avait un temps soupçonné Marivaux de préparer une critique des *Lettres philosophiques*.[15] Faut-il en conclure que Marivaux se range dans la catégorie des novateurs, c'est-à-dire de ceux qui ouvrent de nouvelles voies, tandis qu'il relativise l'originalité du grand Voltaire? Cette opposition entre véritables novateurs et suiveurs pourrait constituer une réponse, comme le fait de souligner sa propre originalité et d'accentuer sa maîtrise artistique, sans oublier les attaques discrètes.

De fait, il déplace le lieu de l'affrontement. Plutôt que d'entrer en lice en traitant le même sujet que ses concurrents ou que ses modèles, comme Voltaire défiant tout à la fois Sophocle, Corneille et ses

---

9. Dans une lettre à Berger de 1736, il prétend qu'il ne visait par Marivaux 'en parlant des comédies métaphysiques' (*Correspondence and related documents*, éd. Th. Besterman, dans *Œuvres complètes de Voltaire*, t.85-135, Oxford 1968-1977, D1000); mais dans une lettre à Moncrif d'avril 1733, il le surnommait 'Marivaux le métaphysique' (D589).
10. Marivaux, *L'Ile de la raison*, dans *Théâtre complet*, acte I, scène viii, t.1, p.529.
11. H. Mason, 'Voltaire vu et commenté par Marivaux', p.39.
12. Marivaux, *Réflexions sur l'esprit humain à l'occasion de Corneille et de Racine*, dans *JOD*, p.471-92.
13. *Le Miroir*, dans *JOD*, p.541.
14. F. Deloffre et M. Gilot, dans *JOD*, n.183, p.679; H. Mason, 'Voltaire vu et commenté par Marivaux', p.42.
15. Voltaire, à Thieriot, mars 1736 (D1029).

contemporains avec son *Œdipe*, suivi des *Lettres sur Œdipe* (1719), il profite de ses précédents succès pour concevoir des comédies propices à de nouvelles démonstrations de sa maîtrise, et, par la même occasion, de la valeur son théâtre. Il réaffirme ainsi sa ligne et répond avec ses propres moyens. Sans aller jusqu'à s'adonner au genre en vogue de la parodie, il n'hésite pas à parodier, dans ses romans, ses journaux et ses comédies, les genres prestigieux. Au théâtre, il situe davantage la confrontation au niveau du dispositif et des effets que du sujet choisi, ce qui ne l'empêche pas d'aller défier ses concurrents sur leur propre terrain en choisissant des thèmes ou des procédés proches de ceux qui caractérisaient les nouvelles tendances, en particulier le genre larmoyant, comme le montrent ses dernières œuvres, notamment *La Femme fidèle* (1755).[16]

Enfin, Marivaux répond à ses détracteurs en renouvelant sa manière, sans la trahir, à l'aide de variations sur ses propres procédés, bien conscient du fait que certains d'entre eux étaient identifiés et caricaturés. Sur ce point, l'Avertissement des *Serments indiscrets* (1732) est particulièrement intéressant: 'On a pourtant dit que cette comédie-ci ressemblait à *La Surprise de l'amour*, et j'en conviendrais franchement, si je le sentais; mais j'y vois une si grande différence, que je n'en imagine pas de plus marquée en fait de sentiment.'[17] Il doit se rendre à l'évidence, ses variations échappent au public, et même, ou surtout, aux critiques, qui y mettent sans doute aussi un peu de mauvaise volonté. Pourtant, dans la perspective du dramaturge, il est impossible de confondre la situation de Damis et Lucile, dans *Les Serments indiscrets*, 'qui s'aiment d'abord, et qui le savent, mais se sont engagés de n'en rien témoigner', avec celle de Lélio et la Comtesse, 'qui s'aiment pendant toute la pièce, mais qui n'en savent rien eux-mêmes et qui n'ouvrent les yeux qu'à la dernière scène' (p.662).

Quelques mois plus tôt, *Le Triomphe de l'amour* n'avait pas non plus reçu l'accueil espéré. Comme le concède Marivaux, lors de la première représentation sur la scène des Italiens, 'elle n'a point plu', mais quatre jours plus tard, à la cour, elle a plu énormément: ce qui traduit dans les deux cas un malentendu par rapport au projet de l'auteur. Il est vrai que 'le sujet en était singulier'.[18] Ce bref Avertissement semble chargé de sous-entendus, comme si, en analysant les raisons de l'accueil paradoxal de sa pièce, Marivaux cherchait à répondre aux arguments de ses adversaires. En affirmant que pour que sa comédie produise son effet et procure 'beaucoup de plaisir', il fallait que son sujet soit 'saisi', il paraît prendre la défense de la comédie à la fois gaie et profonde à partir d'une critique implicite de thèses du moment et d'un détournement parodique

16. Maria Grazia Porcelli, 'Le dernier Marivaux ou la réflexion sur le théâtre', dans *Marivaux subversif?*, éd. Franck Salaün (Paris, 2003).
17. Marivaux, 'Avertissement', dans *Les Serments indiscrets*, *Théâtre complet*, t.1, p.662.
18. Marivaux, 'Avertissement', dans *Le Triomphe de l'amour*, *Théâtre complet*, t.2, p.25.

des codes de la tragédie, ou plutôt de la tragédie pratiquée par les suiveurs, au premier rang desquels il faudrait placer Voltaire. En ce sens, on aurait affaire à une réplique de Marivaux adressée à Voltaire, peut-être aussi à Destouches, on verra pourquoi.

Repartons des faits. *Le Triomphe de l'amour* a donc été créé le 12 mars 1732 sur la scène des Italiens, puis joué le 15 mars à la cour avec *Agnès de Chaillot*, parodie de la tragédie de La Motte. A cette époque Voltaire est déjà un auteur célèbre, qui se présente, entre autres, comme le nouveau maître de la tragédie. Cependant, depuis le succès d'*Œdipe*, ses tragédies ne sont pas très bien reçues. Il faudra attendre *Zaïre* pour le voir renouer avec le succès. Marivaux ne pouvait pas ignorer ces tentatives. Il réagira d'ailleurs face au triomphe de *Zaïre*. Mais a-t-il, l'année d'avant, conçu *Le Triomphe de l'amour* dans cet esprit? A-t-il eu connaissance du *Discours prononcé avant la représentation d'Eriphyle*? S'en est-il souvenu en rédigeant l'Avertissement placé en tête de l'édition de sa comédie? C'est vraisemblable. *Eriphyle*, tragédie à laquelle Voltaire attachait beaucoup d'importance, comme en témoigne sa correspondance, avait été créée le 17 janvier 1732 chez la comtesse de Fontaine-Martel, avant d'être jouée à la Comédie-Française le 7 mars de la même année, quelques jours avant la création du *Triomphe de l'amour* chez les Comédiens-Italiens. En ce qui concerne le bref Avertissement, il a dû être rédigé par Marivaux entre la représentation à la cour, le 15 mars 1732 (puisqu'elle est évoquée), et l'obtention du privilège (4 avril 1732), ce qui lui laissait le temps nécessaire.

Le *Discours* de Voltaire faisait l'éloge – sincère ou non – de Destouches, dont la comédie *Le Glorieux* avait été créée le 18 janvier de la même année à la Comédie-Française:[19]

> Heureux ces purs écrits que la sagesse anime,
> Qui font rire l'esprit, qu'on aime et qu'on estime!
> Tel est du Glorieux le chaste et sage auteur:
> Dans ses vers épurés la vertu parle au cœur.[20]

Voltaire et Destouches ont en commun de remettre en question la place de l'amour au théâtre et de définir la fonction du public. Quant à lui, Marivaux y écrit et fait jouer *Le Triomphe de l'amour*, pièce qui parodie les codes de la tragédie sans pour autant descendre jusqu'au style héroï-comique. Les points de rencontre entre l'Avertissement et le *Discours*, qui

---

19. Il attribue certes le succès de la pièce aux acteurs, et publie une épigramme assassine en réponse à la Préface du *Glorieux*, mais il prend par ailleurs la défense de Destouches et fait encore l'éloge de la pièce, bien des années plus tard, dans sa lettre à d'Argental du 14 février 1748.
20. Voltaire, *Discours prononcé avant la représentation d'"Eriphyle"*, éd. Robert Niklaus, dans *OCV*, t.5, p.393.

pourraient donner l'impression d'une réponse, peuvent, il est vrai, s'expliquer par la nature même de l'exercice et la rhétorique qu'il implique. Cependant, Voltaire visait certainement Marivaux dans son *Discours*, par le biais de l'éloge du *Glorieux*, opposé aux autres formes de comédie. Il le visait peut-être aussi en déclarant: 'L'amour n'est excusé que quand il est extrême' (p.394). Quant à Destouches, pour définir le genre de sa comédie, il n'hésitait pas à dénoncer les mauvaises comédies et à flatter le public qui sait reconnaître

> [L]es ouvrages qui ne tendent qu'à épurer la scène, qu'à la purger de ces frivoles saillies, de ces débauches d'esprit, de ces faux brillants, de ces sales équivoques, de ces fades jeux de mots, de ces mœurs basses et vicieuses, dont elle a été souvent infectée; et qu'à la rendre digne de l'estime et de la présence des honnêtes gens.[21]

L'intrigue de la comédie de Marivaux repose sur le stratagème de Léonide, Princesse de Sparte, qui, pour approcher celui qu'elle aime, séduit à la fois Léontine, la sœur du philosophe Hermocrate, chez qui Agis a trouvé refuge, et sous un second masque, Hermocrate lui-même. Contrairement à la comédie de Destouches, qui comporte cinq actes, est écrite en vers, et a été créée à la Comédie-Française, *Le Triomphe de l'amour* est une comédie en trois actes et en prose, destinée aux Comédiens-Italiens. Le fait que Marivaux ait écrit pour les Comédiens-Français et pour les Italiens, ne doit pas faire oublier la rivalité qui opposait les deux troupes, et la supériorité revendiquée par la première. Marivaux pourrait avoir conçu sa pièce comme une réponse aux prétentions du nouveau tragique et de la nouvelle comédie. D'ailleurs, dans son Avertissement, il conteste la définition du public adoptée par ses deux confrères. Il ne s'agit pas pour lui d'un 'tribunal [...] libre, et toujours équitable', comment sinon expliquer l'accueil contrasté fait au *Triomphe de l'amour*?[22]

> Dirai-je que les premiers spectateurs s'y connaissent mieux que les derniers? Non, cela ne serait pas raisonnable. Je conclus seulement que cette différence d'opinion doit engager les uns et les autres à se méfier de leur jugement. [...] Et je demande qu'on la lise avec attention, et sans égard à ce que l'on en a pensé d'abord, afin qu'on la juge équitablement.[23]

Mais le contraste entre les deux accueils révèle encore autre chose: l'originalité de la pièce qui propose une subtile parodie du genre tragique. L'embarras des critiques confirme la nouveauté du procédé. Le compte rendu du *Mercure* (avril 1732), par exemple, se fait l'écho des

---

21. Philippe Néricault Destouches, *Le Glorieux*, 'Préface', dans *Théâtre du XVIIIe siècle*, éd. J. Truchet, t.I (Paris, 1972), p.566.
22. Voltaire, *Discours prononcé avant la représentation d'Eriphyle*, p.391.
23. Marivaux, 'Avertissement de l'auteur', dans *Le Triomphe de l'amour*, p.25-26.

réactions du public qui estime: 'que cette intrigue aurait mieux convenu à une simple bourgeoise qu'à une princesse de Sparte'.[24] Le fait que la comédie de Marivaux n'ait pas de pièce-cible identifiée (mais on en découvrira peut-être une un jour), explique peut-être qu'elle n'ait pas été comprise. Marivaux semble avoir cherché à englober les pratiques des auteurs de tragédies et de comédies sérieuses à la Destouches. On remarque en particulier l'emploi irrespectueux des références à l'antiquité, ainsi que la reprise et le renouvellement de la satire des pseudo-sages associée à Lucien. Le commentaire du marquis d'Argenson confirme cette hypothèse. Selon d'Argenson, le 'sujet est *héroïque*, mais il est traité en *roman bourgeois*, et d'une manière licencieuse'.[25] Bien que la pièce ne semble pas renvoyer à un hypotexte déterminé, elle peut néanmoins être considérée comme une parodie dont la cible est le genre tragique, ou un ensemble d'œuvres tragiques, et, par extension, les comédies sérieuses qui cherchent à obtenir la reconnaissance de leur dignité sur la scène de la Comédie-Française. Le refus de recourir au procédé de la reconnaissance, remplacé par celui du masque, au moment même où la comédie larmoyante et la tragédie voltairienne les multiplient, illustre parfaitement la distance prise à l'égard des codes en vigueur.[26]

Autre coïncidence, l'une des comédies les plus complexes de Marivaux, *Les Acteurs de bonne foi*, paraît dans un périodique, *Le Conservateur* (1757), quelques mois après la publication du *Fils naturel*,[27] et quelques semaines après ses premières représentations à Saint-Germain.[28] La pièce de Diderot et le nouveau genre que celui-ci entendait promouvoir avaient fait beaucoup de bruit. Une parodie intitulée *Le Bâtard légitimé* parut dès le 17 mars, et l'accusation de plagiat, lancée par Fréron en juillet, relança les discussions.[29] Bref, Marivaux ne pouvait ignorer la pièce et ses enjeux esthétiques. La publication des *Acteurs de bonne foi* dans le périodique de l'un de ses amis a-t-elle quelque chose à voir avec les remous provoqués

---

24. *Mercure de France*, avril 1732, p.782.
25. René-Louis de Voyer, marquis d'Argenson, *Notices sur les œuvres de théâtre*, éd. H. Lagrave, SVEC 42-43 (1966), t.2, p.718.
26. La sous-estimation de ce parti-pris affaiblit certaines démonstrations, comme celle qui organise la typologie proposée par Catherine Ailloud-Nicolas dans 'Reconnaissance et dramaturgie dans le théâtre de Marivaux', dans *La Reconnaissance sur la scène française (XVIIe-XXIe siècle)*, éd. Françoise Heulot-Petit et Lise Michel (Arras, 2009).
27. Diderot, *Le Fils naturel ou les Epreuves de la vertu, comédie en cinq actes en prose avec l'Histoire véritable de la pièce* (Amsterdam, 1757).
28. Voir les comptes rendus de *Il Vero Amico* et du *Fils naturel* dans l'*Année littéraire* (lettre du 30 juin 1757 et lettre du 12 juillet 1757, t.4, p.147-73 et 217-57). La pièce a été jouée deux fois à Saint-Germain en septembre. Les dates exactes ne sont pas connues. Voir Anne-Marie Chouillet, 'Dossier du *Fils naturel* et du *Père de famille*', SVEC 208 (1982), p.73-166 (p.154).
29. Jean-Jacques Garnier, *Le Bâtard légitimé, ou le Triomphe du comique larmoyant avec un examen du 'Fils naturel'* (Amsterdam [Paris], 1757).

par l'œuvre de Diderot? Il est vrai que le laps de temps séparant la parution de la pièce de Diderot de celle de Marivaux, donne une certaine consistance à l'hypothèse, mais le fait qu'une pièce paraisse après une autre n'implique pas qu'elle ait été publiée en fonction d'elle, et encore moins écrite pour lui répondre. Qui plus est, en admettant que Marivaux y ait bien trouvé une façon bien à lui de répliquer à un ouvrage très éloigné de sa conception du théâtre, cela n'impliquerait pas que la pièce ait été composée en fonction du *Fils naturel*.

On pensait, jusqu'à une date récente,[30] que cette comédie avait été écrite peu avant sa publication dans *Le Conservateur*, donc durant l'automne 1757, mais la publication de la correspondance de Mme de Graffigny a révélé que Marivaux en avait lu une version dès octobre 1748.[31] Dans sa lettre à Devaux du 31 octobre 1748, Mme de Graffigny donne les détails suivants:

> Il [Marivaux] nous lut après dîner une espèce de petite comédie qu'on lui a demandé pour le théâtre de Mme de Mirepoix. Je l'ai trouvée fort jolie. C'est un valet qui veut faire jouer une comédie pour amuser dans une maison de campagne. Il prétend ne faire qu'un canevas, qui doit être exécuté par le garçon jardinier, une jeune paysanne, la femme de chambre, et lui. Il en fait une répétition, mais comme la pièce roule sur leurs véritables intérêts, pas un acteur ne se prête à l'illusion. La petite paysanne aime Frontin, Blaise est jaloux, Marton est diablesse. Les rôles en sont joués, mais interrompus sans cesse par ceux qui ne sont pas en scène, et finit par une brouillerie qui va presque jusqu'aux coups. La morale en est qu'il est difficile de jouer sans querelle. Tout cela est fort gai et fort plaisant. N'en parle pas qu'elle ne soit jouée. [C'] est un secret.[32]

La première version de la comédie est donc bien antérieure à la publication du *Fils naturel*. Cependant, la version publiée est beaucoup plus complexe que celle dont Mme de Graffigny a laissé un résumé, ce qui donne à penser que Marivaux a dû l'étoffer entre 1748 et 1757.[33] Reste à savoir quand et pourquoi. La pièce n'étant pas destinée à être jouée, on peut s'interroger sur les motivations du dramaturge. Le bruit fait autour du coup d'essai du chef des encyclopédistes pourrait-il l'avoir décidé à retoucher sa pièce et à la publier en guise de réponse? Cela serait assez

---

30. Voir la notice de l'édition procurée par F. Deloffre dans Marivaux, *Théâtre complet*, p.1940; et celle de l'édition établie par H. Coulet et M. Gilot dans Marivaux, *Théâtre complet*, t.2, p.1167.
31. Sur ce point, voir F. Rubellin, *Lectures de Marivaux*, p.14.
32. Mme de Graffigny, *Correspondance*, éd. English Showalter, t.9 (Oxford, 2004), p.316-317; orthographe modernisée.
33. Comme le remarquent les éditeurs de la correspondance, 'il se peut que Mme de Graffigny ne se rappelle pas bien tous les détails, ou bien que Marivaux ait remanié son ouvrage' (*Correspondance*, n.18, p.319).

conforme au constat fait par Maria Grazia Porcelli pour qui les dernières pièces de Marivaux sont des 'essais d'esthétique théâtrale'.[34]

On pourra bien sûr objecter que les deux pièces ne se ressemblent pas, mais la question n'est pas là. En effet, le point de contact entre ces œuvres n'est pas celui auquel on pense spontanément. Si, au lieu de comparer les personnages, les situations initiales et les intrigues, on s'intéresse aux dispositifs fictionnels, on constate que dans les deux cas les protagonistes sont censés jouer leur propre rôle.

Avant Beaumarchais, qui fera de Figaro un auteur de drame étrillé par la critique,[35] Marivaux évoque les choix dramaturgiques des personnages-acteurs, et leur lexique est nettement influencé par l'univers théâtral. Il est question de 'comédie', de jeu 'à l'impromptu', de 'canevas', de 'cothurne', il faut bien sûr 'répéter', etc. Plus fondamentalement, Marivaux rappelle implicitement que le procédé du théâtre dans le théâtre ne date pas d'aujourd'hui, et il démontre qu'il peut mieux que quiconque le renouveler sans ruiner l'intérêt et le plaisir, sans renoncer au langage de l'amour et à la gaieté.

La pièce fait aussi allusion aux différents types de spectacle et aux différents publics, sans oublier le cas des pièces limitées 'à l'impression' et aux lecteurs.[36] Piquée dans son amour-propre, et voyant la perspective d'un mariage entre Angélique et Eraste s'éloigner, Mme Argante rétorque à Mme Hamelin qui la mystifie: 'Comment! une comédie de moins romprait un mariage, Madame? Eh! qu'on la joue, Madame; qu'à cela ne tienne; et si ce n'est pas assez, qu'on y joigne l'opéra, la foire, les marionnettes, et tout ce qui vous plaira, jusqu'aux parades'(p.701). Chez Marivaux comme chez Diderot, chacun joue son propre rôle, et aucun des protagonistes de la pièce dans la pièce n'est acteur de métier. Cependant, alors que dans *Le Fils naturel* chacun est censé respecter la scène vécue qu'il s'agit de reproduire, chez Marivaux, seuls les serviteurs ont un rôle dans la pièce qui doit être jouée 'à l'improviste' à partir du 'canevas' fourni par Merlin. Qui plus est, Merlin a conçu une 'finesse' qu'il expose en ces termes (p.686-87):

> MERLIN: – Colette qui doit faire mon amoureuse, et moi qui dois faire son amant, nous sommes convenus tous deux de voir un peu la mine que feront Lisette et Blaise, à toutes les tendresses naïves que nous prétendons nous dire, et le tout, pour éprouver s'ils n'en seront pas un peu alarmés et jaloux, car vous savez que Blaise doit épouser Colette, et que l'amour nous destine Lisette et moi l'un à l'autre.

---

34. M. G. Porcelli, 'Le dernier Marivaux ou la réflexion sur le théâtre', p.336.
35. Pierre-Augustin Caron de Beaumarchais, *Lettre modérée sur la chute et la critique du Barbier de Séville*, dans *Œuvres*, éd. Pierre Larthomas (Paris, 1988), p.268.
36. Marivaux, *Les Acteurs de bonne foi*, dans *Théâtre complet*, t.2, p.698.

Du point de vue d'un homme de l'art comme Marivaux, il y au moins un 'acteur' dans la pièce commémorative imaginée par Diderot. En effet, le père, qui avait eu l'idée de cette représentation-commémoration annuelle, est mort; quelqu'un d'autre doit donc jouer son rôle: 'un de ses amis, qui était à peu près de son âge, et qui avait sa taille, sa voix et ses cheveux blancs'.[37] Plus généralement, le fait d'imiter la réalité, y compris en demandant aux protagonistes de revivre la scène, revient à jouer, c'est-à-dire ici à transformer des faits en représentation. Il faut aussi connaître son texte, celui qui a été dit le jour des retrouvailles, refaire les gestes faits, etc. Néanmoins, malgré les apparences, le narrateur-spectateur de la scène se trouve dans une situation assez proche de celle des personnages-acteurs les plus naïfs de la comédie de Marivaux, Blaise et Lisette, qui ne cessent d'interrompre la répétition dans les premières scènes. Il confie dans l'épilogue de la pièce: 'L'histoire de Dorval était connue dans le pays. La représentation en avait été si vraie qu'oubliant en plusieurs endroits que j'étais spectateur, et spectateur ignoré, j'avais été sur le point de sortir de ma place, et d'ajouter un personnage réel à la scène' (p.105). Ainsi, qu'il s'agisse d'une coïncidence ou d'un choix, la pièce de Marivaux constitue bien une réponse aux différentes sortes de comédies sérieuses. La virtuosité et l'apologie de la gaieté lui permettent en outre de faire d'une pierre deux coups. En s'attaquant au genre défini par Diderot, il pouvait aussi régler ses comptes avec La Chaussée qui, dans le Prologue (scène v) de *La Fausse Antipathie* (1733) s'en était pris à son type de comédie.[38]

Ces rapprochements entre deux comédies de Marivaux et des œuvres de Voltaire, Destouches, Diderot et La Chaussée sont hypothétiques, mais cela ne remet pas en question le constat formulé. Dans toutes les formes qu'il a explorées, il est évident que Marivaux a écrit en tenant compte des modèles anciens et contemporains, en les contestant et en les détournant. Les indices relevés précédemment sont, dans une certaine mesure, doublement corroborés: par l'accueil réservé à ses œuvres dans les différents genres, ce dont témoigne de façon très nette la *Réponse de l'archevêque de Sens* à son *Discours de réception à l'Académie française* en décembre 1742, et par les réflexions déroutantes lues par Marivaux durant les séances de l'Académie entre 1744 et 1755.[39]

Tout au long de sa carrière, Marivaux, très conscient de son art et de plus en plus exigeant, est resté fidèle à sa ligne de conduite: il a répondu à

---

37. Diderot, *Le Fils naturel*, éd. Jean Goldzink (Paris, 2005), p.104.
38. Pierre-Claude Nivelle de La Chaussée, *La Fausse Antipathie*, éd. Maria-Grazia Porcelli (Taranto, 2002), p.73. Sur ce point, voir Jean-Paul Sermain, 'Nivelle de La Chaussée: rival ou disciple de Marivaux?', dans *La Chaussée, Destouches et la comédie nouvelle au XVIII*[e] *siècle*, éd. Jean Dagen, Catherine François-Giappiconi et Sophie Marchand (Paris, 2012).
39. Ces textes sont réunis dans *JOD*, p.449-512.

ses détracteurs et réaffirmé ses choix esthétiques face aux nouveaux genres. C'est la raison pour laquelle Henri Lagrave voit en lui 'un auteur d'avant-garde' avant l'heure, 'l'écrivain le plus anticonformiste, le plus "anarchiste" de son temps':

> Il ne reconnaît ni les dogmes, ni – ce qui peut-être est plus grave – les cadres de la République des Lettres. Il méprise la critique, se montre hostile aux auteurs les plus huppés, n'écrit guère de préface, émet des doutes sur la 'fonction' de l'écrivain, reste en dehors des circuits officiels (rien d'étonnant à ce que son élection à l'Académie française l'ait proprement stérilisé). Plus encore, il sort du domaine de la littérature, alors strictement délimité, pour donner dans des genres interdits de séjour, comme la parodie, mal vus, comme le roman, ou mal acclimatés, comme la comédie à l'italienne. Il ne se pique pas d'écrire en vers, et par là se situe volontairement hors de la 'poésie' qui est la forme noble de l'expression littéraire. S'il est vrai que 'le XVIIIe siècle se caractérise par la promotion des genres vulgaires, non seulement du roman, mais de tous les genres en prose nés du journalisme et du théâtre', Marivaux est un des principaux instigateurs de ce mouvement. Il vulgarise en effet la morale et la psychologie en les faisant 'déchoir' du 'portrait' ou de la 'maxime', genres mondains, au niveau le plus bas, celui des feuilles ou des périodiques. Il donne ses romans par tranches, comme des journaux, et il ne les finit même pas. Il s'adresse de préférence au public le moins 'cultivé' qui soit, celui des femmes, des jeunes gens, des bourgeois.[40]

Dans son enthousiasme militant, et bien qu'il signale ses anachronismes, Henri Lagrave n'évite pas les simplifications.[41] Cependant, son plaidoyer a le mérite de rappeler que, loin des clichés concernant le marivaudage, les œuvres de Marivaux manifestent une conception de l'art très réfléchie. En effet, dès le départ, l'auteur du *Télémaque travesti* cherche à s'affranchir de la hiérarchie des genres, et des règles propres à chaque forme, puis il tient compte des nouvelles tendances thématiques et dramaturgiques, y compris lorsqu'il les juge rétrogrades.[42] Ce phénomène peut être généralisé et porté au crédit de Marivaux: ses œuvres défendent une esthétique originale face aux courants les plus actifs de son époque. Cette façon très personnelle de répondre par ses œuvres, dans tous les genres qu'il a explorés, constitue une marque de fabrique qui contrebalance les caractéristiques par lesquelles on définit généralement le marivaudage. Il est donc temps d'enrichir le terme marivaudage et d'y faire entrer une dimension critique et parodique.

40. Henri Lagrave, *Marivaux et sa fortune littéraire*, p.53-54. Lagrave cite Robert Escarpit, *Le Littéraire et le social* (Paris, 1970), p.268.
41. 'Si le terme n'était pas aussi anachronique que celui d'avant-garde, on oserait dire que Marivaux travaille volontiers dans une sorte de 'sous-littérature' *que nous jugeons, nous, non seulement comme de la littérature, mais comme la littérature la plus digne d'admiration qui soit*' (H. Lagrave, *Marivaux et sa fortune littéraire*, p.54, nous soulignons).
42. Robin Howells, 'La subversion dans les formes', dans *Marivaux subversif?*, éd. Franck Salaün (Paris, 2003), p.34-45.

L'*Esprit de Marivaux* (1769): analectes et marivaudage

FRANÇOISE GEVREY

Dans la deuxième moitié du dix-huitième siècle, la mode des 'esprits' d'auteur battait son plein. Il s'agissait de donner aux lecteurs une anthologie des meilleurs morceaux des écrivains en leur évitant de chercher des références dans des œuvres parfois longues ou difficiles à rassembler. En ce qui concerne Marivaux, nombre de ses écrits étaient dispersés dans les périodiques certes partiellement repris en deux volumes en 1728 avec une table. C'est Lesbros de La Versane qui donna, six ans après la mort de Marivaux et sous l'anonymat, pratique assez fréquente pour ce genre d'ouvrage, un recueil embrassant l'ensemble de l'œuvre.[1] A cette époque les a priori étaient déjà bien installés à propos du marivaudage: les philosophes y avaient largement contribué, qu'il s'agisse de Voltaire, de D'Alembert, ou du marquis d'Argens. Dès lors comment présenter un recueil sans rencontrer les arguments des critiques et sans paradoxalement diffuser les lieux communs qui déformaient l'image de l'auteur qu'on voulait faire apprécier?

Certes Lesbros de La Versane, polygraphe d'origine marseillaise, n'est pas à l'origine du terme de marivaudage et de ses dérivés dont il n'use pas. Cependant il choisit de répondre aux critiques, explicitement dans l'Eloge historique' qu'il fait de Marivaux et implicitement dans la construction du volume d'analectes.[2] Mais par l'abandon de certains textes ou par la fabrication de leur 'abrégé', il contribue aussi à rappeler et à diffuser les préjugés que beaucoup de contemporains pouvaient avoir sur Marivaux. Le seul fait de décontextualiser des passages pour les réinscrire dans des chapitres comme ceux des *Caractères* de La Bruyère met l'accent sur la morale; mais l'auteur de l'anthologie insiste aussi sur un art de la formule, sur la recherche du trait d'esprit ingénieux, en somme sur la 'métaphysique' relevée en 1755 par Palissot dans *Les Tuteurs*.[3] Ainsi

---

1. Louis Lesbros de La Versane, *Esprit de Marivaux, ou Analectes de ses ouvrages, précédés de la Vie historique de l'auteur* (Paris, chez la Veuve Pierres, 1769). Toutes nos références renverront désormais à cette édition originale.
2. *Analectes*: 'fragments choisis d'un auteur' (*Dictionnaire de l'Académie*, 1762).
3. 'Une métaphysique où le jargon domine, / Souvent imperceptible, à force d'être fine', cité dans Marivaux, *Théâtre complet*, éd. Frédéric Deloffre et Françoise Rubellin (Paris, 2000), p.2055. Circulaient alors les expressions de 'jargon mystique' d''affectation outrée' et de style 'guindé' (p.2057, 2055).

Marivaux passait pour un nouveau Fontenelle:[4] le rapprochement s'impose d'autant plus que *L'Esprit de Fontenelle* de Le Guay de Prémontval était alors un modèle pour qui entreprenait une anthologie.[5] Lesbros de La Versane avait déjà contribué à l'*Esprit de Saint-Réal* en 1768. Sa réception du marivaudage semble d'autant plus digne d'intérêt qu'il fut auteur de comédies et de petits romans où il ne s'est pas privé d'imiter Marivaux: en témoignent par exemple les *Caractères des femmes, ou Aventures du chevalier de Miran*.[6]

On se propose donc de relever les indices qui montrent comment l'accusation de 'marivaudage' se prolonge après la mort de l'auteur, et comment on cherche à l'écarter pour ne retenir que les aspects positifs ou moraux des écrits sélectionnés, voire imités.

L'avis de l'éditeur et l'éloge historique

Placé sous le signe de l'immortalité par l'épigraphe qui cite une ode d'Horace, le recueil est précédé d'un bref 'Avis de l'éditeur' destiné à en orienter la lecture.[7] L'art de Marivaux y est défini dans une triade: 'Peu d'auteurs ont écrit avec autant de finesse, de naturel et de grâce.'[8] On perçoit dans ce compliment une intention: celle d'assumer la finesse, tant critiquée par d'autres, comme une qualité essentielle. Pour sa part la grâce va donner un 'coloris agréable' à des matières ou à des sujets qui pourraient ne pas sembler agréables en eux-mêmes. Une tension se manifeste entre la gravité de la morale du philosophe et l'attrait qu'il donne à sa pensée. D'où l'éloge d'une 'plume élégante' et d'un 'esprit aussi fin' (p.1). Au risque de manquer quelque peu de fidélité à l'esthétique de Marivaux, l'avis reprend les principes de *l'utile dulci* en recommandant l'œuvre de cet auteur à 'ceux qui cherchent à s'instruire, même en s'amusant'. D'autre part l'éditeur reconnaît à Marivaux l'art d'avoir su 'saisir le goût de son siècle', ce qui le place résolument du côté des Modernes (p.1). Cette déclaration liminaire réfute donc, sans l'avouer, certains arguments des critiques du marivaudage, tout en mettant au compte de l'agrément et du goût du siècle les raffinements qui pouvaient passer pour des artifices. En soulignant la manière dont

---

4. Fontenelle fut desservi par La Bruyère, qui le représenta sous les traits de Cydias, le 'bel esprit', comme Marivaux le fut par Voltaire et d'Argens.
5. Pierre Le Guay de Prémontval, *L'Esprit de Fontenelle, ou Recueil de pensées tirées de ses ouvrages* (La Haye, P. Gosse, 1744).
6. Louis Lesbros de La Versane, *Caractères des femmes, ou Aventures du chevalier de Miran*, 2 vol. (Londres et Paris, chez la Veuve Pierres, 1769).
7. 'Non omnis moriar, multaque pars mei, / Vitabit Libitinam', Horace, Ode 24, Livre 3; 'Je ne mourrai pas tout entier, et une bonne part de mon être sera soustraite à Libitine' (nous traduisons).
8. Lesbros de La Versane, *Esprit de Marivaux*, p.1.

Marivaux instruit, cet avis écarte tout argument selon lequel sa prétendue préciosité serait une simple coquetterie.

Enfin l'éditeur prétend avoir rassemblé 'tout ce que M. de Marivaux a pensé et écrit de mieux' (p.1-2). En réalité des choix génériques et esthétiques ont été opérés habilement, sans exclure les périodiques dans lesquels puisait souvent Desfontaines pour alimenter ses exemples de néologismes. Le recueil ne pouvait en effet ignorer cet aspect de l'œuvre pour donner l'image d'un Marivaux moraliste.

Cette évocation en creux et sans polémique des jugements liés au marivaudage se confirme plus précisément dans l'Eloge historique qui est ensuite proposé. Lesbros de La Versane y montre son désir de trouver un équilibre entre l'œuvre et les qualités de la vie de l'homme privé dont l'esprit était 'fécond et ingénieux' et l'âme 'sensible' autant que 'belle' (p.3). Mais la reprise de l'idée selon laquelle Marivaux fit 'honneur au siècle de l'esprit' (p.4) tend à souligner un raffinement à la mode, et l'expression, 'la finesse d'esprit qui lui était propre' (p.5), insiste en singularisant cette forme d'esprit (les détracteurs du marivaudage ont toujours reproché à Marivaux de trop vouloir montrer son esprit). Les qualités du dramaturge, du romancier et de l'essayiste sont résumées non par l'innovation ou la subversion, mais par 'cette légèreté, ce naturel, et cette philosophie aimable qui sont le principal mérite de ses ouvrages' (p.40); en somme il s'agit d'une œuvre où rien ne pèse, où tout est agrément.

Le parcours historique revient, en s'inspirant de passages du *Spectateur français*, sur la vocation de Marivaux qui n'a pas choisi d'être un homme de cabinet ou un auteur laborieux: 'Il ne se décida point pour les lettres, il fut entraîné par elles. Il ne chercha point à devenir auteur, il fut étonné de l'être devenu' (p.6). Dès lors il est permis d'évoquer les œuvres de jeunesse en les rattachant à la pratique de l'"esprit': *Pharsamon* en témoigne. L'accent est mis également sur l'"ingénieux badinage' qui se manifeste dans *L'Homère travesti* que d'autres critiques du temps jugeaient indigne de la réputation de l'auteur. La définition d'un burlesque propre à Marivaux, différent de celui de Scarron, permet de lever quelques objections formulées par ceux qui n'aiment pas le marivaudage superficiel: 'Le comique de Scarron, qu'on croyait inimitable, est plus dans le tour et dans l'expression que dans les choses; celui de *L'Homère travesti* est plus dans les choses que dans la manière de les dire' (p.8).[9]

Cette absence de calcul, cet art fondé sur l'intuition qui va au fond des choses se retrouvent dans la pratique du théâtre. C'est sans dessein que Marivaux aurait donné des 'pièces si ingénieusement écrites', où 'le

---

9. Sur Marivaux et Scarron voir Christelle Bahier-Porte, '"Chacun à son gré peut manier ses sujets": Marivaux commentateur' dans le présent ouvrage, p.19-32.

sentiment pétille', et où l'on trouve des 'pensées développées avec finesse' (p.9). Dans la mesure où il apparaît comme épris de 'sagesse', il a assujetti 'le bel esprit à la décence' (p.9-10); les bonnes mœurs peintes dans les comédies contiennent les excès de l'imagination comme ceux du bel esprit.[10] Lesbros de La Versane s'arrête ensuite sur l'argument d'un de ceux qui ont forgé le concept de marivaudage, le marquis d'Argens, qu'il nomme. Selon ce dernier, toutes les comédies de Marivaux se ressembleraient et pourraient porter le titre de 'la surprise de l'amour'.[11] Lesbros de La Versane cite alors la réponse de Marivaux qui se fonde sur l'étude de la nature et sur le ton de la conversation pour justifier ce qui paraît une éventuelle uniformité dans la pratique du 'langage des hommes'.[12] Toujours en se reportant au marquis d'Argens, l'Eloge historique n'esquive pas la question de l'esprit que Marivaux ferait trop paraître. Mais il exclut toute affectation d'esprit chez le dramaturge:

> Il n'a point recherché d'en montrer. Son style était à lui, il était analogue à sa manière de voir, de sentir. Ses expressions, qui ont paru singulières, étaient une suite de la finesse de ses pensées qui ne pouvaient être rendues autrement. Il faudrait avoir son âme pour écrire comme lui, il en suivait l'impulsion, et il serait dangereux de le prendre pour modèle sans avoir sa pénétration; c'est elle qui lui a donné son style, et son style était ce qu'il fallait à son esprit.[13]

Ainsi, tout en écartant l'idée selon laquelle Marivaux se complairait dans l'artifice, et tout en liant sa singularité à son caractère, l'auteur du recueil reconnaît que son théâtre exprime par son originalité une philosophie qui offre de nombreuses 'saillies à l'esprit' (p.14).

L'examen des romans manifeste la même intention de louer tout en réfutant les arguments de ceux qui avaient dénoncé le style de Marivaux. A la première lecture, ces romans 'ne semblent d'abord annoncer que des bagatelles ingénieuses et agréables' (p.17). Mais *La Vie de Marianne* se distingue par des 'nuances fines' et, en reprenant un cliché à la mode, on peut considérer que 'les raffinements de l'esprit et du cœur sont prodigués dans cette production qui fait le plus grand plaisir' (p.17). En lien avec la morale dont la présence est toujours rappelée, reviennent les arguments qui, en dépit de la réfutation esquissée, peuvent servir de

---

10. L'échec de *L'Ile de la raison* à la scène est expliqué par le recours à une illusion que les spectateurs ne pouvaient accepter, donc tout de même par un dispositif trop ingénieux qui n'empêche pas la comédie d'être 'très bonne à lire', ce que confirme la publication dans le tome 2 du *Spectateur français* de Prault en 1728.
11. Jean-Baptiste de Boyer, marquis d'Argens, *Réflexions historiques et critiques sur le goût et sur les ouvrages des principaux auteurs anciens et modernes* (1743), dans Marivaux, *Théâtre complet*, éd. Frédéric Deloffre et Françoise Rubellin (Paris, 2000), p.2054.
12. Voir l''Avertissement' des *Serments indiscrets*, dans Marivaux, *Théâtre complet*, p.1065-66.
13. Lesbros de La Versane, *Esprit de Marivaux*, p.14. Voir à ce sujet Catherine Gallouët, ' "Voilà bien des riens pour un véritable rien": les enjeux du marivaudage', ci-dessus, p.52-58.

fondement pour condamner la subtilité du dramaturge comme du romancier. La question des 'réflexions' de Marianne, raillées par Crébillon dans *Tanzaï et Neadarné*, est abordée en les ramenant à l'objectif d'un 'traité de morale' agréable (p.18). Ce qui fait le lien avec les écrits des périodiques dont la critique 'fine et modérée' est bien celle d'un 'esprit subtil et réfléchi' (p.19). Reprenant l'appellation de 'Théophraste moderne', qui figurait dans l'Avant-propos des *Lettres sur les habitants de Paris* dans *Le Mercure* en 1717, mais que Marivaux n'avait pas souhaité voir reprise dans l'édition Prault de 1728, Lesbros de La Versane en vient à dévoiler une de ses grandes orientations.[14] Il invite à lire Marivaux comme s'il était d'abord, et essentiellement, un moraliste: 'Il était doué d'un esprit subtil et réfléchi. Il peut être comparé à Démocrite pour la critique, à Sénèque comme moraliste, et à Fontenelle pour l'esprit et pour les grâces' (p.19). Cette grille de lecture suppose qu'on accorde une place importante aux périodiques, ce que fait le recueil au mépris de toute chronologie. En oubliant tous les reproches adressés aux comédies ou aux romans, le lecteur doit donc rechercher dans *Le Spectateur français* la pensée d'un 'philosophe agréable et tolérant', ce qui devrait faire passer au second plan les débats sur le style.[15] Des anecdotes et des lettres viennent compléter l'image d'un homme vertueux que chacun aurait aimé fréquenter en société et dont les jugements sur le caractère de ses semblables méritent foi et attention. La *Lettre sur la paresse* est en effet l'occasion de montrer que Marivaux n'avait pas les vices des petits-maîtres qui se répandaient dans les salons.[16]

Entre les réfutations et la mise en perspective, l'éloge de Marivaux ne parvient donc pas à contourner la question du marivaudage, la seule référence précise donnée étant du reste celle d'un des lecteurs ayant construit les arguments qui en fondent l'idée même.

L'organisation du volume

Si l'on tient compte maintenant de la composition de l'anthologie, savamment nommée *analectes*, la même tension se manifeste: l'auteur veut donner une image de Marivaux qui évite les reproches du clan des philosophes, mais il y revient de fait par certains choix qu'il opère. En effet le recueil décontextualise les extraits et les rassemble selon des thèmes ou des titres parfois empruntés à des modèles comme La Bruyère. Il tend à lisser les différences génériques et à faire passer la forme dialoguée du théâtre au second plan. Du coup il confirme d'une

---

14. Voir Marivaux, *Journaux et œuvres diverses*, éd. Frédéric Deloffre et Michel Gilot (Paris, 2001), p.8 (désormais *JOD*).
15. Marivaux, *JOD*, p.20.
16. Voir Henri Coulet, *Marivaux romancier*, p.61-62.

certaine manière l'idée selon laquelle l'auteur spirituel jouerait avec des types et des mots qui se ressemblent. De ce point de vue, l'*Esprit de Marivaux* efface bien plus les frontières et les repères que ne le fait *L'Esprit de Fontenelle* appuyé sur des références d'œuvres. En outre il favorise des formes susceptibles de manifester le marivaudage (les portraits ou les lettres), ou des sujets tournant autour du cœur et des femmes, autant de questions susceptibles de faire éclore une 'métaphysique' ou une néo-préciosité.

La répartition des chapitres présente une certaine disparité de volume: en effet en ouverture le premier chapitre, un des plus volumineux, rassemble en cinquante-cinq pages trente-sept portraits. Leur provenance n'est jamais indiquée de manière précise: le lecteur ne dispose que de titres donnés par Lesbros de La Versane. Des regroupements ont bien été opérés: par exemple pour *La Vie de Marianne* puisqu'on lit à la suite le portrait de Varthon évanouie (avec pour titre: 'portrait d'une belle évanouie'), celui de Mme de Miran et celui de Mme Dorsin, celui de Marianne, ceux de Mme de Fare et de sa fille, puis celui de M. de Tervire et de la mère Saint-Ange. En ce qui concerne *Le Paysan parvenu* on trouve d'abord celui de Mme de Fécourt, mais il est suivi de celui de Cléanthis, le personnage de *L'Île des esclaves*, avant que ne paraisse le ministre, Mme de Ferval, Mlle Habert et Doucin, Agathe (elle est nommée Mlle Agathe Harpin); sans souci d'ordre narratif Mme Alain entre en scène la dernière alors qu'elle est la première maîtresse de Jacob. Les portraits sont donc regroupés en fonction des types, et ils sont ainsi essentialisés sous forme de caractères.[17] L'anthologie ne se soucie pas de savoir qui est l'énonciateur quand elle donne la parole à des voix très diverses. De même on lit à sept pages d'intervalle deux portraits extraits de la première scène des *Sincères*: d'abord celui que Lisette fait de la marquise ('Portrait d'une coquette qui voudrait ne pas le paraître'), puis celui d'Ergaste brossé par Frontin ('Portrait d'un jeune homme').[18]

Mais surtout, bien que défendant les réflexions et le style de Marivaux dans son éloge, l'auteur de l'anthologie pratique des suppressions sans les indiquer. On en citera pour preuve le portrait de Marianne qui termine la première partie du roman. Il coupe la remarque qui s'adresse à la correspondante de Marianne: 'Mais je m'écarte toujours; je vous en demande pardon, cela me réjouit ou me délasse; et encore une fois, je vous entretiens.'[19] En revanche il conserve la métaphore initiale qui peut

---

17. Des regroupements de portraits de religieux ou de dévots apparaissent pour plus d'efficacité morale et satirique: l'abbesse, suivie de Sercourt et d'une religieuse.
18. Marivaux, *Les Sincères*, scène i, dans *Théâtre complet*, p.1633-34; Lesbros de La Versane, *Esprit de Marivaux*, p.42, 49.
19. Marivaux, *La Vie de Marianne*, éd. Frédéric Deloffre (Paris, 1990), p.51.

passer pour un raffinement excessif: 'J'ai eu un petit minois qui ne m'a pas mal coûté de folies, quoiqu'il ne paraisse guère les avoir méritées à la mine qu'il fait aujourd'hui; aussi il me fait pitié quand je le regarde', reprise à la fin du passage: 'Je ne faisais pas valoir non plus tous les agréments de mon visage, je laissai aller le mien sur sa bonne foi, comme vous le disiez plaisamment l'autre jour d'une certaine dame' (p.51 et 52).

Quelle que soit l'efficacité morale de ces portraits, on doit penser qu'ils ont été écrits en une période où leur développement était condamné dans les romans parce qu'on le liait à des pratiques du grand roman du dix-septième siècle et des cercles des précieuses, et qu'on se défiait des artifices qu'ils exposaient tout en retardant l'action.[20] Ils étaient bien l'occasion de caractériser en faisant de l'esprit; ainsi dans le passage décrivant Varthon ('Portrait d'une belle évanouie'): 'on eût plutôt dit, elle ne vit plus, qu'on eût dit, elle est morte. Je ne puis vous représenter l'impression qu'elle faisait qu'en vous priant de distinguer ces deux façons de parler, qui paraissent signifier la même chose, et qui dans le sentiment pourtant en signifient de différentes.'[21]

Le chapitre 'Lettres diverses', moins volumineux avec quatre missives regroupées sur moins de vingt pages, appelle les mêmes remarques. Toutes ces lettres sont extraites du *Spectateur français*. A côté d'une lettre unanimement appréciée à l'époque, celle 'd'un père sur l'ingratitude de son fils' dont D'Alembert a fait l'éloge et dont la rhétorique ou le rythme sont très efficaces,[22] d'autres comme celle 'de la femme vertueuse à un homme qu'elle adore' emploient une rhétorique amoureuse raffinée, avec des retouches, des exclamations, un lexique tragique qui ne sont pas dénués d'affectation.[23]

Sans doute peut-on considérer comme une infidélité à Marivaux le fait de présenter la treizième feuille du *Spectateur français* isolée dans un chapitre comme un 'conte moral', genre à la mode dans la seconde moitié du siècle, avec le titre: 'Le philosophe solitaire'. Lesbros de La Versane, tout en choisissant d'actualiser ainsi le récit de Marivaux, prend soin de corriger dès le début une expression que Desfontaines avait relevée dans son *Dictionnaire néologique*. Là où Marivaux écrivait 'Il ne s'agissait plus que d'une chose, c'est que l'autre à son tour eût sentiment de son mérite', l'anthologie donne: 'Il ne s'agissait plus que d'une chose; c'était que chacun sentît le mérite de l'autre', en évitant ainsi l'expression

---

20. Sur les portraits dans les romans de Marivaux, voir H. Coulet, *Marivaux romancier*, p.317-25.
21. Lesbros de La Versane, *Esprit de Marivaux*, p.53; Marivaux, *La Vie de Marianne*, p.350.
22. Lesbros de La Versane, *Esprit de Marivaux*, p.97; Marivaux, *Le Spectateur français* dans *Journaux et œuvres diverses*, p.186. Frédéric Deloffre a pris comme exemple un passage de cette lettre dans *Une préciosité nouvelle: Marivaux et le marivaudage* (Paris, 1971), p.464 et suivantes.
23. Lesbros de La Versane, *Esprit de Marivaux*, p.106; Marivaux, *Le Spectateur français*, p.119-23.

nouvelle 'avoir sentiment' sans article.[24] Il est donc certain que l'auteur de l'*Esprit* n'était pas prêt à assumer toute la modernité de la langue de Marivaux.

Comme pour décliner les formes, un chapitre extrait les mémoires de la dame âgée, réparties sur plusieurs feuilles du *Spectateur français*, pour leur redonner une unité narrative.[25] Mais contrairement à ce qu'on peut remarquer à propos du passage de la treizième feuille, Lesbros de La Versane ne corrige pas systématiquement ce qui avait été condamné par Desfontaines; il conserve une métonymie audacieuse utilisée à propos d'un amant: 'il ne s'en retourne pas si vite, car notre vanité lui fait signe d'attendre'.[26] Ainsi se trouve ménagée la saveur du style d'un auteur qui ne saurait être ramené aux règles strictes. Le recueil tire aussi parti de l'intérêt manifesté pour certains personnages afin d'en faire des exemples moraux tout en contant leur histoire: ainsi pour les chapitres 6 et 7, centrés sur la vertu, dont l'un s'intitule, comme pour réfuter le lieu commun développé par le clan des philosophes, 'Les avantages de la vertu, ouvrage de sentiment' (il s'agit des aventures de l'Inconnu),[27] et l'autre 'Tableau de la vertu indigente et leçon d'humanité' (il s'agit de la jeune fille qui demandait l'aumône dans la rue.[28]

Ces formes narratives, quasi romanesques, sont complétées par des 'Pensées' sur les femmes ou sur l'amour, voire des 'pensées diverses', ce qui ramène encore les écrits à un projet moral, que Marivaux avait, surtout dans ses périodiques, mais de manière moins exclusive. En effet *Le Cabinet du philosophe* est placé sous le signe de Pascal[29] dès son ouverture qui renvoie à des 'fragments de pensées' tirés de la cassette d'un mort.[30] Mais quand elles sont reprises pour l'anthologie, les feuilles entrent dans un moule qui leur ôte en partie leur liberté de ton, comme si l'on pouvait en dégager l'essentiel, en abandonnant le cadre et le découpage par lesquels Marivaux affichait son indépendance de journaliste.

L'*Esprit* fait une assez large place aux écrits sur l'esthétique et sur le style, ce qui rend compte des intentions de l'auteur et qui le place dans le courant de la modernité. *Le Miroir*, une des dernières œuvres morales composée pour Boissy alors directeur du *Mercure*, est attentivement repris sans doute d'abord parce qu'il livre des jugements d'actualité de

---

24. Marivaux, *Le Spectateur français*, p.179.
25. Marivaux, *Le Spectateur français*, p.207-24. Le titre de Marivaux est 'Mémoires de ce que j'ai fait et vu pendant ma vie'; il devient: 'Mémoires d'une coquette retirée du monde'.
26. Marivaux, *Le Spectateur français*, p.209; Lesbros de La Versane, *Esprit de Marivaux*, p.127.
27. Marivaux, *Le Spectateur français*, p.236.
28. Marivaux, *Le Spectateur français*, p.127.
29. Voir Françoise Gevrey, *Marivaux, 'Le Spectateur français', 'L'Indigent philosophe', 'Le Cabinet du philosophe': l'image du moraliste à l'épreuve des journaux* (Paris, 2001); Emile Gossot, *Marivaux moraliste* (Paris, 1881).
30. Marivaux, *Journaux et œuvres diverses*, p.335.

nature à compléter ce qui a été dit des goûts de Marivaux dans l'Eloge historique, et qu'il affirme la confiance en des progrès de l'esprit et en 'l'augmentation des idées'.[31] Le fragment sur la beauté et le 'je ne sais quoi' est repris et donné pour une 'fiction ingénieuse' (chapitre 8). Avant d'en venir aux diverses réflexions qui traitent à la fois d'esthétique et de morale voire de philosophie, un chapitre entier est consacré au style: il reprend, cette fois-ci avec exactitude, jusque dans le titre, la sixième feuille du *Cabinet du philosophe*.[32] La présence de ce chapitre permet de faire lire la réponse que Marivaux a donnée lui-même à ceux qui dénonçaient le marivaudage: 'Vous accusez un auteur d'avoir un style précieux. Qu'est-ce que cela signifie? Que voulez-vous dire avec votre style?' (p.354). L'auteur défend le principe selon lequel c'est la finesse de la pensée qui exige de l''exprimer par un assemblage d'idées et de mots très rarement vus ensemble' (p.356).

Tous ces développements peuvent, ainsi rassemblés, contribuer à lever les objections que le lecteur aurait à l'esprit à propos d'un marivaudage présenté comme une préciosité mal comprise et utilisée à contretemps. On doit néanmoins s'interroger sur le choix de disposer en clôture du recueil, comme dernier chapitre, le 'discours d'une religieuse à une jeune demoiselle qui se destinait au cloître', en fait le discours que tient une religieuse à Tervire pour la dissuader de prendre le voile.[33] Sans doute Lesbros de La Versane y voyait-il une pensée 'philosophique', celle qui avait animé Diderot et ses amis en 1760 quand ils s'étaient joué du marquis de Croismare et qui inspira *La Religieuse* vingt ans plus tard.[34] C'est encore une occasion pour l'anthologiste de combattre l'accusation qu'on pourrait porter contre un esprit superficiel, juste attaché à faire briller son esprit et à 'peser des œufs de mouche dans des toiles d'araignée'.[35] Ce fragment de la neuvième partie de *La Vie de Marianne* pose en effet des questions graves quand la religieuse déclare à propos de sa prise de voile: 'je ne fus moi-même qu'une spectatrice stupide de l'engagement éternel que je pris, et qui me fera éprouver toute la vie la plus grande douleur'.[36] Ainsi c'est la vocation qu'il faut examiner de

---

31. Lesbros de La Versane, *Esprit de Marivaux*, p.161.
32. Sur la question du style voir Christelle Bahier-Porte, ci-dessus, p.19-32.
33. Ce dispositif constituait une mise en abyme très raffinée dans *La Vie de Marianne*, puisque c'est Tervire, devenue religieuse, qui rapporte à Marianne ces paroles d'une autre religieuse afin de la dissuader d'entrer au couvent.
34. Sur la genèse du roman de Diderot, voir l'introduction de Florence Lotterie, *La Religieuse* (Paris, 2009).
35. Cette formule a été attribuée à Voltaire par Grimm dans la *Correspondance littéraire* de février 1763. Elle reprend, en le modifiant, un passage d'une lettre de Voltaire à l'abbé Trublet datée du 27 avril 1761 (D9757); voir à ce propos Christophe Cave, 'Marivaux revu par Voltaire'.
36. Lesbros de La Versane, *Esprit de Marivaux*, p.389; Marivaux, *La Vie de Marianne*, p.459.

manière rationnelle, c'est l'illusion d'une société douce et accueillante du couvent qu'il faut dénoncer alors que l'ordre et le bonheur sont dans la société. Voilà donc l'aimable Marivaux enrôlé sous la bannière des Lumières militantes, ce qui discrédite le discours selon lequel il ne serait qu'un mondain cherchant à plaire.

Un dernier aspect des analectes permet de cerner l'attitude de Lesbros de La Versane: le sort qui y est fait à *L'Indigent philosophe*. L'anthologiste a défendu dans l'éloge le droit de développer la querelle du cocher et de Mme Dutour, parce que si l'on est un peu 'philosophe' on peut voir 'ce que c'est que l'homme dans un cocher, et ce que c'est que la femme dans une petite marchande' (p.18). Rousseau est passé par là, avec sa prétention à montrer ce que c'est que l'homme dans une personne qui, comme lui, a embrassé tous les états. On doit en tout cas voir dans cette phrase une perception de l'originalité et de la force de Marivaux qui pouvait utiliser de tels personnages tout en conduisant une analyse très subtile de l'homme. Il y avait là de quoi répondre à ceux qui enfermaient l'auteur dans le marivaudage. Cependant Lesbros de La Versane recule quelque peu devant le périodique le plus audacieux de Marivaux[37] qu'il apprécie malgré tout.[38] Il décide donc d'en faire un 'abrégé' qui constitue le chapitre 12, et il justifie sa démarche dans une note assez longue:

> Nous avons cru que le public verrait avec un nouveau plaisir un ouvrage plein d'une philosophie gaie et aimable, si nous le débarrassions des endroits qui ne lui ont offert qu'une répétition de propos qui n'ont pas assez de noblesse pour être si souvent reproduits. C'est ce que nous avons tâché de faire avec le plus grand soin. Nous désirons d'y avoir réussi, et nous serons bien payés de nos peines si cet abrégé réussit.[39]

Le 'bénin lecteur' interpellé par Marivaux serait ainsi placé face à un nouvel ouvrage plus efficace, en tout cas plus acceptable pour le goût.

Si l'on examine en quoi consiste le travail de retouche, on s'aperçoit que la correction ne porte pas essentiellement sur la langue imagée de l'Indigent: l'anthologie garde l'image de la vie qui n'est pas bâtarde 'parce qu'elle vient en droite ligne de celle que j'ai menée', expression raillée par le *Dictionnaire néologique*.[40] En revanche la deuxième feuille, dans

---

37. Sur l'originalité de ce périodique dans la presse de l'époque, on se reportera à l'étude d'Alexis Lévrier, 'Les "lambeaux sans ordre" de *L'Indigent philosophe*, ou le pari de la radicalité', *RHLF* 3 (2012), p.577-92.
38. *L'Indigent philosophe, ou l'homme sans souci* avait été déjà été inclus en recueil dans le tome 2 de l'édition du *Spectateur français* chez Prault. L'avis de l'éditeur indiquait à propos de ces feuilles que 'l'auteur ne les avoua pas quand elles parurent, tant parce qu'il ne voulait leur donner aucune suite, que parce qu'elles n'étaient qu'un essai de ce qu'on pouvait faire en écrivant au hasard, tout ce qui viendrait à l'imagination' (t.1, n.p.).
39. Lesbros de La Versane, *Esprit de Marivaux*, p.304.
40. Lesbros de La Versane, *Esprit de Marivaux*, p.305.

laquelle l'Indigent parle de son camarade, marque le début de la coupure qui s'étend jusqu'au cours de la quatrième feuille, lors d'une interruption de l'histoire du comédien qui n'a pas eu l'occasion d'en conter la suite et fin et qu'on oublie donc complètement.[41] En quoi cette histoire du double de l'Indigent était-elle inutile, voire nuisible au plaisir du lecteur? La langue du comédien, fils d'un musicien ivrogne, est ponctuée de rasades de vin; cet ancien déserteur s'exprime de façon plus populaire et plus caricaturale avec ses jurons, ses jeux sur les mots latins. Mais surtout l'enchâssement de son histoire relève de ce que le narrateur, qui se moque de l'ordre, nomme ses 'rapsodies', une forme qui n'a guère sa place dans le tableau rationnel et ordonné que veut livrer Lesbros de La Versane.[42] En somme l'auteur de l'anthologie goûte l'originalité du style et la gaieté qui s'y attache, mais il juge inutiles les variations répétitives qui pourraient s'apparenter à la broderie du marivaudage.

Lesbros de La Versane imitateur

La conception du recueil ne se fait donc pas sans prendre en compte le marivaudage, dont il faut corriger en quelque sorte les aspects négatifs pour n'en garder que la finesse qui crée du plaisir et qui sert la morale. Mais l'influence que Marivaux eut sur l'auteur de son 'anthologie' est une autre approche de cette lecture du marivaudage vers 1770. Si l'on connaît bien les 'sœurs de Marianne' dans les trente années qui ont suivi la publication du roman de Marivaux, on lit moins souvent les petites fictions produites par l'auteur de l'*Esprit*.[43] Comment ce dernier manifeste-t-il son admiration ou ses réserves? Sa lecture sous forme d'anthologie orientée par la morale se retrouve dans le titre des *Caractères des femmes, ou Aventures du chevalier de Miran*. Précédé d'une épigraphe de Fontenelle: 'On ne doit point aimer quand on a le cœur tendre', l'ouvrage, qui a pour héros un personnage portant le nom de la protectrice de Marianne, est dédié à un neveu qui a l''âme sensible'.[44] L''avis de l'éditeur' tend à définir un sujet et une esthétique proches de ceux de Marivaux: 'ce sont toujours des raffinements de coquetterie plus ou moins subtils' (p.7); 'c'est un homme qui raconte ingénument l'histoire de sa vie sans omettre ni ajouter aucune circonstance' (p.8).

Un ami du chevalier de Miran a confié les lettres à l'éditeur. Ce personnage, retiré dans une campagne, apparaît comme un 'philosophe aimable dont l'esprit n'était pas moins cultivé que le cœur en était

---

41. Marivaux, *Journaux et œuvres diverses*, p.282-301.
42. Marivaux, *L'Indigent philosophe*, dans *JOD*, p.283.
43. Voir Annie Rivara, *Les Sœurs de Marianne: suites, imitations, variations, 1731-1761*, SVEC 285 (1991).
44. Lesbros de La Versane, *Caractères des femmes*, p.1.

excellent', il a du talent pour la conversation, et 'les malheurs de l'amour [ont] porté son esprit à la réflexion' (p.9). Ses lettres vont manifester 'de l'esprit, de la morale, de l'honnêteté', tout ce que Lesbros de La Versane apprécie chez Marivaux. Dans ce roman d'hommes, il conviendra de modérer le pouvoir des charmes des femmes par la connaissance de leurs défauts. Sous forme de lettres sont donc exposés divers 'caractères', celui de la coquette, de la capricieuse, de la dévote superstitieuse, de la dévote hypocrite, et de la folle; dans la deuxième partie apparaissent la méchante, la dépravée, la perfide et la tendre. Il s'agit en quelque sorte d'un genre mixte, entre l'anthologie de caractères et le petit roman. Bien des postures de l'auteur correspondent à celles qui autorisaient la liberté d'esprit de Marivaux. Ainsi à propos du style: 'n'étant point exercé à écrire, j'écrirai mal; mais comme je n'écris point un roman, je mettrai plutôt sous vos yeux l'histoire de mon cœur et de mes pensées, qu'un tissu d'événements extraordinaires'; on observe la même souplesse face aux événements ressentis: 'Je n'imaginerai jamais; je me rappellerai ce que j'ai senti et mon coeur conduira ma plume' (p.12). Né tendre et disposé à réfléchir, le personnage affiche sa paresse; comme Marivaux il s'autorisera des digressions: 'Je ferai des réflexions ou des récits' (p.13). A travers de petites aventures, puisque 'le sentiment seul donne du prix aux sens' (p.91), il s'agit de s'éclairer sur les sentiments de l'autre. Cette enquête justifie des portraits comme celui de Mme Dorchiny, l'extravagante de la cinquième lettre (p.153):

> Il serait difficile d'avoir plus d'esprit qu'elle n'en avait, et surtout de cet esprit, si séduisant dans la société, qui fait donner du prix aux plus petites choses, et qui en fait dire de très agréables avec la plus grande facilité; elle était d'une étourderie qui ne manquait jamais de faire plaisir, parce qu'elle était toujours une suite naturelle de son caractère: on pardonnait sa légèreté à ses saillies, et quoique ce fut l'être le plus fou de la nature, quoique son âme vous échappât à cause de son excessive vivacité, elle mettait tant de grâce dans ce qu'elle faisait, elle avait de si beaux bras, de si belles mains, une physionomie si agaçante, des yeux si spirituels et si vifs, qu'elle intéressait beaucoup, malgré les difficultés qu'il y avait à la fixer.

Les Soirées d'un honnête homme, ou Mémoires pour servir à l'histoire du cœur manifestent une évolution dans la mesure où elles se réfèrent à d'autres modèles formels que ceux de Marivaux (les *Soirées de mélancolie* de Loaisel de Tréogate sont de peu postérieures et le 'philosophe de Genève' est mentionné); en atteste l'importance de la vertu, si grande dans le conte moral.[45] Ainsi l'avis de l'éditeur précise qu'une jeune dame aimable et vertueuse a demandé un traité de morale à M. L. (Lesbros de La Versane),

---

45. Lesbros de La Versane, *Les Soirées d'un honnête homme, ou Mémoires pour servir à l'histoire du cœur* (Londres et Paris, Dessaint et Couturier, 1770).

'le récit des actions vertueuses étant plus propre à nous porter au bien qu'un fastueux étalage de préceptes, jamais assez sentis et presque toujours inutiles par le défaut de pratique'. Il enverra donc tous les soirs une petite histoire contenant 'quelque trait intéressant' (p.3). Le décor de Marseille, d'où est originaire l'auteur, est retenu. En rappelant sa paresse, il affirme 'qu'il faut avoir un goût exquis, une connaissance parfaite du cœur humain et le génie de son siècle, pour plaire dans un genre que les Duclos, les Marmontel, les Marivaux ont rendu si célèbres' (p.2). Dès lors on comprend comment s'est opérée l'assimilation de Marivaux au conte moral, déjà sensible dans l'anthologie.

Mais il reste la tentation de penser comme Marianne en déclarant qu'il est impossible de ne pas faire de réflexions, par exemple sur une chaîne d'événements. Lesbros de La Versane, moins inspiré que Marivaux pour la fiction, donne un ouvrage très disparate, ponctué de billets, de vers et de chansons, mais il reste fasciné par la finesse des observations de son modèle face aux mécanismes du cœur et par la liberté de forme que son imagination naturelle entraînait. Mais quand déferle la vague de moralité vertueuse dans le conte et la nouvelle, bien des aspects du marivaudage n'ont plus leur place.

Il apparaît donc que, même si le mot de 'marivaudage' a été soigneusement évité par l'auteur de l'*Esprit de Marivaux*, les questions soulevées par ceux qui avaient voulu stigmatiser ainsi un écrivain trop raffiné dans ses analyses ou trop complexe dans son style restent présentes au moment d'offrir une image qu'on voudrait fidèle pour la postérité. Lesbros de La Versane a souhaité en finir avec les reproches du *Dictionnaire néologique* en conservant ce qui faisait le sel de la langue de Marivaux, et en opérant quelques corrections ou quelques coupures. Le fait de donner tous les grands textes où Marivaux définissait son esthétique et se défendait d'être précieux contribue aussi à écarter cet aspect du marivaudage. La question de l'expression s'est posée à l'anthologiste, mais peut-être aussi parce qu'il ne s'intéressait pas alors à l'écriture dramatique en tant que telle, Lesbros de La Versane s'est contenté de mettre l'accent sur la conversation et sur le naturel. L'anthologie travaille à balayer l'image d'un écrivain petit-maître installé dans une paresse futile pendant que les philosophes affronteraient les débats de leur temps. En mettant l'accent sur la science morale, sur la gravité qui se concilie avec la gaieté, en insistant sur une connaissance du sentiment qui permet de dépasser le simple héritage des moralistes classiques et en valorisant la croyance au progrès de l'esprit, l'anthologie souhaite corriger cette réputation de bel esprit qui pèse encore sur Marivaux en 1770. La part importante accordée aux périodiques contribue à rectifier l'image superficielle qu'on pouvait garder des comédies à l'époque.

On ne pouvait guère cependant se débarrasser du marivaudage si peu de temps après la disparition de l'auteur de *La Vie de Marianne*. Tout en les combattant, l'anthologie fixe certaines des idées en circulation, mais en même temps elle réussit à présenter un autre Marivaux, à donner un nouvel éclairage notamment parce qu'elle annonce le lien que tisse Lesbros de La Versane romancier avec le conte moral ou le roman sensible. En effet les expériences de l'anthologiste dans le champ du roman confirment son désir de conserver tout ce que le marivaudage avait de positif, dans les formes comme dans les sujets, pour en faire un critère de l'excellence.

II
Le marivaudage à l'œuvre

Critique du marivaudage et marivaudage critique dans le théâtre de Marivaux

JEAN-PAUL SERMAIN

La terre gaste du marivaudage[1]

Le terme de marivaudage, qui est apparu à la fin de la carrière théâtrale de Marivaux, est ambivalent, car il reconnaît d'un côté l'influence de son théâtre auprès du public au point qu'il désigne un mode de la conversation amoureuse (d'autant plus précieux que nous avons perdu le syntagme 'faire l'amour')[2] et finalement une manière de ne pas s'engager; et d'un autre côté il résume tous les défauts reprochés au langage de Marivaux pratiquement tout au long de sa vie. Frédéric Deloffre qui a joué un rôle essentiel dans la restitution complète de son œuvre, a repris ce terme comme pour rebondir sur une mauvaise réputation en l'inversant – comme les accusés 'impressionnistes' l'ont fait eux-mêmes. Mais ce renversement a été quelque peu perturbé par l'association de ce terme à l'invention d'une 'seconde préciosité'. Si la première préciosité est insaisissable et intéresse plutôt 'la place des femmes dans la culture',[3] la seconde est un être de raison qui tente de rendre compte des attaques visant les Modernes au nom d'un goût fixé sur le siècle de Louis XIV et la culture de la langue (puriste et rationaliste) engagée à l'époque et continuée tout au long du dix-huitième siècle (à laquelle Marivaux souscrit): une sorte de déviance est ainsi visée.[4]

La préciosité est en fait étrangère à tous ces auteurs et particulièrement à Marivaux qui revendique au contraire l'emploi, dans son théâtre, de la

---

1. C'est l'expression archaïque utilisée pour traduire *The Waste land*, le poème de T. S. Eliot; *La Terre gaste*, trad. Michèle Pinson (Limoges, 1996).
2. Le Dictionnaire de Furetière (1690) illustre le sens de passion par plusieurs occurrences dont deux comportent l'expression 'faire l'amour': 'On dit qu'un jeune homme fait l'amour à une fille, quand il la recherche en mariage'; 'On dit qu'une femme fait l'amour, quand elle se laisse aller à quelques galanteries illicites'. Le sens de dire est concurrent avec le sens actuel que l'on trouve déjà dans le roman de Sorel, *Histoire comique de Francion*.
3. Voir l'étude remarquable de Myriam Dufour-Maître, *Les Précieuses: naissance des femmes de lettres en France au XVIIe siècle* (Paris, 2008).
4. Linda Timmermans, *L'Accès des femmes à la culture (1598-1715): un débat d'idées de saint François de Sales à la marquise de Lambert* (Paris, 1993).

langue vivante de la conversation.[5] Il est vrai qu'il invoque les conversations 'entre gens d'esprit' 'dans le monde' qui sont 'plus vives qu'on ne pense',[6] ce qui laisse entendre qu'il représente le langage de ces gens-là; pourtant la suite de son propos: 'tout ce qu'un auteur pourrait faire pour les imiter n'approchera jamais du feu et de la naïveté fine et subite qu'ils y mettent', devrait nous mettre en garde.[7] Marivaux ici ne définit pas la situation de ses personnages ni leur usage de la parole, puisqu'ils ne sont pas pris dans une 'conversation' ouverte et sans but établi, brassant des opinions libres sur des sujets variés; et la 'naïveté' n'est pas associée non plus à la situation du salon mondain: c'est que Marivaux retient plutôt de ce qui se dit dans la conversation ce qui n'est pas prémédité, mais spontanément produit comme une répartie dans un dialogue: la naïveté désigne ce mode de formation 'naturelle' et non une disposition psychologique. Il décrit les conditions d'une invention – non plus le produit d'une méditation ou d'une étude mais d'une situation de dialogue social.[8]

Le choix du terme de préciosité sert à décrire ou à qualifier un dialogue qui rebondit sur les mots – c'est la première des deux grandes idées du livre de F. Deloffre[9] (la seconde étant que la comédie arrive à son terme quand les personnages n'empruntent plus de détour pour esquiver l'amour mais le reconnaissent: leur sentiment accepté serait muet).[10] En effet, le dialogue chez Marivaux ne s'organise pas dans une confrontation d'arguments sur des questions générales qui agitent la société (c'est au contraire constant chez Molière, et ce refus sert en partie à distinguer les deux auteurs, mais il faut tenir compte que la comédie de Beaumarchais par exemple écarte aussi les débats). La tradition rhétorique avait toutefois fait des distinctions verbales une des armes essentielles du combat oratoire: soit qu'on divise le sens, par exemple quand 'Rome n'est plus dans Rome', soit qu'on décompose l'identité ou la définition des notions en retenant des traits contradictoires qui sont au service d'un parti ou de l'adversaire. On peut même dire que le conflit des opinions repose tout entier sur cette capacité de dégager les faces contradictoires d'une même chose en jouant sur les ressources de la

---

5. Dans l'"Avertissement' qui précède l'édition de sa pièce, *Les Serments indiscrets* (1732).
6. Marivaux, *Théâtre complet*, éd. H. Coulet et M. Gilot, t.2, p.663.
7. N'oublions pas qu'il dote ses valets d'une verve au moins égale et d'un goût pour les mots aussi vif.
8. Voir mon article 'L'invention littéraire face à quelques concurrents: l'inspiration et la création, la technique et la culture', dans *Les Figures de l'invention*, éd. Sylviane Léoni (Paris, 2012).
9. F. Deloffre, *Une préciosité nouvelle*.
10. Je conteste les limites de cette lecture dans le chapitre 'Les Bruits de la ville: Marivaux metteur en scène', *Marivaux et la mise en scène* (Paris, 2013). La deuxième partie de cet article en est proche.

langue (lexicales ou sémantiques): la reprise sur les mots engage les points de vue et crée des rapports de force.

D'ailleurs en 1718 Etienne Simon de Gamaches publie *Les Agréments du langage réduits à leurs principes*, dont la troisième partie, 'Du brillant', reprend précisément cet ensemble de procédures discursives dont il dégage l'armature logique et décrit le fonctionnement dialogique: il montre que ces 'reprises' de mots participent d'un combat incessant dans l'échange quotidien comme dans les œuvres des écrivains, chez les hommes politiques et les héros, les paysans et les poètes.[11] Marivaux poursuit au théâtre la révolution dans le roman entamée par Mme de La Fayette: l'action réside dans l'interprétation que les personnages font des moindres mots et dans les détours retors auxquels ils recourent, et le lecteur est invité à appliquer cette herméneutique morale et psychologique à l'ensemble de leurs énoncés (et avec le roman à la première personne, en forme de mémoire ou de lettres, à l'énoncé romanesque dans sa totalité). De même, les personnages de Marivaux s'engagent dans la considération soupçonneuse des mots qui leur sont adressés et qu'ils utilisent de façon à saisir les caractères, les intentions, les sentiments de leurs partenaires, et le spectateur doit à la fois se mettre à la place des personnages pour mesurer ce qu'ils mettent dans leur propos et ce qu'ils trouvent dans le propos adverse, et ensuite adopter la même tournure d'esprit pour apprécier ce que chacun ne voit pas et ne sait pas et que l'auteur y a placé. Marivaux a ainsi 'modernisé' la comédie en y adaptant les créations des genres voisins et des écrivains les plus illustres.[12] Cette invention est donc bien éloignée de la préciosité, que nul à l'époque ne revendique ou ne reconnaît: ce regard extérieur est uniquement celui de la polémique et sa vertu heuristique est bien négative.

Au début des années 1950, alors que l'œuvre de Marivaux était terriblement amputée et que le marivaudage servait à le cantonner sur une terre limitée et infertile, Frédéric Deloffre s'est justement placé sur ce terrain pour inverser cette qualification hostile: son propos était heureusement polémique. Il est désormais inutile de s'y cantonner: cela n'est plus une ouverture mais une régression. Le mot 'marivaudage' peut donc servir tout au plus de nom de marque pour essayer de décrire ce qui est propre au théâtre de Marivaux: il ne saurait prétendre à aucune clarté explicative.[13] Marivaux n'a pu répliquer au terme de marivaudage,

---

11. Je l'ai rééditée en 1992 aux Editions des Cendres (Paris) avec une longue préface: 'Le sens de la répartie', p.9-120.
12. On trouvera dans mon livre d'autres liaisons du théâtre de Marivaux avec les écrivains de son temps comme Perrault ou Montesquieu.
13. Tout au plus peut-on essayer de décrire cette singularité et d'expliquer ce qui justifie le

par contre il a répondu aux critiques parues dans la presse ou dans les ouvrages de l'abbé Desfontaines, dans des articles confiés à la presse et surtout au sein de ses propres périodiques.[14] Il y conteste l'idée même d'un 'art de parler' et toute réduction d'un texte littéraire à son 'style', mais il y propose bien une définition du style comme mode de pensée et manière de voir, et il retrouve aussi l'inspiration rhétorique profonde qui fait de la manière de parler l'instrument d'une idée et d'une argumentation. Examinez le sens de mes textes, nous dit-il, mais c'était difficile pour certains parce que sa découverte demandait de l'ingéniosité: il fallait justement épouser le mouvement interprétatif de ses personnages et de ses pièces, ce qui était déjà une compromission sinon une reddition.

Marivaux n'aborde ce débat que de façon marginale dans l'"Avertissement' des *Serments indiscrets*, et ne livre presque rien de ses intentions d'auteur de théâtre: quelques mots pour rendre compte d'un échec de certaines pièces et de la décision pourtant de les publier sans l'aval (franc et massif) du succès. Il va pourtant répondre de l'intérieur si l'on peut dire à ces critiques, dans ses pièces mêmes, dans les usages discursifs de ses personnages; c'est à ceux qu'il condamne pour leur manque d'intelligence et de cœur qu'il va confier les modes de parler qu'on lui reproche: instruments de la mauvaise foi et de la malveillance, ils font partie de ce que l'auteur dépeint, et même caricature.

Des chardons pour les ânes

Ce qu'il livre à ses détracteurs ce sont donc des chardons: bons pour les ânes! Les maniérismes dont on l'accuse, il les accentue encore et en fait l'expression de l'aveuglement, de l'hypocrisie et de l'extravagance de ses personnages les plus ridicules. Le marivaudage reproché est transformé en sophistique et devient source de comique: exposant l'art de ne pas voir ce qu'on voit. L'herméneutique litigieuse d'énoncés minuscules, les conflits sur les termes et leurs 'valeurs', les redéfinitions incessantes, les reprises tatillonnes, les contestations de chaque mot, l'appel à l'implicite et le rejet des implications, tout cela a été vu comme le propre même de Marivaux 'l'entortillé', mais il le met à distance pour caractériser les tentatives des personnages d'accorder leur vie sentimentale à un style badin et à un esprit d'indépendance: à une modernité de manière et de mœurs. Ce qu'on aime à caractériser comme rococo (dans la ligne même

---

recours au terme 'marivaudage'. J'ai tenté de le faire dans: 'Le "marivaudage": essai de définition dramaturgique'.
14. Frédéric Deloffre fait l'historique de cette querelle dans sa thèse et Michel Gilot l'a étudiée en détail dans *Les Journaux de Marivaux: itinéraire moral et accomplissement esthétique*, 2 vol. (Paris, 1993); il a synthétisé et actualisé ses analyses dans *L'Esthétique de Marivaux*.

des arguments hostiles à Marivaux) est ainsi non ce qui définit l'œuvre mais la matière qu'elle représente et qu'elle met à distance par le dialogue. Ainsi fait-il de la querelle qu'il suscite un événement de son temps et, loin de revendiquer ce qu'on lui oppose, il s'en sert pour évoquer la modernité avec la distance ironique et critique nécessaire.

Marivaux invente cette sorte d'enroulement sur son propre style avec le personnage d'Hortensius de *La Seconde Surprise de l'amour* et en particulier avec sa diatribe contre le style des Modernes. Au début de la scène iv de l'acte II, Marivaux lui fait reprendre les attaques qu'il subit de la part de ses adversaires: 'ce n'est que de l'esprit, toujours de l'esprit'; la réplique de la marquise ('est-ce que les Anciens n'en avaient pas?')[15] oblige Hortensius à opérer un 'distinguo' qu'il traduit dans une 'image' développée en véritable allégorie: il assimile 'l'esprit d'à présent' à une coquette et en fait un portrait qui repose sur une série d'oppositions entre des qualifications contradictoires qui substituent au spirituel le physique dégradant ('au lieu de grâces, je lui vois des mouches; au lieu de visage, elle a des mines') ou plus généralement à un terme neutre un autre dévalorisant ('elle ne regarde point, elle lorgne', p.484). Ce portrait reprend en partie les critiques adressées à Marivaux sur un mode métaphorique (voltiger, amuser, minauder), d'autant que les Anciens ont une beauté mâle. Cette opposition est elle-même ancienne puisque Quintilien l'utilise contre les Modernes de son temps, maquillés à en être efféminés (l'auteur latin a des sous-entendus plus nettement obscènes).[16] La description moqueuse des coquettes est un de ses thèmes préférés (en particulier dans *L'Ile des esclaves* et *L'Ile de la raison* antérieures): il fait emprunter à Hortensius, un Ancien, la façon même dont lui se moque des ridicules modernes. Hortensius est ainsi travesti d'autant plus que la rhétorique utilisée est celle-là même aimée par la coquette pour caricaturer une rivale ou pour tenter de se dissimuler la réalité (de sa laideur ou de sa vieillesse). Hortensius parle la langue même de la coquetterie telle que Marivaux l'a construite: il assimile l'auteur et le personnage (cela a été constant dans l'appréhension de Marivaux), et il se confond lui-même avec le caractère qu'il décrit – la coquette – ruinant ainsi sa prétention de virilité.[17] Voilà Hortensius transformé en homme d'esprit alambiqué et légèrement complaisant, Marivaux implique le camp des Anciens dans ce qu'ils abominent, les rend solidaires de leur ennemi, il retourne leurs piques. Hortensius (et Desfontaines par

---

15. Marivaux, *Théâtre complet*, t.1, p.483.
16. Quintilien, *Instituto oratoria*, livre VIII, III; Hortensius est présenté par Quintilien comme le rival de Cicéron. Lisette prend à partie la 'rhétorique' d'Hortensisus à la scène v de l'acte I.
17. Il essaye de séduire Lisette en la comparant à Hélène dont il serait le Pâris: il fait tout au plus rire par son côté 'burlesque' – tel est le terme utilisé par la marquise.

derrière) ne savent pas le lire et mélangent les niveaux de l'œuvre littéraire.

Hortensius est un personnage extérieur qui sert tout au plus de catalyseur à la relation amoureuse des deux 'surprises'. Marivaux a rendu cette intégration de sa critique dans la comédie moins explicite mais plus percutante en en faisant la matière même des relations amoureuses. Dans *Les Serments indiscrets*, par exemple, à l'acte II, scène viii, l'ingéniosité recherchée par Marivaux et qui l'égare, selon ses adversaires, est entièrement intériorisée et poussée presque au délire par Lucile et Damis qui se jettent à la tête les interprétations les plus subtiles qu'ils peuvent concevoir des propos tenus l'un sur l'autre. Cela nous est expliqué par Frontin, 'malheureusement c'est un garçon qui a de l'esprit; cela fait qu'il subtilise, que son cerveau travaille; et dans de certains embarras, sais-tu bien qu'il n'appartient qu'aux gens d'esprit de n'avoir pas le sens commun? Je l'ai tant éprouvé moi-même'.[18]

C'est surtout dans la dernière partie de son œuvre théâtrale que Marivaux a utilisé au second degré les caractéristiques qu'on lui attribue pour ridiculiser l'imposture de ses personnages et le dévoiement de leur discours. Dans *L'Heureux Stratagème*, la comtesse nie avoir aimé Dorante: 'Dans le fond, je le distinguais; voilà tout; et distinguer un homme ce n'est pas encore l'aimer.'[19] Quand Lisette rapporte à Dorante les propos qu'elle a entendus, elle en fait 'un étrange discours' et elle reprend le terme de 'distinguer':

LISETTE Quoi! vous ne m'entendez pas? Eh bien! Monsieur, on vous distingue.
DORANTE – Veux-tu dire qu'on m'aime?
LISETTE – Eh non. Cela peut y conduire, mais cela n'y est pas.[20]

Dans la scène suivante, Dorante se plaint à la marquise (également trahie par le chevalier): 'On me trahit, Madame, on m'assassine, on me plonge le poignard dans le sein!' et Arlequin reprend le discours de son maître mais en l'associant à sa cause (la formule même de la comtesse): 'On m'étouffe, Madame, on m'égorge, on me distingue!'[21] L'hyperbole vient se heurter à l'euphémisme et le choc burlesque ridiculise l'un et l'autre style, également employés dans la galanterie, également impropres. Le 'je vous distingue' est comme l'emblème du marivaudage (les minuties langagières prennent presque toujours la forme de 'distinguos') mais est attribué à un personnage malhonnête et ridicule et résume sa

---

18. Marivaux, *Théâtre complet*, t.2, p.174.
19. Marivaux, *Théâtre complet*, t.2, p.174.
20. Marivaux, *Théâtre complet*, t.2, p.178.
21. Marivaux, *Théâtre complet*, t.2, p.179.

mauvaise foi, qui est celle de toute une classe: la haute société parisienne et ceux qui la singent.[22]

C'est dans *Les Sincères* que Marivaux est le plus radical dans la transformation des critiques qui lui sont adressées en caractéristiques de deux amants presque fous.[23] Il étend même à l'ensemble des personnages le talent marivaudien de l'analyse en particulier dans des portraits qui reposent, comme ceux que font les anciens esclaves de leurs maîtres dans l'ile révolutionnée, sur la déconstruction de la sophistique des discours et des comportements: le portrait retraduit tous ces messages en s'appuyant sur leurs propriétés lexicales, discursives, sémantiques. Ce sont d'abord les deux valets, Lisette et Frontin, qui font un portrait impitoyable de leurs maîtres. Mais alors que *L'Ile des esclaves* était portée par un projet pédagogique non de la société mais de soi, et mettait donc le regard lucide au service d'un espoir de réforme, plus rien n'en subsiste dans *Les Sincères*: les valets ne cherchent qu'à rire de leurs maîtres et qu'à les dominer en exploitant leurs faiblesses. Comme l'explique Lisette: 'Ah, çà, profitons de leur marotte pour les brouiller ensemble; inventons, s'il le faut; mentons: peut-être même nous en épargneront-ils la peine.'[24]

A sa première entrée (scène iv), la marquise se montre particulièrement méprisante ('La sotte chose que l'humanité'), dans une formule dont l'acception 'par derrière' suggérée par Marivaux est que le personnage révèle à son insu son absence totale d'humanité (p.443). La marquise, comme la lointaine Célimène, accumule des portraits très amusants d'"originaux" c'est-à-dire de fous et de malhonnêtes, comme un jeune fat 'qui se montre' ou une jeune mariée de trente ans encore surprise de la découverte de son corps et jouant aux petites filles. Marivaux a multiplié les portraits de ce type, mais ici ils sont le propre d'un personnage dont l'aveuglement emprunte le langage paradoxal de la sincérité et de la demande d'une expression vraie en dépit de toutes les règles sociales: elle exige qu'on lui dise directement ce qu'on pense d'elle et qu'on garde normalement par-devers soi ou pour des tiers. Elle rêve d'une transparence absolue et en tire son identité et sa fierté: elle se veut une exception sublime dans un monde trop complaisant (Marivaux s'est souvenu du *Misanthrope*, mais il se garde bien de reprendre le débat dans les termes fixés par Molière).

22. Marivaux attribue à la comtesse l'idéologie moderne du libertinage et lui prête même un mode de raisonnement philosophique qui dénonce dans la morale des illusions vides de sens et leur oppose la nature du corps et du plaisir: 'Eh bien infidèle soit, puisque tu veux que je le sois; crois-tu me faire peur avec ce grand mot-là? Il y a comme cela des mots dont on épouvante les esprits faibles, qu'on a mis en crédit, faute de réflexion, et qui ne sont pourtant rien': la décomposition critique est celle des 'esprits forts'.
23. C'est une pièce tardive, de 1739, qui précède juste le grand et dernier succès de *L'Epreuve*.
24. Marivaux, *Théâtre complet*, t.2, p.441.

Dans cette scène, la marquise est ravie des réactions louangeuses d'Ergaste ('Vous me charmez, Ergaste, vous me charmez...').[25] Mais à la scène xii, Ergaste va continuer de répondre comme le lui impose la marquise, et propose un parallèle nuancé entre elle et sa rivale (qu'Ergaste a laissé tomber et vers qui les domestiques voudraient le voir revenir). La marquise dégage tous les implicites possibles des formules trop honnêtes d'Ergaste, et les retraduit par des termes injurieux qui justifient sa colère et sa rupture. Ainsi les valets ont obtenu ce qu'ils souhaitaient. L'amant qui avait été éconduit pour ses compliments convenus et fades, a compris la leçon et s'arrange pour faire entendre à la marquise qu'elle soulève l'admiration générale et lui fait des critiques qui ne peuvent être prises que pour des louanges, comblant à la fois le besoin de modestie et celui de vanité.[26] Il retrouve la faveur par un 'heureux stratagème' lui aussi qui consiste à exploiter sciemment le défaut de sa maîtresse: il la flatte de façon grotesque et amusante pour le spectateur! Ainsi la corruption est-elle à son comble: le personnage est amoureux d'une femme qu'il sait sotte et prétentieuse et il la conforte dans ses illusions. Non seulement l'amour est complice de l'immoralité et de la stupidité mais celles-ci empruntent le langage de la vertu: ce qui condamne le misanthrope n'est pas sa sauvagerie archaïque mais qu'il participe au plus profond de ce qu'il prétend dénoncer.

Ainsi Marivaux distribue-t-il ses chardons de tous les côtés. Le sens des nuances, des variations tropiques, des déplacements, l'analyse détaillée des implications, les réinterprétations délicates sont ainsi présentées comme des talents cyniques chez les valets et solidaires de l'agressivité brutale et désordonnée des maîtres. Marivaux offre aussi ses chardons à ceux qui peuvent se recommander de sa morale, puisque Ergaste invoque un idéal de l'originalité et la marquise de la sincérité, de la naïveté, de l'absence de coquetterie, de lucidité. Valeurs qui sont celles défendues par Marivaux et elles suscitent une adhésion de plus en plus enthousiaste au fur et à mesure que le siècle avance, valeurs qui prennent ici pour langage celui qu'on identifie au 'marivaudage'. Marivaux avertit ses contemporains: l'exaltation de l'authenticité et de l'abandon à une sensibilité nécessairement vraie sont facilement des ruses de l'amour-propre, et pour le dénoncer Marivaux lui fait emprunter le langage qu'on lui reproche!

Faut-il voir là le désenchantement d'un homme vieillissant qui ne croirait plus même à un discours éclairé puisqu'il assure la bonne conscience des méchants et est même l'instrument de leur

---

25. Marivaux, *Théâtre complet*, t.2, p.447.
26. Gamaches a fait des compliments destructeurs et des critiques louangeuses une catégorie très féconde de traits brillants.

méchanceté?[27] Mais précisément, il traque encore l'illusion de ceux qui ne voient pas ce qu'ils voient, il stigmatise les formes les plus modernes du pharisianisme: preuve d'une attention à son temps et aux changements dont il est un des protagonistes. Le plus redoutable dans ses chardons est qu'il associe la dénonciation de son style assimilé à une époque (qui sera bientôt rejetée puis qualifiée de 'rococo'), donc opposé au sérieux et au cœur, à une critique de la mode inverse de la sensibilité et de l'authenticité. Peut-être se fait-il des ennemis, mais il les ridiculise pour la postérité et reste fidèle à sa vocation de moraliste comique.

Marivaux avait écarté la peinture des mœurs, il y revient dans ses pièces tardives, et le titre même des 'Sincères' semble annoncer un 'caractère'. Mais celui-ci est paradoxal puisque le terme désigne une qualité précieuse et extrêmement en vogue. Marivaux atteint bien une cible plus conforme à la tradition de la comédie (le problème social posé par l'émergence d'un nouveau modèle) mais il l'atteint en restant fidèle à ses choix dramaturgiques: il la saisit à travers le rapport du sujet à son langage, à sa manière d'habiter la parole et de la faire circuler.

---

27. Raymond Joly s'est posé la question dans le numéro *Vérités à la Marivaux* des *Etudes littéraires* 24:1 (été 1991).

Marivaudages tragiques: Marivaux et Racine

ELENA RUSSO

Sur le marivaudage, on est tenté de répéter, avec La Bruyère, que 'tout est dit, et l'on vient trop tard', depuis la publication, en 1955, de l'étude monumentale de Frédéric Deloffre, *Une préciosité nouvelle: Marivaux et le marivaudage*, ouvrage qui, par les cours et recours des méthodes critiques, n'a rien perdu de sa fraîcheur, et même, n'en finit pas de se reverdir. Lorsqu'on relit ces pages on est entraîné par ces somptueuses analyses de lexicographie et de stylistique historique qui à elles seules ressuscitent toute une époque dans la saveur de sa langue et le vif de ses querelles. Que reste-t-il à ajouter? Pas grand chose, peut-être; mais on ne voudrait pas faire comme Sainte-Beuve lorsqu'il écrivait que les 'contemporains [de Marivaux] ont dit de lui à peu près tout ce qu'on en peut dire'.[1] S'il est vrai qu'une grande œuvre n'en finit pas de produire de nouvelles lectures, il est vrai aussi que les lecteurs ont la mémoire courte; il peut donc arriver de trouver du nouveau dans des vieux motifs oubliés. C'est ce qui m'a donné envie de reprendre quelques thèmes de la critique marivaudienne de la fin du dix-neuvième siècle: cela devrait nous permettre de mieux comprendre certains aspects de la réception de Marivaux et en particulier, les fluctuations de la sensibilité stylistique qui ont engendré cette nébuleuse qu'on appelle le marivaudage.

On connaît le statut particulier et paradoxal d'une notion qui, tout en dérivant du nom propre d'un écrivain, s'en est pourtant émancipée au point de désigner un style, une thématique, une manière: jamais assez émancipée jusqu'à indiquer une école, comme cela a été le cas pour pétrarquisme ou platonisme. En effet, si le substantif pétrarquisme fait école, le verbe pétrarquiser fait manière: or marivauder, complément inévitable de marivaudage, est l'exemple par excellence de la manière: les détracteurs de Marivaux l'ont répété, de Diderot à Sainte-Beuve.[2] Le *Grand Robert* note aujourd'hui à la rubrique 'marivauder': 'Ecrire à la

---

1. Charles-Augustin Sainte-Beuve, 'Marivaux', dans *Causeries du lundi*, 3ᵉ éd., 15 vol. (Paris, 1857-1872), t.9, p.342.
2. Sans doute, écrit ce dernier, 'qui dit *marivaudage* dit plus ou moins badinage à froid, espièglerie compassée et prolongée, pétillement redoublé et prétentieux, enfin une sorte de pédantisme sémillant et joli' (Sainte-Beuve, *Causeries du lundi*, p.379).

manière de Marivaux; [...] Par extension: Ecrire avec affectation, préciosité, recherche'. Mais à cette dernière acception on ajoute: 'vieilli'.[3]

Les contemporains avaient très vite perçu que le style de Marivaux était spécialement reconnaissable, ce qui à l'époque n'était pas tout à fait une vertu. Il est vrai qu'on avait l'habitude de parler des styles de Tacite, de Tite-Live, de Cicéron, qui justement faisaient école; c'était aussi le moment où, à la notion traditionnelle et dominante du style comme catégorie rhétorique et générique pouvait s'ajouter, à l'occasion, celle plus neuve d'un style personnel, d'une manière à soi. Dans le traité *Des tropes* (1730), Dumarsais avait remarqué: 'On reconnaît un auteur à son style, c'est-à-dire à sa manière d'écrire, comme on reconnaît un homme à sa voix, à ses gestes, à sa démarche.'[4] De même, on reconnaissait Voltaire à son style; ou plutôt, s'il fallait écouter Voltaire lui-même, on croyait le reconnaître. C'est ainsi qu'il se défend, avec une désinvolte tartufferie, de l'accusation d'avoir écrit *L'Ingénu*:

> S'il paraît quelque brochure avec deux ou trois grains de sel, même du gros sel, tout le monde dit: *C'est lui, je le reconnais, voilà son style; il mourra dans sa peau comme il a vécu.* Quoi qu'il en soit, il n'y a point d'Ingénu, je n'ai point fait l'Ingénu, je ne l'aurai jamais fait; j'ai l'innocence de la colombe, et je veux avoir la prudence du serpent.[5]

Or justement, si d'une part on était prêt à envisager le style comme étant la marque de l'écrivain, au même titre que la voix et le geste sont la marque d'un individu, de l'autre, aucun écrivain n'aurait voulu s'enfermer dans un style qui lui collait à la peau. Voltaire, à l'égal du serpent, voulait bien jouir du privilège de changer de peau, ne fût-ce que pour se glisser dans celle d'un autre, ou dans l'anonymat. Marivaux, au contraire, n'aurait pu jouir, disait-on, de cette prérogative: il n'aurait su être que ce qu'il était: il ne savait que marivauder, sans même en être conscient. C'est ce que Diderot suggère, dans une lettre à Sophie, en s'excusant de parler à perte de vue, de détailler sans gain de sens: 'car je marivaude' écrit-il; 'Marivaux sans le savoir, et moi le sachant'.[6]

Mais Marivaux le savait. Il était parfaitement conscient du préjugé critique qui le percevait comme subissant son style, faute de savoir s'en délivrer, et qui croyait voir dans ses pièces l'expression, infiniment répétée, d'une manière personnelle. Il s'en était expliqué dans la magnifique préface aux *Serments indiscrets*, dans laquelle il avait essayé

---

3. *Le Grand Robert de la langue française*, 2ᵉ éd., version électronique, éd. Alain Rey (Paris, 2001).
4. César Chesneau Dumarsais, *Des tropes ou des différents sens*, éd. Françoise Douay-Soublin (Paris, 1988), p.99-100.
5. Voltaire à D'Alembert, le 3 août 1767 (D14330), nous soulignons.
6. Le 10 novembre 1760; Diderot, *Correspondance*, dans *Œuvres*, éd. Laurent Versini, t.5 (Paris, 1997), p.317.

de répondre d'une part à ceux qui lui reprochaient d'avoir un style 'singulier', c'est-à-dire 'bizarre, capricieux, affectant de se distinguer';[7] d'autre part à ceux qui (c'étaient souvent les mêmes), croyaient voir dans ce style une ennuyeuse uniformité:

> Ce n'est pas moi que j'ai voulu copier, c'est la nature, c'est le ton de la conversation en général que j'ai tâché de prendre: ce ton-là a plu extrêmement et plaît encore dans les autres pièces, comme *singulier*, je crois; mais mon dessein était qu'il plût comme *naturel*, et c'est peut-être parce qu'il l'est effectivement qu'on le croit singulier, et que, regardé comme tel, on me reproche d'en user toujours.[8]

Etrange malentendu: c'est justement parce qu'un personnage de théâtre s'exprime dans un langage 'naturel', qu'il est perçu comme 'singulier', c'est-à-dire bizarre et affecté; c'est précisément parce qu'il ne veut pas avoir un style d'auteur, que Marivaux est perçu comme ne pouvant échapper à son style d'auteur! La suite de son analyse tente d'expliquer ce paradoxe (p.9):

> On est accoutumé au style des auteurs, car ils en ont un qui leur est particulier: on n'écrit presque jamais comme on parle [...] mais si par hasard vous quittez ce style, et que vous portiez *le langage des hommes* dans un ouvrage, et surtout dans une comédie, il est sûr que vous serez d'abord remarqué; et si vous plaisez, vous plaisez beaucoup, d'autant plus que vous paraissez nouveau; mais revenez-y souvent, ce langage des hommes ne vous réussira plus, car on ne l'a pas remarqué comme tel, mais simplement *comme le vôtre*, et on croira que vous vous répétez.

Le spectateur, habitué au style conventionnel du théâtre, est incapable de reconnaître sur la scène le 'langage des hommes', c'est-à-dire la conversation des cercles polis, en l'occurrence peut-être, la sienne propre. Frappé par son étrangeté, il en rejette la responsabilité sur l'auteur même, qui est d'emblée perçu comme 'singulier'. L'argument de Marivaux porte sur le caractère profondément conventionnel et conservateur du langage théâtral, et sur la résistance rencontrée par tout écrivain dramatique soucieux d'innover, motif que Diderot reprendra quarante ans plus tard dans le *Paradoxe sur le comédien*.

Quoi qu'il en soit, si d'une part les contemporains se disaient sûrs de pouvoir reconnaître la singularité du marivaudage, ils auraient été bien embarrassés d'en donner une définition, car le marivaudage est un phénomène composite et hétérogène, relevant de plusieurs savoirs difficilement conciliables, allant de la néologie à un certain langage de

---

7. Article 'singulier', dans *Dictionnaire de l'Académie française*, 4ᵉ éd. (Paris, 1762), http://artfl-project.uchicago.edu/content/dictionnaires-dautrefois.
8. Marivaux, 'Avertissement', *Les Serments indiscrets*, dans *Théâtre complet*, éd. H. Coulet et M. Gilot, t.1 (Paris, 1993), p.663, nous soulignons.

l'amour: c'est tout à la fois un fait de langue, de genre littéraire, de mœurs, de goût et de civilisation. Aux yeux de ses contemporains, Marivaux passait tour à tour pour recherché, trivial, mondain, populaire. Dans son article nécrologique, Grimm déclarait que Marivaux 'avait un genre à lui, très aisé à reconnaître, très minutieux, qui ne manque pas d'esprit, ni parfois de vérité, mais qui est d'un goût bien mauvais et souvent faux'.[9] Le jeune D'Alembert pensait peut-être à Marivaux lorsqu'il condamnait la présence de la conversation mondaine dans le théâtre: 'c'est à ce langage entortillé, impropre et barbare qu'on prétend reconnaître aujourd'hui les auteurs qui fréquentent ce qu'on appelle la bonne compagnie'.[10] La Harpe, au contraire, y voyait plutôt des locutions triviales et populaires: 'Marivaux se fit un style si particulier qu'il a eu l'honneur de lui donner son nom; on l'appela marivaudage: c'est le mélange le plus bizarre de métaphysique subtile et de locutions triviales, de sentiments alambiqués et de dictons populaires.'[11] Ce jugement faisait écho à celui du marquis d'Argenson qui écrivait en 1732: 'on connaît son style ingénieux mais bourgeois et précieux. Ce sujet [*Le Triomphe de l'amour*] est héroïque, mais il est traité en roman bourgeois et d'une méthode licencieuse.'[12]

Alors que les contemporains de Marivaux voyaient dans son œuvre une bigarrure inconvenante de styles et de registres, il en sera tout autrement de la réputation de Marivaux au siècle suivant. Paradoxalement, cet écrivain qui en son temps était perçu comme marginal, critiqué pour son langage hybride, volontiers populaire, se voit promu au rang de représentant de l'Ancien Régime, incarnation d'une grâce aristocratique perdue et d'un esprit par excellence 'français' sur lesquels s'épanche la nostalgie du critique. C'est le cas de Jules Janin:

> Hélas! ces mœurs d'une race évanouie et d'une grâce exquise; ces passions à fleur de peau, cette façon de tout prouver, et surtout l'impossible, ces petits sentiments qu'un souffle emporte, ce dialogue à demi-voix, [...] cette piquante causerie de gens aimables qui n'ont rien à se dire; toutes ces exceptions brillantes d'un monde qui ne peut plus revenir, sont déjà loin de nous.[13]

---

9. *Correspondance littéraire*, t.5 (Paris, 1878), p.236.
10. Jean Le Rond D'Alembert, 'Essai sur la société des gens de lettres et des grands', dans *Mélanges de littérature, d'histoire et de philosophie*, t.1 (Amsterdam, Zacharie Chatelain et fils, 1760), p.380.
11. Jean-François de La Harpe, *Lycée ou Cours de littérature ancienne et moderne*, 18 vol. (Paris, 1799), dans *La Critique littéraire de Laharpe à Proust* (Paris, 1998), t.11, p.5046. Adresse URL: http://www.lib.uchicago.edu/efts/ARTFL/databases/bibliopolis/cli/
12. Cité dans Marivaux, *Théâtre complet*, éd. Frédéric Deloffre (Paris, 1968), t.1, p.886. Ce que d'Argenson entend ici par 'roman bourgeois' c'est le style comique du roman de Furetière.
13. Jules Janin, *Histoire de la littérature dramatique*, dans *La Critique littéraire de Laharpe à Proust*

D'après Brunetière, 'par ses défauts comme par ses qualités, peu d'écrivains sont plus français que Marivaux'.[14] Cette 'francité' est bien sûr associée à un discours et un ethos amoureux, à cette sensibilité, reconnue comme spécifiquement française, de la galanterie, que Montesquieu décrivait comme un 'désir général de plaire [...] qui n'est point l'amour, mais le délicat, mais le léger, mais le perpétuel mensonge de l'amour'.[15] Le marivaudage serait l'expression la plus accomplie de la galanterie: un plaisir surtout langagier, un jeu qui ne cherche pas à s'accomplir dans les corps, mais plutôt à se complaire dans une virtuosité verbale. Roland Barthes (qui s'y connaît en préciosité) ne fait que suivre cette tradition quand il décrit le marivaudage comme un rapport amoureux consignant son érotisme au verbe seul, dont le plaisir consisterait en une dépense à pure perte: 'Parler amoureusement, c'est dépenser sans terme, sans crise; c'est pratiquer un rapport sans orgasme. Il existe peut-être une forme littéraire de ce *coïtus reservatus*: c'est le marivaudage.'[16]

C'est pourquoi on est surpris de trouver dans les critiques du dix-neuvième siècle un rapprochement entre Marivaux et Racine. Rien ne semblerait plus éloigné de ce marivaudage virtuose et léger ne tirant pas à conséquence, que le langage amoureux tout en action et en combat de Racine, dans lequel chaque réplique déplace le héros et son adversaire sur l'échiquier d'un jeu mortel. La comparaison entre ces deux dramaturgies avait été pourtant déjà esquissée au dix-huitième siècle. Deloffre cite un passage anonyme du *Mercure* paru en 1753, dont le titre, *Le Quart d'heure d'une jolie femme, ou les Amusements de la toilette*, ferait craindre le pire: 'J'ai toujours regardé Monsieur de Marivaux comme le Racine du théâtre comique, habile à saisir les situations imperceptibles de l'âme, heureux à les développer; personne n'a mieux connu la métaphysique du cœur, ni mieux peint l'humanité.'[17] Il n'en est pourtant rien: le rapprochement se

---

(Paris, 1998), t.2, p.140. Adresse URL: http://www.lib.uchicago.edu/efts/ARTFL/databases/bibliopolis/cli/.

14. Ferdinand Brunetière, 'Marivaux', *Etudes critiques sur l'histoire de la littérature française*, dans *La Critique littéraire de Laharpe à Proust* (Paris, 1998), p.179-80. Adresse URL: http://www.lib.uchicago.edu/efts/ARTFL/databases/bibliopolis/cli/

15. Charles-Louis de Secondat, baron de La Brède et de Montesquieu, *De l'esprit des lois*, éd. Robert Derathé, 2 vol. (Paris, 1973), t.2, p.239.

16. Roland Barthes, *Fragments d'un discours amoureux* (Paris, 1977), p.87. C'était d'ailleurs, à peu de différence près, l'opinion de Montesquieu quant à la galanterie (qui ne recoupe que partiellement le marivaudage): 'Il faut, pour plaire aux femmes, un certain talent différent de celui qui leur plaît encore davantage: il consiste dans une espèce de badinage dans l'esprit, qui les amuse, en ce qu'il semble leur promettre à chaque instant ce qu'on ne peut tenir que dans de trop longs intervalles' (Lettre 63 des *Lettres persanes*, éd. Paul Vernière Paris, 1975, p.131).

17. F. Deloffre, *Une préciosité nouvelle* (Genève, 2009), p.560.

fait sur le plan de l'analyse minutieuse des émotions commune aux deux auteurs, la 'métaphysique' n'ayant pas ici son sens négatif de jargon, mais plutôt de quelque chose s'approchant des 'perceptions insensibles' leibniziennes, ces altérations minimes et progressives de l'esprit qui ne passent pas le seuil de la prise de conscience mais n'en sont pas moins agissantes sur les émotions.

Ce parallèle, rare encore, devient presque un lieu commun au siècle suivant. Emile Faguet définit Marivaux comme 'un Racine à mi-chemin, un Racine qui ne pousse pas le conflit des passions de l'amour jusqu'à leurs conséquences funestes, et qui, par cela, reste auteur comique', comme si la comédie n'était qu'une version incomplète et non aboutie de la tragédie, et qu'entre les deux il n'y avait qu'une différence du plus au moins.[18] Pour Jules Lemaître (s'exprimant lui-même avec un rien de précieux), Marivaux 'c'est du Racine transposé, amenuisé, amignoté et tarabiscoté'.[19] Ces critiques sont sensibles à l'analyse détaillée des émotions, qui s'exprime, chez Racine et Marivaux, selon une explicitation rhétorique maximale, dans tous les degrés d'expressivité que le langage leur permet. Mais c'est Ferdinand Brunetière qui déploie le parallèle avec le plus de lucidité, jusque dans sa dimension structurale:

> La comédie de Marivaux, c'est la tragédie de Racine, transportée d'un ordre de choses où les événements se dénouent par la trahison et la mort, dans un ordre de choses où les complications se dénouent par le mariage. Au fond, Andromaque, n'est-ce pas une 'double inconstance': Pyrrhus infidèle à l'amour d'Hermione, comme Hermione est parjure à l'amour d'Oreste? N'est-ce pas la tragédie, s'il en fut, des 'fausses confidences' que Bajazet [...]? Mithridate ou Phèdre, quels jeux, et quels jeux sanglants 'de l'amour et du hasard'! [...] Placez seulement l'amour dans des circonstances qui l'élèvent à la dignité d'une passion tragique, ne sont-ce pas toutes aussi surprises, et surprises terribles, de l'amour, que les tragédies de Racine? [...] Dans le théâtre de Marivaux, comme dans celui de Racine, action et psychologie se confondent.[20]

Brunetière met en valeur non seulement les thématiques communes, mais aussi les analogies structurales entre tragédie et comédie. La conception aristotélicienne de la primauté de l'action théâtrale est commune aux deux: en vertu de celle-ci, la caractérisation psychologique sert

---

18. Emile Faguet, *Dix-huitième siècle. Etudes littéraires*, dans *La Critique littéraire de Laharpe à Proust* (Paris, 1998), p.173. Adresse URL: http://www.lib.uchicago.edu/efts/ARTFL/databases/bibliopolis/cli/
19. Jules Lemaître, *Impressions de théâtre*, 2ᵉ série (Paris, 1887), dans *La Critique littéraire de Laharpe à Proust* (Paris, 1998), p.25. Adresse URL: http://www.lib.uchicago.edu/efts/ARTFL/databases/bibliopolis/cli/
20. Ferdinand Brunetière, 'La comédie de Marivaux', *Etudes critiques sur l'histoire de la littérature française*, dans *La Critique littéraire de Laharpe à Proust* [ressource électronique] (Paris, 1998), p.135.

avant tout à avancer l'action dramatique. Contrairement à Molière (que, comme on sait, Marivaux n'aimait pas) le nœud de l'action n'est pas déterminé par des incidents découlant de la dramatisation du caractère, mais par une situation, c'est-à-dire par un conflit entre des passions opposées. A cet égard, la dramaturgie de Marivaux s'inspire aussi de celle de Corneille: 'Les oppositions des sentiments de la nature aux emportements de la passion, ou à la sévérité du devoir, forment de puissantes agitations, qui sont reçues de l'auditeur avec plaisir.'[21] Cette parenté structurale entre comédie et tragédie transcende la convention générique qui ordonne le dénouement (mortel chez Racine et Corneille, matrimonial chez Marivaux): elle se trouve dans l'importance donnée aux confrontations entre émotions conflictuelles, entre des personnages qui viennent à se définir et à prendre conscience d'eux-mêmes au cours même de ce conflit.

La crise se joue toujours dans la conscience du héros et de l'héroïne; l'inévitable 'je ne sais plus où j'en suis' de l'héroïne marivaudienne, le paroxysme de confusion, d'embarras ou de honte qui la déchire avant la prise de conscience éclairante du dénouement, rappelle le désarroi de tel ou tel personnage de Racine, tel celui de Mithridate, au moment où celui-ci découvre l'amour entre sa fiancée Monime et son fils Xipharès: 'Qui suis-je? Est-ce Monime? Et suis-je Mithridate?' (vers 1383). La fierté de l'héroïne tragique trouve son répondant dans celle de l'héroïne marivaudienne, voulant mettre à l'épreuve l'homme qui lui est destiné pour s'assurer s'il sera digne d'elle (*Le Jeu de l'amour et du hasard*, *Les Serments indiscrets*), et finissant par se trouver elle-même prise à son propre piège, dans un conflit agonistique qui engage les deux amants, tout comme Rodrigue et Chimène, dans une rivalité d'amour-propre. La plupart des comédies de Marivaux reposent sur cette rivalité et sur les jeux de symétrie créés par elle.

Du point de vue thématique, certaines situations sont transposées à partir de situations raciniennes: l'Euphrosine de *L'Île des esclaves*, tombée comme Andromaque de la noblesse à la servitude, renchérit stratégiquement sur sa position subalterne pour parer aux avances de son nouveau maître Arlequin, amant non moins tyrannique que Pyrrhus. Dans *Arlequin poli par l'amour*, Silvia, qui vient de révéler à la toute-puissante fée, sa rivale, l'amour réciproque qui l'unit à Arlequin se désespère d'avoir mis en danger la vie d'Arlequin, suivant l'exemple de Monime, qui avait imprudemment dénoncé à Mithridate l'amour qu'elle portait à Xipharès. Sommée par la fée de renoncer à Arlequin, sous peine de le voir mourir, Silvia se voit, comme Junie prise entre

---

21. Pierre Corneille, 'Discours de la tragédie', dans *Œuvres complètes*, éd. Georges Couton, t.3 (Paris, 1987), p.151.

Britannicus et Néron, forcée de mentir à son amant, qui ne sait pas que la fée, cachée, observe leurs paroles et leurs gestes. *Le Prince travesti* reprend de près la situation de *Bajazet*: l'héroïne, Hortense, est la dame d'honneur d'une princesse souveraine d'une cour tout aussi carcérale que le sérail d'Amurat. A l'exemple de Roxane avec Atalide, la princesse fait sa confidente de celle qui est, à son insu, sa rivale: la princesse fera enfin éclater ses soupçons dans des menaces sybillines et inquiétantes et dans de longs interrogatoires aussi perspicaces que cruels.

Dans la conception aristotélicienne qui était la sienne, Corneille avait affirmé la parenté structurale entre comédie et tragédie, car 'tout ce qu'[Aristote] en dit convient aussi à la comédie, et que la différence de ces deux espèces de poèmes ne consiste qu'en la dignité des personnages, et des actions qu'ils imitent, et non pas en la façon de les imiter, ni aux choses qui servent à cette imitation'.[22] C'était faire reposer une distinction de genre sur la notion bien vague de dignité (vague d'ailleurs déjà présent chez Aristote). La 'dignité' avait une signification juridique au dix-septième siècle, comme en témoigne le *Dictionnaire de l'Académie* de 1694: '*Dignité*. Charge, office considérable. *Souveraine dignité. Suprême dignité. Dignité ecclésiastique. Dignité épiscopale*'; mais cette acception entraînait aussi celle, plus instable, du caractère associé à cette charge, du ton, de l'"air" et des manières qui l'accompagnaient. Et là on se trouvait sur un terrain glissant, comme en témoigne La Bruyère: 'Une gravité trop étudiée devient comique, ce sont comme des extrémités qui se touchent, et dont le milieu est dignité.'[23] Il en était de même pour la dignité tragique: à n'importe quel moment, elle pouvait culbuter dans le ridicule. Pour un public familier des réécritures parodiques, la qualité tragique était une chose précaire qui risquait sans cesse de basculer dans le comique (le ridicule étant le danger qui guettait sans relâche le comique, aussi bien que le tragique). Voltaire, dont les tragédies avaient été parodiées sans répit, en était conscient plus que tout autre. Dans sa préface à *Hérode et Mariamne* de 1762 (tragédie qui, sous une première version intitulée *Mariamne*, en 1724, avait été elle-même l'objet d'une douzaine de parodies et contre-parodies), il donne libre jeu à son ressentiment dans une série de parallèles qui sont de véritables esquisses de micro parodies:

> Otez les noms, Mithridate n'est qu'un vieillard amoureux d'une jeune fille: ses deux fils en sont amoureux aussi; et il se sert d'une ruse assez basse pour découvrir celui des deux qui est aimé. Phèdre est une belle-mère qui,

---

22. Pierre Corneille, 'Discours de l'utilité et des parties du poème dramatique', dans *Œuvres complètes*, éd. Alain Niderst, t.1 (Rouen, 1984), p.54.
23. Jean de La Bruyère, 'Des jugements', dans *Des caractères*, éd. Robert Garapon (Paris, 1990), p.29.

enhardie par une intrigante, fait des propositions à son beau-fils, lequel est occupé ailleurs. Néron est un jeune homme impétueux qui devient amoureux tout d'un coup, qui dans le moment veut se séparer d'avec sa femme, et qui se cache derrière une tapisserie pour écouter les discours de sa maîtresse. Voilà des sujets que Molière a pu traiter comme Racine: aussi l'intrigue de l'Avare est-elle précisément la même que celle de Mithridate. Harpagon et le roi de Pont sont deux vieillards amoureux: l'un et l'autre ont leur fils pour rival; l'un et l'autre se servent du même artifice pour découvrir l'intelligence qui est entre leur fils et leur maîtresse; et les deux pièces finissent par le mariage du jeune homme. Molière et Racine ont également réussi en traitant ces deux intrigues: l'un a amusé, a réjoui, a fait rire les honnêtes gens; l'autre a attendri, a effrayé, a fait verser des larmes.[24]

Voltaire défend ici sa propre cause, car le public avait cru voir dans *Mariamne* une 'querelle de ménage' indigne d'un sujet de tragédie: 'on disait que le sujet de Mariamne n'était autre chose qu'un vieux mari amoureux et brutal, à qui sa femme refuse avec aigreur le devoir conjugal'. Qu'il pût y avoir une hiérarchie générique de 'sujets' en soi, distincts du discours qui les mettait en œuvre, était une question sans cesse débattue, jamais éclaircie, à une époque à laquelle la charpente de la poétique aristotélicienne trébuchait un peu.

On peut toutefois affirmer que, si les destinées critiques de Racine et de Marivaux convergent par certains aspects, cela tient à leur traitement particulier du discours amoureux et du contexte générique et stylistique dans lequel ils œuvraient. Tandis que Racine était perçu au dix-huitième siècle comme un modèle de 'pureté' linguistique, chez ses contemporains il avait suscité des réactions mêlées, qui ne sont pas sans rappeler celles qu'éveillera Marivaux. Comme le remarque Jonathan Mallinson, le public contemporain de Racine était très sensible à tout ce qui ne semblait pas correspondre à la norme de la scène tragique, et on trouvait chez quelques critiques des expressions comme 'dégrader, déroger, indigne, ridicule, petit'.[25] Parfois on accusait Racine de faire du 'galimatias',[26] et même de tomber dans des 'vers ridicules et gaulois', ou de 'style burlesque'.[27]

Mais ce qui pour certains faisait problème chez Racine était l'attention donnée à l'expression des sentiments amoureux. A cet égard, les critiques du dix-septième siècle se trouvaient d'accord avec ceux du dix-huitième

---

24. Voltaire, *Hérode et Mariamne*, éd. Michael Freyne, *OCV*, t.3c (p.192).
25. Jonathan Mallinson, *Des rires et des pleurs: Racine, Molière et la réception de la tragédie*, dans *La Réception de Racine à l'âge classique*, éd. Nicholas Cronk et Alain Viala, *SVEC* 2005:8, p.97.
26. Ces exemples sont cités par Mallinson. Pour les textes complets, voir Adrien-Thomas Perdou de Subligny, 'La folle querelle, ou la critique d'Andromaque', dans Jean Racine, *Œuvres complètes*, éd. Georges Forestier, t.1 (Paris, 1999), p.1326.
27. 'Au sujet de Phèdre', dans [anonyme], 'Sur la tragédie de Phèdre et Hippolyte', dans Racine, *Œuvres complètes*, t.1, p.894.

dans leur commune hostilité envers la galanterie précieuse des maniéristes italiens et de romanciers comme Madeleine de Scudéry.[28] L'abbé de Villars voyait dans *Bérénice*, 'une pièce de théâtre qui, depuis le commencement jusqu'à la fin, n'est qu'un tissu galant de madrigaux et d'élégies';[29] quant à Titus, 'ce n'était pas un héros romain, que le poète nous voulait représenter, mais seulement un amant fidèle qui filait le parfait amour à la Céladone' (p.515). Le même raidissement puriste se retrouve chez Voltaire qui, tout en s'extasiant sur l''élégance', la 'pureté de langage', la 'vérité' de Racine, en appelle tendancieusement à 'un juge équitable' (qui, mieux que lui-même, pouvait remplir ce rôle?) qui 'verra dans Racine [...] de la galanterie, et quelquefois de la coquetterie même; des déclarations d'amour qui tiennent de l'idylle et de l'élégie plutôt que d'une grande passion théâtrale'.[30] Dans une lettre à Louis Racine, il condamne le vers célèbre de Pyrrhus 'Brûlé de plus de feux que je n'en allumai' comme 'très répréhensible. Le feu du cœur d'un amant comparé à l'embrasement de Troye est un concetto digne du Marino'.[31]

On pourrait multiplier les exemples. Une raison majeure du scandale suscité par le langage dramatique de Racine, aussi bien que par celui de Marivaux, était que les deux mettaient en scène l'amour avec une richesse de nuances qu'on n'avait trouvé jusque-là que chez les galants (qu'il était désormais de bon ton de fouler aux pieds). Les innombrables gradations du sentiment amoureux étaient analysées et dramatisées dans leurs œuvres avec une attention que ne semblait pas mériter une émotion réputée comme 'ridicule' et qui, tout en étant reconnue comme relevant du domaine de la comédie, était représentée selon les critères codés d'une typologie encore toute ovidienne. Molière, pour sa part, avait placé l'amour à une grande distance du spectateur, car ses personnages amoureux étaient pour la plupart ridicules, et c'était sur les déviations de l'amour, telle que la jalousie maniaque, non sur sa symptomatique propre, que portait l'attention. En effet, de Boileau à Adam Smith, en passant par l'abbé Dubos, on n'en finissait pas de déclarer que 'le véritable amour jette souvent du ridicule sur les

---

28. 'Les romans de Mlle Scudéri avaient achevé de gâter le goût: il régnait dans la plupart des conversations un mélange de galanterie guindée, de sentiments romanesques et d'expressions bizarres, qui composaient un jargon nouveau, inintelligible et admiré. [...] L'envie de se distinguer a ramené depuis le style des *Précieuses*; on le retrouve encore dans plusieurs livres modernes. Ce style a reparu sur le théâtre même, où Molière l'avait si bien tourné en ridicule' (Voltaire, *Vie de Molière*, éd. Samuel S. B. Taylor, *OCV*, t.9, p.414-16).
29. Abbé de Villars, 'La critique de *Bérénice*' (1771), dans Jean Racine, *Œuvres complètes*, t.1, p.516.
30. 'Anciens et modernes', dans *Questions sur l'Encyclopédie*, éd. Nicholas Cronk et Christiane Mervaud, *OCV*, t.38, (p.347).
31. Lettre du 14 mai 1736 (D1074).

personnages les plus sérieux';[32] que 'au fond, il n'y a rien de si ridicule que le caractère d'un amant, cette passion fait tomber les hommes dans une espèce d'enfance'.[33] Le marivaudage, cet art de 'peser des œufs de mouche', ce discours qui '[nous] fatigue en [nous] faisant faire cent lieues avec lui sur une feuille de parquet', avait osé développer des situations triviales et analyser des émotions parfaitement ordinaires avec la même intensité d'attention et le même étirement temporel qui avait été jusque-là réservé aux grands moments dramatiques propres aux sujets d'histoire.[34]

Le marivaudage était donc non seulement un fait de style mais aussi de mœurs: c'était un langage porteur d'un changement dans la sensibilité, un ethos du discours amoureux qui en élargissait le rayon d'action et abolissait la séparation entre l'analyse et l'émotion. Le discours théâtral de Marivaux était perçu comme irrecevable aux yeux de critiques conservateurs comme Voltaire dans la mesure où il tentait d'instaurer une nouvelle typologie amoureuse, un discours d'analyse (une 'métaphysique') différencié selon les nuances innombrables que présentaient les diverses situations qui tombaient sous la vaste, et apparemment inépuisable, catégorie de la 'surprise de l'amour'. Brunetière souligne avec perspicacité que la méfiance envers l'esthétique marivaudienne s'inscrit dans la même tradition anti-galante contre laquelle s'était déjà heurté Racine:

> Telle est sur ce point la force de la tradition que, cinquante ans plus tard, Voltaire sera presque tenté de faire un reproche à l'auteur de *Bajazet* et de *Bérénice* d'avoir, seul en son temps, compris et représenté dans sa diversité la passion de l'amour. Ne doutons pas, après cela, que ce que le même Voltaire a raillé dans les 'comédies métaphysiques' de Marivaux, ce soit précisément la métaphysique de l'amour, et cette subtilité dont les personnages y font preuve pour démêler ce que leur amour a d'individuel, d'unique à chacun d'eux, 'pour voir clair dans leur cœur', selon le joli mot de la Silvia du *Jeu de l'amour et du hasard*.[35]

Lorsque Voltaire suggère que le sujet de *Bérénice* est 'petit', que parfois Racine laisse le spectateur froid au lieu de lui 'déchirer le cœur', qu'il écrit 'avec élégance' au lieu d'''entraîner' par des 'torrents d'éloquence', sa critique ne porte pas seulement sur le langage racinien, mais sur une

---

32. Jean-Baptiste Dubos, *Réflexions critiques sur la poésie et sur la peinture* [1719], 7e éd., t.1 (Paris, Pissot, 1770), p.139.
33. Mot attribué à Boileau dans *Boleana, ou bons mots* (Amsterdam, 1742), p.58-59, cité par Raymond Picard dans 'Les tragédies de Racine: comique ou tragique?', *RHLF* (mai-août 1969), p.462-74 (p.463).
34. Dans son *Eloge de Marivaux*, D'Alembert cite ce mot qu'il attribue à Mme Du Deffand, qui n'appréciait pas la 'recherche minutieuse' des 'sentiers du cœur' (dans Marivaux, *Théâtre complet*, éd. Frédéric Deloffre et Francoise Rubellin, t.2 (Paris, 1992), p.988).
35. F. Brunetière, *Etudes critiques sur l'histoire de la littérature française*, p.162.

forme de sensibilité: comme beaucoup de ses contemporains, Voltaire ne conçoit pas que l'amour puisse intéresser sur la scène autrement que par ses dévoiements et ses excès (Roxane, Hermione, Orosmane, Hérode), que par son aspect 'furieux', 'criminel' ou 'terrible',[36] ou par les émotions dont il est la cause circonstancielle: le sentiment amoureux, vide en soi de contenu dramatique, ne saurait être que le catalyseur d'autres passions plus théâtrales et plus nobles.[37] En réalité, il était souvent moins question d'un interdit placé sur le discours amoureux en tant que tel, que de la nécessité de cloisonner les différents styles dramatiques de ce discours en fonction d'une ségrégation des genres strictement codée: 'Ne confondons point ici avec l'amour tragique les amours de comédie et d'églogue, les déclarations, les maximes d'élégie, les galanteries de madrigal.'[38] Ainsi il y aura d'une part l'"amour furieux, barbare, funeste, suivi de crimes et de remords' qui est le seul qui puisse figurer sur la scène tragique, et de l'autre 'l'amour naïf et tendre, qui seul est du ressort de la comédie'.[39] Enfermé entre le sublime tragique d'une part et les larmes d'attendrissement de la comédie larmoyante de l'autre, l'amour au théâtre est une chose importune et troublante qu'il faut maîtriser et tenir à distance par une codification formelle maximale. C'est cette codification prudente que le langage de Marivaux fait enfin éclater.

36. Dans la *Dissertation sur la tragédie ancienne et moderne* (publiée comme préface à *Sémiramis*, 1746), Voltaire déplore la place qu'a prise la galanterie sur la scène tragique française, qui ne s'en est 'lavée' que par quelques pièces dans lesquelles 'l'amour est une passion furieuse et terrible, et vraiment digne du théâtre' (éd. Robert Niklaus, *OCV*, t.30A, p.155-56). 'Parmi les passions qui agitent le cœur de l'homme, il en est une ardente, impétueuse, qui rend un sexe nécessaire à l'autre; passion terrible qui brave tous les dangers, renverse tous les obstacles, et qui, dans ses fureurs, semble propre à détruire le genre humain, qu'elle est destinée à conserver' (Jean-Jacques Rousseau, *Discours sur l'origine et les fondements de l'inégalité parmi les hommes*, dans *Œuvres complètes*, éd. Bernard Gagnebin et Marcel Raymond, 5 vol. (Paris, 1959-1995), t.3, p.157).
37. 'It interests us not as a passion, but as a situation that gives occasion to other passions which interest us; to hope, to fear, and to distress of every kind' (Adam Smith, *The Theory of Moral Sentiments*, 1759, Indianapolis, IN, 1982, p.32).
38. Voltaire, *A Mlle Clairon*, préface à *Zulime*, éd. Jacqueline Hellegourc'h, *OCV*, t.18B, p.217.
39. Voltaire, *Préface*, dans *Nanine ou le préjugé vaincu*, éd. Marie-Rose de Labriolle et Colin Duckworth, *OCV*, t.31B, p.67.

Marivaudage et éducation: l'éthique du sentiment maternel dans *L'Ecole des mères* et *La Mère confidente*

PHILIPPE BARR

Selon Frédéric Deloffre, 'marivauder, c'est jouer avec les mots, mais d'une façon sérieuse'.

Le marivaudage répond à un malaise moral entendu à la fois comme un 'devoir de sincérité' et comme un problème d'expression: 'avouer ce que l'on ne veut même pas s'avouer, exprimer ce que personne n'a jamais su exprimer auparavant'.[1] Dans le 'cas d'amour' précieux, le marivaudage circonscrit l'espace d'un jeu où il devient possible pour des protagonistes des deux sexes d'oublier momentanément les contraintes de l'ordre social et de s'abandonner au plaisir des mots. La recherche de la vérité est ainsi menée comme un véritable combat contre un langage qui libère l'amour en le préservant du jugement moral et le déréalise en le bornant à la sphère de la pure sociabilité. Le marivaudage est ainsi un beau jargon qui conjugue la recherche de la transparence des cœurs à l'apologie d'un clair-obscur langagier.[2]

Or, s'il est possible, comme l'a démontré F. Deloffre, d'envisager la préciosité de Marivaux d'un point de vue langagier, il s'avère aussi possible de l'aborder à partir de la configuration des rapports entre les sexes qui lui est inhérente. Comme l'a remarqué Jean-Michel Pelous, à défaut de posséder une doctrine arrêtée, la nébuleuse précieuse fonde sa cohérence sur le rejet systématique de la conception galante de l'amour, telle qu'elle se définit vers 1650. En réaction contre l'avènement d'un code amoureux galant qui renverse la suprématie du féminin sur le masculin qui constituait l'idéal courtois, les précieuses conçoivent, dans la foulée du vaste projet de réforme du comportement qui constitue le mode d'ordre du Grand Siècle, un programme éducatif se donnant pour principal objectif de substituer la sincérité à 'la recherche du plaisir immédiat' et au 'style de vie instable, insouciant, joyeux en surface mais foncièrement vain' de la galanterie.[3]

---

1. F. Deloffre, *Une préciosité nouvelle*, p.8.
2. Apologie qui s'amorce dès 1719 avec les *Pensées sur la clarté du discours*.
3. Jean-Michel Pelous, *Amour précieux, amour galant, 1654-1675: essai sur la représentation de l'amour dans la littérature et la société mondaine* (Paris, 1980), p.406.

Madeleine de Scudéry définit ce nouvel idéal de transparence au sein du commerce amoureux dès 1656 en concevant un univers utopique où 'sincérité, grand cœur, probité, générosité, respect, exactitude, et bonté' constituent une éthique égalitaire des sexes calquée sur le modèle de la conversation polie.[4] Or, loin de se borner aux frontières de Tendre, le refus de la tyrannie masculine au profit d'une douce harmonie des âmes constitue aussi l'idéal de cette 'seconde préciosité' qui, selon Deloffre, fournit au marivaudage, vers 1720-1730, ses premiers linéaments, et dont les modèles sont puisés à la cour de Vaux.[5] De fait, *La Princesse de Clèves* confirme que cette seconde préciosité ne saurait être réduite à une afféterie de langage mais qu'elle se double aussi d'une réflexion sur la sincérité.

La trame narrative du fameux roman de Mme de La Fayette soumet l'entreprise herméneutique du lecteur au degré de sincérité qu'il concédera à l'héroïne, et qui lui permettra de reconnaître en elle ou un animal sans malice et transparent, ou une intrigante qui sait ménager les confessions ambigües. A cet effet, le roman de Mme de La Fayette s'inscrit au sein des nombreux débats qui, dans les cercles mondains comme à Saint-Cyr, tournent autour de l'épineuse question de l'éducation féminine. Si la leçon maternelle est claire quant au discrédit jeté sur l'amour galant, elle n'en brosse pas moins une image paradoxale de la gent masculine partagée entre des amants inconstants et menteurs et d'honnêtes et paisibles maris.

Le caractère 'précieux' du roman de Mme de La Fayette repose ainsi à la fois sur une conception galante du comportement masculin et sur un projet d'éducation où l'idéal de transparence qui est le propre du discours amoureux est transposé dans la relation mère-fille autour d'une douce amitié. Or, cette clause de sincérité n'est respectée que par l'une des deux parties. Mme de Chartres ment à sa fille tout au long de son idylle avec le duc de Nemours et ne devient véritablement sincère que pour lui avouer, sur son lit de mort, qu'elle n'a prétendu être son amie que pour mieux remplir ses devoirs de mère. Le devoir de sincérité qui constitue le mot d'ordre du discours précieux occupe ainsi un statut ambigu qui invite le lecteur à considérer la volonté de puissance qui se cache derrière chacune des déclarations d'amitié maternelle.

S'il est vrai qu'au dix-huitième siècle la figure du chef de famille jouit d'une popularité qui transcende les allégeances et qu'un pan important de la dramaturgie des Lumières érige le bon père en sauveur d'un monde en pleine décadence, on retrouve aussi sur les planches des théâtres un certain nombre de comédies qui esquissent le portrait moral de la mère

---

4. Madeleine de Scudéry, *Clélie, histoire romaine* (Paris, Augustin Courbé, 1656), t.1, p.391.
5. F. Deloffre, *Une préciosité nouvelle*, p.15.

idéale dans des termes analogues à ceux employés au siècle précédent par Mme de La Fayette. En ce qu'il souligne la responsabilité morale qui échoit aux mères lors de la difficile intégration de leurs filles au monde des hommes, le fameux dilemme que rencontre Mme de Chartres dans *La Princesse de Clèves* ouvre effectivement la voie à l'investigation littéraire et théâtrale du rôle que doit jouer toute mère soucieuse de concilier par l'éducation les aspirations personnelles de sa fille avec son bien-être social. La mère éclairée doit-elle jouir égoïstement de son autorité sur sa fille en lui dissimulant les écueils d'une vie amoureuse minée par l'inégalité des sexes ou doit-elle au contraire, suivant l'exemple de Mme de Chartres, abdiquer son rôle de mère et lui peindre en égale, voire en amie, les affres de l'inconstance masculine?

Si, comme le suggère Deloffre, Marivaux est précieux en soumettant le langage au devoir de sincérité, les deux pièces qu'il consacre à l'éducation des femmes, *L'Ecole des mères* (1732) et *La Mère confidente* (1735), cherchent moins à réaliser une quelconque transparence des cœurs qu'à mettre au jour la duplicité de la rhétorique dans laquelle elle s'inscrit.[6] Sachant que 'faire ou contrefaire la précieuse, c'est dès l'origine refuser l'amour ou plus exactement une version masculine et *galante* du jeu amoureux, fondé sur la défaite féminine', Marivaux lève le voile sur la mécanique précieuse en révélant au spectateur les extrémités auxquelles doit se soumettre toute femme qui désire s'insurger contre cette défaite.[7]

L'Ecole des mères

La critique a souvent noté que les deux pièces que Marivaux consacre à l'amour maternel sont les moins 'marivaudiennes' de l'ensemble de son œuvre théâtrale. Jean Goldzink inscrit *L'Ecole des mères* et *La Mère confidente* dans le sillage de la subversion diderotienne du comique classique où l'étude des 'vices et des ridicules' est délaissée au profit d'une investigation 'des embarras du devoir et de la vertu, à même d'établir entre scène et salle un rapport de sympathie interdit par la "comédie gaie"'.[8]

Ce n'est pourtant ni de Fénelon ni de Mme de Maintenon mais de Molière dont Marivaux se réclame en inscrivant sa première pièce dans la tradition des 'écoles' théâtrales du siècle précédent.[9] L'héroïne de

---

6. Sur la question de la sincérité chez Marivaux, nous renvoyons le lecteur à l'analyse de Jean-Paul Sermain des *Sincères* dans cet ouvrage, p.87-95.
7. J.-M. Pelous, *Amour précieux, amour galant*, p.406. Nous soulignons.
8. Jean Goldzink, 'Théâtre et subversion chez Marivaux', dans *Marivaux, subversif?*, éd. Franck Salaün (Paris, 2003), p.265.
9. Sur cette question voir notamment Jacques Guilhembet, 'A l'école du théâtre: quelques aspects dramaturgiques de *L'Ecole des mères* et de *La Mère confidente*', *Revue Marivaux* 3, numéro spécial *Etudes sur 'L'Ecole des mères', 'La Mère confidente'* (1992), p.121-38.

L'Ecole des mères, Angélique, est effectivement présentée par sa suivante, Lisette, comme 'une Agnès élevée dans la plus sévère contrainte'.[10] Suivant l'exemple d'Arnolphe, Mme Argante, sa mère, l'a effectivement isolée afin de lui faire prendre un vieux mari et s'assurer une réussite sociale. Elle figure ainsi parmi ces mères qui 's'imaginent qu'il suffit de ne parler jamais de galanterie devant les jeunes personnes pour les en éloigner'.[11] Bien qu'elle ne partage pas l'opinion de Mme de Chartres sur l'éducation, Mme Argante n'en poursuit pas moins la formation de sa fille en réaction contre la défaite féminine inhérente à la conception galante de l'amour. Lorsqu'elle apprend que sa fille n'éprouve aucune attirance pour le vieux Damis, elle déclare (I.v, p.350):

> Oui, vous avez raison, ma fille; et ces dispositions d'indifférence sont les meilleures. Aussi voyez-vous que vous en êtes récompensée: je ne vous donne pas un jeune extravagant qui vous négligerait peut-être au bout de quinze jours, qui dissiperait son bien et le vôtre pour courir après mille passions libertines; je vous marie à un honnête homme sage, à un homme dont le cœur est sûr, et qui saura préserver la vertueuse innocence du vôtre.

Reprenant le triangle amoureux du roman de Mme de Lafayette, Marivaux noue l'intrigue de sa pièce autour de l'éveil à l'amour d'une jeune fille et du dilemme qu'il provoque face à la question du mariage puisque Angélique est tombée amoureuse d'Eraste dont la jeunesse porte ombrage au vieux Damis auquel l'a promise sa mère. Dans la cinquième scène consacrée au tête-à-tête des deux femmes, Mme Argante, inquiète, interroge Angélique pour la première fois sur ses véritables sentiments pour Damis. Bien que la mère se présente à sa fille sous les traits d'une amie, les réponses d'automate ponctuées de force révérences qu'elle reçoit en retour mettent en relief le caractère inopiné de l'intrusion du vocabulaire du sentiment dans le cadre d'une éducation davantage calquée sur la relation maître / esclave que sur la tendre amitié. 'Je ferai tout ce qu'il vous plaira, ma mère [...] Je vous demande pardon, ma mère [...] je n'y songeais pas, ma mère' (I.v, p.350). Consciente de ce décalage, Angélique se soumet malgré elle au manège de sa mère qu'elle décrit comme une 'fantaisie'. Or, le spectateur découvre dans la scène suivante que la soumission d'Angélique est factice. En dépit de sa naïveté et d'une éducation qui l'a longtemps maintenue en état d'enfance, elle a non seulement réussi, avec l'aide de Lisette, à trouver l'amour, mais elle s'est forgée sa propre opinion sur sa mère. Reprenant l'argument de Molière, Marivaux démontre qu'il est impossible d'étouffer la nature des femmes

---

10. Marivaux, *L'Ecole des mères*, dans Marivaux, *Théâtre complet*, préface de Jacques Scherer, éd. Bernard Dort (Paris, 1964), acte I, scène ii, p.348; désormais, les citations de pièces de Marivaux renvoient à cette édition.
11. Mme de La Fayette, *La Princesse de Clèves*, éd Jean Mesnard (Paris, 1996), p.76.

et que leur enfermement provoque l'effet contraire en attisant leurs désirs (I.vi., p.351):

> Je ne porte pas de rubans; mais qu'est-ce que ma mère y gagne? Que j'ai des émotions quand j'en aperçois. Elle ne m'a laissé voir personne, et avant que je connusse Eraste, le cœur me battait quand j'étais regardée par un jeune homme [...] En vérité, si je n'avais pas le cœur bon, tiens, je crois que je haïrais ma mère d'être cause que j'ai des émotions pour des choses dont je suis sûre que je ne me soucierais pas si je les avais.

Dénonçant l'hypocrisie inhérente à tout projet d'élever les jeunes filles dans l'ignorance de l'amour, Marivaux critique ouvertement les assises d'une préciosité qui exhorte les femmes à refuser le sentiment au profit d'une tendre indifférence. Au contraire, il démontre que ce type d'éducation mène directement les jeunes filles à la galanterie contre laquelle s'étaient élevées les premières précieuses. C'est effectivement la contrainte qui incite Angélique à 'céder' en avouant à Eraste son amour, et ce, au mépris du 'jeu' précieux fondé sur la prorogation de l'aveu (I.xviii, p.355):

> Si ma mère m'avait donné plus d'expérience, si j'avais été un peu dans le monde, je vous aimerais peut-être sans vous le dire; je vous ferais languir pour le savoir; je retiendrais mon cœur; cela n'irait pas si vite, et vous m'auriez déjà dit que je suis une ingrate, mais je ne saurais me contrefaire. Mettez-vous à ma place; j'ai tant souffert de contraintes, ma mère m'a rendu la vie si triste! J'ai eu si peu de satisfaction, elle a tant mortifié mes sentiments! Je suis si lasse de les cacher, que, lorsque je suis contente, et que je le puis dire, je l'ai déjà dit avant que de savoir que j'ai parlé; c'est comme quelqu'un qui respire, et imaginez-vous à présent ce que c'est qu'une fille qui a toujours été gênée, qui est avec vous, que vous aimez, qui ne vous hait pas, qui vous aime, qui est franche, qui n'a jamais eu le plaisir de dire ce qu'elle pense, qui ne pensera jamais à rien de si touchant; et voyez si je puis résister à cela.

Angélique évoque sur le mode d'une hypothèse non réalisée le parcours de la Princesse de Clèves. Une éducation qui prend en compte la loi sociale condamne les jeunes filles à vivre dans une éternelle duplicité. Or, les ténèbres dans lesquelles Angélique a été tenue l'ont étrangement menée à la découverte d'une vérité intérieure. Son cas démontre que la sincérité dont était exempte sa relation avec sa mère l'a poussée à faire preuve de franchise, comme malgré elle, dans ses rapports avec Eraste. Si, comme l'a suggéré Lucette Desvignes, *L'Ecole des mères* expose les dangers d'une éducation trop restrictive, la leçon s'adresse principalement aux mères précieuses qui entendent contrôler leurs filles en les encourageant à préférer l'amitié d'un vieux mari à l'amour d'un jeune homme de leur âge.[12] Dupée par l'ensemble de son entourage, Mme Argante apprend à

---

12. Lucette Desvignes, 'Dancourt, Marivaux et l'éducation des filles', *RHLF* (1963), p.394-414.

ses dépens que les contraintes imposées à Angélique ont mené cette dernière à se jeter dans les bras du premier venu. Du côté d'Angélique, quelque pénible qu'ait été sa jeunesse, son éducation lui a permis, avec l'aide de Lisette, d'arriver à la pleine conscience d'elle-même, de passer à l'expression et de faire la rencontre de son Autre masculin.

La Mère confidente

Marivaux revient quelques années plus tard sur la question de l'éducation maternelle avec *La Mère confidente*, pièce dans laquelle il reprend le trio de personnages autour desquels était nouée l'intrigue de *L'Ecole des mères* (Mme Argante – Angélique – Lisette). Tout comme dans la pièce précédente, il y explore à nouveau un univers très proche de celui de Diderot. La critique s'est notamment interrogée sur les motifs qui ont mené Marivaux à rédiger la deuxième partie de son diptyque théâtral sur les mères. Si l'on s'est accordé à reconnaître dans la première incarnation de Mme Argante une mauvaise mère, les opinions divergent quant à son second avatar.[13]

Du point de vue de l'intrigue, la donne est la même: Mme Argante souhaite marier Angélique à un homme plus âgé et plus riche (Ergaste) que celui dont cette dernière s'est entichée (Dorante). Les deux jeunes amants s'étant déjà déclarés à la levée du rideau, l'emphase de cette seconde pièce porte moins sur l'expression des sentiments d'Angélique que sur les stratagèmes déployés par la mère afin de parer la défaite de sa fille et mettre fin à un amour qui met en péril ses projets de mariage.

L'éducation de l'héroïne reprend à la lettre la dynamique mère-fille dépeinte dans *La Princesse de Clèves*. Dans le sillage du roman de Mme de La Fayette, Marivaux continue de sonder les détours qu'emprunte l'enseignement précieux afin d'inculquer aux jeunes filles sa conception de l'amour. Bien que la pièce poursuive la dénonciation de l'hypocrisie féminine en démontrant qu'une fausse sincérité forme souvent écran à l'exercice d'un contrôle qui asservit les jeunes filles à leur mère, la relation entre Mme Argante et Angélique y est harmonieuse et empreinte de la tendresse inhérente à la conception précieuse de l'amitié: 'Quoi me jeter à genoux?', s'exclame Angélique, 'C'est bien mon dessein! De lui résister? J'aurais bien de la peine, surtout avec une mère aussi tendre' (II.vi, p.423). Au rebours de la scène v de *L'Ecole de mères*, le tête-à-tête entre Mme Argante et Angélique qui se déroule à la scène viii du premier acte met en relief la douce entente qui, grâce à la stratégie éducative d'une mère n'ayant nullement hésité à faire à sa fille

---

13. Sur cette question voir Isabelle Brouard-Arends, *Vies et images maternelles dans la littérature française du XVIIIe siècle*, SVEC 291 (1991).

'des peintures de l'amour', les réunit autour de la question du mariage. On découvre effectivement au cours de l'entrevue qu'elle accorde à sa fille que Mme Argante use d'une rhétorique radicalement différente de celle exposée dans *L'Ecole des mères* en sollicitant son opinion dans le choix d'un mari. Elle lui confie effectivement à propos d'Ergaste: 's'il ne vous accommode pas, vous ne l'épouserez pas malgré vous, ma chère enfant; vous savez bien comme nous vivons ensemble' (I.viii, p.419). A la dynamique maître-esclave de *L'Ecole des mères* est substitué un rapport maternel calqué sur la tendre amitié: 'Je n'ai point d'ordre à vous donner ma fille; je suis votre amie, et vous êtes la mienne; et si vous me traitez autrement, je n'ai plus rien à vous dire [...] Ce n'est point ta mère qui veut être ta confidente; c'est ton amie, encore une fois' (p.419). Or, si tendres soient-elles, les protestations d'amitié de Mme Argante sont tout aussi troubles que celles de Mme de Chartres. Elle déploie effectivement autour de sa fille un étroit système de surveillance (notamment en soudoyant Lubin, un domestique) et exhorte sadiquement sa fille à lui avouer un amour dont elle a elle-même pris connaissance. Les véritables motifs de leur entretien, connus des spectateurs mais ignorés d'Angélique, soulignent ainsi les véritables enjeux d'une comédie d'amitié qui sert de paravent à la soif de pouvoir de la mère (p.419):

> ANGÉLIQUE – D'accord; mais mon amie redira tout à ma mère, l'une est inséparable de l'autre.
> MME ARGANTE – Si tu veux, ne m'appelle pas ta mère, donne-moi un autre nom.

Mme Argante affirme cette soif de pouvoir et cherche à ébranler sa fille en semant le doute sur l'honnêteté de Dorante. Pour ce faire, elle évoque les égards que doivent les hommes à la vertu des femmes ('ne trouves-tu pas qu'il a manqué un peu de *respect*?',[14] et confronte Angélique aux répercussions d'un tel attachement sur sa réputation. Grâce à ce stratagème, elle finit par la convaincre de la futilité de l'idylle naissante (I.viii, p.420, nous soulignons):

> [P]peut s'en faut que je ne verse des larmes sur les dangers où je te vois de perdre l'*estime* qu'on a pour toi dans le monde [...] tu ne consultes que tes ennemis, ton cœur même est de leur parti; tu n'as pour tout secours que ta vertu qui ne doit pas être contente, et qu'une véritable amie comme moi dont tu te défies; que ne risques-tu pas?

Mme Argante va encore plus loin en s'attaquant directement au beau parleur qui a séduit sa fille. Ayant appris que Dorante projette d'enlever Angélique afin de la soustraire à son mariage prochain avec Ergaste, elle

---

14. Acte I, scène viii, p.420, nous soulignons.

se présente au jeune homme sous le costume d'une parente afin de lui faire prendre conscience du danger que de tels projets présentent pour la réputation de sa 'nièce'. Au cours de cet étrange entretien, elle réussit non seulement à convaincre Dorante de la grossièreté de son projet mais elle parvient encore à lui faire renoncer tout de bon à Angélique en lui faisant prendre conscience de la galanterie qui couve sous ses déclarations d'amant transi. Elle lui prédit avec finesse qu'il est appelé, comme tous les hommes, à mépriser chez celle qu'il aime la 'défaite' dont il est lui-même l'instigateur: 'Songez-vous que de pareils engagements déshonorent une fille; que sa réputation en demeure ternie, qu'elle en perd l'estime publique; que son époux peut réfléchir un jour qu'elle a manqué de vertu, que la faiblesse honteuse où elle est tombée doit la flétrir à ses yeux mêmes, et la lui rendre méprisable?' (III.xi, p.430).

Epousant le point de vue de la précieuse, Dorante reconnaît sa propre inconstance et, en un coup de théâtre étonnant, renonce à Angélique. L'immédiateté du rapport amoureux galant recherché cède la place au vocabulaire de la tendresse précieuse. Passant du majeur au mineur, la comédie tourne au mélodrame et Dorante confie à Angélique: 'c'est l'horreur de penser que les autres ne vous estimeraient plus, qui m'effraye; oui, je le comprends, le danger est sûr. Madame vient de m'éclairer à mon tour: je vous perdrais; et qu'est-ce que c'est que mon amour et ses intérêts auprès d'un malheur si terrible?' (III.xi, p.430).

A partir d'un cas d'amour analogue à celui de *La Princesse de Clèves*, Marivaux démontre que, peu importe la stratégie déployée par la mère, toute prétention à la sincérité dans le cadre de la relation mère-fille est insidieuse. Malgré toutes les protestations d'amitié, la mère ne peut se soustraire à l'autorité qu'elle exerce sur sa progéniture. Marivaux met en scène la conspiration de mères qui, peu soucieuses d'améliorer leur condition de femme, cherchent à perpétuer leur misère en soumettant leurs filles au même code amoureux qui a scellé leur malheur. Si, comme l'entend Deloffre, la langue de Marivaux relève d'une nouvelle préciosité, les deux cas d'amour qu'il présente ici au lecteur mettent en doute la légitimité d'une conception précieuse des rapports entre les sexes. Dans les deux cas, le savoir précieux échoue à empêcher les jeunes filles de succomber à la défaite de l'aveu galant. La mise en relief des affinités entre le projet de Mme Argante et celui d'Orgon et la transposition du vocabulaire de l'amitié au sein de la relation mère-fille démontre que Marivaux cherche à attirer l'attention du spectateur sur la teneur libidinale d'un discours maternel qui vise à se substituer au discours amoureux masculin. La mère s'y présente comme un être égoïste qui tente de convaincre sa progéniture que son amour est plus précieux que celui de l'amant. L'enseignement de toute entreprise d'éducation des femmes se résume au refus de se soumettre au pouvoir des hommes en rejetant l'amour. Cette thèse, très peu marivaudienne il faut l'avouer, propose une lecture du discours précieux qui fournir au théâtre un champ d'investigation qui sera cher aux Lumières. *L'Ecole des mères* (1744) que Nivelle de La Chaussée rédige quelques années plus tard en réponse à la pièce de Marivaux pousse encore plus loin l'investigation du sentiment maternel en dépeignant la passion quasi incestueuse d'une mère pour son fils, au détriment de sa fille et de son mari. On retrouve de même dans *La Bonne Mère* (1778) de Mme de Genlis une peinture lascive de l'amour entre une mère et sa fille qui empiète sur les traditionnelles péripéties qui, depuis Molière, président à la contraction des mariages.

Qu'elle emprunte la voie de la contrainte ou celle de la liberté, la culture précieuse échoue à faire taire en Angélique la nature qui parle en elle par la voix du désir. Elle échoue, de même, à exercer quelque impact sur sa morale. Dans les deux pièces, Angélique est naturellement vertueuse; et le danger, bien qu'évoqué, est naturellement évité. Si l'on se fie au tableau qu'il brosse de l'éducation maternelle, Marivaux semble avoir bien peu foi en un type d'enseignement essentiellement théorique. La seule véritable connaissance se compose d'abord et avant tout d'un savoir du cœur tiré de l'expérience.

Splendeurs et misères de la vie conjugale

Malgré la formulation d'une réponse galante à la question précieuse, il importe de constater que les deux pièces se terminent par un mariage qui pose problème à l'interprétation. Le fameux dilemme de *La Princesse de Clèves* – choisir le célibat qui pérennise l'amour ou le mariage qui en marque la fin – est chez Marivaux un faux dilemme puisque l'on découvre que les deux jeunes prétendants pauvres dont se sont entichées les deux Angélique sont parents des deux vieillards riches auxquels elles avaient été promises. Les deux héroïnes finissent ainsi par exaucer le vœu maternel en épousant, à la fin des deux pièces, un prétendant socialement acceptable tout en demeurant à l'écoute de ce que leur a dicté la voix de la nature. Elles retrouvent simultanément un amant et un mari en une même personne, sous le regard étrangement ravi d'une mère qui semble oublier la conception de l'amour et du mariage qu'elle s'est évertuée à leur inculquer. Le mariage final ne se conforme guère à la leçon précieuse suivant laquelle l'indifférence de l'un des deux époux garantit une union heureuse. Rappelons à cet effet les derniers mots de la Princesse lors de son ultime entretien avec le duc de Nemours:

> Monsieur de Clèves était peut-être l'unique homme du monde capable de conserver de l'amour dans le mariage. Ma destinée n'a pas voulu que j'aie pu profiter de ce bonheur; peut-être aussi que sa passion n'avait subsisté que parce qu'il n'en aurait pas trouvé en moi. Mais je n'aurais pas le même

moyen de conserver la vôtre: je crois même que les obstacles ont fait votre constance.[15]

Le *happy ending* qui clôt les deux pièces peine effectivement à masquer qu'il y a eu véritablement 'marivaudage' au sens où l'a défini Frédéric Deloffre. Les deux Angélique ont avoué 'ce que l'on ne veut même pas s'avouer', exprimé 'ce que personne n'a jamais su exprimer auparavant' et se sont acquittées du fameux 'devoir de sincérité' si 'essentiel aux yeux de Marivaux'.[16] Expression et sincérité qui mènent les héroïnes à adopter avec enthousiasme la conception galante de l'amour contre laquelle s'était édifié le projet d'éducation maternel. Dans les deux cas, être sincère équivaut à tromper la mère en transgressant la conception précieuse du mariage qui est la sienne, à sombrer dans la mer dangereuse du 'plaisir immédiat' et souscrire à 'une version masculine et *galante* du jeu amoureux'. Comment ainsi raccommoder ces deux mariages au 'style de vie instable, insouciant, joyeux en surface mais foncièrement vain' qui est aussi l'apanage de l'ensemble de l'univers amoureux marivaudien?[17]

On ne saurait l'oublier, la représentation du sentiment amoureux est souvent concomitante chez Marivaux à une valorisation de l'éphémère.[18] Le recours à la feinte, à l'illusion et au costume sentimental conduit ses personnages à tirer parti du moment. Son théâtre démontre que la durée ne s'atteint d'abord et avant tout que par la prise en charge de la multiplicité des humeurs et l'acceptation d'un monde en constante métamorphose. La succession des revirements de situation, des intrigues et des sentiments instaure une psychologie de l'intermittence fondée sur des impulsions contradictoires. Les personnages y apparaissent souvent déchirés entre le désir d'une plénitude durable et les délices du présent. Songeons au fameux divertissement de *La Fausse Suivante* qui ironise sur la foi de Silvia en un amour durable:

> Livrons-nous donc sans résistance
> A l'objet qui vient nous charmer.
> Au milieu des transports dont il remplit notre âme,
> Jurons-lui mille fois une éternelle flamme.
> Mais n'inspire-t-il plus ces aimables transports?
> Trahissons aussitôt nos serments sans remords.
> Ce n'est plus à l'objet qui cesse de nous plaire
> Que doivent s'adresser les serments qu'on a faits,
> C'est à l'Amour qu'on les fit faire,
> C'est lui qu'on a juré de ne quitter jamais.[19]

---

15. Mme de La Fayette, *La Princesse de Clèves*, p.230.
16. F. Deloffre, *Une préciosité nouvelle*, p.8.
17. J.-M., Pelous, *Amour précieux, amour galant*, p.406. Nous soulignons.
18. Michel Deguy, *La Machine matrimoniale ou Marivaux* (Paris, 1981), p.20; Marivaux 'n'ignore rien de l'usure des sens, de l'émoussement de la curiosité, du déclin du désir'.
19. Marivaux, *La Fausse Suivante*, dans *Théâtre complet*, p.175.

De plus, le mariage apparaît souvent dans l'univers de l'auteur du *Spectateur français* comme une convention sociale antinomique au principe de sincérité qui est le propre de la conception qu'il se forge de l'amour. Témoin, le célèbre dialogue entre Silvia et Lisette de l'acte I du *Jeu de l'amour et du hasard* au cours duquel Marivaux remet en question la légitimité d'une union durable, d'un rapprochement des cœurs scellé par le mariage:

> SILVIA – Oui, fiez-vous-y à cette physionomie si douce, si prévenante, qui disparaît un quart d'heure après pour faire place à un visage sombre, brutal, farouche, qui devient l'effroi de toute une maison!
> LISETTE – Oui, nous parlions d'une physionomie qui va et vient, nous disions qu'un mari porte un masque avec le monde et une grimace avec sa femme.[20]

Archéologue du désir, Marivaux place la question de l'inconstance à l'épicentre de son œuvre théâtrale. La seule façon pour l'homme de se réaliser dans la durée consiste à réitérer la permanence de son moi à travers la répétition d'amours éphémères. L'Autre tant convoité n'a de véritable importance que dans la mesure où il provoque la prise de conscience du caractère incoercible, de la permanence et de l'immanence du désir. Dans les deux pièces qui nous intéressent, la représentation d'un amour somme toute galant se voit récompensée par un mariage dont la durabilité est loin d'être assurée. On assiste au contraire à la régularisation par la loi sociale d'un type d'amour qui est présenté d'office comme étant antinomique à toute union paisible et durable. Du point de vue précieux comme du point de vue galant, ce mariage semble appelé à être malheureux.

Une des façons de surmonter la contradiction consisterait à envisager le double mariage qui clôt les deux pièces de Marivaux comme la résolution platement bourgeoise du dilemme de *La Princesse de Clèves*. En prenant pour époux leur Nemours, les deux Angélique marquent la destitution des grands idéaux de la période classique en substituant un compromis acceptable au destin tragique de l'héroïne de Mme de La Fayette. Le personnage de Lisette forme à cet effet, en tant que véritable figure de l'amie et véritable confidente d'Angélique, un repoussoir à la marâtre hypocrite puisqu'elle est le seul personnage apte à plaindre Angélique, à la guider et lui donner la force qui faisait défaut à l'héroïne de Mme de La Fayette. L'éducation dispensée par la soubrette subjugue celle de la mère. Le bon sens de Lisette l'emporte sur le capital parental. Cette hypothèse d'une critique bourgeoise de l'héritage aristocratique, quoique séduisante, ne parvient pourtant guère à faire oublier que chez Marivaux la représentation des classes populaires est souvent loufoque (les Trivelin, Arlequin et compagnie l'attestent). Son théâtre dépeint un

---

20. Marivaux, *Le Jeu de l'amour et du hasard*, dans *Théâtre complet*, p.275-76.

cérémonial amoureux où maîtres et valets se retrouvent toujours, et ce, en dépit des stratagèmes et des travestissements. Doit-on voir le mariage qui clôt les deux pièces comme une solution facile, relevant du simple *wishful thinking* comme le suggère Michel Deguy? Ou doit-on y voir 'la simple reconnaissance momentanée d'un état d'âme, une nouvelle origine, un commencement décidé'?[21] Jean Goldzink suggère qu'il est possible de surmonter l'aporie en replaçant les deux pièces de Marivaux dans le contexte de l'esthétique théâtrale des Lumières. L'incursion de Marivaux dans le 'comique sérieux' lui aurait fourni l'occasion de se 'porter aux frontières de son paysage mental'.[22] Il aurait ainsi cédé un moment à l'impulsion de s'adonner à la verve sentimentale et moraliste des nouveaux philosophes pour mieux retourner à la 'comédie gaie'. Il est vrai que la représentation de l'expérience amoureuse qui constitue le cœur de sa production théâtrale, à la fois enjouée, sceptique et spirituelle, et qui évite néanmoins de sombrer dans le libertinage en préférant le 'dire' au 'faire', relève davantage de la contre-morale galante que de la rigueur précieuse. De fait, le marivaudage que Deloffre replace dans la tradition précieuse est au contraire fondé sur la mise en scène inlassablement répétée de la défaite féminine. Le fameux abandon du 'je t'aime' que les circonlocutions des précieuses tentaient de conjurer est au contraire au cœur de son esthétique théâtrale. Comment dès lors s'accommoder d'une œuvre théâtrale qui emprunte sa terminologie et ses intrigues à la production culturelle issue de la cour de Vaux tout en composant avec une conviction grandissante l'apologie d'une inconstance qui évoque la galanterie?

Le véritable mérite de l'incursion de Marivaux dans le genre sérieux réside selon nous dans son aptitude à confronter le spectateur à la réversibilité du problème moral que soulèvent les deux modes centraux de représentations de l'amour de l'époque classique. En couronnant le dilemme précieux d'un mariage qui révoque en doute une approche psychologique qui aurait été héritée du fameux roman de Mme de La Fayette, Marivaux souligne en adoptant la voie du paradoxe les affinités qui lient indissolublement la préciosité et la galanterie. Il attire à cet effet l'attention du spectateur sur le fait que la différence entre ses deux modes de représentations relève du 'jugement de valeur porté sur le cérémonial amoureux' par les deux sexes.[23] Dans les deux pièces qu'il consacre à la conspiration des mères, il démontre que ce jugement de valeur est informé à la fois par le discours social sur la différence sexuelle et par l'intervention de considérations strictement économiques qui soulignent l'inanité du débat moral entourant la fameuse défaite

21. M. Deguy, *La Machine matrimoniale*, p.20.
22. J. Goldzink, 'Théâtre et subversion chez Marivaux', p.270.
23. J.-M. Pelous, *Amour précieux, amour galant*, p.408.

féminine. Comme le démontre la facilité avec laquelle la seconde Mme Argante convainc Dorante de souscrire à ces idées, la précieuse et le galant parlent un même langage et ne diffèrent l'un de l'autre que par le sens qu'ils prêtent aux mots. Plutôt que d'élaborer une conception bourgeoise du mariage d'amour et de décrire, comme le fera plus tard Laclos, un esclavage féminin rédhibitoire à tout projet d'éducation, Marivaux porte, avec le cœur du galant et la langue de la précieuse, un regard ironique et grinçant sur l'institution matrimoniale en exhibant la mauvaise foi inhérente au cérémonial complexe dont elle est l'objet. Antinomique à l'amour, le mariage y apparaît comme la pierre d'achoppement qui permet à la fois de mettre en valeur une inconstance généralisée et naturelle, de contourner la vieille opposition entre les sexes; et de tourner en dérision, contrairement aux écrits que rédigeront les philosophes des Lumières sur la question, tout projet qui consisterait à concevoir, par simple foi au progrès, une éducation fondée sur la différence entre les hommes et les femmes.

Marivaudage et redondances: un style dramatique entre langage-action et métalangage[1]

SARAH LEGRAIN

'Gardons-nous de *peser des riens avec des balances en toile d'araignée*. Jurons d'écrire sur Marivaux sans parler du marivaudage', disait Jean-Louis Bory avant d'en proposer plaisamment une dizaine de définitions loufoques.[2] A la prégnance de connotations péjoratives tenaces s'ajoute en effet une élasticité suspecte de la notion: passe-partout, elle risque de se muer en un lieu commun aussi figé que flou. Hormis Frédéric Deloffre, qui propose sous ce terme une approche transversale à toute l'œuvre de Marivaux, situant son style au sein d'une histoire de la langue,[3] les critiques contemporains semblent en restreindre la portée. Comme le grand public, ils ne l'emploient souvent que pour désigner le *badinage* – la rime n'est pas anodine – des spirituels amants de théâtre marivaldiens, voire, par extension, un type de discours de séduction reposant sur l'implicitation du sentiment. Par souci de distinction générique, il nous paraît justifié de réserver ce concept au champ du théâtre; mais, précisément, loin de le réduire à l'idiolecte galant des maîtres, nous souhaiterions entendre par *marivaudage* un langage dramatique singulier appelant une approche stylistique systématique. Nous faisons donc nôtre un reproche formulé par Jean Goldzink tout en espérant lever le soupçon qu'il en déduit à l'encontre de notre discipline: 'Le marivaudage, en tant que pratique dramatique, est donc une structure d'emboîtement à vocation comique ouverte à l'artifice. Le réduire au monde des maîtres amoureux-sans-le-savoir, c'est effacer sa dialectique constitutive [...] L'approche stylistique, par une pente fatale, risque dès lors de manquer la spécificité générique de l'écriture théâtrale'.[4]

Des descriptions historiques aussi ambiguës qu'ambivalentes,[5] retenons

---

1. Article repris de 'Marivaudage et redondances: un style dramatique entre langage-action et métalangage', *Poétique* 170 (avril 2012), p.177-93.
2. Jean-Louis Bory, 'La dramatisation d'un style', dans *Marivaux sans le marivaudage*, Cahiers Renaud-Barrault 28 (janvier 1960), p.20-28 (p.21).
3. F. Deloffre, *Une préciosité nouvelle*.
4. J. Goldzink, 'Qu'est-ce que le marivaudage?', p.97.
5. Par exemple les définitions paradoxales de La Harpe ('mélange le plus bizarre de métaphysique subtile et de locutions triviales, de sentiments alambiqués et de dictions

l'oscillation de cette écriture moderne – dite néologique[6] – entre une imitation du naturel de la conversation, confinant à une familiarité parfois décriée, et un art des distinctions métaphysiques, souvent jugé précieux, voire spécieux; écho singulier d'une antinomie fondamentale des fonctions du langage, elle nous semble l'indice d'une tension stylistique féconde. Comme l'affirme F. Deloffre, 'la notion de marivaudage implique la conscience de l'existence du langage'.[7] Selon nous, elle procède plus précisément d'une attention aiguë à sa puissance: pour Marivaux, observateur inlassable des mœurs humaines, le théâtre est le lieu d'une mise à l'épreuve du pouvoir des mots, toujours doublée d'un retour réflexif sur ce langage-action représenté. Les théoriciens du théâtre classique avaient perçu la dimension pragmatique du langage;[8] Marivaux, lui, fournit nombre d'exemples aux linguistes pragmaticiens.[9] C'est que le marivaudage souligne perpétuellement les actes de langage, à travers l'articulation constante de l'enchaînement perlocutoire et de la pratique métalinguistique, depuis le niveau de l'interaction jusqu'à celui de la construction dramatique dans son ensemble. Ici, le fameux 'dire, c'est faire'[10] prend l'allure singulière d'un 'dire, c'est faire, tout en disant ce que l'on fait'. En particulier, il s'agit souvent de 'faire dire': le procédé de reprise des mots de l'autre dans l'échange et les effets de redites dus aux discours rapportés d'une scène à l'autre, qui forment des dispositifs de redondance spécifiques structurant chaque comédie, témoignent de cette double orientation pragmatique et métalinguistique.

De la réplique sur le mot aux discours rapportés: formes et enjeux de la redondance

'Dans cette broderie qu'est le marivaudage, le fil qui passe de main en main est bien un mot que chacun des interlocuteurs reprend à l'autre.'[11] La célèbre technique d'enchaînement par reprise d'un mot, que F. Deloffre rattache à la pratique de jeu à l'impromptu des Italiens

---

populaires') et de Sainte-Beuve ('espièglerie compassée et prolongée', 'pétillement redoublé et prétentieux'), citées par F. Deloffre, *Une préciosité nouvelle*, p.6-7. Notons que les formules de Jean-Louis Bory évoquées plus haut présentent la même structure oxymorique: 'Une *ondoyante géométrie*? Le flirt algébrique? Une espèce de pince-fesses sublimé à l'usage des boudoirs?'

6. Voir, entre autres détracteurs, Pierre François Guyot Desfontaines, *Dictionnaire néologique à l'usage des beaux esprits du siècle*.
7. F. Deloffre, *Une préciosité nouvelle*, p.207.
8. François Hédelin, abbé d'Aubignac, 'Là *parler* c'est *agir*', dans *La Pratique du théâtre*, éd. H. Baby (Paris, 2001), p.407.
9. Entre autres: Oswald Ducrot, Dominique Maingueneau, Catherine Kerbrat-Orecchioni.
10. John Langshaw Austin, *Quand dire, c'est faire; How to do things with words*, trad. Gilles Lane (Paris, 1970).
11. F. Deloffre, *Une préciosité nouvelle*, p.199.

(p.269-70), ne saurait être reléguée au rang d'une quelconque ficelle ou manie d'écriture: elle est au cœur d'une triple tension marivaldienne. Sur le plan de la construction dramatique, elle combine l'impression de vivacité de l'échange à une remarquable lenteur de l'action: 'le mouvement est fractionné au point que non seulement chaque scène, mais chaque réplique est un pas en avant', ce qui participe d'une 'hâte trotte-menu si différente des alternances de lenteur et de précipitation que l'on observe dans d'autres comédies de l'époque' (p.206). En ce qui concerne la représentation de la conversation, à savoir le compromis entre le 'dit' et 'l'écrit' inhérent au langage dramatique,[12] elle paraît relever à la fois de la répétition spontanée, marqueur d'oralité, et de l'astuce mnémotechnique, artifice théâtral soulignant le texte préexistant et sa destination ludique. Enfin, du point de vue énonciatif qui nous intéresse tout particulièrement, ce type de réplique associe souvent une dynamique interactionnelle (fondée sur la cohésion formelle, sémantique et pragmatique entre initiation et réaction),[13] et un mouvement disruptif de repli du *dit* sur le *dire*, de débrayage de l'énoncé vers l'énonciation. 'C'est sur le mot qu'on réplique, et non sur la chose':[14] le reproche de Marmontel envers les comédies modernes souligne en effet, au-delà du jeu lexical de répétition ou de dérivation, une tendance particulière au décrochage métalinguistique.

Ainsi, la reprise lexicale est fréquemment affectée par une 'connotation' – ou 'modalisation' – autonymique:[15] les mots répétés, employés en usage mais aussi en mention, voient leur signifiant souligné. Dans cette perspective, il faut la rattacher aux commentaires qui emploient un métalexique (mot, discours, parler, signifier...); mais cette forme citationnelle présente en outre un dédoublement énonciatif qui noue paradoxalement coopération et rupture, en inscrivant la distanciation au sein même de l'appropriation des mots d'autrui. A propos de ce 'dialogisme interlocutif immédiat', Jacqueline Authier-Revuz écrit: 'cet écho, souligné comme tel, modalisé diversement, est une figure du passage de la parole, qui, à la fois, marque la continuité du même fil, à travers l'homonymie du X...X', et en même temps la différenciation par le 'je dis X comme tu dis' (p.212). Pour illustrer les cas de 'reprises avec démarcation', elle évoque justement les 'enchaînements interlocutifs agonaux' du théâtre marivaldien (p.214). Or cette pratique répandue,

---

12. Selon la thèse de Pierre Larthomas, dans *Le Langage dramatique, sa nature, ses procédés* (Paris, 1980).
13. Voir Catherine Kerbrat-Orecchioni, *Les Interactions verbales* (Paris, 1990).
14. Cité par F. Deloffre, *Une préciosité nouvelle*, p.198.
15. Voir Josette Rey-Debove, *Le Métalangage* (1978; Paris, 1997), p.251-91, et Jacqueline Authier-Revuz, *Ces mots qui ne vont pas de soi: boucles réflexives et non-coïncidences du dire* (Paris, 1995).

stratégique ou ludique dans la conversation courante, prend une valeur spécifique dans le dispositif intrinsèquement citationnel qu'est l'œuvre dramatique. En court-circuitant le plan de la double-énonciation, le métadiscours du personnage commente l'écriture théâtrale; il opère simultanément une opacification et une élucidation des mots de l'auteur.[16] Dans son étude sur l'ironie marivaldienne, Anne-Marie Paillet rapporte les cas de reprises autonymiques et de commentaires sur l'énonciation (les 'métarépliques') à un fonctionnement ironique global, un 'double mouvement d'exhibition et d'occultation' de l'écriture théâtrale.[17] Cette structure générale apparaît également dans ses analyses sur le discours dramatique du *Jeu de l'amour et du hasard*, oscillant entre 'information et redondance, avertir et divertir',[18] et en particulier sur la 'redondance informative de l'exposition', liée au 'jeu autoparodique constant de Marivaux avec l'écriture dramatique'.[19] Les répliques sur le mot semblent donc relever d'une pratique systématique de la redondance, qui informe le langage dramatique dans son ensemble.

Cette dimension macro-structurale nous invite à examiner d'autres phénomènes de redites, plus larges que les reprises métalinguistiques locales, et avec lesquelles ils s'articulent. Très fréquents, les rapports de paroles du théâtre marivaldien ont été souvent remarqués et décrits.[20] Ils présentent une très grande variété: stylistique, l'insertion des paroles antérieures allant du bref discours narrativisé au dialogue rejoué; pragmatique, puisque l'énonciation seconde, réappropriation discursive, subit des altérations involontaires ou des travestissements stratégiques; dramaturgique, enfin, car l'appartenance ou non de la séquence rapportée à l'intrigue scénique change considérablement les enjeux du

16. L'activité métalinguistique tend à la fois à opacifier le signe, en bloquant la relation ordinairement transparente entre le signifiant et le signifié, et à appeler une démarche interprétative, une explicitation du signe.
17. Anne-Marie Paillet, 'Ironie et construction dialogale dans le théâtre de Marivaux', *Coulisses* 34 (octobre 2006), p.171-86 (p.186). Pour une analyse précise des formes et fonctions que prennent les 'métarépliques' dans le théâtre de Marivaux, voir Jean-Maxence Granier, 'Le fonctionnement de la métaréplique dans le dialogue marivaudien', dans *Le Dialogique*, actes du colloque international sur les formes philosophiques, linguistiques, littéraires, et cognitives du dialogue, Université du Maine, 15-16 septembre 1994 (Berlin, 1997).
18. Anne-Marie Paillet, '"Ah, vraiment, mon frère, il y a bien d'autres nouvelles": information et implicitation dans le *Jeu de l'amour et du hasard*', *L'Information grammaticale* 71 (octobre 1996), p.3-8 (p.3).
19. Anne-Marie Paillet, 'Le discours d'exposition dans le *Jeu de l'amour et du hasard*: efficacité et réflexivité', dans *Masques italiens et comédie moderne*, éd. Annie Rivara (Orléans, 1996), p.207.
20. Pierre Larthomas, 'Arlequin ou la répétition impertinente', *L'Information grammaticale* 21 (mars 1984), p.17-19; Nathalie Fournier, 'Dire et redire: formes et fonctions du rapport de paroles dans les comédies de Marivaux', *Littératures classiques* 27 (1996), p.231-42; et Randa Sabry, 'Le dialogue au second degré dans le théâtre de Marivaux', *Poétique* 115 (1998), p.305-25.

discours théâtral. Les cas de 'redondance',[21] où les mots rapportés sont issus d'une scène antérieure, attirent particulièrement notre attention. Prisés par Marivaux, relativement rares ailleurs, ils sont autant de formes originales d'autocitation, qui soumettent à l'oreille du spectateur une nouvelle version d'un discours déjà entendu sur scène. Là encore, la redondance se montre ambivalente: longueur inutile prohibée par la dramaturgie classique,[22] elle provoque un effet paradoxal de progression dans le piétinement même; apparent arrêt métalinguistique sur du déjà-dit, elle assure la continuité avec ce qui précède et contribue à l'enchaînement dramatique. En effet, ces redites, depuis la citation exacte jusqu'à l'affabulation en passant par toutes sortes d'infléchissements, ont toujours des conséquences majeures dans l'intrigue. Cette seconde pratique métalinguistique souligne elle aussi la dimension pragmatique de toute reprise énonciative; et là encore, la réflexivité se fait métadramatique.[23] Les versions successives des échanges ouvrent le texte théâtral au champ des possibles: le dramaturge livre autant d'interprétations de son écriture, aux deux sens du terme, les personnages conférant toujours aux discours qu'ils rapportent à la fois une nouvelle signification et une existence dramatique seconde.[24]

En outre, ce type de discours rapporté est rarement un phénomène isolé, une intrusion ponctuelle du déjà-dit: la démarche citationnelle s'insère fréquemment dans une série de rapports de paroles, l'effet de redondance s'en trouvant amplifié et redoublé. L'enchaînement, l'imbrication ou le ressassement des discours rapportés forment alors la trame même de la pièce, la parole circulant de scène en scène, et les redites devenant de véritables répétitions scéniques. La multiplication des discours rapportés sur l'axe de la progression dramatique va de pair

---

21. Pour reprendre la terminologie de R. Sabry, qui leur oppose les cas de 'substitution' (rapport d'un événement du hors-scène) ou de 'fictionnalisation' (insertion d'une scène imaginaire). Nous nuancerons ce partage en soulignant la part de fictionnalisation inhérente aux redondances mêmes.
22. Rappelons que Corneille et d'Aubignac restreignent les 'narrations' aux actions non représentées. Voir Jacques Scherer, *La Dramaturgie classique en France* (Paris, 1986), p.229-35.
23. Cette dimension métadramatique est soulignée par R. Sabry, qui analyse le phénomène de 'métamimesis' dans la 'tirade dialoguée': 'spectacle dans le spectacle, elle coïncide avec ce moment où une scène dialoguée s'actualise tout entière dans un locuteur qui, s'investissant physiquement et vocalement, fait parade de ses dons d'imitateur' ('Le dialogue au second degré', p.318).
24. Eloïse Lièvre, dans 'Les fonctions du récit dans les comédies de Marivaux', *Loxias* 12 (mis en ligne le 6 mars 2006), souligne, outre la prégnance des narrations redondantes, les cas de récits fictifs (voire mensongers) faisant émerger des 'pièces possibles'. Cette notion, inspirée du concept de 'textes possibles' de Michel Charles, nous semble pertinente également, voire *a fortiori*, dans le cas des redites: tout aussi manipulatrices, elles déploient les virtualités d'une scène originelle effective à travers ses versions reconstruites dans le texte lui-même.

avec un approfondissement vertical, un emboîtement interprétatif. Reprendre et commenter les discours déjà énoncés, c'est une stratégie qui peut à son tour être répétée, soulignée et interprétée à d'autres fins stratégiques. En dernière instance, pour le spectateur, véritable destinataire de la double-énonciation théâtrale, ces discours forment un propos métathéâtral sur les manipulations du dramaturge lui-même. Le rapport de paroles se fait donc sous la double modalité d'une puissance pragmatique (et par conséquent dramatique), et d'une redondance structurelle qui la dévoile: il est le fil blanc dont l'intrigue est cousue.

Dispositifs de la redondance: études de cas

Ces deux stylèmes (reprise immédiate d'un mot et rapport de discours différé), organisant respectivement les niveaux de l'enchaînement dialogal et de la progression dramatique, forment des dispositifs dramaturgiques spécifiques où se manifeste un principe fondamental de redondance réflexive. Cette constante rend compte de l'unité du théâtre marivaldien, mais ne saurait justifier l'accusation d'uniformité qu'il a essuyée:[25] au contraire, comme nous aimerions le montrer, son usage varié confère à chaque pièce une tonalité propre. Nous ébaucherons une typologie à travers l'analyse de trois structures, que nous appellerons, d'après des expressions courantes, 'la réaction en chaîne', 'le piège' et 'l'obsession'.[26]

Propagation des discours: la réaction en chaîne

Dans la *Seconde Surprise*, représentée au Théâtre Français en 1727, un enchaînement de discours rapportés forme une série de ré-appropriations énonciatives, de répétitions déformantes qui structurent fortement la progression dramatique. Le mariage de la Marquise et du Chevalier, deux amis plongés dans la tristesse après un deuil et une séparation amoureuse, est d'emblée suggéré comme l'enjeu de cette réécriture de la célèbre *Surprise de l'amour*, donnée par les Italiens cinq ans auparavant. L'intrigue matrimoniale est ici doublement contrariée: à la réticence toute marivaldienne des protagonistes craignant de revenir sur leurs discours de renoncement à l'amour et cachant leurs sentiments derrière des déclarations d'amitié exclusive, s'ajoutent des obstacles extérieurs plus traditionnels, en les personnages du Comte, rival du Chevalier, et du pédant Hortensius, parasite qu'intéresse le veuvage de la

---

25. Voir l'*Avertissement* aux *Serments Indiscrets*, où l'auteur se défend contre ce reproche récurrent.
26. Pour les exemples qui suivent, nous citons le texte de l'édition revue et augmentée du *Théâtre complet* par F. Deloffre et F. Rubellin (Paris, 1999).

Marquise. Ces contraintes hétérogènes sont prises en charge par une structure de redites enchaînées: la circulation des mots déformants des autres provoque, tout en le retardant, l'aveu amoureux attendu. Au premier acte, Lisette, qui souhaite le remariage de sa maîtresse, encourage le Comte dans ses démarches. Mais en voyant le Chevalier refuser d'y apporter son soutien, elle le pense amoureux et, changeant de projet, lui offre la main de sa maîtresse; elle ne reçoit qu'une réaction froide et ambiguë (scènes x et xi). Cet épisode est le point de départ d'une diffusion en chaîne qui aboutit à une confrontation où la Marquise demande au Chevalier sa version des faits.

A la fin du premier acte, Lubin affirme maladroitement à Hortensius que la Marquise épouse le Comte par défaut ('Assurément, et si nous avions voulu d'elle, nous l'aurions eu par préférence, car Lisette nous l'a offert'), et que ce mariage chassera le philosophe de la maison. L'aparté final du pédant annonce l'effet majeur de ce premier rapport de paroles dans l'enchaînement dramatique, non sans résonances métadramatiques: 'je te rends grâce, ô *Fortune*! de m'avoir *instruit* de cela [...] je vais soulever un orage qu'on ne pourra vaincre' (I.xiv, nous soulignons).

La répétition déformée des événements du premier acte structure le second. Après avoir habilement présupposé le mariage de la Marquise,[27] qui l'interroge sur la source de cette information, Hortensius décrit le bouche-à-oreille en soulignant la récupération pragmatique à son encontre: 'De Mademoiselle Lisette qui l'a dit à Lubin, lequel me l'a rapporté, avec cette apostille contre moi, qui est que ce mariage m'expulserait d'ici' (II.iv). De la réaction du Chevalier, pourtant nullement évoquée par Lubin dans la scène xiv, il prétend ne rien savoir 'que de très vague', puis chercher sa 'réponse littérale', avant d'en livrer une version quelque peu brutale pour son interlocutrice: 'L'histoire rapporte qu'il s'est d'abord écrié dans sa surprise, et qu'ensuite il a refusé la chose'. Alors même que cette phrase renvoie à une réaction montrée sur scène, qu'elle désambiguïse en l'interprétant comme un refus, l'origine du rapport demeure inassignable pour le spectateur: cette redite paradoxale constitue un dysfonctionnement à peine détectable, l'indice infime d'une manipulation – qu'elle soit mensonge du personnage ou ruse de l'auteur.[28] Vient ensuite le tour de Lubin: interrogé sur cette rumeur, il cherche maladroitement à persuader la

---

27. 'Puisque vous vous mariez avec le Comte'. La causale justificative en 'puisque' implique justement un dédoublement énonciatif, un *on-dit* implicite. Voir Oswald Ducrot *et al.*, 'Car, parce que, puisque', *Revue Romane* 10, fasc. 2 (1975), p.248-80.
28. A propos de certains effets d'incertitude liés aux manipulations des personnages marivaldiens, voir Christophe Martin, 'Dramaturgies internes et manipulations implicites dans *La Surprise de l'amour*, *La Seconde Surprise de l'amour*, et *Le Jeu de l'amour et du hasard*', dans *Marivaux: jeu et surprises de l'amour*, éd. Pierre Frantz (Oxford, 2009).

Marquise d'insister auprès de son maître, dont il désapprouve le refus a posteriori à travers l'invention d'une réprimande antérieure (II.v):

> LA MARQUISE – Mais malheureusement, dit-on,[29] ton maître ne se soucie point de moi.
> LUBIN – Cela est vrai, il ne vous aime pas, et je lui en ai fait la réprimande avec Lisette; mais si vous commenciez, cela le mettrait en train.

A la scène suivante, l'exclamation métalinguistique de Lisette devant le résumé de sa maîtresse invite le spectateur à admirer la réaction en chaîne: 'J'admire le tour que prennent les choses les plus louables, quand un benêt les rapporte!' (II.vi). Témoin lucide mais aussi domestique sommée de s'expliquer, elle livre une nouvelle version de l'épisode, à sa décharge; elle présente son zèle comme la conséquence logique du comportement du Chevalier:

> LISETTE – Et moi, Madame, je dis que le Chevalier est un hypocrite; car, si son refus est si sérieux, pourquoi n'a-t-il pas voulu servir Monsieur le Comte comme je l'en priais? Pourquoi m'a-t-il refusée durement, d'un air inquiet et piqué?
> LA MARQUISE – Qu'est-ce que c'est que d'un air piqué? Quoi? Que voulez-vous dire? Est-ce qu'il était jaloux? En voici d'une autre espèce.
> LISETTE – Oui, Madame, je l'ai cru jaloux: voilà ce que c'est; il en avait toute la mine. Monsieur s'informe comment le Comte est auprès de vous; comment vous le recevez; on lui dit que vous souffrez ses visites, que vous ne le recevez point mal. Point mal! dit-il avec dépit, ce n'est donc pas la peine que je m'en mêle? Qui est-ce qui n'aurait pas cru là-dessus qu'il songeait à vous pour lui-même? Voilà ce qui m'avait fait parler, moi: eh! que sait-on ce qui se passe dans sa tête? peut-être qu'il vous aime.

Lisette propose ici une véritable analyse pragmatique et sémiotique, mêlant un rapport très vif (le récit au passé laisse place à un présent de narration) accompagné de notations para-verbales (l'air, la mine), et son commentaire (constat et interrogations au passé composé et au présent): ses dires antérieurs et actuels sont justifiés par ceux du Chevalier. En outre, l'interprétation de Lisette se nourrit des mots de son interlocutrice, qui en demandant une explicitation énonce elle-même le soupçon de jalousie.

La cascade de 'répétitions impertinentes'[30] aboutit à la confrontation (II.vii). La Marquise met à l'épreuve l'hypothèse précédente en poussant le Chevalier à faire l'éloge du Comte, et se montre sceptique face au

---

29. L'incise de 'modalisation en discours second' attribue *a posteriori* l'énoncé à autrui, en l'occurrence à une entité vague et collective: voir Jacqueline Authier-Revuz, 'Quelques repères dans le champ du discours rapporté' (I), *Information grammaticale* 55 (1992), p.38-42.
30. Expression tirée du *Prince travesti*, dont P. Larthomas fait le titre de son article sur le discours rapporté dans cette pièce, et dont il souligne le double sens, sociologique et linguistique.

résultat: 'Trouvez-vous cet homme-là jaloux, Lisette?' Aux lectures rétrospectives se noue donc l'interprétation *in praesentia*, avant un nouveau retour sur les faits ('petit éclaircissement') demandé au Chevalier. En dépit de la bonne volonté affichée de celui-ci, ses mentions ironiques témoignent d'un refus de coopérer souligné par les remarques métaconversationnelles de la Marquise:

> La Marquise – Le Comte m'aime, je viens de le savoir, et je l'ignorais.
> Le Chevalier *ironiquement*. – Vous l'ignorez?
> La Marquise – Je dis la vérité, ne m'interrompez point.
> Le Chevalier – Cette vérité-là est singulière.
> La Marquise – Je n'y saurais que faire, elle ne laisse pas que d'être; il est permis aux gens de mauvaise humeur de la trouver comme ils voudront.

S'ensuit une nouvelle répétition de l'épisode initial, paradoxale, puisque formulée par la Marquise, qui n'y a pas assisté, pour le Chevalier, qui en était le protagoniste principal. Là encore le rapport est entrecoupé par les réactions de l'interlocuteur, et traversé par les discours d'autrui. Reprenant à la lettre le récit de Lisette, la Marquise se dédouane de toute présomption personnelle; mais elle affabule en y ajoutant le terme de 'dédain' et contraint ainsi son partenaire à se prononcer sur une alternative délicate:

> La Marquise – Eh bien, ce Comte qui me déplaît, vous n'avez pas voulu me parler pour lui; Lisette s'est même imaginé vous voir un air piqué [...] sur cet air piqué, elle a pensé que je ne vous déplaisais pas. [...] or, comme elle a cru que vous me conveniez, elle vous a proposé ma main, comme si cela dépendait d'elle, et il est vrai que souvent je lui laisse assez de pouvoir sur moi; vous vous êtes, dit-elle, révolté avec dédain contre la proposition.
> Le Chevalier – Avec dédain? voilà ce qu'on appelle du fabuleux, de l'impossible.
> La Marquise – Doucement, voici ma question: avez-vous rejeté l'offre de Lisette, comme piqué de l'amour du Comte, ou comme une chose qu'on rebute? Etait-ce dépit jaloux? Car enfin, malgré nos conventions, votre cœur aurait pu être tenté du mien: ou bien était-ce vrai dédain?

Ce retour à l'envoyeur, répétition déformante de la réaction initiale, opère dans un effet de boucle la clôture de la réaction en chaîne, et, provisoirement, du sens. En effet, il aboutit deux scènes plus loin à une déclaration d'amitié assortie d'une définition fallacieuse du mot, qui signe un nouveau blocage métalinguistique.[31] Notons l'ultime redite vouée à illustrer ce sentiment, fiction inversée de la scène jouée, supposée par la Marquise: 'qu'il vienne quelqu'un me proposer votre main, par exemple, et je vous apprendrai comme on répond là-dessus'.

---

31. Voir la notion de 'mot-masque' chez John-Kristian Sanaker, *Le Discours mal apprivoisé*, p.53-56.

Le 'vidage' opéré par le discours narrativisé subtilise à dessein la réponse juste:[32] le spectateur peut supposer que nulle réplique n'aurait résisté aux altérations des transmissions et interprétations en chaîne.

Nous avons ici affaire à ce qui est communément appelé, d'après le jeu enfantin, *téléphone arabe*: les propos, répétés, faussés par les écoutes successives, passent de bouche en bouche pour revenir au premier concerné. Mais ici cette mécanique de diffusion implacable est motivée par les stratégies de chaque locuteur, et scandée par des pauses métalinguistiques, 'boucles réflexives' de la pièce mettant à distance la linéarité dramatique et exhibant la structure comique.[33]

Encerclement par les discours: le piège

Dans le *Jeu de l'amour et du hasard* (1730), la circulation des discours prend une autre forme, celle de l'encerclement. Silvia, qui a endossé l'habit de sa domestique Lisette afin de mieux examiner son prétendant et ignore que ce dernier a adopté la même stratégie, est constamment placée sous les regards de son père Monsieur Orgon et de son frère Mario: comme le spectateur, ils sont informés du double travestissement et comptent se divertir de la comédie que les jeunes gens joueront à leur insu.[34] Au fil du premier acte, la jeune femme est rebutée par Arlequin incarnant un promis fort grossier, et séduite malgré elle par le valet Bourguignon que Dorante interprète avec force galanterie. Il lui faut alors défendre, tout en jouant la soubrette, son statut doublement menacé de jeune fille de bonne condition. Ses réactions sont commentées sans relâche par son entourage, à la fois témoin de son trouble et enclin à l'accroître. Dans les scènes vii, x, et xi de l'acte II, qui enserrent le duo central avec Dorante (II.ix), la suivante, le frère et le père se livrent à un véritable harcèlement. Or ces séquences émanent d'une stratégie initiale de Monsieur Orgon, dont Lisette est l'émissaire peu consciente: les mots de la soubrette, savamment choisis par le père, provoquent des réactions de Silvia, qui lui sont renvoyées à la fois sur-le-champ et en différé, et se referment sur elle comme un piège. Ainsi, le second acte s'ouvre sur une double commande de discours: 'Mais dis-moi, ma fille t'a-t-elle parlé, que pense-t-elle de son prétendu? [...] Eh bien, quand tu lui parleras, dis-lui que tu soupçonnes ce valet de la prévenir contre son maître; et si elle se fâche, ne t'en inquiète point, ce sont mes affaires' (II.i). Au classique rapport d'espion s'ajoute ainsi une anticipation – voire une répétition théâtrale: le maître de

---

32. Voir Laurence Rosier, *Le Discours rapporté: histoire, théories, pratiques*, (Bruxelles, 1999), p.240.
33. Pour reprendre librement l'expression de J. Authier-Revuz sur la modalisation autonymique.
34. 'Monsieur Orgon – Nous verrons un peu comment elle se tirera d'intrigue. / Mario – C'est une aventure qui ne saurait manquer de nous divertir, je veux me trouver au début et les agacer tous deux' (I.iv).

maison, figure de dramaturge, dicte son rôle à la domestique, scrupuleusement tenu à la scène vii.

Le soupçon rapporté provoque effectivement la colère de Silvia, immédiatement commentée, avec le mot de Monsieur Orgon lui-même:

> LISETTE – Oh, Madame, dès que vous le défendez sur ce ton-là, et que cela va jusqu'à vous fâcher, je n'ai plus rien à dire.
> SILVIA – Dès que je le défends sur ce ton-là! Qu'est-ce que c'est que le ton dont vous dites cela vous-même? Qu'entendez-vous par ce discours, que se passe-t-il dans votre esprit?

Cet échange est représentatif de la structure de l'acte II: sous couvert de rétractations et d'excuses, les interlocuteurs de Silvia relancent l'interaction par des sous-entendus et des soulignements métalinguistiques incessants; cette pratique la contraint à récuser les accusations implicites par des justifications et des dénégations qui alimentent à nouveau les sous-entendus qu'elle cherche à déjouer (II.vii):

> LISETTE – Eh bien, si ce valet n'a rien dit, à la bonne heure, il ne faut pas vous emporter pour le justifier, je vous crois, voilà qui est fini, je ne m'oppose pas à la bonne opinion que vous en avez, moi.
> SILVIA – Voyez-vous le mauvais esprit! Comme elle tourne les choses! Je me sens dans une indignation... qui... va jusqu'aux larmes.
> LISETTE – En quoi donc, Madame? Quelle finesse entendez-vous à ce que je dis?
> SILVIA – Moi, j'y entends finesse! moi, je vous querelle pour lui! j'ai bonne opinion de lui! Vous me manquez de respect jusque-là! Bonne opinion, juste Ciel! Bonne opinion! Que faut-il que je réponde à cela? Qu'est-ce que cela veut dire, à qui parlez-vous? Qui est-ce qui est à l'abri de ce qui m'arrive, où en sommes-nous?
> LISETTE – Je n'en sais rien, mais je ne reviendrai de longtemps de la surprise où vous me jetez.

Alors qu'elle décrédibilise la justification de son interlocutrice en y associant le verbe 's'emporter' et en présupposant une ambiguë 'bonne opinion' à son origine, Lisette se défend de toute insinuation et accuse Silvia de sur-interpréter ses propos;[35] malgré les détours des débrayages interlocutoire et métalinguistique, cette dernière ne peut échapper à l'interaction. Les interrogations finales soulignent l'impasse où se trouve acculée l'héroïne, dont l'indignation provoque une surprise suspecte. En présentant à la fois ses effets immédiats en acte et leur thématisation par le métadiscours, cet échange souligne doublement aux yeux du

---

35. Si les metteurs en scène optent le plus souvent pour une interprétation naïve du rôle de Lisette ici, on peut aussi bien lire ces propos comme les indices d'une ironie, donc d'une forme de manipulation. On aurait alors ici un cas de 'mauvaise foi' reposant sur un 'trope présuppositionnel' non assumé: voir Catherine Kerbrat-Orecchioni, *L'Implicite* (Paris, 1986), p.282-98.

spectateur la puissance pragmatique d'une simple tournure. Ainsi, au moment où il se replie sur lui-même pour se prendre comme objet de discours, le langage s'exhibe comme inéluctablement incarné dans une parole perlocutoire.

Dans la scène xi, Mario et Monsieur Orgon reprennent et amplifient le procédé, Silvia pratiquant en retour la même technique défensive. La distanciation métalinguistique remet en cause les présupposés, que ce soit dans une posture ironique et désinvolte:

> SILVIA – Qui? le domestique de Dorante?
> MONSIEUR ORGON – Oui, le galant Bourguignon.
> SILVIA – Le galant Bourguignon, dont je ne savais pas l'épithète, ne me parle pas de lui.

ou, de façon plus polémique, avec un reproche méta-conversationnel accentué par un performatif:

> MONSIEUR ORGON – Puisque j'ai eu la complaisance de vous permettre votre déguisement, il faut, s'il vous plaît, que vous ayez celle de suspendre votre jugement sur Dorante, et de voir si l'aversion qu'on vous a donnée pour lui est légitime.
> SILVIA – Vous ne m'écoutez donc point, mon père! Je vous dis qu'on ne me l'a point donnée.

Or, dans ces deux reprises distanciées, les expressions 'galant Bourguignon' et 'donner une aversion' désignent précisément des discours de séduction du faux valet, supposés par Monsieur Orgon et contestés par Silvia. La démarche citationnelle combine donc le commentaire *in praesentia* et l'allusion à des propos antérieurs pour former un piège métalinguistique dont les fils se resserrent à chaque mouvement de la proie. Celle-ci dénonce elle-même le procédé, 'avec feu':

> Que vos discours sont désobligeants! M'a dégoûtée de lui, dégoûtée! J'essuie des expressions bien étranges; je n'entends plus que des choses inouïes, qu'un langage inconcevable; j'ai l'air embarrassé, il y a quelque chose, et puis c'est le galant Bourguignon qui m'a dégoûtée, c'est tout ce qu'il vous plaira, mais je n'y entends rien.

Rappelons que cette supposition de galanterie repose sur la circulation des discours orchestrée par Monsieur Orgon. D'abord présentée comme un 'on-dit' sans origine nette,[36] l'allégation est ensuite attribuée à Lisette, sur qui est rejetée la responsabilité du sous-entendu:

> Ce sont apparemment ces mouvements-là qui sont cause que Lisette nous a parlé comme elle a fait; elle accusait ce valet de ne t'avoir pas entretenue à

---

36. 'Cependant, on prétend que c'est lui qui le détruit auprès de toi, et c'est sur quoi j'étais bien aise de te parler.'

> l'avantage de son maître, et Madame, nous a-t-elle dit, l'a défendu contre moi avec tant de colère, que j'en suis encore toute surprise, et c'est sur ce mot de surprise que nous l'avons querellée; mais ces gens-là ne savent pas la conséquence d'un mot.

Le personnage rapporte ici un propos tenu en coulisses qui consistait précisément en un récit d'une conversation vue sur scène, et préalablement commanditée par lui-même; avec une grande virtuosité stylistique, Marivaux enchaîne discours narrativisé ('accuser de', 'quereller'), style direct avec incise, puis reprise avec désignation autonymique ('ce mot de surprise'), et propos métadiscursif sur la puissance du langage ('la conséquence d'un mot'); le foisonnement de termes métalinguistiques témoigne de l'intrication complexe des discours emboîtés. Enfin, le déictique ambigu 'ces mouvements-là', qui désigne simultanément les attitudes présentes et antérieures de Silvia, l'imparfait 'accusait' référant soit au récit du père, soit à un discours de Lisette au style indirect libre, et la reprise du mot 'surprise' de la scène vii, estompent subtilement les frontières entre les énonciations imbriquées et postulent des actions et réactions constantes. Ainsi, au-delà de la stratégie du meneur de jeu, est suggéré l'art du dramaturge, qui joue des effets de surimpression pour poser et décomposer les rapports des personnages prisonniers de leur rôle. Le vocabulaire de la comédie contribue à souligner cette manipulation dramatique. Après avoir montré avec virulence l'encerclement progressif, Silvia s'interroge: 'On peut donc mal interpréter ce que je fais? [...] cela est-il sérieux, me joue-t-on, se moque-t-on de moi?' Plus loin, elle commente la dernière redite, celle du duo amoureux surpris et rejoué par Mario, en termes explicitement métadramatiques: 'L'heureuse apostille, mon frère! mais comme l'action m'a déplu, la répétition n'en est pas aimable. Ah çà, parlons sérieusement, quand finira la comédie que vous donnez sur mon compte?' Ce sont en effet les 'interprétations', 'apostilles' et 'répétitions' qui, tissant ce filet redoutable, constituent la matière même de la 'comédie'.

Ressassement des discours: l'obsession

Le propos entendu peut aussi faire l'objet, non pas d'une transmission effrénée ou orchestrée, mais du ressassement d'un même locuteur le soumettant à des interprétations successives: ainsi, la première *Surprise de l'amour* (1722) est structurée par deux obsessions symétriques décalées. Lélio et la Comtesse, animés tous deux par le refus de l'amour, vivent retirés du monde dans des maisons de campagne voisines, sans se connaître. Amenés à se rencontrer pour s'accorder au sujet du mariage de leurs jeunes fermiers Jacqueline et Pierre, ils affichent une indifférence réciproque, puis expriment leur mépris pour le sexe opposé; ce premier échange s'achève sur une proposition d'amitié singulière où perce le défi de parvenir à séduire l'autre. Surgit un personnage aussi fugitif qu'énigmatique, le Baron, qui souligne le caractère extraordinaire de cette rencontre, et prophétise, dans une tirade métadramatique assortie d'un jeu de scène symbolique (le tracé d'un cercle autour de chacun), que les deux marginaux s'aimeront; ceux-ci quittent la scène embarrassés. Au second acte, la Comtesse décide de renoncer à voir Lélio et d'employer comme truchement sa suivante Colombine, qui ironise sur le procédé et interroge le revirement suspect de sa maîtresse.[37] Le billet qu'elle remet à Lélio suscite alors une série de reprises et d'exégèses de la part de ce dernier, jusqu'à sa confrontation avec la Comtesse. Cet objet scénique prend toutes les caractéristiques de l'intervention verbale, la trace physique du texte n'empêchant nullement les reformulations constantes. La lecture à voix haute transforme le billet en une tirade initiale sur laquelle viendront se greffer des interprétations différées (II.ii):

> LÉLIO *lit. – Monsieur, depuis que nous nous sommes quittés, j'ai fait réflexion qu'il était assez inutile de nous voir.* Oh! très inutile; je l'ai pensé de même. *Je prévois que cela vous gênerait; et moi, à qui il n'ennuie pas d'être seule, je serais fâchée de vous contraindre.* Vous avez raison, Madame; je vous remercie de votre attention. *Vous savez la prière que je vous ai faite tantôt au sujet du mariage de nos jeunes gens; je vous prie de vouloir bien me marquer là-dessus quelque chose de positif.* Volontiers, Madame, vous n'attendrez point. Voilà la femme du caractère le plus passable que j'aie vue de ma vie; si j'étais capable d'en aimer quelqu'une, ce serait elle.[38]

Entrecoupée de réponses fictives à la Comtesse (usant de l'apostrophe et de la seconde personne), la tirade dialogique est en outre adressée à un destinataire indirect présent, Colombine. Cette première réaction au discours est nettement orientée vers sa réception par la soubrette; elle est redoublée par une réponse écrite – cette fois refusée à l'oreille du spectateur – que Colombine craint 'un peu trop fière', et que Lélio prétend au contraire 'indifférente' (II.iv).

Après cette interaction médiatisée, une reformulation auto-adressée (malgré une apostrophe fictive à la Comtesse absente) révèle une lecture plus ambivalente du billet (II.v):

> Oh! parbleu, madame la Comtesse, vos manières sont tout à fait de mon goût, je les trouve pourtant un peu sauvages; car enfin, l'on n'écrit pas à un

37. A travers un rapport de paroles redondant: 'Mais aussi de quoi vous avisez-vous, de prendre un si grand tour pour parler à un homme? Monsieur, soyons amis tant que nous resterons ici; nous nous amuserons, vous à médire des femmes, moi à mépriser les hommes, (voilà ce que vous lui avez dit tantôt). Est-ce que l'amusement que vous avez choisi ne vous plaît plus?' (II.i).
38. Ici les italiques distinguent les énonciations sont d'origine.

homme de qui l'on n'a pas à se plaindre: Je ne veux plus vous voir, vous me fatiguez, vous m'êtes insupportable. Et voilà le sens du billet, tout mitigé qu'il est. Oh! la vérité est que je ne croyais pas être si haïssable. Qu'en dis-tu, Arlequin?

Par le biais d'un discours direct très infidèle, répétition et interprétation coïncident: le présentatif suivi d'une expression métalinguistique résomptive ('voilà le sens du billet') confère rétrospectivement à l'apparente citation littérale le statut d'une glose du rapporteur. La scène piétine, la parole de Lélio devenant obsessionnelle,[39] tandis que de son côté Arlequin demeure absorbé dans ses pensées pour Colombine: l'interaction, séparée en deux branches monologiques jumelles, tourne au dialogue de sourds et culmine en un quiproquo.

Le long face-à-face de la scène vii confronte enfin les deux protagonistes. Alors que Lélio lui reproche de se trouver sur son chemin et rappelle sobrement – mais ironiquement – les termes du billet,[40] la Comtesse dénonce une interprétation excessive:

> Je vous dirai cependant que vous outrez les termes de mon billet; il ne signifiait pas: haïssons-nous, soyons-nous odieux. Si vos dispositions de haine ou pour toutes les femmes ou pour moi vous l'ont fait expliquer comme cela, et si vous le pratiquez comme vous l'entendez, ce n'est pas ma faute.

Ces propos appellent des spéculations sur la réponse écrite de Lélio, habilement laissée dans l'ombre par le dramaturge: la littéralité impossible à vérifier s'efface devant l'interprétation, pour les personnages comme pour les spectateurs.

S'engage alors une passe d'armes herméneutique, où les interlocuteurs s'accusent mutuellement de haine et revendiquent l'indifférence, glissant insensiblement du ressassement des billets à des commentaires immédiats du discours de l'autre:[41]

> LÉLIO – C'est que le neveu de votre fermier ne doit plus compter sur Jacqueline. Madame, cela doit vous faire plaisir; car cela finit le peu de commerce forcé que nous avons ensemble.
> LA COMTESSE – Le commerce forcé? Vous êtes bien difficile, Monsieur, et vos expressions sont bien naïves! Mais passons. Pourquoi donc, s'il vous plaît, Jacqueline ne veut-elle pas de ce jeune homme? Que signifie ce caprice-là?
> LÉLIO – Ce que signifie un caprice? Je vous le demande, Madame; cela n'est point à mon usage, et vous le définiriez mieux que moi.

---

39. Le ressassement se poursuit: 'Un billet m'arrête en chemin, billet diabolique, empoisonné, où l'on écrit que l'on ne veut plus me voir, que ce n'est pas la peine.'
40. 'Vous m'avez fait l'honneur de m'écrire qu'il était inutile de nous revoir.'
41. Ici encore, la redondance entre scènes antérieures et interaction présente est soulignée: 'Parbleu, Madame, c'est trop souffrir de rebuts en un jour; et billet et discours, tout se ressemble.'

LA COMTESSE – Vous pourriez cependant me rendre un bon compte de celui-ci, si vous vouliez: il est de votre ouvrage apparemment.

La première reprise ironique permet de refuser la désignation négative de la relation sans en proposer d'autre: le manque de coopération est rejeté sur l'interlocuteur, alors que la Comtesse feint l'indifférence en changeant ostensiblement de sujet. Ses interrogations, sous-entendant une responsabilité de Lélio dans la rupture des fiançailles des paysans, relancent l'interaction, par l'acte direct de demande et l'acte indirect d'insinuation. La seconde question se voit répétée puis retournée, avec l'usage, en hyperbate, d'une formule performative qui inverse les actants de l'acte illocutoire: 'je vous le demande, Madame': classique manœuvre d'évitement, mais qui, par un infléchissement majeur, sous-tend une véritable attaque. En effet, à la formule démonstrative anaphorique ('ce caprice-là'), se substitue l'article indéfini, qui défige la désignation initiale en généralisant le référent; cette opération autorise le glissement sémantique entre une acception large et figurée de *signifier*, qui traduisait une demande d'explication, et son sens étroit, métalinguistique, que corrobore ensuite l'emploi du verbe 'définir': 'cela n'est point à mon usage, et vous le définirez mieux que moi'. La prétendue supériorité conceptuelle de l'interlocutrice suppose implicitement une pratique critiquable du caprice, attribut féminin stéréotypique. Cette réponse du berger à la bergère témoigne de l'intrication constante de la fonction métalinguistique et de la fonction pragmatique. Ainsi, le détour par le notionnel semble contourner la 'chose' en s'attachant au 'mot';[42] mais cette demande de définition 'fait une chose':[43] c'est un acte d'insulte. Par une ultime reprise, cette fois anaphorique et singularisante ('celui-ci'), la Comtesse recentre le dialogue sur le revirement dont elle accuse Lélio. Dans cet échange ciselé où sont affichés les artifices de l'enchaînement, coq-à-l'âne et reprises symétriques, le spectateur est conduit à observer l'ambivalence du décrochage métalinguistique, instrumentalisé par des stratégies offensive et défensive.

C'est la reprise des mots d'un tiers qui met fin à la confrontation circulaire des interprétations mutuelles, et permet une résolution provisoire du conflit: mentionnant une allusion antérieure de Colombine aux sentiments de sa maîtresse,[44] Lélio détourne l'agressivité

---

42. Rappelons l'illustration plaisante que fait Marmontel de la réplique sur le mot: 'Un amant reproche à sa maîtresse d'être coquette, elle répond par une définition de la coquetterie', cité par F. Deloffre, *Une préciosité nouvelle*, p.198.
43. Pour reprendre le titre anglais de J. L. Austin.
44. 'Colombine vous en a dit davantage; c'est une visionnaire, non seulement sur mon chapitre, mais encore sur le vôtre, Madame, je vous en avertis. Ainsi n'en croyez jamais au rapport de vos domestiques' (II.vii). Ici démasqué le rôle d'agent double de Colombine, qui alimente l'obsession de chacun en rapportant les réactions de l'autre.

de son interlocutrice. Furieuse contre sa soubrette, elle dément ses suppositions et la somme de se justifier. Mais cette réconciliation soudaine aux dépens d'un tiers tenu pour responsable du malentendu donne lieu à une nouvelle ambiguïté. En prenant congé avec une douceur suspecte, Lélio amorce un deuxième mouvement de ressassement obsessionnel qui occupera le dernier acte (II.viii):

> LÉLIO *d'un air doux et modeste.* – Je suis honteux d'être la cause de cette explication-là, mais vous pouvez être persuadée que ce qu'elle a pu me dire ne m'a fait aucune impression. Non, Madame, vous ne m'aimez point, et j'en suis convaincu; et je vous avouerai même, dans le moment où je suis, que cette conviction m'est nécessaire. Je vous laisse. Si nos paysans se raccommodent, je verrai ce que je puis faire pour eux: puisque vous vous intéressez à leur mariage, je me ferai un plaisir de le hâter; et j'aurai l'honneur de vous porter tantôt ma réponse, si vous me le permettez.

La phrase centrale de cette tirade est soumise à une exégèse de plus en plus hardie par la Comtesse, qui sera cruellement contestée par Colombine. Elle provoque tout d'abord une réaction 'à chaud', immédiatement après le départ de Lélio:[45] 'Juste ciel! que vient-il de me dire? Et d'où vient que je suis émue de ce que je viens d'entendre? *Cette conviction m'est absolument nécessaire.*[46] Non, cela ne signifie rien, et je n'y veux rien comprendre' (II.viii). Alors que l'ajout déformant de l'adverbe 'absolument' augmente la portée de la formule citée, la phrase suivante lui dénie toute valeur signifiante, avant d'opérer un nouvel infléchissement en sens contraire, à travers le modal 'vouloir' et le glissement entre le verbe objectif 'signifier' et le verbe subjectif 'comprendre'. La possibilité d'un sens caché est maintenue *in extremis*, mais son dévoilement dépend de la réceptrice. A l'acte suivant, la Comtesse reprend la tâche herméneutique provisoirement écartée, en déployant l'implicite de la phrase sibylline de Lélio pour en faire une déclaration voilée (III.ii):

> Que signifie le discours qu'il m'a tenu en me quittant? Madame, vous ne m'aimez point, j'en suis convaincu, et je vous avouerai que cette conviction m'est absolument nécessaire; n'est-ce pas tout comme s'il m'avait dit: Je serais en danger de vous aimer, si je croyais que vous puissiez m'aimer vous-même? Allez, allez, vous ne savez ce que vous dites, c'est de l'amour que ce sentiment-là.

Mais cette reformulation en 'comme si' aux allures d'affabulation se heurte à une analyse rigoureusement contraire, spécieuse mais convaincante, livrée par Colombine:

---

45. Mais devant Colombine, qui commente dans un aparté aussi métalinguistique que programmatique: 'Oh, notre amour se fait grand! il parlera bientôt bon français.'
46. Cette phrase est soulignée dans le texte.

> Cela est plaisant! Je donnerais à ces paroles-là, moi, toute une autre interprétation, tant je les trouve équivoques! [...] c'est-à-dire: Pour rester où vous êtes, j'ai besoin d'être certain que vous ne m'aimez pas, sans quoi je décamperais. C'est une pensée désobligeante, entortillée dans un tour honnête: cela me paraît assez net. [...] Cet air-là, Madame, peut ne signifier encore qu'un homme honteux de dire une impertinence, et qui l'adoucit le plus qu'il peut.

Cette opposition frontale, exhibant l'instabilité de l'interprétation et l'utilisation qui peut en être faite, participe d'une stratégie de Colombine, qui souffle le chaud et le froid pour pousser sa maîtresse à l'aveu.[47] Pour souligner ce revirement, la Comtesse convoque à deux reprises des allégations antérieures de sa soubrette, escamotées par le dramaturge:

> Il n'en est rien? Je vous trouve plaisante de me venir dire qu'il n'en est rien, vous de qui je sais la chose en partie [...] En vérité, je vous admire dans vos récits! Monsieur Lélio vous aime, Madame, j'en suis certaine, votre billet l'a piqué, il l'a reçu en colère, il l'a lu de même, il a pâli, il a rougi. Dites-moi, sur un pareil rapport, qui est-ce qui ne croira pas qu'un homme est amoureux? Cependant il n'en est rien, il ne plaît plus à mademoiselle que cela soit, elle s'est trompée.

Cette introduction tardive et indirecte du rapport de Colombine sur la réception du billet montrée sur scène (II.ii), rapport à la fois inédit et redondant du point de vue de l'action représentée, révèle un jeu subtil de variations dans l'auto-citation;[48] mais elle souligne aussi la rigueur et la complexité de la construction dramatique, qui noue les deux fils de la trame obsessionnelle de la pièce, le billet de la Comtesse et la phrase de Lélio, par le biais de la médiation souterraine (et souveraine) de la meneuse de jeu Colombine. Enfin, les termes polysémiques 'plaisant' et 'admirer' jalonnant ces commentaires métalinguistiques suggèrent un propos métathéâtral: c'est l'obsession herméneutique savamment entretenue qui fait la progression – toute régressive – de la comédie, et le rire naît du vertige des interprétations successives et contradictoires qui la mettent en abyme.

Les cas complexes de redites redondantes que nous avons étudiés témoignent d'une pratique constante chez Marivaux: l'articulation d'une progression formée par l'enchaînement des actes de langage et d'une

---

47. 'J'ai dessein de la faire parler; je veux qu'elle sache qu'elle aime, son amour en ira mieux, quand elle se l'avouera' (III.i).
48. On serait tenté ici de convoquer des concepts narratologiques genettiens d'*analepse* et d'*ellipse*, voire de *paralipse*. Comme le montre cette étude, les discours rapportés sont un des moyens dont dispose un dramaturge pour créer des effets de variation de *vitesse* dans un genre mimétique pourtant conventionnellement défini par une adéquation entre temps représenté et temps de la représentation.

distanciation métalinguistique qui enveloppe l'intrigue d'un halo spéculaire. Ils illustrent plus précisément une singularité du langage dramatique marivaldien: le dispositif citationnel creuse la chaîne des discours de boucles réflexives, qui, en vertu de leur puissance pragmatique, deviennent à leur tour des maillons de l'action. Cette structure peut être à son tour soulignée en termes métadramatiques, dans une ultime non-coïncidence, parodique, du dire dramatique: la redondance dévoile alors les manipulations du créateur. Une étude plus vaste des dispositifs de redondance marivaldiens pourrait intégrer les phénomènes de programmation de l'action, à tous les niveaux, depuis l'annonce de la scène suivante jusqu'à l'anticipation prophétique de la pièce toute entière, et selon des modalités diverses: projets envisagés, accomplis, déjoués ou infléchis.[49] Ces aspects, qui participent de cette réflexivité marivaldienne sur les virtualités linguistiques et dramatiques, procèdent aussi bien d'une démonstration du pouvoir de réalisation du langage que d'un dévoilement des artifices de l'écriture théâtrale.

Une telle description du marivaudage pourrait jeter une lumière nouvelle sur la coexistence paradoxale du naturel de la conversation et de la métaphysique subtile dans les clichés de la réception marivaldienne. L'alliance entre spontanéité et réflexivité de la parole, l'articulation entre enchaînement mécanique et redondance spéculaire de la progression dramatique que nous avons explorées pourraient être des équivalents, sur le plan textuel, des tensions qui tiraillaient la pratique scénique des Italiens, traversée, comme on le sait, par la question épineuse du naturel et de l'artifice.[50] Marivaux voulait que 'les acteurs ne paraissent jamais sentir la valeur de ce qu'ils disent, et qu'en même temps les spectateurs la sentent et la démêlent à travers l'espèce de nuage dont l'auteur a su envelopper leur discours', et reprochait aux Comédiens-Français une 'fureur de montrer de l'esprit' et un refus orgueilleux 'de ne pas paraître entendre finesse à leur rôle':[51] gageons que cette difficulté n'était pas sans lien avec la propension du texte lui même à exhiber, avec beaucoup d'"esprit', sa 'valeur' et sa 'finesse'.

---

49. Voir en particulier E. Lièvre, 'Expérimentations, bifurcations, corrections et faux départs: Marivaux et les pièces possibles', *Coulisses* 34 (octobre 2006), p.187-98, qui s'inspire là encore du concept de 'textes possibles'.
50. Voir Xavier de Courville, 'Jeu italien contre jeu français', *Cahiers de l'Association internationale des études françaises* 15 (1963), p.189-99.
51. Cité par D'Alembert, *Eloge de Marivaux*.

Les bégaiements du cœur et de l'esprit: Marianne, la récapitulation et le marivaudage romanesque

UGO DIONNE

'Je vous ai déjà dit que j'ai perdu mon père et ma mère'[1] commence Marianne en rappelant, dans la quatrième partie du roman de Marivaux, les grandes étapes de son existence. Le résumé qu'elle entreprend alors s'adresse ostensiblement à Valville, dont l'orpheline désargentée a pour tâche de décourager l'amour; mais c'est bien au lecteur de *La Vie de Marianne* qu'il est ultimement fait appel. A lui aussi on a 'déjà dit' que la petite héroïne a été découverte en forêt aux côtés de ses parents abattus; lui aussi s'est *déjà* fait raconter l'enfance de Marianne auprès d'un curé de campagne et de sa sœur, puis ses premiers désarrois parisiens, sa rencontre avec M. de Climal, son apprentissage interrompu chez la Dutour. Ces épisodes du roman ont non seulement été rapportés au lecteur: ils lui ont *déjà été rappelés*, dans des tirades synthétiques antérieures à celle-ci. Qu'à cela ne tienne: pour Marianne, le déjà-dit n'est jamais un obstacle au discours. Les litanies narratives de l'héroïne et de ses alliés courent d'ailleurs le risque de provoquer une certaine lassitude: pourquoi retourner encore et toujours sur les pas de Marianne alors que le récit accumule, de volume en volume, un retard aussi irrécupérable que le sera, quelques décennies plus tard, celui d'un Tristram Shandy?

Ce retard consolidé fournit cependant un premier principe d'explication, en associant la redondance récapitulative à une contrainte éditoriale. Les onze parties autographes de *La Vie de Marianne* sont en effet parues, à Paris puis La Haye, entre juin 1731 et mars 1742 – soit sur une période de plus de dix ans, sans tenir compte des états préparatoires du texte (un premier manuscrit a été soumis au censeur en 1727) et de ses éventuelles continuations apocryphes (la *Douzième et dernière partie* anonyme paraît en 1745, la *Suite* Riccoboni en 1760-61).[2] Marivaux propose donc, à la suite des romanciers baroques, une sorte de récit

---

1. Marivaux, *La Vie de Marianne ou les aventures de madame la comtesse de ****, éd. Frédéric Deloffre (Paris, 1990), p.194. Toutes les références à *La Vie de Marianne* se feront désormais à partir de cette édition, sauf indication contraire.
2. Sur le calendrier de publication du roman, voir Henri Coulet, *Marivaux romancier*, p.36-45, et Frédéric Deloffre, 'Chronologie', dans *La Vie de Marianne*, p.xci-xcvii. Sur les continuations et suites de *La Vie de Marianne*, voir Annie Rivara, *Les Sœurs de Marianne*.

proto feuilletonesque comparable aux romans sériels du dix-neuvième siècle, voire aux feuilletons télévisés contemporains. Sur le plan de la régularité périodique, toutefois, *La Vie de Marianne* reste beaucoup plus proche de *L'Astrée* ou d'*Artamène* que des *Mystères de Paris* ou du *Comte de Monte-Cristo*. Un romancier des dix-septième et dix-huitième siècles peut encore faire, en fin de livraison, toutes les promesses de régularité du monde, en son nom propre ou sous le masque de son libraire; il peut, comme Marivaux dans l''Avertissement' de la première partie de *Marianne*, assurer le lecteur que 'le reste paraîtra successivement' et qu'il est déjà 'tout prêt' (p.6); il peut même, comme Mouhy en préface de *La Paysanne parvenue*, préciser que les parties suivantes 'paraîtront de mois en mois'[3]: en l'absence d'une police des lettres, de telles garanties restent lettre morte. Des mois, des années peuvent s'écouler entre la parution d'une partie et celle de la suivante, entraînant à l'occasion des prolongements anonymes et latéraux; un roman peut aussi demeurer sans conclusion, laissant le soin de celle-ci à un continuateur plus diligent.

La Vie de Marianne peut à cet égard servir de cas d'école. Le récit reste inachevé après onze parties – dont les trois dernières sont occupées par tout autre chose, en l'occurrence l'histoire de la religieuse Tervire, elle-même laissée sans dénouement. Les livraisons se suivent sans aucune fréquence: les délais exorbitants adoptés au départ (plus de deux ans et demi entre la première et la deuxième partie, près de deux ans entre la deuxième et la troisième) s'amenuisent de la troisième à la septième, sans jamais descendre jusqu'à un rythme mensuel. Après cette succession plus régulière de quatorze mois, les délais se creusent à nouveau: près d'un an sépare la septième et la huitième partie, et quatre ans s'écoulent avant la parution des trois derniers segments, sans doute publiés simultanément. Dans ces conditions, le rappel des épisodes antérieurs, qu'on pourrait autrement prendre pour un tic d'écrivain, se transforme en nécessité. Le récit périodique court sans cesse le risque d'être aboli par le temps: l'entropie peut toujours frapper cet objet composé de textes distincts et distants, tenant à la fois du volume et du moment. Le discours récapitulatif vise à freiner cette abolition temporelle: en actualisant ponctuellement le passé du roman, en assurant une rémanence de ses données narratives essentielles, il lui permet de s'unifier par la lecture – avant qu'une ultime refonte ne le garantisse contre toute dislocation.

A cette fin, le romancier périodique peut effectuer un retour *préalable* sur les épisodes antérieurs, à la manière de ces montages qui précèdent le générique de certains feuilletons télévisés et opèrent, à l'aide d'images ou

---

3. Charles de Fieux, chevalier de Mouhy, *La Paysanne parvenue ou les mémoires de madame la marquise de L. V.*, éd. Henri Coulet (Paris, 2005), p.34.

de répliques emblématiques, un concentré de la série entière. Au dix-huitième siècle, quand l'appareil péritextuel est presque entièrement occupé par un discours autojustificatif oscillant entre apologie et parodie, cette pratique du résumé préfaciel reste rare;[4] on peut à la rigueur en rapprocher certaines remarques liminaires de la Comtesse de ***, qui sans être exactement paratextuelles servent néanmoins de seuil entre le monde du lecteur et celui du récit – et permettent de ramener l'attention sur le contenu des livraisons précédentes.[5] La narration peut par ailleurs évoquer, *en cours de texte*, une information utile à la pleine saisie d'un épisode.[6] Ces rappels peuvent se glisser en incise dans le cours même d'une phrase, ou donner lieu à un développement plus conséquent: dans les deux cas, toutefois, il s'agit moins d'un retour général sur le passé du roman que d'une mise au point locale, dictée par un besoin ponctuel de transparence narrative.[7]

Les récapitulations, qui nous occuperont plus longtemps ici, se situent au point de rencontre de ces deux phénomènes. En revenant sur une partie substantielle du roman, elles partagent la relative exhaustivité des résumés paratextuels, sans toutefois occuper un espace limitrophe ou marginal. Marianne y envisage toute son existence connue, de sa seconde naissance au fond des bois jusqu'au point qu'a rejoint l'histoire, lequel se déplace (légèrement) entre chacun de ces retours en arrière. Les récits récapitulatifs s'intègrent sans douleur à un roman classique dont la logique repose, déjà, sur l'accumulation confessionnelle. Des premiers massifs pastoraux jusqu'aux catalogues sadiens, le personnage

---

4. Sur les préfaces de romans, voir *Préfaces romanesques*, actes du XVIIe colloque international de la SATOR, Leuven-Anvers, 22-24 mai 2003, éd. Mladen Kozul, Jan Herman, Paul Pelckmans et Kris Peeters (Louvain, 2005), et Jan Herman, Mladen Kozul et Nathalie Kremer, *Le Roman véritable: stratégies préfacielles au XVIIIe siècle*, SVEC 2008:08.
5. Par exemple: 'Je vous ai dit que j'allai à l'église, à l'entrée de laquelle je trouvai de la foule; mais je n'y restai pas' (deuxième partie, p.58); 'Je vous ai dit qu'on frappa à la porte pendant que Mme Dutour me prêchait une économie dont elle approuvait pourtant que je me dispensasse à son profit' (troisième partie, p.105); 'Vous savez que nous dînions, Mme de Miran, Valville et moi, chez Mme Dorsin, dont je vous faisais le portrait, que j'ai laissé à moitié fait, à cause que je m'endormais' (cinquième partie, p.219).
6. '[A] propos de ce religieux, de qui, par parenthèse, je ne vous ai rien dit depuis que je l'ai quitté à son couvent; qui, comme vous savez, m'avait promis de chercher à me placer, et de venir le lendemain chez Mme Dutour, m'informer de ce qu'il aurait pu faire' (cinquième partie, p.244); 'vous vous rappelez bien la visite que j'avais reçue, il n'y avait que deux ou trois jours, d'une certaine dame maigre, longue et menue; vous savez aussi que j'en avais sur-le-champ informé Mme de Miran' (septième partie, p.322).
7. On pourrait envisager de la sorte le récit que Marianne fait à Mme de Miran, dans la sixième partie, des événements qui terminaient la cinquième: irruption de la Dutour, trahison de Favier, changement d'attitude de Mme de Fare (p.282-83). Il est vrai que la frontière est mince entre ce passage (qui revient sur une portion limitée mais essentielle de l'histoire) et ce qu'on qualifiera un peu plus loin de récapitulations *stricto sensu*.

romanesque des dix-septième et dix-huitième siècles est porteur d'une histoire, qu'il raconte ou fait raconter; chaque nouvelle rencontre est l'occasion d'un récit, qui contribuera (ou non) à la complexification ou au dénouement de l'intrigue principale. Marivaux lui-même ne déroge pas à cette dynamique de la confession multipliée: sans retourner jusqu'aux narrations gigognes des *Effets surprenants de la sympathie* ou de *La Voiture embourbée*,[8] on a déjà dit que *La Vie de Marianne* comprenait au moins un (très) long récit inséré, celui de Tervire, conté par la religieuse elle-même pour décourager les projets monastiques de son amie.[9] Or, les récapitulations de Marianne – qu'elle les assume elle-même ou qu'elle les délègue à ses différents confidents – procèdent à un renversement de ce système. Les histoires insérées sont généralement introduites lors d'une situation d'échange, de confidences réciproques, dont une partie seulement est soumise à la lecture; l'histoire de l'auditeur est souvent élidée, dans la mesure où on la connaît déjà – à moins qu'on ne la connaisse plus tard, mais en son temps et son lieu. C'est cette histoire occultée, cet aveu redondant que Marivaux reproduit; à chaque rencontre, c'est bien *son* histoire que Marianne rappelle (au lecteur) en l'apprenant (à un nouvel interlocuteur).

La multiplication des passages récapitulatifs, facilitée par la structure du récit classique, serait donc une manière pour Marivaux de combler les béances occasionnées par le délai des livraisons périodiques: chaque partie de *La Vie de Marianne* contient, sous une forme allusive ou abrégée, la totalité du roman antérieur. Cette hypothèse trouve une confirmation dans la distribution même des récapitulations mariannesques. La première partie présente déjà des occasions d'analepse, où l'histoire de Marianne doit impérativement être contée: ainsi de la présentation de Marianne à M. de Climal par le père Saint-Vincent;[10] ainsi également des échanges du même M. de Climal et de la Dutour, au moment où il lui confie sa protégée.[11] De façon symptomatique, on se contente alors d'indiquer que l'histoire *a été contée*, sans en reproduire le récit: la remémoration n'est vraisemblablement pas encore perçue comme une

---

8. Dans *OJ*.
9. Comme l'histoire de Tervire s'interrompt avant son entrée au couvent, on ne connaîtra jamais les raisons (autographes) de cette opposition de la religieuse aux projets de retraite de Marianne. L'auteur de la douzième partie de 1745, engagé à nouer tous les fils du roman, fera des vœux de Tervire la conséquence d'un simple coup de tête, d'une réaction jalouse de la jeune fille à une inconstance de son amant.
10. 'Là-dessus le religieux lui conta mon histoire. Voilà, répondit-il, une aventure bien particulière et une situation bien triste!' (première partie, p.27).
11. 'Il se retira après un demi-quart d'heure de conversation avec Mme Dutour. Il ne fut pas plus tôt parti, que celle-ci, à qui il avait conté mon histoire, se mit à louer sa piété et la bonté de son cœur' (première partie, p.43).

nécessité.[12] De la troisième à la huitième partie, cependant, chaque nouvelle livraison comporte au moins une récapitulation substantielle:

Tableau 1: Tableau des récapitulations de *La Vie de Marianne*

récapitulation	partie	pages	narrateur(s)	circonstances
1	III	106-10	Mme Dutour, narratrice,[13] M. de Climal	
2	III	151-52	Marianne	1re rencontre avec Mme de Miran (et la prieure)
3	IV	174-75, 182-88	Mme de Miran, Marianne	
4	IV	193-94, 196-97	Marianne	à Valville et Mme de Miran
5	V	242, 246-51, 251-52	narratrice, M. de Climal, Marianne	chevet de M. de Climal mourant
6	V	264-67	Mme Dutour, Valville	chez Mme et Mlle de Fare
7	VI	282-83	Marianne	à Mme de Miran (sur l'épisode chez Mme de Fare)
8	VI	298	Marianne	à l'abbesse de son nouveau couvent
9	VII	328, 332	Mme de Miran, ministre	conseil de famille
10	VII	355-57, 365-66	Marianne	confession à Varthon
11	VIII	391	Varthon	

L'agacement que peut occasionner la proximité de ces passages, lors d'une lecture suivie, est neutralisé par la réception périodique pour laquelle *La Vie de Marianne*, somme toute, a été conçue. La refonte

12. Un premier retour en arrière important intervient à l'approche de la fin de cette première partie, p.46, quand Marianne procède à une reformulation télégraphique de ses malheurs. Mais il s'agit alors de faire un bilan, de marquer le nombre et l'accumulation des avanies qui se sont abattues sur l'héroïne, sans véritable développement ou mise en récit; la quantité des malheurs importe plus, dans cette litanie, que leur qualité ou leur teneur exacte. A la rigueur, on pourrait considérer que Marivaux condense ici la matière première (et initiale) dans laquelle puiseront les récits analeptiques suivants.
13. Il semble opportun de distinguer ici la narratrice (la 'Comtesse de ***') et le personnage de Marianne, qui sont tous deux susceptibles de prendre en charge les récits récapitulatifs, à différents niveaux de narration – même s'il n'est pas toujours facile de démêler leurs voix (voir, par exemple, les récapitulations 5 ou 10, dont on discutera plus loin).

livresque accuse des traits dont les lecteurs contemporains pouvaient sans doute sentir le prosaïsme, mais dont ils appréciaient concrètement l'utilité. Le procédé est d'autant plus concluant que Marivaux procède aussi à un investissement stylistique, rhétorique et poétique de chacun de ces rappels, en l'adaptant aux voix qui prennent en charge l'histoire de Marianne, aux contextes dans lesquels cette histoire est contée et aux objectifs visés par le recours au récit. Le romancier et son héroïne partagent une même souplesse, une même attention aux circonstances et aux destinataires, qui fait de chaque récapitulation non pas une simple reprise, mais – comme l'a justement démontré Annick Jugan – une variation sur un thème unique.[14]

Pour apprécier cette plasticité du rappel marivaudien, et la manière dont il contribue à définir la variante romanesque du marivaudage, on procèdera en trois temps. On envisagera d'abord les modalités de la récapitulation marivaudienne, dont la structure et la tonalité changent selon qu'elle correspond à une autocritique, à une défense ou à une charge. On s'intéressera ensuite à la distribution narrative qu'opère Marivaux, lorsqu'il délègue différents aspects du récit récapitulatif à des personnages ou des énonciateurs différents. On tentera enfin de comprendre la signification de ces retours en arrière, au-delà de leur manifeste fonction pratique; on verra comment Marivaux y propose une réflexion, plus ou moins codée, sur les pouvoirs et les contraintes de la fiction romanesque.

Modulations

Sous sa forme la plus brute, la récapitulation se réduit à une supplication: Marianne y revient sur ses origines et son parcours, pour mieux en stigmatiser la bassesse et s'attirer ainsi la sympathie d'éventuels protecteurs. L'humiliation la plus systématique intervient dans la sixième partie, alors que l'orpheline est confrontée à une nouvelle supérieure, qui se fait d'abord l'écho des parents de Valville (8).[15] C'est pour contrer l'accusation d'arrivisme qui filtre sous les paroles de cette abbesse que Marianne précise qu'elle a toujours fait de sa vie le 'portrait le plus dégoûtant', qu'elle en a représenté les misères 'de la manière la plus forte et la plus capable de [...] rebuter' ceux qui risquaient de s'intéresser à elle (p.298). Or c'est justement dans ce récit-là, où sa bonne

---

14. Annick Jugan, *Les Variations du récit dans 'La Vie de Marianne' de Marivaux* (Paris, 1978). Béatrice Didier va jusqu'à remarquer le caractère proto-oulipien de l'exercice: 'Il y aura des versions cocasses et des versions nobles, le romancier semble se livrer avec une particulière virtuosité à un "exercice de style", à la Queneau' (*La Voix de Marianne: essai sur Marivaux*, Paris, 1987, p.34).
15. Les chiffres entre parenthèses renvoient aux récapitulations présentées de façon séquentielle dans notre tableau.

foi est remise en cause, que Marianne produit son discours le plus honteux – et non dans les récapitulations précédentes, où elle trouvait encore le moyen de se ménager, fût-ce par omission. En passant au pas de course sur ses parents 'étendus morts' (sans s'appesantir sur les marques de leur noblesse ou les circonstances de leur trépas), en fustigeant sa 'pauvreté', en mentionnant les dégradantes 'aumônes' de M. de Climal, la suppliante adopte un langage dénué d'afféterie – assez proche en somme de celui de ses adversaires, qui (on le verra) tendent toujours à débarrasser l'histoire de Marianne de ses oripeaux romanesques. La nuance fielleuse qui caractérisera ces (contre-)récits est cependant absente: en s'abaissant, Marianne évite de s'accabler, pour que ce 'portrait dégoûtant' ne dégoûte pas tout à fait.

Elle s'épargne cependant moins qu'elle ne le faisait lors de sa première rencontre avec Mme de Miran (2). Employant un vocabulaire plus mesuré, l'héroïne y évacuait rapidement l'assassinat de ses parents; son enfance campagnarde était également liquidée en peu de mots (comme elle l'est dans le roman lui-même, qui n'a que quelques pages à lui consacrer). La plus grande partie de la narration est occupée par le séjour chez Mme Dutour et les démêlés avec M. de Climal, relatés avec toutes les nuances de l'horreur morale. Assimilée à un 'petit discours', une 'petite harangue', l'histoire vise bel et bien à convaincre: c'est la dernière carte d'une Marianne dont la survie et la vertu sont également menacées. L'accent mis sur les manœuvres du vieux roué permet de détourner l'attention du terrain litigieux des origines, auquel Marianne ne s'attarde pas – mais à propos duquel elle mentionne en passant des 'domestiques' qui attestent, jusque dans la mort, la qualité de leurs maîtres. Si Marianne ne saurait évoquer elle-même une noblesse invérifiable, préférant se replier sur ses qualités intrinsèques, elle fournit néanmoins à ses alliés la matière première de leurs futures argumentations.[16]

La récapitulation prend un autre tour à la fin de la cinquième partie (6), où elle est forcée par l'apparition de Mme Dutour chez Mme de Fare. Jusqu'alors, la simple présence de Marianne suffisait à maintenir le récit dans une sorte de présent absolu, prévenant toute curiosité à propos d'une histoire nécessairement sans tache. L'irruption de la Dutour est celle du passé dans ce temps pacifié – un passé proche, mais qui agit

---

16. La deuxième récapitulation (4) de la quatrième partie (p.196-97, citée au début de cet article) vise à guérir Valville de l'amour qu'il porte à Marianne, en développant deux thèmes liés: d'abord celui de sa naissance inconnue, qui fait porter sur l'idylle le spectre de la mésalliance; ensuite celui de la reconnaissance que Marianne doit désormais à sa 'mère adoptive'. Ce nouvel exercice d'humilité n'a cependant pas le succès espéré: la narration suscite une adhésion enthousiaste de la part des auditeurs, qui abandonnent toute réserve et embrassent totalement la cause de Marianne; jusqu'ici sympathique à sa protégée mais consciente des convenances, Mme de Miran y renonce par exemple à toute opposition.

comme l'indice d'un (inavouable) passé plus lointain, et rend en tout cas sa divulgation nécessaire. Il est tentant de faire un parallèle entre l'effet du retour de Mme Dutour sur l'intrigue et l'anomalie narrative de cette apparition, d'autant plus étonnante qu'on la donne comme auparavant exclue: 'C'était [...] cette marchande de toile chez qui j'avais demeuré en qualité de fille de boutique, [...] Mme Dutour, de qui j'ai dit étourdiment, ou par pure distraction, que je ne parlerais plus' (p.263). En fait, la réapparition de la lingère n'a pas été écartée de façon aussi explicite lorsque Marianne a évoqué la fin prochaine de son apprentissage (deuxième partie, p.101) ou lorsqu'elle a fait ses adieux à la marchande (troisième partie, p.158). Il était sans doute légitime, pour le lecteur, de conclure à la disparition définitive du personnage, une fois Marianne entrée dans un univers plus conforme à sa noblesse naturelle; Marivaux avait peut-être formulé pour lui-même l'intention de cantonner sa verve 'populaire' au seul *Paysan parvenu*; mais rien dans le texte ne prévient absolument le retour de la marchande. Il n'est pas exclu que Marivaux force ici la note, qu'il exagère la portée de son engagement; plutôt que la conséquence d'un défaut de construction, la remarque de régie accompagnant la rentrée en scène de Mme Dutour serait un moyen d'accentuer le coup de théâtre provoqué par la résurgence de ce personnage controversé. Quoi qu'il en soit, le parallèle tient toujours (et tient d'autant plus s'il est fabriqué pour l'occasion): le passé (le séjour chez la lingère, ou les affirmations supposées des livraisons antérieures) revient hanter le présent (de Marianne ou du roman), nécessitant une justification de la part de la narratrice ou de ses alliés.

La vision de son ancienne patronne a l'effet, assez rare, de réduire Marianne au silence: à la bourgeoise qui, surprise de la trouver en aussi bonne compagnie, lui demande de lui 'conte[r] d'où cela vient', Marianne ne peut rien répondre: 'A ce discours, pas un mot de ma part, j'étais anéantie' (p.263). Devant une narratrice muette, il revient aux autres de prendre la parole: à la Dutour d'abord, dans une première salve naïvement dépréciative (p.264-65), puis à Valville, qui se charge de la défense – car les 'petites harangues' font ici place à une véritable plaidoirie, disposée selon les règles du modèle judiciaire.[17] La première phrase du discours de Valville (p.266) équivaut à un *exorde* canonique, où le plaideur, tout en identifiant le but de sa démarche (il s'agit de lui 'sauver la vie', en protégeant l'anonymat de celle qu'il aime), capte l'attention et la bienveillance de son auditrice, Mlle de Fare. Suit une narration, un exposé des données de la cause, où Valville reconnaît la valeur des allégations de la Dutour ('*Il est vrai*, mademoiselle a été

---

17. Aron Kibédi Varga, *Rhétorique et littérature: études de structures classiques* (Paris, 1970), p.69-81; Olivier Reboul, *Introduction à la rhétorique: théorie et pratique* (Paris, 1994), p.65-71.

quelques jours chez une marchande'), en se cantonnant apparemment dans le registre du 'fait *constaté*' et des '*preuves*' (nous soulignons). C'est pour entrer presque aussitôt dans la *confirmation*, l'énumération des raisons qui appuient la position défendue et déboulonnent les prétentions adverses. Quatre arguments sont tour à tour avancés, s'appuyant sur les faits posés dans la narration ou rappelant de nouvelles données biographiques. Reprenant un thème introduit plus tôt par Marianne elle-même, Valville évoque en premier lieu le 'nombre de domestiques' trouvés auprès des parents de la fillette, qui semblent à tout le moins indiquer 'qu'ils étaient gens de condition'; il remarque ensuite la noblesse naturelle de la jeune femme, sa 'figure, ses grâces et son caractère', qui témoignent à leur manière de sa haute condition; il se réclame de l'autorité de Mme de Miran, qui non contente de protéger Marianne 'consent [qu'il] l'épouse'; enfin, reprenant l'exorde (où il évoquait déjà la 'générosité [du] cœur' de sa cousine), il en appelle au sens de l'équité de Mlle de Fare, qui ne saurait faire un crime à Marianne 'de l'accident funeste qui lui dérobe sa naissance'. Une péroraison synthétise la cause ('Gardez donc votre estime et votre amitié pour elle'), tout en excitant la pitié de l'interlocutrice, dans la continuité du dernier argument invoqué (p.266-67). Le contenu des quatre (ou cinq) premières parties sert donc à fonder l'argumentation; il assoit la plaidoirie sur les bases factuelles sans lesquelles elle ne serait qu'une simple démonstration de virtuosité éloquente. La récapitulation est intégrée aux enjeux du récit, elle fournit la matière de la plaidoirie de Valville – mais il s'agit toujours, bel et bien, d'une récapitulation.

La confidence faite à Varthon dans la septième livraison (10) permet à Marivaux d'expérimenter une nouvelle modalité narrative. Le récit s'y inscrit encore dans le cadre de confessions échangées – cadre à nouveau détourné par le romancier, qui accorde au personnage familier (Marianne) une place plus importante qu'à la nouvelle venue (Varthon). Mais la nouveauté du passage ne tient pas seulement à ce déséquilibre en faveur du déjà-su, qui caractérise la récapitulation marivaudienne dans son ensemble. Elle ne tient pas non plus à l'identité de la locutrice: comme dans la plus grande partie des récits antérieurs, c'est Marianne qui parle. Cependant, la récapitulation n'est ni complètement assumée par la narratrice, ni complètement déléguée au personnage; elle opère de façon oblique, à travers le commentaire que la vieille comtesse produit sur sa performance narrative de jeune fille. Si les discours rétrospectifs de Marianne sont une préfiguration et une répétition de *La Vie de Marianne* (hypothèse qu'on introduira bientôt) alors le but est ici pratiquement atteint.[18] Marianne se présente comme une héroïne de

---

18. Il s'agit d'ailleurs, à tout prendre, de la dernière grande récapitulation à laquelle procède

roman; elle donne à l'ensemble de ses aventures un caractère de dignité qui en fait l'exact opposé des récits humiliants évoqués plus tôt. Marianne adopte déjà une position explicitement narratoriale, en retrait par rapport aux événements relatés. En glosant la manière dont elle a raconté des événements qu'elle avait précédemment vécus (et qui de la sorte se trouvent eux-mêmes récapitulés), elle occupe une double, voire une triple position dans le système du texte; encore emportée dans le tourbillon de ses infortunes, elle s'en dégage déjà assez pour poser sur elles le regard d'une romancière en puissance.[19]

Ce parallèle entre le récit à Varthon et le roman de Marivaux est d'autant plus adéquat qu'il s'agit bien, dans les deux cas, de narrations *retardées*. Ce ne sont pas uniquement les termes généraux et les paraphrases employés par Marianne qui autorisent la trahison de Valville; le scandale aurait pu être évité si ce récit tout 'romanesque' n'avait pas été interrompu. Parce qu'elle ne peut se rendre jusqu'au bout de son développement, parce qu'elle ne parvient pas à l'étape de la divulgation des identités, Marianne laisse son interlocutrice dans une ignorance propice à la séduction (septième partie, p.356-57):

> Et peut-être, dans le reste de mon histoire, lui aurais-je appris que ce jeune homme était celui qui l'avait secourue; que la dame qu'elle venait de voir était sa mère; et que je devais bientôt épouser son fils, si une converse qui entra ne nous eût pas avertie qu'il était temps d'aller souper; ce qui m'empêcha de continuer, et de mettre au fait Mlle Varthon, qui n'y était pas encore, puisque j'en restais à l'endroit où Mme de Miran m'avait trouvée; ainsi cette demoiselle ne pouvait s'appliquer rien de ce je lui avais dit aux personnes qu'elle avait vues avec moi.

La jeune narratrice est forcée de suspendre son récit pour se restaurer – *topos* de rupture courant, par lequel le roman d'Ancien Régime ponctue régulièrement le passage d'un tome, d'un livre, d'un chapitre à un autre.[20] La position de Varthon est alors celle du lecteur à l'issue de la troisième partie, quand l'orpheline outragée quitte la boutique de la lingère pour entrer au couvent; elle ne peut connaître les quatre parties suivantes, qui ne lui ont pas encore été contées. Le lecteur 'réel' a dû patienter quatre mois (novembre 1735-mars 1736) pour apprendre la

---

personnellement l'héroïne, avant de passer le témoin à Varthon pour son contre-récit de la huitième partie (11), puis à Tervire pour les trois dernières livraisons autographes.

19. Pour une lecture congruente mais distincte de ce passage, considéré comme le 'pied de nez' qu'adresse Marivaux au romanesque avant d'en prendre congé, voir Philippe Roger, 'Plus dure sera la chute : désamour et inachèvement dans *La Vie de Marianne*', dans *Amicitia Scriptor. Littérature, histoire des idées, philosophie: mélanges offerts à Robert Mauzi*, éd. Annie Becq, Charles Porset et Alain Mothu (Paris, 1998), p.125-36 et p.135-36.

20. Ugo Dionne, *La Voie aux chapitres: poétique de la disposition romanesque* (Paris, 2008), p.503-504.

suite de l'histoire; le délai d'attente de Varthon est plus imprécis (septième partie, p.362):

> Vous remarquerez qu'il n'avait plus été question avec elle de la suite de mes aventures, depuis le jour où je lui en avais conté une partie, et qu'elle ignorait totalement que j'aimais Valville, et que je devais l'épouser. Elle avait été indisposée dès le jour de son entrée au couvent; deux jours après j'étais tombée malade; il n'y avait pas eu moyen d'en revenir à la continuation de mon histoire.

Qu'il soit imputable à l'indisposition de Marianne (donc à la production romanesque) ou à celle de Varthon (figure de la réception), le retard de la confidence (ou de la publication) est lourd de conséquences. Quand le temps de l'histoire rejoint celui de la narration, il est déjà trop tard. Comme ces romans transformés au fur et à mesure de leur composition par l'actualité ou la pression lectoriale, le récit romanesque à Varthon est modifié par la situation même que son incomplétude a créée. Un Valville peut profiter du hiatus pour mener ses entreprises amoureuses; il peut détourner l'auditrice du (premier) récit, et lui imposer sa propre version des choses, à la manière de ces continuateurs qui, en 1739 ou 1745, investissent le silence de Marivaux pour fournir aux lecteurs de *La Vie de Marianne* un dénouement (plus ou moins) attendu.

Le récit de Marianne à Varthon est donc d'abord lacunaire; il laisse son public dans l'incertitude, comme ce roman sériel dont il reflète le fonctionnement. Mais il faut à nouveau distinguer entre les deux ou trois publics auxquels s'adresse Marianne, en sa double qualité d'héroïne-romancière et de narratrice-mémorialiste. Si Varthon ne sait pas tout – ce qui lui laisse le champ libre pour céder, en toute innocence, à la cour épistolaire de Valville – la narrataire et le lecteur de *La Vie de Marianne*, eux, se font tout *rappeler*. Une asymétrie s'installe entre le savoir évoqué et le savoir transmis. En précisant ce qu'elle n'a pas pu conter à sa compagne, Marianne le résume en effet: par la prétérition, un récit manqué se transforme en récapitulation réussie.

Délégations

S'il renouvelle ponctuellement le discours mémoriel en fonction des personnages et des situations, Marivaux pratique aussi une forme de polyphonie récapitulative, distribuant les données à rappeler entre plusieurs locuteurs. La première grande récapitulation du roman (1) intervient ainsi en plusieurs étapes, alors que trois différents narrateurs se relaient pour fournir un résumé de la vie de Marianne. La parole est d'abord donnée à Mme Dutour, qui rappelle avec sa brusquerie coutumière le passé immédiat du roman, soit la fin de la deuxième partie (retour de Marianne éclopée chez sa logeuse, querelle de la lingère et du cocher: p.106). La narratrice reprend ensuite les rênes pour remonter jusqu'à ce qui a précédé son 'aventure avec Valville' (en l'occurrence sa découverte des intentions malhonnêtes de M. de Climal, p.106) et qui se situe donc avant les événements déjà résumés par la Dutour. Enfin M. de Climal, dans les propos insinuants qu'il tient à Marianne, apporte quelques informations complémentaires sur leur histoire commune (p.110). En quelques pages, le récit récapitulatif est successivement confié à trois voix, occupant deux différents niveaux narratifs, qui tout en se complétant l'une l'autre réfléchissent la matière selon leurs intérêts respectifs. Cette séquence analeptique en trois temps, si elle remonte de plus en plus loin en amont, n'est cependant pas parvenue jusqu'aux origines; elle s'arrête aux soupçons de Marianne envers M. de Climal et aux suites de sa blessure à l'église, soit au début de la seconde partie, ou à la toute fin de la première. Il reviendra à une quatrième narratrice, la jeune Marianne, de poursuivre en deçà, jusqu'au début du roman, dans sa 'petite harangue' à Mme de Miran et à la prieure (2) – qui complète, peu avant que ne se ferme la troisième livraison, les récapitulations qui l'ouvraient.

La partie suivante amène un nouveau partage des responsabilités (3). Si les relais y sont moins nombreux (il n'y a plus que deux narratrices, Marianne et Mme de Miran), leur agencement se fait plus retors. Le rappel intervient de façon oblique et allusive, alors que Mme de Miran relate à Marianne l'aventure amoureuse de son fils (p.174-75) et que Marianne réalise progressivement que cette aventure, présentée comme celle d'une autre, est bel et bien la sienne: ce qui s'annonce comme un récit original est, encore, une récapitulation. Le récit avance dès lors en alternant de façon contrapunctique la narration courroucée de Mme de Miran et les réflexions lapidaires de la narratrice l'appliquant à son propre cas. Cette première tranche du résumé est complétée par Marianne (p.181-82, 186, 188), qui revient sur certains détails du récit de sa protectrice tout en introduisant quelques nouveaux éléments pour le bénéfice de Mme Dorsin.

Un troisième exemple de répartition narrative est fourni par l'agonie de M. de Climal (5). Dans ces circonstances préposthumes qui favorisent la contrition et l'épanchement, le récit trouve naturellement sa place – et il s'agit d'un récit sincère, repentant, débarrassé des compromissions qui grevaient la parole antérieure du mourant. La séquence est d'abord focalisée sur Marianne, qui en se rendant au chevet de l'agonisant se rappelle, de façon haletante et synthétique, les rapports difficiles qui l'unissaient à lui (p.242); en plus de servir d'aide-mémoire, le résumé contribue à la création d'une tension: revenant sur l'ensemble des relations de Marianne et de son premier protecteur, le lecteur peut partager les angoisses de l'héroïne, qui ignore encore la manière dont elle sera reçue. Ce premier retour – assumé par la narratrice, mais traduisant l'anxiété du personnage, dans une sorte d'autodiscours indirect libre – est partiellement complété lors de la confession de M. de Climal au père Saint-Vincent, en présence de Marianne et de Valville; le roué repenti réintroduit, pèle mêle, certains éléments des deuxième, troisième et quatrième parties (p.246-51). Répondant enfin à son (ancien) séducteur et (nouveau) bienfaiteur, qui lui demande ce que sa sœur Mme de Miran sait de ses tentatives de corruption, Marianne comble quelques vides supplémentaires (p.251-52).[21]

Significations

La publication de *La Vie de Marianne* en livraisons périodiques fournit le premier motif des récapitulations marivaudiennes; si Marianne sent le besoin de reprendre sans cesse son histoire à nouveaux frais, si les circonstances la forcent à revenir sur les accidents de son existence, c'est qu'on cherche à combler par cet expédient le délitement qui menace toute fiction différée – et particulièrement celle dont les délais semblent abandonnés au seul caprice. Ceci dit, les explorations analeptiques effectuées par les personnages de Marivaux ne sont ni assez systématiques, ni assez uniformes pour qu'on les réduise à leur dimension sérielle. On constate ainsi, d'entrée de jeu, que la seconde partie n'en contient pas, alors que plus de vingt-neuf mois la séparent pourtant de la première. A l'inverse, les quelques mois qui s'écoulent entre chacune des six livraisons centrales du roman, de novembre 1735 à décembre 1737, ne justifient pas la pléthore récapitulative dont ces dernières sont chargées. Si on ne s'étonne pas de trouver un long rappel (1) au début de la troisième partie (approuvée près de deux ans après la deuxième), il est beaucoup plus surprenant de voir Marianne revenir en détail sur sa vie à la fin de cette même troisième partie (2), en y ajoutant les événements survenus depuis la première récapitulation. Les variations formelles qu'apporte Marivaux à l'exercice récapitulatif peuvent elles-mêmes être considérées, soit comme une confirmation du caractère purement pratique de cet exercice, soit comme le signe d'un investissement supplémentaire. Les relais entre différents narrateurs, le contraste polyphonique des versions successives, l'accentuation spécifique de la récapitulation selon les voix et les contextes: tout cela

---

21. De ces récapitulations polyphoniques, on peut par ailleurs rapprocher une deuxième séquence de la cinquième partie, déjà traitée plus haut: c'est l'enchaînement des versions de la Dutour et de Valville, lors de l'apparition de la lingère chez Mme et Mlle de Fare (6). Le récit y est encore partagé entre deux narrateurs que distinguent le ton (courroucé ou pathétique), le registre (populaire ou relevé) et la posture (accusatoire ou défensive).

contribue à contourner l'ennui qui s'attacherait autrement à un exercice obligé; par ce moyen, la répétition évite de virer au radotage. Mais en refusant la simple redite, Marivaux fait aussi de ces épisodes un moment privilégié d'affirmation des personnages – et d'abord de Marianne elle-même. En accordant une place majeure aux discours récapitulatifs, quitte à hypothéquer l'apparition de nouveaux développements, il marque bien que leur sens et leur portée ne peuvent être entièrement ramenés à une logique éditoriale.

Comment alors interpréter les récapitulations? Elles révèlent d'abord la maîtrise progressive, par Marianne, d'un destin qui lui a été jusqu'alors imposé. La jeune Marianne se raconte, confirmant de récit en récit sa propre version de sa 'Vie'. En (re)construisant ponctuellement son histoire, elle lui donne un sens, et s'en donne un par le fait même. En revenant aux origines, en soulignant une noblesse à la fois patente et indémontrable, le récit analeptique remplace (imparfaitement) le titre absent; il cherche à recréer cette totalité signifiante de la personne dont le (grand) nom est l'indice. A défaut de ce mot qui, en l'inscrivant dans une classe et une lignée, suffirait à résumer la personne, il faut sans cesse rappeler celle-ci, la récapituler, l'articuler dans un récit. Ce besoin narratif ne pourra cesser que lorsque Marianne, par mariage ou reconnaissance (voire les deux, dans la douzième partie apocryphe), acquerra un nom propre, un nom qui lui appartiendra et la résumera définitivement – lorsque Marianne, en somme, deviendra 'comtesse de ***' et procédera à une dernière récapitulation, celle à laquelle mènent toutes les autres: *La Vie de Marianne*.

En effet, au-delà de l'appropriation par l'héroïne de son propre récit, on peut deviner dans les narrations récapitulatives une préfiguration spéculaire du roman de Marivaux (ou de l'acte énonciatif qui lui donne lieu, dans les termes de la fiction épistolaire). On peut bien continuer à parler ici de répétition, mais dans un autre sens que celui qu'on a privilégié jusqu'à maintenant – non plus tourné vers le passé, mais lancé vers l'avenir. Marianne répète (elle *reprend*, elle réitère) des événements et des discours passés; mais elle *répète* aussi (elle *prépare*, à la manière d'un comédien) son rôle de mémorialiste. Marianne *se* répète, et doublement: en mettant en ordre son expérience et ses aventures, elle fait déjà œuvre narrative.

Bien sûr, ni Marianne ni son auteur ne dérogent complètement à la topique de l'authenticité, chère au dix-huitième siècle; tous deux prennent soin, dès que l'occasion s'en présente, de distinguer leur récit d'une fiction. Remarquant que le mystère entourant sa naissance 'paraît annoncer un roman', la narratrice précise aussitôt que 'ce n'en est pourtant pas un [qu'elle] raconte' (première partie, p.10). Dans l''Avertissement' de la seconde partie, comme dans l'ouverture de la huitième, la réaction critique du public contemporain est assimilée à une attente déplacée – puisque Marianne, encore une fois, 'n'a point songé à faire un roman' (deuxième partie, p.55; huitième partie, p.375-76). Toutefois, en même temps qu'elle affirme sa distance par rapport à cet anti-modèle, Marianne assume le caractère *romanesque* de sa vie: ses aventures sont assimilées à une topique dont elles ne se détachent jamais tout à fait – et dont elles tirent, du reste, une bonne part de leur effet. Le sauvetage de la petite Marianne, on vient de le voir, 'paraît annoncer un roman'; les villageois qui viennent à son secours se prennent pour elle 'd'un goût romanesque' (première partie, p.13). Ses malheurs donnent à l'orpheline un charme supplémentaire: 'Vous avez alors, avec vos grâces, celles que votre histoire, *faite comme un roman*, vous donne encore' (deuxième partie, p.80-81; nous soulignons). Les adversaires de l'héroïne ne sont pas les derniers à effectuer le rapprochement: lorsqu'elle quitte en trombe le procès de famille qu'elle a initié, la parente 'grande et maigre' de Mme de Miran affirme son aversion pour les 'vertus romanesques' que Marianne incarne (septième partie, p.338).

Les épisodes récapitulatifs peuvent eux aussi être envisagés dans cette perspective. On pourrait même prétendre qu'à travers eux, la question du romanesque – et, plus généralement, celle de la narration – devient l'enjeu principal de l'ouvrage. Dans *La Vie de Marianne*, tout se joue par le récit; tout dépend de la manière dont on le gère et l'oriente. C'est bien en racontant son histoire à la manière d'un roman que Marianne parvient à convaincre la plupart de ceux qui, pour des raisons de famille ou de convenance, s'opposent d'abord à son existence; et c'est en refusant cette version des faits, en proposant un compte rendu plus objectif de cette destinée 'romanesque', que ses adversaires en prennent le contre-pied.

Ainsi, c'est en exposant sa vie de façon sensible mais détaillée, en exploitant le potentiel pathétique de son récit, que Marianne parvient à s'attirer les sympathies. Cela ne fonctionne cependant pas toujours, ni avec chacun. Dès le récit récapitulatif de la troisième partie, adressé conjointement à la prieure et à Mme de Miran (2), une distinction s'opère entre deux types de 'lecture' et de sensibilité. Mme de Miran, émue jusqu'aux larmes, est privée de la parole; le processus de conversion – qui fera d'elle non seulement la protectrice, mais la mère adoptive de Marianne – est mis en branle par la seule force de la narration. Les effets de l'expérience romanesque sur la prieure sont moins immédiats; la manière de Marianne ne suffit pas à racheter le fond de son roman, en l'occurrence son absence de parents et de moyens: elle 'avait honoré mon récit de quelques gestes de main, de quelques mouvements de visage, qu'elle n'aurait pu me refuser avec décence; mais il ne me parut pas que son cœur eût donné aucun signe de vie' (troisième partie, p.153). Ces réceptions contrastées montrent que le récit lui-même, si bien troussé qu'il soit, ne suffit pas à convaincre; il a besoin d'un auditeur (ou d'un lecteur) favorable.

Pour ceux et celles qui restent vulnérables au charme mesuré des fictions, pour ceux qui ont l'âme bien née et le cœur bien mis, le pouvoir de la récapitulation romanesque est cependant irrésistible. La complicité de Mlle de Fare est ainsi assurée par la forme suppliante et passionnée que Valville, dans la cinquième partie, donne à son éloge de Marianne. L'abbesse chez qui l'héroïne est amenée, lors de son enlèvement, est elle aussi immédiatement subjuguée par le récit de la jeune fille (sixième partie, p.300). Lors du conseil de famille des sixième et septième parties, le plaidoyer enflammé de Mme de Miran suffit à emporter la faveur de tous les assistants – ou presque (septième partie, p.328). Même Mme de Fare, la babillarde par qui le scandale arrive, pourrait sans doute être amadouée par un récit; le défaut d'histoire a fait d'elle un obstacle, la narration en ferait une alliée.[22]

Le pouvoir des 'romans' de Marianne – ces romans qu'elle compose en répétant son histoire, préparant le grand roman-mémoires qui couronnera sa carrière de narratrice – est donc indubitable. Mais on peut aussi s'opposer à cette puissance de la fiction en démontant le récit romanesque, en réduisant l'histoire de Marianne à un schéma, une épure dénuée de toute circonstance atténuante et dégagée de tout le supplément sensible qui lui permet de transcender la crudité des faits. Ainsi transformé en procès-verbal, privé de ces voix qui lui donnent sa force, le parcours de la narratrice – à qui est justement nié le statut de narratrice – ne parvient plus à soulever le même enthousiasme.

Chacun des 'ennemis' de Marianne procède à cet égard de la même façon: en dégageant l'anecdote de sa gangue romanesque, en renvoyant les grands gestes et les grands sentiments à leur plus simple et plus basse expression. Lors de sa première rencontre avec Marianne, le 'grand spectre' l'aborde sans ménagement: 'la Marianne que je cherche est une jeune fille orpheline, qui, dit-on, ne connaît ni ses parents ni sa famille' (sixième partie, p.289). La servante chargée d'accompagner Marianne lors de son transfert n'est pas plus diplomate: 'On dit que vous n'avez ni père ni mère, et qu'on ne sait d'où vous venez, ni qui vous êtes' (sixième

---

22. C'est en tout cas ce que semblent suggérer les propos de Mme de Miran à son sujet: 'Je la verrai ensuite, je lui conterai toute ton histoire; elle est curieuse, elle aime qu'on lui fasse des confidences; je la mettrai dans la nôtre, et elle m'en sera si obligée, qu'elle sera la première à me louer de ce que je fais pour toi' (sixième partie, p.285). C'est bien l''histoire' contée – et proprement contée – qui agirait, ici encore, comme facteur de conversion. Ce caractère irrésistible de la narration est du reste reconnu par le continuateur de 1745, chez qui l'histoire de Marianne est si contagieuse qu'elle parvient à attendrir même lorsqu'elle est contée par une adversaire, en l'occurrence Mlle Varthon (anonyme, *La Vie de Marianne* [Francfort et Mayence, François Varrentrapp, 1750], p.972-73).

partie, p.306). Même le Ministre, avant de prendre fait et cause pour la protégée de Mme de Miran, envisage d'abord les choses d'un point de vue pragmatique: 'Vous n'avez ni père ni mère, et ne savez qui vous êtes, [...] faites-vous donc justice, et ne songez plus à ce mariage-là' (sixième partie, p.317).[23] Ces brusques retours sur la situation de Marianne n'occupent généralement que quelques lignes, et pourtant tout y est dit: on ne saurait reprocher à ces antagonistes d'ignorer les faits; au contraire, ils ne connaissent et ne disent *que ça*. Leur résumé du roman est aussi exact que celui de Marianne; il ne lui manque que ce 'ton romanesque' qu'emprunte la narratrice pour relater ses propres malheurs, et sans lequel la récapitulation est réduite aux proportions d'un fait divers.

Varthon n'opère pas autrement lorsqu'elle oppose au roman de Marianne une version corrigée (11), assimilée à une mise à l'épreuve de la fiction par les faits: 'vous m'avez conté *votre histoire*, ma chère Marianne, mais il y a bien de petits articles que vous ne m'avez dits qu'en passant, et qui sont extrêmement importants, qui ont pu vous nuire' (huitième partie, p.391; nous soulignons). La position de cette nouvelle narratrice est ambiguë: tout en reconnaissant les qualités de Marianne et la justice de l'estime que lui accordent Mme de Miran et son fils, elle admet la légitimité (fût-elle purement statistique) de la position adverse: 'et tout le monde n'est pas Valville, n'est pas Mme de Miran; les gens qui pensent bien sont rares' (p.391). Si Varthon évite de se placer définitivement dans l'un ou l'autre camp, son récit, lui, relève bien du processus de dégonflement qui caractérise le discours des adversaires de Marianne. Elle va même encore plus loin (ou plus bas) que ces derniers. Le 'spectre', la servante et le ministre, lorsqu'ils dénonçaient la boursouflure romanesque, le faisaient rapidement, par quelques propositions lapidaires; l'essence de leur propos tenait dans cette *précipitation* de l'histoire de Marianne, réduite à un dépôt factuel et sans attraits. Varthon adopte la même démarche corrosive, le même ton dénué de tout pathos, mais s'en sert pour exposer à l'orpheline délaissée 'le récit de [ses] misères' (p.392). Par sa structure paratactique comme par sa relative exhaustivité, la narration de Varthon est proche des confessions humiliantes qu'a brodées Marianne elle-même – à cette différence que l'humiliation homéopathique de la narratrice lui est servie par une autre, avec une mauvaise foi cauteleuse qui en catalyse l'insulte. Varthon garde

---

23. On trouve aussi ce genre de discours chez une alliée, en l'occurrence la religieuse Tervire: 'J'ignore à qui je dois le jour, dites-vous; je n'ai point de parents, et les autres en ont. J'en conviens' (neuvième partie, p.429). Le but n'est pas ici de rabaisser Marianne, mais de lui faire envisager sa situation sous un jour moins sombre; le moyen employé reste cependant le même: purger le récit de toute ornementation romanesque, de tout allongement pathétique, pour le réduire à sa donnée brute – une donnée que Tervire invite Marianne à regarder avec un mélange de bienveillance et de lucidité.

la forme de la récapitulation, elle s'attache aux mêmes événements que les résumés antérieurs (la 'marchande de linges', le 'bon religieux', le 'parent de Valville', le couvent, l'"apparition chez le ministre', p.391), mais c'est pour mieux en détourner le sens. Elle contrevient à la règle tacite, respectée par tous, selon laquelle on n'évoque les malheurs de Marianne que pour en dénoncer l'injustice; dans son cas, chaque circonstance, chaque aventure rappelée est un nouvelle blessure infligée à l'orgueil de sa rivale.

Marivaux oppose une lecture ouverte – celle de Mme de Miran, du premier Valville, de Mlle de Fare, de (presque) tous ceux qui entendent l'histoire de Marianne de sa propre bouche – et un refus de lire – celui de la prieure, de Mme de Fare, de la parente sans nom, de Mlle Varthon, de tous ceux que rebutent les 'vertus romanesques'. Il opère aussi un contraste entre une écriture sèche et une narration développée, une approche clinique et un récit emporté, l'épure du procès-verbal et le souffle d'un roman soumis à tous les investissements pathétiques. A travers les récapitulations, il contribue ainsi au 'processus de prise en charge culturelle de l'expérience romanesque' qui caractérise la pensée du roman aux dix-septième et dix-huitième siècles.[24] Les récits analeptiques de Marianne et des autres lui servent à prendre acte de la circulation du texte romanesque, de son mode d'action, de ses pouvoirs, des résistances qu'il provoque et de la nouvelle sensibilité qu'il suscite.

La publication périodique impose à Marivaux d'introduire, dans chaque nouvelle livraison, un résumé plus ou moins substantiel des épisodes antérieurs; qu'à cela ne tienne: de ce procédé imposé, qu'il manipule et décompose avec son habituelle virtuosité, il fait aussi un puissant outil d'exploration psychologique et critique – et une partie constituante de sa 'manière', rapidement identifiée comme telle. En 1735, Desfontaines reproche déjà à Marianne de 'redi[re] à l'Abbesse tout ce qu'elle a déjà dit au Récollet' – sans nier pour cela que l'ouvrage 'soit lu avec plaisir par un grand nombre de personnes'.[25] Même constatation chez Crébillon, ou du moins chez Néadarné, autre figure du 'bon' lecteur souhaité par Marivaux: 'Qu'importe que l'on se répète, si l'on peut

---

24. Michel Fournier, 'La "révolution" de la lecture romanesque au XVIIIe siècle en France: institutionnalisation de la lecture et émergence d'une nouvelle sensibilité', dans *Revue d'histoire moderne et contemporaine* 54:2 (avril-juin 2007), p.72. Sur la mise en branle de ce processus, voir Michel Fournier, *Généalogie du roman: émergence d'une formation culturelle au XVIIe siècle en France* (Sainte-Foy, 2006).

25. Pierre François Guyot Desfontaines, 'Lettre XL' (février 1734), dans *Observations sur les écrits modernes*, t.3 (Paris, Chaubert, 1735), p.233. ('De plus il y a dans cette troisième partie des répétitions désagréables. Climal, représenté plusieurs fois à Marianne qu'elle est née sans bien et sans ressource, et cette fille redit à l'Abbesse ce qu'elle a déjà dit au Recollet. Ces défauts n'empêchent pas que l'ouvrage ne soit lu avec plaisir par un grand nombre de personnes').

donner un air de nouveauté à ce que l'on a déjà dit?'[26] Avec la digression, le néologisme et l'analyse du sentiment, le bégaiement s'impose aussitôt comme une des caractéristiques essentielles, un des éléments de définition du marivaudage romanesque.

26. Crébillon fils, *Tanzaï et Néadarné. Histoire japonaise*, (1734), éd. Jean Sgard (Paris, 1999), p.360.

III

Postérité du marivaudage

Quelques héritiers du marivaudage

KARINE BÉNAC-GIROUX

S'il est vrai que tout un ensemble de comédies, au siècle des Lumières, est marqué par une réflexion interne du genre sur les fondations de l'identité personnelle, dans un siècle qui verra avec Helvétius l'individu désormais écartelé entre les passions et l'ennui, les comédies marivaudiennes nous paraissent amorcer largement ce mouvement de réhabilitation des passions:

> Le recentrage du savoir autour de la valeur terrestre et sociale d'utilité (désormais, la connaissance se donne pour fin l'application de ses résultats au bonheur de l'individu et de la cité) s'autorise d'un discours anthropologique nouveau, résultant de l'acclimatation en France de la philosophie lockienne, et auquel Kant donnera en 1781 le nom d'"empirisme'. Décrit comme un être constitué par l'ensemble de ses expériences, qui tirent leur légalité du témoignage premier des sens, l'homme échappe aux passions dualistes qui permettaient de dénoncer l'emprise des passions sur l'esprit.[1]

Ces dernières nous semblent pouvoir donc être appréhendées comme un lieu de résonance et de représentation original du sujet sensible et passionné: chez les personnages marivaudiens, la quête de l'amour est toujours aussi en même temps un cheminement complexe et pas toujours abouti vers une véritable quête de soi, qui fait affleurer la puissance de l'amour-propre, les méandres du désir ainsi que la difficulté d'être soi parmi les autres.

Nous proposerons de ce fait comme base de travail une définition du marivaudage en tant qu'ensemble de dialogues et de structures dramaturgiques[2] réfléchissant par le biais de l'expérimentation, chez Marivaux et ses héritiers,[3] sur la construction du sujet sensible. Celui-ci

---

1. Florence Lotterie, 'Mutation des savoirs au XVIIIe siècle: de Dieu à l'homme', dans *Histoire de la France littéraire. Classicismes: XVIIe-XVIIIe siècles*, éd. Jean-Charles Darmon et Michel Delon (Paris, 2006), p.200.
2. Ce qui nous renvoie directement à la proposition de Jean Goldzink, 'Qu'est-ce que le marivaudage?', p.97: 'Le marivaudage, en tant que pratique dramatique est donc d'abord une structure d'emboîtement à vocation comique, ouverte à l'artifice. Le réduire au monde des maîtres amoureux-sans-le-savoir, c'est effacer sa dialectique constitutive. Du coup, la construction spéculaire fait jouer ensemble *deux* rapports au langage et aux sentiments, *conçus l'un pour l'autre*' (souligné dans le texte).
3. Expérimentation chère aux empiristes mais également aux dramaturges, et supposant le

oscillera entre des antagoniques tels que manipulation de l'autre et quête de soi, découverte de l'amour et de son corollaire, l'inconstance, quête du bonheur et tentation de l'apathie. Les personnages se trouvent ainsi confrontés, au sein de situations faisant intervenir le théâtre dans le théâtre, à des désirs nouveaux, des situations inattendues, souvent nés de l'interaction entre maîtres et valets et pouvant mettre au jour des zones d'ombre latentes dans la relation à l'autre ou à soi-même, révélatrices de cette nouvelle conception du sujet qui se fait jour dans la pensée du siècle des Lumières.

A la lumière de ces quelques affirmations préalables, nous aimerions nous demander dans quelle mesure on peut prétendre affirmer que l'on trouve du 'marivaudage' chez des dramaturges de la fin du siècle tels que Collin d'Harleville, Dumaniant ou encore Marsollier des Vivetières. Ceux-ci reprennent de façon plus ou moins nette les canevas de leur prédécesseur, notamment le jeu des échanges d'identités ou celui de l'épreuve. Si ce jeu d'échange est encore envisagé sur le mode comique chez Collin, il tend, avec Dumaniant, à figurer davantage la nouvelle mobilité sociale de façon plutôt grinçante, qu'à réfléchir en filigrane sur la quête de soi du sujet passionné. La notion définie plus haut est-elle encore opérante pour ces dramaturges de la fin du siècle?

Jean-François Collin d'Harleville

Collin d'Harleville utilise très largement le recours aux composantes marivaudiennes dans son œuvre. On retrouve ainsi dans *Malice pour malice* (1803) l'interversion des rôles maîtres / valets. L'idée d'échanger les rôles vient d'un oncle qui prétend tirer parti du stratagème pour punir son neveu et sa nièce de leur présomption et raillerie: il imagine en effet que le fils de son ami, qui doit être dupé, sera assez fin pour comprendre la farce et l'inverser aux dépens des trompeurs. L'objectif est donc essentiellement moral mais aussi affectif: il s'agit de rétablir la justice et de punir les méchants, tandis que l'oncle espère conclure un mariage entre Eusébie, jeune orpheline, et Raimond, ce qui rendrait à Eusébie maltraitée la place qui lui convient. Le jeu dans le jeu est donc une manière d'inverser un ordre dans lequel les méchants triomphent pour en instaurer un nouveau gouverné par la douceur et la justesse, comme le prouve le monologue de M. Saint-Firmin dans la scène d'exposition:

> Que de bruit! quels éclats! pour moi, l'ennui me gagne:
> Voilà comme ma sœur s'amuse à la campagne!

---

recours fréquent à la métathéâtralité. Sur la métathéâtralité dans la dramaturgie de Marivaux et de Destouches, nous renvoyons à notre ouvrage *Destouches: masques et métamorphoses du moi* (Rennes, 2011).

> Quoi! du matin au soir, railler, se divertir,
> Rire aux dépens d'autrui! quel talent! quel plaisir!
> Mais, ce matin surtout, la joie est redoublée:
> Nouveaux préparatifs dans la folle assemblée,
> Parce que l'on attend, pour se moquer de lui,
> Le fils de mon ami!... Cependant, aujourd'hui,
> Je me prête moi-même à ce faux badinage,
> Et je prétends y faire aussi mon personnage:
> J'ai mes raisons. Ceci peut produire un grand bien:
> Puis, s'il en résultait un assez doux lien
> Entre ce même ami qu'à jouer on s'apprête,
> Simple en effet et bon, mais franc, sensible, honnête,
> Et la jeune orpheline, ici, tout à la fois,
> Raillée et maltraitée?... Aimable enfant!... Je crois
> Que ces deux jeunes gens d'avance se conviennent,
> Qu'ils s'aimeront... mais, chut, les voilà tous qui viennent;
> Dissimulons.[4]

On retrouve donc une structure dramaturgique inspirée du *Jeu de l'amour et du hasard* (Marivaux, 1730), pièce qui fascine manifestement Collin d'Harleville puisqu'il lui avait emprunté également son canevas dans *Les Châteaux en Espagne* (1789): l'oncle, chez Collin (le père chez Marivaux), encourage l'interversion des rôles dans le but que les deux jeunes à marier se rencontrent et se plaisent. Cependant, la combinaison est plus complexe chez le premier dans la mesure où M. Saint-Firmin veut faire d'une pierre deux coups: donner le rôle de la jeune première à l'orpheline et lui obtenir un beau mariage d'une part, et punir ses neveux, d'autre part. Du fait de ce double objectif, la comédie s'inscrit dans le sillage de la comédie morale d'un Destouches par exemple, dans celui de Marivaux sur le plan du jeu et de la structure dramaturgique, tandis que la transformation de Raimond en médecin induit un rappel immédiat à Molière et donne à cette comédie assez complexe des allures de farce. En outre, les premiers mots de l'oncle, qui fustige les railleries et commérages auxquels se livre sa famille tracent un lien avec la critique de Célimène dans *Le Misanthrope*.

Conformément à l'intrigue du *Jeu de l'amour et du hasard* on retrouve une structure dramaturgique qui fait appel à la complicité du spectateur et une figure masculine surplombante: celle de l'oncle. Mais le plaisir du jeu se double d'une intention morale qui mène Raymond à tourner en ridicule ceux qui ont voulu se moquer de lui et qui, prisonniers de la bonne opinion qu'ils ont de leur ingéniosité, ont sous-évalué l'intelligence de leur hôte. Le marivaudage acquiert donc ici une dimension

---

4. Jean-François Collin d'Harleville, 'Supplément', dans *Malice pour malice. Répertoire du théâtre français ou recueil des tragédies et des comédies restées au théâtre depuis Rotrou*, t.25 (Paris, 1819), p.539-40.

encore plus complexe: tantôt il devient presque parodique, dans la mesure où l'intrigue fait référence à son acception courante – divertissement badin menant les personnages amoureux à avouer leur amour – pour la détourner et s'en moquer; tantôt au contraire, si l'on se réfère à sa dimension expérimentale, il se déploie pleinement: confrontés aux autres et à leurs propres limites, les personnages progressent dans la prise de conscience de leur complexité, grâce à une intrigue réfléchissant sur l'identité personnelle, de plus en plus problématique au siècle des Lumières.

L'intention parodique, tout d'abord, se manifeste notamment par l'échange des rôles, qui transforme Mlle Dolban en Marton et Mme Dolban en gouvernante. Mais la scène célèbre de marivaudage entre Dorante et Silvia, qui voit Silvia en proie à la parole séductrice d'un domestique bien plaisant devient une scène entre la prétendue Marton et Frontin (II.i), où la maîtresse se retrouve en effet à la merci du valet qui finit par l'embrasser à son corps défendant, ce qui crée une scène très comique où le valet ne peut saisir pour quelle raison ce baiser-là lui attire tant d'ennuis (II.v). Le renversement de perspectives prouve la perte de la maîtrise de la jeune fille, qui voit sa superbe s'effilocher: nous ne sommes plus chez Marivaux et le cadre devient réaliste. Le maître qui troque sa place contre celle du valet se confronte concrètement à la classe inférieure. Cette scène bien évidemment rappelle la tentative de séduction d'Euphrosine par Arlequin dans *L'Île aux esclaves*, dont Eric Massé avait bien montré la violence dans sa mise en scène, en suggérant un quasi viol de la jeune femme.[5] Chez Collin d'Harleville, la scène est plus farcesque puisque jouant sur le cliché du trompeur trompé. Par ailleurs, Raymond – comme Arlequin – ne cesse de remettre la fausse Marton à sa place, de la reléguer à son rang de suivante, ce qui l'empêche de triompher. La vanité féminine, qui était déjà mise à mal par Marivaux, est ici définitivement fustigée par Raymond, médecin par malice qui, héritant du scénario moliéresque, affirme hautement son autorité en envoyant la fille faire le guet pendant qu'il courtise Eusébie avec ostentation (II.ix) après avoir expédié la mère dans son lit (II.vii). Le recours à l'artifice est d'ailleurs ici intéressant en ce qu'il n'est nullement utilisé pour s'introduire auprès de la jeune fille aimée, mais pour se moquer de la mère et inverser les rôles.

Au sujet de la dimension expérimentale de l'œuvre marivaudienne rappelons, en référence aux conclusions proposées par Jean-Paul Sermain, que du passage par le masque naissaient plusieurs dimensions du désir dans *Le Jeu de l'amour et du hasard*: soulagement pour Silvia, suivi

---

5. Marivaux, *L'Île des esclaves*, mise en scène d'Eric Massé, création au Théâtre de Villefranche-sur-Saône – Les Célestins, Théâtre de Lyon, 2005-2006.

du désir de revanche sur les hommes et de celui de croire un instant avoir triomphé d'eux; chez Dorante naissait le sentiment romanesque de l'amour absolu supérieur aux conventions sociales, suivi d'une désillusion.[6] Chez Collin d'Harleville, le fait que Raymond décrypte la pièce et inverse son intrigue équivaut à une vraie critique de l'inflation de l'amour-propre, associée à une sorte de prise de conscience de ce que le jeune homme se doit à lui-même. Trop de présomption tue le jeu et la lucidité qui est nécessaire pour le mener à bien. Trop de confiance en soi fait de mauvais comédiens, trop d'amour de soi ne laisse pas la place à la distance nécessaire à la bonne interprétation du rôle. Ici d'ailleurs, Marivaux et Collin d'Harleville se rejoignent: aucun personnage ne parvient à jouer son rôle, prisonnier qu'il est de son identité et de ses habitudes langagières entre autres. De fait, la pièce dans la pièce commence sur un lapsus de la fausse Marton et son excès d'assurance fait que l'oncle lui-même doit la remettre à sa place. Comme dans bon nombre de ses comédies, Collin d'Harleville s'attaque aussi à l'excès d'imagination, corollaire de l'inflation de l'amour de soi, qui fait perdre de vue le réel. De même que son personnage de l'Inconstant échafaudait rêve sur rêve, comme celui des *Châteaux en Espagne*, Florimel et Gélon sont pris à leur propre piège: leur excès d'imagination, qui est aussi confiance infatuée en leur soi-disant pouvoir de manipuler l'autre, devient carrément grotesque. Raimond prenant à son propre piège Gélon affirmant être le grand pacha Passwan-Oglou (III.v) ne fait que souligner le ridicule de ce jeu outré, caricatural.[7] L'ensemble de l'intrigue, fondé sur le principe du trompeur trompé, fait en sorte que soient pris à leur propre piège ceux qui aiment à se moquer des autres. Le titre même, *Malice pour malice*, reprise de l'expression biblique 'œil pour œil, dent pour dent', indique la nécessité de rétablir la justice avec mesure: il s'agit de rendre uniquement ce qu'on nous a fait, pas plus, pas moins. Le jeu de Raimond au fond, consiste donc à tirer parti de la situation qu'on lui présente: courtiser celle qui est présentée comme la jeune fille de la maison et renvoyer les autres à leur néant ou leur ridicule, soit en les prenant à leur propre jeu (remettre la soubrette à sa place, répondre à des sornettes par d'autres sornettes, utiliser les pistolets dont on l'a affublé pour proposer un duel à Gélon affolé), soit en se donnant une position d'autorité (le médecin) qui permette d'exploiter la crédulité de la mère soucieuse de sa santé. Le masque ici, permet donc d'inverser la situation initiale pour en faire surgir les enjeux psychologiques et sociaux, tout autant que chez Marivaux, avec une intention morale aussi nette, formulée au final par M. Saint-Firmin pleinement satisfait du résultat de son stratagème:

6. Jean-Paul Sermain, 'Le "marivaudage", essai de définition dramaturgique'.
7. Il lui rétorque qu'il est l'ennemi de toute sa famille et qu'il le cherchait depuis toujours.

> De cette leçon-là vous aviez tous besoin.
> Vous n'épargniez personne: amis, voisins et proches,
> Chacun avait son tour... Mais trêve aux vains reproches:
> C'est Gélon qui, surtout, les avait mérités:
> C'est ce mauvais sujet qui nous avait gâtés.
> Laissons-là, croyez-moi, ce pitoyable style,
> Tous ces rires si faux, cet esprit si facile!
> Oui, soyons désormais l'un pour l'autre indulgents;
> Vivons entre nous tous comme de bonnes gens;
> Et que notre gaieté, toujours naïve et franche,
> Ne blesse plus, pas même en prenant sa revanche.[8]

Etonnamment, Raimond était présenté par son valet comme un garçon crédule, alors qu'il apparaît dans la pièce comme un redresseur de torts doublé d'un séducteur affirmé, qui conte son amour à la belle Eusébie et expédie les importuns. L'attitude même de Raimond, sa lucidité inattendue au vu du portrait de sa crédulité par Lubin, indiquent une capacité de défense, un instinct de survie pourrions-nous dire, qui suggère le déplacement d'intérêt dans la comédie.

Héritier de Molière mais surtout de Marivaux,[9] successeur peut-être aussi de Destouches, Collin propose une comédie d'un style nouveau, à la fois comédie de mœurs, morale et psychologique.[10] Pourfendeur des droits de l'orpheline, le jeune premier défend aussi ce qu'il se doit à lui-même: sa dignité. Avant même le sentiment, il est ici question de la conscience de soi et de ce qui est dû à la personne, qui se considère comme un sujet moral à respecter. Collin d'Harleville, dans ses comédies, poursuit donc cette investigation caractéristique de tout le dix-huitième siècle sur ce qu'est l'homme, sur le mystère de ses contrastes internes (l'homme qui fait des châteaux en Espagne est aussi égocentrique que généreux, le père de famille optimiste aussi altruiste qu'égocentrique), sur le nécessaire 'dialogue entre l'homme et sa conscience', seul à même de rétablir l'équilibre entre les hommes:

> Le prodigue à la sienne [sa conscience] a su persuader
> Qu'il était généreux, et l'avare économe.
> Le lâche l'esprit doux: tel s'érige en grand homme,
> En profond politique, et n'est qu'un intrigant;
> Tel se dit un héros, qui n'était qu'un brigand.
> Même en se repaissant de vengeances, de haines,

---

8. Collin d'Harleville, *Malice pour malice*, acte II, scène ix, p.439.
9. Cette filiation est expressément revendiquée par le poète dans *Le Poète et son jardinier. Dialogue*, des *Poésies fugitives*, dans *Théâtre et poésies fugitives*, 4 vol. (Paris, 1805), qui dit de lui: 'Je crois t'avoir parlé quelquefois de Molière / Mon maître, mon modèle' (t.4, p.69).
10. Nous avons tenté de montrer dans notre ouvrage, *Destouches: masques et métamorphoses du moi*, comment cette comédie qu'on dit 'moralisante' réunit elle-même plusieurs influences et orientations.

> On se croit au-dessus des faiblesses humaines
> [...]
> Pour une vraie il est dix fausses consciences.[11]

Ainsi, la douceur d'Eusébie dans son rôle de maîtresse permet de souligner par contraste sa grandeur d'âme et la mesquinerie de la jeune fille de la maison, comme l'indiquent les propos crus de Lubin racontant à Mlle Dolban-Marton le soulagement de son maître découvrant en la jeune fille de la maison le contraire de ce qu'on lui en avait conté (II.ii):

> Sans doute il ne s'attendait pas
> A la voir ce qu'elle est: on nous disait, là-bas,
> Que cette demoiselle était capricieuse,
> Babillarde, étourdie, et surtout très railleuse.[12]

Sont alors dévoilés les caractères, sans que les personnages ne cheminent vers une vérité de soi de leur propre gré. Le masque n'est pas pris par les maîtres pour éprouver l'autre mais pour le dominer, et le redoublement du masque permet de rétablir l'équilibre en prenant le dominateur à son propre jeu. La dimension du jeu reste donc fondamentale, mais peut-être encore plus existentielle que chez Marivaux. Tandis que chez ce dernier s'éprouvait, à la faveur du jeu, l'opacité du moi et l'aveu de la passion qui le fonde, l'amour de soi, chez Collin le cheminement du personnage vers l'affirmation de son désir propre s'accompagne, plus clairement que chez son devancier, d'une réflexion d'ordre anthropologique: le sujet découvre autant ce qu'il est – un individu crédule mais capable de prendre l'autre à son propre piège s'il cherche à se moquer de lui – que ce qu'il peut devenir à la faveur de ses actes.[13] L'individu se construit désormais avant tout dans l'action: en s'engageant, Raymond déjoue ses ennemis mais aussi et surtout, gagne l'admiration d'Eusébie et sa main. On voit combien Collin d'Harleville prend en compte les préoccupations philosophiques de son siècle. La prise du masque constitue bien en conséquence le lieu d'une véritable réflexion sur le désir individuel. Mais s'il était essentiellement – mais pas toujours – chez Marivaux d'ordre affectif, il s'agit plus globalement chez Collin d'un désir légitime d'affirmation de soi et du droit de l'individu au respect d'autrui. La malice infligée à l'autre, selon la loi du talion, n'est donc qu'un passage nécessaire au rétablissement de l'équité entre les individus. Le personnage principal, qui doit déjouer les pièges des autres pour obtenir ce qu'il veut, affirme du même élan ce qu'il est.

---

11. Collin d'Harleville, *L'Homme et sa conscience. Dialogue, Poésies fugitives* dans *Théâtre et poésies fugitives*, t.4, p.79-80.
12. Collin d'Harleville, *Malice pour malice*, p.375
13. Nous avons traité cette question dans notre article, 'De l'amour et de ses surprises', dans *Marivaux ou les préjugés vaincus?*, éd. Catherine Ailloud-Nicolas (Paris, 2009).

Reste des points communs nets entre Marivaux et son héritier: à la faveur des retournements de l'intrigue, de la métathéâtralité et des oppositions langagières les personnages se découvrent, fût-ce dans la déception. Eusébie découvre ainsi le plaisir d'être aimée et courtisée, passant du statut d'orpheline à celui de maîtresse des lieux. Raimond comme Eusébie affirment des parts jusque-là peu connues d'eux-mêmes: le premier prouve l'étendue de son inventivité et de son amour. L'amour de soi, au sens du respect de ce que l'on se doit à soi-même devient dans cette comédie le sentiment légitime, en lutte contre un amour-propre prêt à aliéner l'autre et à le détruire. Eusébie quant à elle s'affranchit de la tutelle des jeunes gens dominateurs et méprisants pour risquer quelques audaces et s'avouer son amour.

Dans *Le Jeu de l'amour et du hasard*, les personnages restaient malgré tout prisonniers à la fois de l'ordre social et de l'ordre du père, brandissant sa lettre au dénouement sans précaution aucune.[14] Nous sommes désormais à la fin du siècle, et de nouvelles configurations familiales et sociales se dessinent. La concertation entre M. Saint-Firmin et Raimond indique l'alliance de l'ancien et du nouveau, tandis que les premiers rôles joués par l'orpheline et le jeune homme 'simple mais franc' sont la marque du déplacement de l'intérêt du dramaturge vers des individus obscurs mais attachants. Cette comédie porte la marque de la naissance du drame. L'orpheline qui joue à être la maîtresse le devient, en somme, effectivement en concluant son mariage et en passant du statut de victime à celui de femme désirée. Le changement de rôles, bien plus subtil que celui du *Jeu*, témoigne en conséquence de la nouvelle mobilité sociale et affective de cette fin de siècle, fondée sur une conception de l'individu qui grâce à un amour de soi bien dosé peut triompher de ceux qui veulent abuser de lui.

Si la notion de marivaudage nous paraît encore opérante ici pour désigner ces jeux dramaturgiques reflétant la constitution du sujet parmi les autres et le rôle fondateur du désir et de l'amour de soi, il est clair cependant que nous assistons, dans cette série d'allusions parodiques, à un élargissement de la notion qui s'en trouve étendue à une réflexion d'ordre aussi bien anthropologique que social sur la construction du sujet.

La comédie de la fin du siècle peut également jouer sur la théâtralité ou le jeu dans le jeu pour signifier très directement le bouleversement social et le triomphe des escrocs ainsi que le rôle de premier plan des domestiques dans les malversations. Une telle interrogation se double cependant toujours d'un questionnement en filigrane sur la constitution

---

14. Voir à ce propos l'article de René Démoris, 'Violence et loi du père chez Marivaux', dans *Marivaux: jeu et surprises de l'amour*, éd. Pierre Frantz (Oxford et Paris, 2009).

du sujet parmi les autres, sujet d'autant plus difficile à cerner qu'il n'existe plus désormais aucune règle morale préalable, extérieure à l'individu.

Antoine-Jean Bourlin Dumaniant

Le titre de la comédie de Dumaniant, *Les Intrigants ou Assaut de fourberie* (1787), annonce assez le thème de la pièce.[15] Excepté la jeune Eulalie, enlevée à ses parents à l'âge de quatre ans mais ignorant tout, les autres personnages sont tous au service de M. Antoine, lequel cherche à faire épouser sa fille adoptive par un riche jeune homme de la noblesse. Cette comédie repose sur un jeu symétrique de dissimulation qui rappelle évidemment, une fois encore, celui du *Jeu de l'amour et du hasard*. Les deux jeunes gens, qui sont en fait des roturiers (Eulalie est fille d'un négociant) sont tous deux dissimulés sous l'identité de marquis et de comtesse, tous deux mal à l'aise à l'idée de tromper l'autre. La scène des aveux (III.ii) rappelle directement ceux qui ont lieu entre les domestiques, Lisette et Arlequin, dans la comédie de Marivaux.[16] Ce qui est très nouveau chez Dumaniant, c'est la reprise du thème du double masque endossé par des maîtres qui, ici, ne sont ni riches, ni dans leur bon droit. Eulalie doit confesser, en parlant d'Antoine, qu'elle a paru 'complice de ses indignes manœuvres' tandis que Dorival, faux Marquis de Courbières, se doit de lui avouer qu'il a suivi les ordres de Champagne pour tenter de s'enrichir et qu'il a eu tort. La scène donne lieu à un quiproquo dans la pure tradition comique; surtout, les aveux sont précédés d'une série de commentaires des deux personnages visant à atténuer les aveux qu'ils ont à faire et manifestant leur difficulté à parler. Cette difficile confession rappelle donc directement les questions hésitantes d'Arlequin au moment de se confesser.[17] Chez Marivaux, cependant, les valets après cette reconnaissance réciproque forcément très décevante pour l'autre, réaffirmaient leur amour l'un envers l'autre et faisaient contre mauvaise fortune bon cœur. Chez Dumaniant, l'affaire est plus délicate. Les faux nobles sont en réalité des jeunes gens mus par la crainte ou par l'intérêt. Personne n'est lavé du soupçon. La comédie joue donc avec ses prédécesseurs pour suggérer l'évolution du genre lui-même parallèlement à celle de la société. Il n'est plus possible désormais de

---

15. Antoine-Jean Bourlin Dumaniant, *Les Intrigants ou Assaut de fourberie* (Paris, Cailleau, 1788).
16. De même, la scène au cours de laquelle Lolive, jouant le père du jeune marquis, demande à voir la cave (II.vii) en se comportant très familièrement, rappelle celle du *Jeu de l'amour et du hasard* où Arlequin se présente en maître dans la maison et demande où sont 'son beau-père et sa femme' (I.vii); dans Marivaux, *Théâtre complet*, éd. Frédéric Deloffre et Françoise Rubellin, t.1 (Paris, 1996), p.811.
17. 'Mon nom? Lui dirai-je que je m'appelle Arlequin? Non; cela rime trop avec coquin' (III.vi), Marivaux, *Le Jeu de l'amour et du hasard*, p.839.

représenter dans la comédie des jeunes gens simplement préoccupés de leur bonheur dans le mariage. Au contraire, la comédie devient le reflet d'un mouvement de brassage social où maîtres et valets intervertissent sans cesse leurs rôles, comme l'indique le récit que Champagne fait de son passé de maître spolié par son valet devenu riche.

Cette comédie conserve cependant quelque chose du caractère héroïque du personnage de Dorante, puisque Dorival se propose immédiatement de racheter sa conduite et de devenir digne d'Eulalie: 'Mon assiduité, mes soins, ma constance, me mettront peut-être à portée de faire le bonheur de celle à qui j'aurai dû le repos et l'honneur, le premier et le plus précieux de tous les biens.'[18] Le passage par l'identité factice a donc permis au personnage une réflexion sur soi-même assortie d'un véritable repentir: le dialogue permet de se dissocier de ce que l'on a été et de s'engager dans un autre avenir. La comédie prend par conséquent une tournure très marivaudienne, dans la mesure où le dialogue constitue le moyen privilégié de la métamorphose. Les deux jeunes gens, grâce aux aléas du jeu dans le jeu, ont pu se construire une nouvelle histoire, incluant des aspects d'eux-mêmes assez obscurs. D'ailleurs, Dorival accusant Champagne d'être responsable de tout fait songer à l'accusation finale du Dorante des *Fausses Confidences* chargeant Dubois et se lavant lui-même des fautes, rappel qui n'est pas à l'avantage de Dorival. Si Eulalie semble donc préservée, ici, d'une réelle faute morale, force est de constater qu'elle a malgré tout consenti à mentir. Tous les personnages sont d'autant plus intéressants qu'ils ne sont pas uniformes et passent leur temps à hésiter sur la conduite à tenir, redoublant la référence marivaudienne de clins d'œil à Molière, mais aussi à Lesage ou, plus près d'elle, à Beaumarchais.

Les valets occupent ainsi, finalement, le devant de la scène même si les caractères ne sont que sommairement esquissés: on s'intéresse davantage, au fond, au sort de Champagne, aux choix qu'il va effectuer, aux réussites de ses mises en scène, au succès de sa vengeance projetée envers Henri qui lui a autrefois tout dérobé, qu'au sort des deux jeunes gens qui sont beaucoup moins présents que lui sur la scène. Champagne surprend d'abord les plans de ses adversaires au premier acte, après avoir introduit son maître chez eux; il orchestre ensuite l'apparition de Lolive au deuxième acte, avant d'avertir le commissaire et d'amener un dénouement heureux au troisième acte. L'intrigue est donc davantage fondée sur ses hésitations et ses choix variant au gré des découvertes et stratégies de ses ennemis, que sur les amours des deux jeunes gens, assez secondaires ici.

Les rappels du marivaudage, quoique évidents, restent malgré tout

---

18. Dumaniant, *Les Intrigants*, III.ii, p.40.

concentrés sur les seuls personnages des maîtres et ne gagnent pas l'intrigue dans sa totalité. De plus, le valet œuvre en conséquence aussi bien pour lui que pour son maître et les hésitations et retournements de l'intrigue sont aussi bien la manifestation d'une nouvelle liberté du genre mimant les retournements sociaux, que celle de la nouvelle identité du valet désormais inclassable, tantôt du côté de la maîtrise, tantôt de celui de la servitude. L'ensemble des masques portés par les autres protagonistes fait d'ailleurs de toute la comédie le lieu d'une mascarade généralisée où les barrières sociales sont désormais totalement mouvantes. On touche ici très certainement aux limites de ce que nous avons défini comme 'marivaudage'.

Benoît-Joseph Marsollier des Vivetières

Nous retrouvons enfin l'idée de la quête de soi parmi les autres dans une comédie de M. Marsollier des Vivetières, *Céphise ou l'Erreur de l'esprit* (1784).[19] Céphise, l'héroïne, est promise à Solange, ennemi des gens d'esprit et fort ami de son père, le baron. La jeune femme, dont la didascalie de présentation indique qu'elle 'donne dans la littérature', écrit elle-même des vers pour lesquels elle quête une approbation de Solange et se laisse charmer par le chevalier de Rosemont, qui lui ouvre la voie des plaisirs et de la galanterie parisienne. Solange, quant à lui, attend de Céphise qu'elle vienne vivre avec lui à la campagne, renonçant à la vie parisienne et à ses plaisirs, ainsi qu'à la compagnie des gens d'esprit. Nous avons là un nouveau traitement d'un thème rencontré maintes fois depuis *Le Misanthrope*, chez Destouches (*Les Philosophes amoureux*, 1729) et Boissy (*La Surprise de la haine*, 1734). Cependant ici, Céphise n'est ni une coquette ni une femme haineuse. Elle est au contraire définie par sa sensibilité et son bon cœur, qui entraînent son revirement final.

Renouant avec la tradition marivaudienne de l'épreuve, la comédie nous propose une série d'expérimentations qui va entraîner ladite métamorphose. Solange, après une dispute au cours de laquelle les deux personnages se sont rendu leur parole, feint d'être parti pour observer les réactions de Céphise. Confrontée à la seule présence du chevalier, celle-ci découvre sa vacuité et ses propres erreurs. Tout se finit bien avec la réapparition organisée de Solange et du baron.

Il faut à Céphise la double épreuve du feint départ de Solange et celle du regard critique de la société sur elle, reflété par Rosine sa femme de chambre, pour qu'elle reconnaisse ses torts, particulièrement envers son père et Solange. Le baron, son père, décide en effet Solange à feindre de

---

19. Benoît-Joseph Marsollier des Vivetières, *Céphise ou l'Erreur de l'esprit* (Neuchâtel, 1784).

partir, tandis qu'il écrit à sa fille une lettre lui reprochant sa vanité. Rosine, chargée par Solange de faire croire en son départ, accepte sur les instances de sa maîtresse, de lui avouer que la société considère sa conduite comme 'légère' (scène xviii, p.43). Enfin, Céphise finit par lire la lettre de son père qui l'ébranle, devant ce dernier et son amant qui l'observent à la dérobée, avant de se dévoiler (scène xx). L'épreuve est par conséquent minutieusement agencée pour renvoyer à la jeune femme un reflet creux d'elle-même et l'inciter à aller dans le sens voulu par le père. La pièce joue donc du thème du miroir cher à Marivaux, thème que l'on retrouve bien développé dans *L'Ile des esclaves* (1725), où Cléanthis raconte les coquetteries et les abus de sa maîtresse, ou encore dans *L'Ile de la raison* (1727). Le récit de Rosine suffit, ici, à dessiller le regard de Céphise, en appelant à sa compassion. Cependant, le départ de l'être aimé, comme sa critique, sont autant de blessures infligées à l'amour-propre de Céphise et à l'origine de sa capitulation. De même que dans *La Coquette fixée* de La Bruère (1746), la reddition ne venait qu'à la suite d'une stratégie très organisée, de même ici le renoncement de Céphise à ses aspirations de femme d'esprit vient de ce jeu de concertation entre Rosine et Solange, jeu dans lequel Rosine joue le premier rôle. Ainsi l'amendement de la prétendue femme de lettres, quoique représenté dans une comédie pleine de bons sentiments et s'achevant sur un repentir superbe, laisse néanmoins un arrière-goût amer, ponctué d'ailleurs par les 'larmes' de Céphise et son reproche à son père d'avoir écrit une 'lettre cruelle' (p.45). La pièce, qui pose la question de la part de pouvoir, de choix personnel et de liberté accordée à la femme, se conclut en réalité sur le pouvoir du père (dont la lettre quoique pleine de sensibilité n'en est pas moins une condamnation claire de son attitude fustigeant le 'faible intérêt de la vanité') ainsi que sur celui de Rosine associée à Solange. Or Rosine n'est pas une femme de chambre ordinaire. La didascalie qui la présente indique 'femme de chambre de Céphise, traitée avec distinction', tandis qu'elle-même insiste dès la scène d'exposition sur les revers de fortune qui ont fait d'elle une femme de chambre au lieu d'une comtesse.[20] La fin de la pièce, elle aussi, conclut sur les changements inattendus du sort qui inversent les situations.

Cette comédie reprend de fait des motifs assez attendus pour suggérer l'édification morale du personnage principal, tout en mettant en place implicitement d'autres pistes de lecture 'à la Marivaux': l'expérimentation contribue à brouiller les frontières entre ce qui est moral et ce qui ne l'est pas. Elle mène les personnages à se confronter les uns aux autres

---

20. '[J]'ai été élevée avec elle; nous avons reçu la même éducation: ma famille a éprouvé des malheurs. [...] Céphise est comtesse, et Rosine est femme de chambre' (Marsollier des Vivetières, *Céphise*, p.5).

en quête de soi, sans donner véritablement de réponse au spectateur. Elle joue également de la fluctuation des frontières sociales et des fréquents revers de fortune pour suggérer une sorte d'instabilité générale. Par exemple, la déclaration liminaire de Rosine place l'ensemble de ses actions sous le signe de la frustration et du regret. Aider Solange à prendre Céphise au piège, c'est la pousser à renoncer à ses rêves d'écriture et la renvoyer au fond des terres de son père. La tirade de Rosine clôturant la première scène (et affirmant 'le cœur, monsieur, aura son tour: il parlera, l'esprit alors n'aura plus qu'à se taire', p.6) nous rappelle assez nettement celle du Dubois des *Fausses Confidences*: 'Quand l'amour parle, il est le maître, et il parlera' (I.ii). Lorsque Dubois profère cette réplique, Araminte n'a même pas encore rencontré Dorante; la réplique fait la preuve d'un aplomb étonnant de la part de Dubois, dont la suite des machinations explique pour partie cette certitude. La reprise de la même réplique dote Rosine d'un sens de la machination qui n'était pas si évident au premier abord, mais qui confère à l'ensemble de la pièce une grande ambivalence et la range du côté d'un marivaudage des plus cruels.[21]

Ce rapide panorama de la postérité du marivaudage chez trois auteurs s'inspirant chacun à leur manière des structures dramaturgiques marivaudiennes nous a permis de voir évoluer aussi bien les formes mêmes de la comédie que la définition même que nous avons pu construire du marivaudage. Défini comme ensemble de structures dramaturgiques réfléchissant, sur l'impulsion d'un Marivaux lui-même inscrit dans la mouvance empiriste, sur la constitution du sujet sensible, le marivaudage est particulièrement repérable dans la dramaturgie d'un Collin d'Harleville, qui s'en joue parfois mais le prolonge aussi, dans une perspective très anthropologique: sa dramaturgie cherche à penser les nouveaux fondements du sujet que sont l'amour de soi bien compris ainsi que l'imagination.

De son côté, Marsollier des Vivetières hérite assez finement du marivaudage la quête de soi et son corollaire, le brouillage des identités associé à un jeu de manipulation qui conserve aux personnages toute leur opacité. Enfin, Dumaniant, s'il conserve certaines structures marivaudiennes qui permettent de représenter des jeunes gens en quête de leur identité dans un jeu constant avec le masque, ne conserve au fond que quelques traces du marivaudage, le couple de jeunes premiers étant de fait relégué au second plan au profit d'une intrigue donnant toute leur place aux valets. Ce concept demeure néanmoins efficient, au sens où l'engagement dans l'action et le désir permettent à l'individu d'accéder enfin à l'existence et au sentiment amoureux. Remarquons

---

21. Voir R. Démoris, 'Violence et loi du père chez Marivaux'.

également que les deux premiers dramaturges conservent le caractère souvent cruel des expérimentations marivaudiennes. Malgré tout, seul Collin d'Harleville nous paraît véritablement faire fructifier l'héritage: de fait, non seulement il réemploie une structure dramaturgique chère à Marivaux, fondée sur l'échange des rôles et la métathéâtralité, mais en outre il en étend pleinement la dimension expérimentale puisque l'intrigue explore, en jouant sur les situations limites avec une quasi-indécence, l'envers des relations sociales et affectives ainsi que la plasticité de l'identité personnelle dont l'inventivité va de pair avec une conscience morale en plein essor.

Le marivaudage en espagnol: avatars d'un mot français en terres hispaniques

LYDIA VÁZQUEZ et
JUAN MANUEL IBEAS

En 2011, le terme marivaudage n'existe toujours pas dans le *Diccionario de la RAE* (*Dictionnaire de l'Académie royale de la langue espagnole*), ce qui paraît étonnant dans une langue moins réticente que d'autres à adopter des mots étrangers, et à les hispaniser en les adaptant aux niveaux phonétique et orthographique.

Or, avec cette réflexion nous prétendons prouver que non seulement le vocable est bien intégré dans la pratique langagière de l'espagnol, en Espagne comme en Amérique, mais que, de plus, il apporte, par rapport à son sens français, des traits spécifiques qui l'enrichissent et le singularisent. Une recherche annexe en catalan nous a conduits à des conclusions assez proches que nous avons voulu intégrer dans ce bref aperçu autour des avatars de ce terme qui nous est cher et qui s'est promené en terres espagnoles et américaines depuis le dix-huitième siècle jusqu'à nos jours, et ce en défiant les difficultés de prononciation et d'écriture.

Elena Soriano et Carlos Gurménez font naître le phénomène du marivaudage (plutôt que le terme) en France, au dix-septième siècle, avec la comédie de Molière où les femmes sont les prototypes d'une nouvelle figure sociale (la femme savante ou la précieuse ridicule en sont les manifestations ironiques) équivalente à la figure masculine de l'honnête homme: elle est 'sincère, loyale, consciente de ses devoirs individuels et sociaux'.[1] Selon les critiques, le marivaudage de Marivaux trouverait son origine dans la combinaison de cette figure profondément sociabilisée au profil délicatement féminin et d'une mise en scène de l'alambiqué liée à une subtile rhétorique sentimentale. Ce marivaudage, marque de la haute société, c'est-à-dire du 'monde', exigerait non seulement de la coquetterie et de l'astuce (qualités que l'on peut qualifier de typiquement féminines) mais aussi une certaine culture, de

---

1. Elena Soriano et Carlos Gurménez, *Literatura y vida: Defensa de la literatura y otros ensayos* (Madrid, 1993), p.199. Toutes les traductions en français qui apparaissent dans cet article sont les nôtres.

l'ingéniosité et du talent. Or, si le marivaudage (ici le terme) est typiquement français (puisque l'origine revient, on ne saurait nier l'évidence, à Marivaux lui-même), on ne doit pas oublier qu'on en trouve des manifestations antérieures bien précises et tout aussi brillantes.[2] Les héroïnes de Lope, de Shakespeare et de Tirso de Molina – les Manon, les Merteuil, les Julie ou les Corinne n'en seraient que les échos plus ou moins réussis.

En 2005, le TNC (Théâtre national de Catalogne) affiche *Les Fausses Confidences* de Marivaux, mise en scène par Belbel, le nouveau directeur du TNC, et montée en catalan. Lors de la présentation, Belbel aborde la question du marivaudage en catalan: selon lui, Marivaux est peu représenté en Espagne, sans doute à cause de la popularité d'un marivaudien avant la lettre, Molière. Mais ce qui nous intéresse, c'est la réponse de Belbel à la question sur la difficulté de la traduction du texte marivaudien en catalan: 'Elle a été très complexe. J'avais déjà réalisé une traduction il y a dix ans pour un atelier de l'*Instituto del Teatro*. C'était une version très littérale, et elle n'a pas fonctionné. J'ai donc décidé d'adapter très librement les tournures linguistiques.'[3] En somme, le marivaudage pour Belbel serait un jeu rhétorique, linguistique qui se situerait au-delà du langage, de la littéralité. Le secret de la bonne translation se trouverait aux origines de ce 'jeu' théâtral, car le marivaudage (ainsi 'dit' par le metteur en scène), s'il est 'un style très particulier forgé par Marivaux' qui signifie 'affectation, sophistication de la langue, intrigues raffinées et recherchées propres de la galanterie'[4] trouve son essence dans *El Perro del hortelano*, de Lope de Vega.[5]

Dans le même sens d'une recherche de sources espagnoles du marivaudage, Evangelina Rodríguez signale dans son édition des *Novelas amorosas de diversos ingenios (siglo XVII)* Mariana de Carvajal et sa *Vénus de Ferrara* (1633), 'où se développe une intrigue de feintes et de croisements d'identités dignes de ce que le siècle suivant en France, en hommage au délicieux Marivaux, appellera marivaudage'.[6] L'accent est ici mis sur le travestissement, sur l'échange d'identités propre au théâtre de Marivaux. Mais avant Marivaux, il s'agit ici d'une Espagnole, Mariana de Carvajal. Shakespeare a été cité comme antécédent d'un marivaudage moins

2. Sur les sources espagnoles de Marivaux, voir Fréderic Deloffre, 'Notice', de *Pharsamon, ou les Nouvelles folies romanesques*, dans *OJ*, p.1163-231. Voir aussi Jean-Paul Sermain, *Le Singe de Don Quichotte: Marivaux, Cervantes et le roman postcritique*, SVEC 368 (1999), p.44-103.
3. Propos recueillis par Liz Perales, 'El Cultural', *El Mundo* (17 novembre 2005), http://www.elcultural.es/version_papel/TEATRO/15920/Sergi_Belbel
4. L. Perales, 'El Cultural', *El Mundo*.
5. *Les Fausses Confidences* de Marivaux est un remake du *Perro del hortelano*, pièce baroque de Lope de Vega.
6. *Novelas amorosas de diversos ingenios (siglo XVII)*, éd. Evangelina Rodríguez (Madrid, 1986), p.40.

français que ce que le nom pourrait donner à entendre. Ainsi Marcos Ordóñez renvoie à une certaine tradition de la comédie victorienne pour justifier le 'marivaudage', certes surprenant, de la pièce de Mamet *Boston marriage* (1999):

> Triple surprise: *Boston marriage*, la pièce de Mamet, est *a)* une comédie 'd'époque', *b)* exclusivement féminine et *c)* qui finit bien. Il y a une quatrième surprise: le langage. Les phrases courtes comme des coups de fouet, le *stacatto* féroce de ses pièces antérieures, s'effacent ici face à un *marivaudage* de sexe, ambition et tromperie en clé de haute comédie victorienne. *Boston marriage* est donc une intrigue de *boudoir*, épigrammatique et stylisée.[7]

Dès le départ, donc, le marivaudage hispanique (en toutes ses langues) se différencie du français en ce qu'il se prétend d'origine espagnole, voire même britannique, malgré sa dénomination un peu trop précise pour un terme dont la portée serait aussi large.

Par ailleurs le mot connaît une toute autre et non moins passionnante aventure de l'autre côté de l'Atlantique, comme témoigne l'usage qu'en fait le célèbre peintre Ramón Alejandro dans son interview publiée par Emilio Ichikawa Morín dans la revue *Cubaencuentro* en 2006. En 1968, après une première exposition, le succès en Europe d'Alejandro est immense.[8] Il rencontre une bonne partie de l'intelligentsia parisienne à Tanger, et en 1969 il demande un texte de présentation pour sa deuxième exposition à Roland Barthes. Ce texte lui ouvre les portes des galeries et des musées autant que ses toiles elles-mêmes, à tel point qu'il s'en sert à nouveau pour sa troisième exposition parisienne. Or, il l'avoue dans cette interview réalisée presque quarante ans plus tard, il n'avait rien compris aux propos de Barthes, qui égalait le marivaudage à un '*marivodaje* analytique exacerbé né d'une modernité qui personnellement me dérangeait et que j'essayais à tout prix d'éviter'.[9] Il est vrai que notre peintre cubain réside à Paris et qu'il pourrait avoir été contaminé par la langue française d'où il aurait extrait ce mot. Mais le journaliste *hispano* le comprend parfaitement, transcrit 'à l'espagnole' le vocable, et nous transmet le sens qu'il possède dans le langage de l'élite intellectuelle latino-américaine: le marivaudage serait un effet de rhétorique propre d'un discours qui se veut moderne et en conséquence subversif et critique d'un monde, mais aussi d'une langue traditionnels. Quand il lut le texte au Sélect, devant Barthes, il resta bloqué, ne sachant pas quoi

---

7. Marcos Ordóñez, 'Las bostonianas de Mamet', *El País*, *Babelia* (26 janvier 2002). L'auteur qui souligne.
8. Roland Barthes, 'Préface' au catalogue de l'exposition d'Alejandro dans la Galerie des Brières (Paris, 1971).
9. Emilio Ichikawa Morín, 'Entrevistas': Artes Plásticas-Literatura: 'No somos Occidente', interview de Ramón Alejandro à propos de l'influence de Louis-Ferdinand Céline sur la culture latino-américaine, dans *Cubaencuentro*, Miami (10 mars 2006).

dire. Et tout d'un coup il lâcha: 'il me fait rire et je ne sais pas pourquoi'. Barthes, très compréhensif, répliqua: 'il te fait rire parce qu'il y est question de toi'. Le marivaudage, ou du moins le *marivodaje*, serait ici ce qui est dit qui fait moderne mais qui reste incompréhensible sans savoir trop pourquoi, équivoque linguistique qui provoque le rire. Décontextualisé d'abord pour être remis en contexte par la suite, le terme ne se situerait pas loin d'un marivaudage premier. Dans les premiers cas, espagnols, comme dans le deuxième, américain, nous restons très proches du monde littéraire dont est issu le marivaudage, même si l'origine espagnole bien soulignée par Espagnols et Catalans aussi bien que l'ancrage dans la modernité affirmée par les Américains arrachent le marivaudage à la francité et au contexte Ancien Régime, pour lui donner une dimension bien plus universelle, presque utopique et uchronique.

Sans sortir de ce registre intellectuel, force est de constater que le terme marivaudage apparaît en espagnol, comme en français, appliqué à l'univers filmique et concrètement, comme un lieu commun, à Eric Rohmer. Vicente Molina Foix, passionné de ce metteur en scène français, définit son art comme un 'marivaudage' (respectant la graphie française):

> Le cinéaste Eric Rohmer évoque la rapidité des dialogues de Marivaux, ainsi que son esprit galant et libertin (*La Collectioneuse* et *Le Genou de Claire*) et une certaine abstraction sentimentale, produit des équations de l'âme avec la chair. Le *marivaudage* apparaissait également dans des travaux moins connus du cinéaste tels que *Le Trio en mi bemol*, qu'il a mis en scène personnellement dans le Théâtre Renaud Barrault de Paris et qui a connu une brillante version espagnole en 1990, traduite et dirigée par le cinéaste Fernando Trueba dans le Théâtre María Guerrero de Madrid.[10]

On pourrait donc partiellement conclure que, tout en spécifiant que l'invention du concept ne saurait pas être française, le terme 'marivaudage' existe bel et bien en Espagne et en Amérique Latine, et que, dans un contexte théâtral, littéraire et / ou filmique, les connaisseurs s'en servent pour souligner une façon de raconter, un style défini par: 'Le *travestissement*, les formes changeantes, la farce, tout ce qui a donné lieu à ce terme de *marivaudage*, et qui est synonyme de raffinement psychologique, divertissement ingénieux, fantaisie légère et dialogue subtile.'[11]

Un mélange de formes changeantes empêcherait-il de mieux cerner le marivaudage en Espagne? Il faut le croire car une espèce de gêne semble planer sur toute œuvre artistique où règnerait le marivaudage. Ainsi en

---

10. Vicente Molina Foix, 'El genio en toda su modestia', *Letras libres* (février 2010), http://www.letraslibres.com/revista/artes-y-medios/el-genio-de-la-modestia
11. Nuria d'Asprer Hernández, 'La letra y el signo icónico', *Saltana 2, Revista literaria y de traducción* (2009), p.95-115.

est-il de la Française Yasmina Reza, qu'on aime en Espagne comme si elle était espagnole, mais dont on souligne la cruauté qui caractérise ses pièces (notamment *Art*) comme élément constituant de ce marivaudage qui la caractériserait:[12]

> Ce qui ressemblait à une sophistiquée partie de tir au blanc avec des cibles prévisibles (les excès de l'art contemporain, les névroses urbaines, les thérapies *New age*), se transforme vite en un féroce marivaudage sur la fragilité des rapports humains, sur l'incapacité de comprendre et d'aimer, et les personnages, bas les masques et épuisée l'escrime de salon, restent face à face, avec la vérité de leurs vies mise à nu.[13]

Le marivaudage ici, par cet effet de dénudement, le dépouillement des travestissements, devient le contraire de ce qu'il paraissait afficher, à savoir un mécanisme scénique impitoyable de dévoilement des tensions les plus profondes et les plus dramatiques des êtres humains.

En effet, tout comme sous un Marivaux galant et aimable paraît somnoler un écrivain libertin et résolument moderne par son pouvoir de déstabilisation, sous un marivaudage tout fait de gentillesse et de politesse, de bonnes manières et de savoir-vivre, nous découvrons, trop tard, une machinerie infernale construite pour nous révéler tout le vertige des tensions latentes de la vie. Ainsi Vicente Molina Foix comprend le sens de marivaudage et il s'en sert, à nouveau, pour qualifier une œuvre filmique, certes, française: 'Amours mollusques' est le joli titre de la critique de Molina Foix à propos du film d'Arnaud et Jean-Marie Larrieu, *Peindre ou faire l'amour* (2005):

> Même si ce film contient des scènes érotiques entre les deux couples avec une formidable surprise finale qui semble aller dans la direction surannée de la promiscuité inter-conjugale née de la routine des corps trop connus, les frères Larrieu peignent, sous ce stylisé marivaudage, une esquisse de réalité inquiétante: le thème de l'abduction (plus que de la séduction), celui de la servitude volontaire et celui du vertige non exempt de curiosité que produit le fait de se pencher de la complaisance du quotidien à l'abîme.[14]

L'essence solaire du marivaudage apparent se voit donc en somme obscurcie par des ombres menaçantes qui produisent un malaise d'autant plus angoissant qu'il n'est pas perceptible de prime abord. Ce

---

12. A souligner que nombres d'études récentes insistent sur ce caractère cruel des pièces de Marivaux lui-même, ainsi que sur sa modernité, le rapprochant par là du marquis de Sade. Voir *Marivaux moderne et libertin: nouvelles perspectives*, éd. Lydia Vázquez, numéro spécial de la *Revue des sciences humaines* (2008), p.291.
13. J. L. Trasobares, '*Art* de Yasmina Reza', *El Periódico de Aragón* (8 octobre 2008); à propos de la représentation de la pièce de Yasmina Reza, *Art*, dans le théâtre Principal de Zaragoza.
14. Vicente Molina Foix, 'Amores moluscos', *Letras libres* (novembre 2006), http://www.letraslibres.com/revista/artes-y-medios/amores-moluscos; à propos du *Peindre ou faire l'amour* (2005).

serait le propre de la création française de nos jours? Yasmina Reza, Arnaud et Jean-Marie Larrieu, comme avant Marivaux, montreraient une dérive émotionnelle qui nous paraîtrait un peu trop décadente? Hélas, cette notion de marivaudage semble s'être répandue sur toute la planète car des films comme *2046* (2003) de Wong Kar-wai font parler Jorge Abbondanza du 'sombre marivaudage asiatique' de cet 'extrêmement raffiné metteur en scène', qui ne prétendrait que constater avec angoisse que 'le hasardeux domine la vie'.[15]

Ces exemples iraient donc dans le sens d'un usage du terme marivaudage en espagnol relativement fréquent dans la critique théâtrale et cinématographique, avec ses trois variantes orthographiques 'marivaudage', 'marivodage' et 'marivodaje', somme toute assez fidèle au sens premier du mot marivaudien, tout complexe qu'il soit, et doté, comme nous l'avons vu, d'une richesse croissante au fur et à mesure qu'évolue la critique sur Marivaux.[16] Jusque-là, on peut parler d'un cheminement en parallèle avec le terme en français, mais à la différence que nous avons également soulignée plus haut, à savoir la revendication d'une origine du phénomène dans la comédie espagnole de Lope et de Tirso, et plus tard, dans le discours sur le théâtre victorien. Cet usage du terme irait dans le sens d'un raffinement dans les manières et le verbe des personnages dramatiques qui traduirait un malaise vital chez le spectateur et dans la vie, malaise universel puisque ce marivaudage semble servir aussi bien pour l'expression artistique dans toutes les langues, tous les temps et tous les continents.

Or, un apport récent pourrait ajouter un nouveau trait spécifique au marivaudage espagnol, au terme, comme au phénomène, repris dans de nouvelles analyses de l'œuvre de Ramón de la Cruz (1731-1794), auteur réhabilité comme inventeur de la saynète, et à l'origine d'une poésie dramatique caractérisée par sa dimension grotesque mais également par son marivaudage. Le marivaudage du dix-huitième siècle théâtral espagnol pourrait comporter, comme variante du marivaudage français, ce trait grotesque qui se combinerait donc à merveille avec la dimension cruelle nouvellement acquise par son cousin français.[17] Cette dimension grotesque du marivaudage hispanique permet d'élargir le substantif

---

15. Jorge Abbondanza, 'Los secretos del amor', *El País* (21 novembre 2005).
16. Alexandru Darie, metteur en scène du *Triomphe de l'amour* de Marivaux au Théâtre Abadía de Madrid, définissait ainsi, lors de sa mise en scène, le terme marivaudage: 'las mentiras sigilosas dentro de una mezcla perfectamente dosificada, casi química, entre erotismo, comedia cruel y música' [les mensonges discrets au sein d'un mélange savamment dosé, presque chimique, entre érotisme, comédie cruelle et musique]. Propos recueillis dans la page Web du Teatro Abadía (Madrid): http://www.teatroabadia.com/quienes_somos/ficha.php?id_obra=252 (10 septembre 2012).
17. Voir *Encyclopédie GE: Sainete*, www.canalsocial.net/GER/enciclopedia.asp?texto=sainete (8 septembre 2012).

qualifiant une œuvre littéraire à de nombreux auteurs espagnols et latino-américains, à leurs pièces de théâtre comme à leurs contes, romans ou même, poèmes. Il sera désormais fréquent de voir, par exemple, les contes de l'uruguayen Felisberto Hernández ou les œuvres de Lorca comme autant de textes teintés de marivaudage.

Ce jeu scène / vie, qui définit pour le monde hispanique le théâtre de Marivaux apparaît dans la signification un peu plus large et disons vulgarisée du vocable en espagnol, surtout en Amérique. Ainsi nous trouvons dans une chronique uruguayenne à propos du décès de Carmucha, une actrice célèbre dont la vie et les rôles se confondraient dans un unique et étincelant marivaudage fait de raffinement et de duplicités.[18] Plus connue et plus amusante est l'amalgame fait par une Espagnole, doña Emilia Pardo Bazán, à propos de Mérimée, entre le marivaudage de la production littéraire de l'auteur et le marivaudage vécu de ses amitiés espagnoles dont le masque dissimule mal ses aventures amoureuses.[19] La chronique de la Pardo Bazán, plus mondaine que littéraire, éclaire pour nous une intéressante définition du terme marivaudage en espagnol au dix-neuvième siècle: 'échange galant, courtisan, délicat, en rien semblable à l'amour'.[20]

Ce glissement du terme marivaudage en espagnol, du littéraire et de la scène théâtrale à la scène du vécu, est d'autant plus évident que, bien que, comme nous l'avons signalé au début de notre réflexion, le *Diccionario de la Real Academia Española* ne contient pas le terme, d'autres dictionnaires ou ensembles lexicaux moins normatifs ou officiels font état de l'existence de ce mot en langue espagnole. Le terme est bien entendu présent dans les dictionnaires espagnols de termes théâtraux, comme celui de Nicola Comunale,[21] professeur de théâtre et de théorie théâtrale à l'université de Grenade. Mais ce qui devient intéressant pour nous c'est son apparition hors contexte théâtral, littéraire ou artistique: nous le retrouvons par exemple en ligne, dans le *Diccionario wikilingüe*,

---

18. '[A] côté de Pacho Martínez Mieres comme titulaire d'une grande compagnie dans les années 50 et 60: la Compañía Avila-Martínez Mieres [...]. Là Carmucha eut des occasions mémorables de faire montre de son sens de l'humour et de son émotion souriante, atteignant le summum de sa carrière grâce à ce marivaudage fait de duplicités [...], et portant comme personne les vêtements dessinés pour elle par Gumita Zorrilla' ('Adiós Carmucha', *El País*, 17 février 2003).
19. Emilia Pardo Bazán, 'Le roman', dans *La literatura francesa moderna*, 2ᵉ éd. de *Obras completas de Emilia Pardo Bazán*, t.37 (Madrid, 1911), p.81, www.cervantesvirtual.com/obra/la-literatura-francesa-moderna-el-romanticismo (8 septembre 2012).
20. Adresse URL: http://www.canalsocial.net/GER/enciclopedia.asp?texto = sainete&donde = TITULO
21. Nicola Comunale Rizzo, 'Teoría e historia sobre el arte escénico' (Grenade, 23 mai 2007_), dans Cesar Oliva et Francisco Monreal Torres, *Historia básica del Arte Escénico* (Madrid, 1997). http://www.nicolacomunale.com/teoria.escenica/his_teor_esc.html

non pas comme une entrée à part, mais à l'intérieur de la définition d'un autre mot d'origine étrangère, *flirt*, dont il est donné comme synonyme: 'Le *flirt* ou *marivaudage* est un jeu pour traiter des choses sérieuses, comme l'attirance sexuelle, non pas pour montrer à l'autre qu'on est agréable, sympathique, mais pour lui faire voir à quel point on peut l'être quand on s'y donne la peine.'[22] Ou dans le dictionnaire analogique en ligne *Sensagent*, apparaît une rubrique spécifique *Marivaudage*: 'Style maniéré; simulation; théâtre; affectation; style artificieux, mielleux, melliflu; tentative galante.'[23] Le Web latino-américain multiplie les définitions du terme marivaudage dans le même sens. Or, force est de constater que, dès que le 'marivaudage' quitte la scène, il devient négatif: artificieux, mensonger, affecté, maniéré, sont les qualificatifs qui reviennent de manière répétitive dans ses définitions. Aboutissement paradoxal, car ce dont La Harpe avait accusé Marivaux par le biais de ses personnages, réapparaîtra en espagnol dès que le souvenir de Marivaux et de ses personnages s'effacera. Car en effet, le mot marivaudage, autant en espagnol qu'en catalan, est utilisé de nos jours, en dehors du contexte théâtral ou de critique littéraire, dans un sens toujours péjoratif, en lui attribuant un sens chargé de machisme, alors que le terme n'est pas censé exister car il n'est toujours pas accepté par la Real Academia Española. Dans ce sens, ce commentaire en catalan d'un nostalgique attendrit autant qu'il surprend par son caractère osé:

> En Catalogne – chose lamentable – ont disparu ces anciennes *liaisons* entre des bourgeois aisés et maîtresses richement vêtues et sentant le parfum; de nos jours la vie est plus chère, les appartements sont onéreux, les femmes ne veulent pas d'histoires, chargées comme elles sont maintenant d'un orgueil féministe qui évince toute tentative de flirt et de *marivaudage*.[24]

Cependant, il est certain qu'en général, ce terme reste, pour les Espagnols, lié à la scène théâtrale et à la France, aussi bien qu'à sa littérature, aux œuvres de Marivaux bien entendu, et même de Sade (dans une lecture plus osée et plus radicale de Marivaux, plus courante de nos jours), de Musset ou de Giraudoux, qu'au caractère des Français eux-mêmes. Le marivaudage serait, en somme, un mélange de galanterie, de sensualité ambiguë et de quiproquos linguistiques, mis en scène ou réels, pratiqué pour le plaisir par les Français. Citons à titre d'exemple anecdotique le récit de Julia Otxoa, 'Campaña electoral en Marivaudage' dans son livre *Un león en la cocina*, où il est question d'une campagne

---

22. 'Flirt', dans *Enciclopedia Encydia-Wikilingue*, http://es.encydia.com/fr/Flirt
23. 'Marivaudage', *Analogical dictionary* (10 septembre 2012), adresse URL: http://analogical-dictionary.sensagent.com/MA1415841/ML-en-en/
24. En français dans le texte. Jordi Llovet, ' "La maîtresse Volland" ', Marginalia, *El País*, (25 novembre 2010), http://elpais.com/diario/2010/11/25/quaderncat/1290650179_850215.html

électorale dans un petit village du sud de la France appelé Marivaudage, où les problèmes linguistiques sont tels que les habitants du village ne comprennent rien à ce que leur expliquent les différents candidats.[25]

En guise de conclusion, nous proposons un florilège de définitions espagnoles du terme marivaudage dans toutes ses variantes graphiques, trouvées au long d'un travail de recherche dans les bibliothèques, les hémérothèques et les blogs ou pages web de qualité reconnue, en général au sein de critiques littéraires ou cinématographiques, ainsi que dans les réponses obtenues à des questions que nous avons posées à des personnes pouvant contribuer à éclaircir le sens complexe de ce terme en espagnol. Ce travail a tenté de mieux cerner la spécificité de ce terme dans le contexte espagnol qui, à notre avis, justifierait une demande à la Real Academia Española pour inclure désormais le terme 'marivodaje' (graphie que nous proposons) dans la prochaine édition du *Diccionario*:

Marivaudage. m. Discreteo a la manera de Marivaux (del francés *marivaudage*, y éste de Marivaux, por el refinamiento de sus diálogos). 'El desenlace imprevisto, con sus *marivaudages* lógicos en tal obra, y luego *Las castañeras picadas* y *Las tertulias de Madrid*' (Pío Baroja, *El caballero de Erláiz*, p.319).[26] (Consuelo García Gallarín, 'Léxico del 98', dans *MCF Textos*, Madrid, 1998, p.120, et *Léxico temático y característico de Pío Baroja*, Madrid, 1991, p.49).

Marivaudage: La metafísica del amor (*ABC*, 14 septembre 1974).[27]

Marivaudage y *marivauxter*: Oficialmente significan galanteo y andarse con florituras y exquisiteces, pero siempre se emplean cuando alguien o algo se acerca a esa alquimia mágica que sólo el dramaturgo francés consiguió (Rosana Torres, *El País*, 28 mars 2007, définition reprise dans http://www.foroxerbar.com).[28]

Marivaudage. Lenguaje amoroso estilizado que trasluce un esbozo de realidad inquietante (http://www.letraslibres.com/).[29]

Marivaudage. Bagatelas amorosas (http://www.buscabiografias.com/).[30]

Marivaudage. Las mentiras sigilosas dentro de una mezcla perfectamente dosificada, casi química, entre erotismo, comedia cruel y música (A. Darie, metteur en scène de Marivaux, directeur de la troupe El Bulandra).[31]

25. Julia Otxoa, *Un león en la cocina* (Saragosse, 1999).
26. Galanterie verbale à la manière de Marivaux (du français *marivaudage*, et celui-ci de Marivaux, à cause de la finesse de ses dialogues): 'Le dénouement imprévu, avec ses *marivaudages*, logiques dans un ouvrage de ce genre, et puis *Las castañeras picadas* et *Las tertulias de Madrid*'. Ces deux titres correspondent à deux saynètes de Ramón de la Cruz.
27. La métaphysique de l'amour.
28. Officiellement cela signifie être galant, faire des fioritures dans le raffinement, mais on ne se sert de ces deux termes que lorsque quelqu'un ou quelque chose approche de cette alchimie que seul le dramaturge français a réussi à recréer. [Bien entendu, il s'agit de Marivaux].
29. Langage amoureux stylisé qui laisse transparaître une ébauche de réalité inquiétante.
30. Bagatelles amoureuses.
31. Les mensonges discrets au sein d'un mélange savamment dosé, presque chimique, entre

Marivaudage. Sutileza lingüística por la que se deja hablar al amor gracias a la cual las personas se igualan, abandonan las convenciones y se vuelven patéticamente humanas (Emeterio Díez, 'Mesa de redacción', dans *Acotaciones, Revista de Investigación teatral de la Real Escuela Superior de Arte Dramático RESAD*, 2005, p.212).[32]

Marivaudage. Lenguaje sutil y preciosista desarrollado en todos sus matices (http://ciria.udlap.mx).[33]

Marivaudage. Galantería delicada y rebuscada (Eduardo Haro Tecglen, 'Juego y crueldad', *El País*, 23 janvier 2002).[34]

Marivaudage. Estilo risueño, exquisito, ingenioso y fundamentado en un atento análisis de los caracteres y las relaciones amorosas (Francisco Arias Solís, pergaminovirtual.com, 26 septembre 2009).[35]

Marivaudage. Pasión doliente entre duques y condesas, entre burguesas y soldados (http://anacrespodeluna.blogspot.com.es/, à propos de Huysmans qui aurait fini avec cette mode du marivaudage dans le roman de son temps).[36]

Marivaudage. Cualidad negativa del personaje tendente al lloriqueo (Stanislav Zimic, *La Novelas ejemplares de Cervantes*, Siglo XXI, Madrid, 1996, p.58, à propos de Periandro, personnage du *Persiles et Sigismunda* de Cervantès).[37]

Marivaudage. Afectación, sofisticación del lenguaje, intrigas refinadas y rebuscadas propias de la galantería (Sergi Belbel, 'El Cultural', *El Mundo*, 7 septembre 2012, interview avec Liz Perales du 17 novembre 2005 où il compare le style de Marivaux avec celui de son 'précurseur', Lope de Vega, et son *Perro del hortelano*).[38]

Marivaudage. Estilo grácil (à propos du film argentin de Leopoldo Torres Ríos, *El juego del amor y del azar*, 1944, http://www.malba.org.ar/).[39]

Marivaudaje. Estilo teatral inspirado del clasicismo francés (*La escuela de las madres*), pero con las técnicas de la Commedia dell'Arte. Esta fusión de lo francés con lo italiano enriquece las obras, mezclando el lenguaje y poses elegantes con los cuadros fantásticos, al modo de las comedias de Shakespeare (*La isla de la razón*). Este estilo acabó conociéndose como

---

érotisme, comédie cruelle et musique. Propos recueillis dans la page Web du Teatro Abadía (Madrid), http://www.teatroabadia.com/quienes_somos/ficha.php?id_obra=252 (10 septembre 2012).

32. Subtilité linguistique qui permet à l'amour de s'exprimer, et par laquelle les personnes oublient leurs différences, les conventions et deviennent pathétiquement humaines.
33. Langage subtil et précieux développé dans toutes ses nuances.
34. Galanterie délicate et recherchée.
35. Style riant, exquis, ingénieux, et fondée sur une analyse détaillée des caractères et des liaisons amoureuses. Adresse URL: http://www.pergaminovirtual.com.ar/blogs/franciscoarias/6525/Pierre+de+Marivaux+por+Francisco+Arias+Sol%EDs.html
36. Passion dolente entre ducs et comtesses, entre bourgeoises et soldats.
37. Qualité négative d'un personnage pleurnichard.
38. Affectation, sophistication dans le langage, intrigues fines et recherchées caractéristiques de la galanterie.
39. Style gracile.

marivaudaje (*La sorpresa del amor*, *Las falsas confidencias*) y tuvo su continuación en Musset y Giraudoux (http://recursos.educarex.es/).[40]

Marivaudaje. Temperamento y cultura franceses que se oponen a nuestro seco realismo (*ABC*, 12 août 1971, p.51).[41]

Marivaudaje. El placer de contar una historia y describir personajes extraídos de la realidad actual, con mensaje pero sin que sea militante (à propos du film français, *L'Esquive*, traduit en espagnol *Juegos de amor esquivo*, d'Abdel Kechiche, http://www.labasicaonline.com.ar/).[42]

Marivodaje. Pulsión sentimental y erótica que utiliza el lenguaje como arma defensiva para ocultar lo que en realidad se siente. El cuerpo, el morbo de lo oculto, priman sobre lo explícito. Concepto extraído a partir de un catálogo de obras de Marivaux (*La Double Inconstance*, *Le Triomphe de l'amour*, etc.) que abarcan lo filosófico, como puerta abierta a Sade (Julio Leal Duart, metteur en scène de théâtre, auteur de la mise en scène *Utopía Marivaux*, adaptateur des pièces de théâtre de Marivaux à la scène espagnole, auteur de l'essai *El teatro francés de Corneille a Beaumarchais*, Madrid, 2007; interview personnelle, 2012).[43]

Marivodear. Esquivar la cuestión (Ana Isabel Labra, 'Amor, apariencias y obra de teatro', dans *AFEF*, 2006).[44]

---

40. Style théâtral inspiré du classicisme français (*L'Ecole des mères*) mais avec la technique de la Commedia dell'Arte. Cette fusion du français et de l'italien enrichit les pièces, mêlant le langage et les attitudes élégantes avec les tableaux fantastiques, un peu à la manière de Shakespeare (*L'Ile de la raison*). Ce style est désormais connu comme *marivaudage*. [Il s'agit d'une page destinée aux étudiants].
41. Tempérament et culture français qui s'opposent à notre réalisme âpre.
42. Le plaisir de raconter une histoire et de décrire des personnages extraits de la réalité actuelle, transmettant un certain message, mais sans paraître engagé.
43. Pulsion sentimentale et érotique qui se sert du langage comme arme de défense dans le but d'occulter les vrais sentiments. Le corps, l'attrait du caché, l'emportent sur l'explicite. Concept issu d'un ensemble de pièces de Marivaux (*La Double Inconstance*, *Le Triomphe de l'amour*, etc.) qui embrassent une dimension philosophique, ouvrant la voie à Sade.
44. Contourner la question.

Le marivaudage: un outil pour l'acteur?

CATHERINE AILLOUD-NICOLAS

Il est des théories qui sont des marqueurs de temps c'est-à-dire qu'elles représentent une telle rupture dans la pensée critique qu'elles définissent une frontière entre un avant et un après. Telle est la thèse de Frédéric Deloffre qui, en réhabilitant le terme marivaudage, en le sortant de la sphère de l'opinion, et souvent de l'opinion malveillante, pour le faire accéder au statut de concept, a construit les fondations sur lesquelles s'est bâtie la critique marivaudienne.[1] Avant Deloffre, comme l'écrit H. Lagrave, 'l'on préférait aborder "Marivaux sans marivaudage". Depuis la thèse de Deloffre (1955), reprenant le vieux titre de Fleury (*Marivaux et le marivaudage*), le marivaudage est "apprivoisé"'.[2]

La fortune du concept peut se repérer d'article en article, d'ouvrage en ouvrage. Mais qu'en est-il de son usage par les praticiens de théâtre? La thèse de Deloffre a-t-elle irrigué les plateaux? Quelle acception recouvre ce terme pour les metteurs en scène aujourd'hui? Pour en avoir une idée, sans prétendre évidemment à l'exhaustivité, j'ai interrogé sur ce point quelques metteurs en scène d'âges différents, d'expériences diverses. Mon questionnaire étant orienté d'emblée sur la question du jeu, il a donc conduit les praticiens à s'interroger sur les difficultés que la langue de Marivaux pose aux acteurs aguerris et aux acteurs en formation. C'est à un voyage du marivaudage au pays de l'acteur que je souhaite convier le lecteur de cet article.

Des metteurs en scène aux parcours divers

Pour effectuer ce sondage, j'ai contacté des metteurs en scène dont je connaissais le travail pour l'avoir vu.[3] Certains ont monté plusieurs fois des pièces de Marivaux. C'est le cas de Jean-Pierre Vincent qui, après

---

1. F. Deloffre, *Une préciosité nouvelle*.
2. H. Lagrave, *Marivaux et sa fortune littéraire*, p.135. Lagrave fait allusion à Deloffre, cité ci-dessus, et à J. Fleury, *Marivaux et le marivaudage*. Mais toute théorie, si brillante soit-elle, a pour destin de se trouver mise à distance, étudiée en tant qu'objet, contextualisée, ramenée à un moment de la pensée critique. Le numéro 34 de la revue *Coulisses* a ouvert la route de ce repositionnement et le présent ouvrage s'insère dans la même voie.
3. La plupart des questionnaires ont été remplis par écrit. L'entretien avec Guillaume Lévêque a été enregistré et retranscrit tel quel sans modification. Celui avec Michel Raskine a fait l'objet d'une prise de notes.

avoir participé à *L'Héritier de village* de Patrice Chéreau (en 1965 et en 1968), a mis en scène *Le Jeu de l'amour et du hasard* (1998) et enfin *Les Acteurs de bonne foi* (2010). C'est aussi le cas de Daniel Mesguich dont on a pu voir *Le Prince travesti* (1974) et *La Seconde Surprise de l'amour* (1991 et 1999).[4]

Notons que ces deux metteurs en scène sont des pédagogues. C'est sous cet angle particulier de la pédagogie que Philippe Sire a répondu à mes questions. Ce comédien, metteur en scène, n'a jamais présenté une pièce de Marivaux dans un cadre professionnel. En revanche, il a animé avec les élèves de la classe de théâtre du CNR de Lyon, qu'il dirige, un atelier sur *Le Prince travesti*.

Parmi les metteurs en scène qui se sont confrontés à Marivaux une seule fois, j'ai interrogé Michel Raskine.[5] Spécialiste des auteurs contemporains, il a présenté un *Jeu de l'amour et du hasard* qui a passionné les spectateurs lyonnais et a suscité un débat inattendu lors de son passage à l'Odéon.[6] Cendre Chassanne, la seule femme, a mis en scène *Le Triomphe de l'amour* en 2007. Marc Paquien, connu pour son intérêt pour les classiques, a monté *La Dispute* en 2006.[7] Enfin, j'ai souhaité aussi interroger sur ce point Guillaume Lévêque, très en amont de sa première expérience marivaudienne, dans cette phase de préparation où les discussions avec l'assistant font émerger des questions et ouvrent les possibles.[8] Pour résumer, ces metteurs en scène soit sont des habitués de Marivaux, soit ils l'ont rencontré ponctuellement; soit l'expérience est déjà ancienne, soit elle est toute récente, soit elle est en devenir; soit elle s'est faite avec des acteurs confirmés, soit elle a aussi concerné des acteurs en formation.

Il s'agissait pour moi d'interroger ces artistes sur trois points: quel sens donnent-ils au mot marivaudage? L'utilisent-ils avec les acteurs et pourquoi? Quelles sont les difficultés liées au travail sur les pièces de Marivaux et quelles voies peut-on trouver pour pallier ces difficultés avec des acteurs confirmés ou avec des acteurs en formation?

Le mot et la chose: le marivaudage en questions

Les metteurs en scène interrogés sur le marivaudage et sa définition manifestent le plus souvent un rejet. Celui-ci est bien résumé par Marc

4. Précédé d'un extrait de *L'Epreuve*.
5. Le metteur en scène s'apprête à vivre une autre expérience marivaudienne puisqu'on lui a commandé un travail avec des acteurs russes sur *Le Triomphe de l'amour*. Marivaux est peu connu en Russie. Il faut donc initier aussi une traduction.
6. Les débats ont montré, si besoin en était, que les représentations sur la façon dont on devait ou pouvait monter Marivaux étaient tenaces.
7. J'ai eu l'occasion de voir aussi le travail qu'il a fait avec les élèves de l'ENSATT (Ecole nationale supérieure arts et techniques du théâtre) sur *L'Epreuve* et *Les Acteurs de bonne foi* en 2008.
8. Le CDN de Vire lui a commandé la mise en scène de *La Surprise de l'amour*.

Paquien: 'Je dois avouer que j'utilise peu le terme marivaudage, car pour ma génération de metteurs en scène il reste très connoté et un peu péjoratif. On est immédiatement projeté dans un tableau un peu caricatural, même si au fond on sait sûrement peu ce que ce terme revêt.' Cette méfiance unanimement partagée s'explique par le fait que les metteurs en scène voient dans le marivaudage une notion rattachée avant tout à la littérature ou une notion renvoyant à une façon de monter ou de jouer Marivaux qui n'a plus cours aujourd'hui. Philippe Sire affirme que 'c'est une notion qui relève davantage de la dramaturgie voire de l'analyse littéraire d'un texte que du travail de plateau'. Cette inscription dans la littérature explique que certains metteurs en scène rejettent des modalités d'analyse de Marivaux parce qu'elles ne les intéressent pas ou parce qu'ils les jugent erronées.

Parmi ces modalités, on trouve les éléments de structure considérés comme inhérents au théâtre de Marivaux.[9] Ainsi Guillaume Lévêque souligne qu'il pense que 'tout ce qui est de l'ordre du jeu, le théâtre dans le théâtre, le divertissement' appartient sûrement à ces éléments mais que cela ne l'intéresse pas. Michel Raskine inscrit dans cette catégorie les fins heureuses. Sa mise en scène du *Jeu de l'amour et du hasard* avec son quatrième acte intégralement muet dénonce ce qui relève d'un cliché marivaudien, à savoir que toutes les pièces de Marivaux se terminent bien.[10] Elle montre au contraire que, dégagée de la convention des noces finales réconciliatrices et réparatrices, la pièce ne peut finir sans que tout ce qui a été vécu jusque-là laisse des traces durables et amères. Les comptes n'ont pas été faits dans la dernière scène et les révélations qui s'y accumulent devront à un moment être explicitées pour être ou non digérées.[11] On voit bien dans ces deux cas que les metteurs en scène élargissent la définition du mot marivaudage par rapport à ce qu'en dit Deloffre. Ils y intègrent des éléments de structure qui ont été abondamment commentés par la critique marivaudienne et pourraient donc être constitutifs d'un marivaudage dramaturgique.[12]

---

9. Marivaux est sans doute un des auteurs qui a le plus fait l'objet d'analyses structurales. Ce fait est déploré par J. Goldzink, qui juge plus légitime une analyse pièce par pièce. Voir son article 'Qu'est-ce que le marivaudage?', en particulier p.95.
10. Voir mon analyse de cette mise en scène dans ' "Il ne me faut presque qu'un tablier": relecture du *Jeu de l'amour et du hasard* par la mise en scène de Michel Raskine', *Méthode!* 16 (2009), p.149-62.
11. Dans beaucoup de mises en scène contemporaines, la fin heureuse est dénoncée. Par exemple, *La Seconde Surprise de l'amour* par Luc Bondy s'achevait dans une mélancolie généralisée. J'ai montré dans ma thèse de doctorat, 'Le dénouement dans les pièces en un acte de Marivaux: structure dramaturgique', Université de Lyon, 2003, ce qui, textuellement, autorisait ces interprétations décalées par rapport aux conventions de la comédie.
12. J'emprunte ce terme à l'article de Jean-Paul Sermain, 'Le "marivaudage", essai de définition dramaturgique', mais dans un sens légèrement différent. Le marivaudage dramaturgique

L'autre versant qui s'affirme dans les définitions utilisées par les praticiens de théâtre est le fait que le marivaudage est lié à une façon de monter ou de jouer Marivaux aujourd'hui révolue. Là encore les définitions contiennent, en soi, une dimension critique parfois virulente. C'est le cas par exemple pour Jean-Pierre Vincent:

> Vous savez, il y a encore en France des personnes qui parlent en anciens francs... Très franchement, je crois (et suis même certain) que plus personne, dans aucun théâtre, n'emploie plus ce mot – s'il a jamais été employé dans un théâtre. 'Marivaudage' est un vocable extérieur à la pratique du théâtre, même s'il a pu servir à décrire et commenter une certaine façon de concevoir (et de jouer) Marivaux. En fait, aux temps glorieux de la bourgeoisie, on s'est ingénié à stériliser Marivaux (et aussi Musset, et quelques autres...), à ne voir en lui qu'un élégant et inoffensif dialoguiste de l'amour convenable. On pouvait y emmener les petites filles aux matinées classiques: le texte était désamorcé d'avance. On a trouvé un nom pour cela: 'marivaudage'. Il a fallu une entreprise de décapage obstiné, opéré par des metteurs en scène (à commencer par Roger Planchon), sous l'opposition furibonde de l'Université (Frédéric Deloffre, en particulier), pour qu'on ose peu à peu réentendre ce que dit réellement Marivaux de la cruauté de certains rapports humains, de l'amour (de l'amour-propre!), de l'indépendance des femmes, de l'argent qui gâche tout, de la blessure narcissique, des rapports de classe, etc.

Et le marivaudage appartient à une époque révolue que Cendre Chassanne inscrit encore plus loin dans le temps: 'Le terme *marivaudage* est connoté XIXe dans notre jargon de théâtre; il correspond à une certaine manière d'engager le discours amoureux dans un maniérisme suranné, voire cucuteries bavardes'.

Cendre Chassanne place la problématique essentiellement sur un rapport entre écriture et jeu de l'acteur. C'est aussi le cas pour Daniel Mesguich:

> Il dit, pour moi, à tort ou à raison, le badinage; le gaspillage des mots et la trop grande légèreté, les *mines* de la parole... Le théâtre de Marivaux, écrivain que je tiens pour l'un des plus grands prosateurs français, me paraît trop grand pour un si petit mot. Et s'il est ludique, et il l'est, c'est toujours, me semble-t-il, pour mieux montrer une gravité constitutive, première; une écriture grave n'aurait pas suffi. C'est toujours pour montrer l'essentiel, les mille figures du rapport à l'autre. Rien de plus éloigné du badinage que ce théâtre.

A travers cette réflexion, on pourrait penser que Daniel Mesguich attribue au terme marivaudage une définition assez proche de celle de Deloffre, mais ce serait oublier que le badinage est ici rapporté au jeu de

---

serait ici une tentative de rendre compte de façon globalisante de la dramaturgie marivaudienne.

l'acteur.[13] D'ailleurs, il le précise à un autre moment de l'entretien: 'Ce que l'on appelle "marivaudage", souvent, est un jeu "boulevardier", léger, persifleur, ironique, extérieur, aux accents un peu snobs, etc.' De même, Michel Raskine pense que le marivaudage réfère à un temps ancien où c'était la seule façon de jouer Marivaux. Et il précise ensuite que c'est un jeu qui ne met pas en valeur le sens mais seulement les notes, la petite musique de la langue.

On ne s'étonnera pas, après ce parcours dans les définitions du marivaudage apportées par les metteurs en scène, que ces derniers n'utilisent pas le mot 'marivaudage' dans la direction d'acteurs. Pour certains, cela tient au fait que c'est un mot trop général pour aider le comédien dans son travail. C'est ce que décrit Guillaume Lévêque:

> Depuis que vous m'avez posé la question, je l'ai dans la tête. Je regarde dans le travail de préparation, dans le travail avec mon assistant, si le mot me vient. La réponse, c'est non. Pour l'instant ce n'est pas énoncé. Ce que cela recouvre est évidemment partout présent mais le mot n'est pas particulièrement énoncé. C'est un mot qui me fait peur. C'est un mot pour lequel j'aurais immédiatement un soupçon. Je pense qu'en répétition j'éviterai de le prononcer comme je peux éviter dans le travail direct avec des acteurs des généralités quelles qu'elles soient. Car *a priori* c'est une généralité.

Daniel Mesguich pour répondre sur ce point, s'appuie à nouveau sur la question du badinage:

> Et quand bien même, dirigeant des comédiens dans *La Seconde Surprise de l'amour* ou dans *Le Prince travesti*, j'aurais à leur proposer – pourquoi pas? – qu'ils jouent telle ou telle réplique sur un mode, disons, badin, je n'emploierais pas ce mot: je ne trouverais pas juste de prononcer un mot qui semble engager, dérivé de son nom, le *tout* de l'œuvre d'un auteur au propos de tel ou tel moment particulier et à coup sûr minoritaire. Et de me servir d'un mot si univoque, aussi, et qui pourtant semblerait emporter avec lui toutes les possibilités d'une œuvre au demeurant si polysémique!... Imaginerait-on de parler de 'shakespearage', de 'tchekhovage' pour dire je ne sais quel moment de vengeance, je ne sais quel moment de mélancolie?

Le mot n'aide pas l'acteur. Jean-Pierre Vincent l'affirme avec force:

> Allez donc dire à une actrice ou un acteur qu'il faut 'marivauder' un peu plus ou un peu moins. Cela lui fera une belle jambe. A moins que ce ne soit une actrice ou un acteur en anciens francs... C'est sur d'autres choses que les acteurs s'appuient pour chercher, dans le vrai détail du texte, de sa vie sans cesse changeante.

Pour Marc Paquien, le problème vient du fait que le mot ne nourrit pas l'imaginaire de l'acteur. Et pour Philippe Sire, il est non pas un référent

---

13. Deloffre dit en effet dans sa conclusion: 'Le marivaudage nous est apparu comme un badinage, non pas libertin mais grave au fond' (*Une préciosité nouvelle*, p.499).

de ce qu'il faut jouer mais de ce qu'il faut éviter: 'Il m'arrive assez rarement d'utiliser ce terme, certainement pas en travaillant des scènes de Marivaux, ou alors j'en fais un contre-exemple: "évitons le piège du marivaudage, ne tombons surtout pas dans le marivaudage, etc."'

Les réponses semblent donc *a priori* catégoriques. Le mot marivaudage n'est pas un outil pour aider le comédien à jouer. Il est banni du vocabulaire de la direction d'acteurs à la fois parce qu'il peut éventuellement véhiculer des clichés et parce qu'il n'est pas un vecteur d'imaginaire. Comme l'affirme Philippe Sire, 'ce n'est pas un "outil" de l'acteur'.

La question concernant l'utilisation du mot sur les plateaux conduit les metteurs en scène à deux types de réponses. Soit ils réaffirment l'hostilité au terme, hostilité qu'ils avaient montrée préalablement quand on leur demandait de le définir, soient ils nuancent leur réponse. Dans la première catégorie, on trouve Michel Raskine, Daniel Mesguich ou Jean-Pierre Vincent. Les autres metteurs en scène reviennent sur leur propos initial, ce qui les conduit à redéfinir la notion ou à l'intégrer dans un cadre spécifique.

Guillaume Lévêque précise que pour lui 'le marivaudage, c'est pour aller vite, couper les cheveux en quatre. C'est dire autrement ce que dit Voltaire.[14] Comme chez Voltaire, il y a déjà à l'intérieur de cette définition une critique. J'aurais donc du mal à travailler à partir de cela.' D'autres metteurs en scène, en redéfinissant le mot, sont conduits à se repositionner par rapport à son utilité pour l'acteur. Ainsi Philippe Sire rattache le mot non à ce que l'acteur mobilise pour jouer mais à ce qu'on lui donne comme informations sur le texte:[15] 'J'emploie ce terme lorsque je veux pointer dans un texte, dans une scène, dans une situation, à l'intérieur d'enjeux, une certaine complexité et une grande subtilité dans la manière dont les éléments s'agencent pour composer la scène. Cela a toujours à voir avec la sensualité, le désir, la séduction, le plaisir.' Et il rajoute de façon surprenante: 'Je peux trouver des éléments se rapportant au marivaudage aussi bien en travaillant des scènes d'amour de Molière (*Dom Juan, Le Misanthrope, Le Bourgeois, Tartuffe...*) que de Tchekhov (*Platonov, Ivanov...*) et de bien d'autres auteurs sans rapport apparent avec Marivaux ni avec son époque.'

De même, Cendre Chassanne, après avoir affirmé qu'elle n'utilisait pas

14. Il fait ici allusion aux propos bien connus attribués à Voltaire qui, selon Grimm, reprochait à Marivaux de 'peser des riens' ou 'des œufs de mouche' 'dans des balances de toile d'araignée' (*Correspondance littéraire, philosophique et critique de Grimm et de Diderot, depuis 1753 jusqu'en 1790*, t.6 (Paris, 1829), p.91.
15. Il rajoute: 'A mon sens, on ne peut pas jouer le marivaudage. On peut s'en nourrir pour approfondir son jeu, c'est déjà beaucoup. Le risque si l'on en faisait le centre de la recherche avec les acteurs est de tomber dans le psychologisme (que je distingue du jeu psychologique), dans le sentimentalisme, dans le bavardage, dans la cérébralité, aux dépens du corps, et de la parole en action.'

le mot sauf pour lutter contre les représentations des acteurs, est moins catégorique quand on l'interroge sur son utilité:[16] 'Utile dans le sens où ce terme exprime qu'il y a maniérisme, fuite dans le langage, mais nocif s'il est pris au sens formel; un acteur qui joue Marivaux ne peut pas "marivauder" au premier degré. Il peut en jouer, mais au fond il est réellement pris dans les vertiges du discours amoureux.' Quant à Marc Paquien, il revient en quelque sorte sur ses pas en redéfinissant le marivaudage dans une acception qui pourrait selon lui nourrir l'imaginaire de l'acteur: 'Pourtant, avec le recul, je vois comment je pourrais l'utiliser, presque avec tendresse, en le ramenant à un grand principe du théâtre de Marivaux: la promenade, l'errance. Ce pourrait être ça le marivaudage: une promenade intérieure.'

Finalement, on voit se dégager quatre tendances à partir de notre enquête: une méfiance absolue qui aboutit au refus de prononcer le mot sur un plateau de théâtre, un emploi pour désigner ce qui doit être évité, une partition de champs d'activité entre le littéraire ou le dramaturgique et le jeu, une tentative de redéfinition à destination de l'imaginaire de l'acteur. L'inscription du mot dans la sphère du jeu de l'acteur entraîne donc des réactions fortes et des interrogations qui viennent déplacer considérablement le sens, la valeur et la fonction du marivaudage. Ce déplacement a un autre effet. Le fait d'interroger plus précisément les metteurs en scène sur le jeu entraîne un retour, par effraction ou réfraction, du marivaudage. Pour définir l'esthétique ou les questions que soulève Marivaux à l'épreuve de la scène, les metteurs en scène sont amenés à revenir sur la spécificité de son théâtre.

Jouer Marivaux: quels problèmes pour l'acteur?

La question était la suivante: 'Quelles difficultés particulières le théâtre de Marivaux présente-t-il pour les acteurs? Pour les jeunes en formation? Comment avez-vous réussi à contourner ces difficultés?'

La question sur les difficultés entraîne des réponses tout à fait passionnantes car elles touchent à la fois au jeu et à l'émergence de problématiques marivaudiennes. Apparaît en premier lieu la complexité de la langue, complexité qui concerne plusieurs domaines. C'est tout d'abord le vocabulaire. Comme le rappelle Philippe Sire: 'le vocabulaire a souvent changé de signification aujourd'hui; les phrasés complexes peuvent parfois s'apparenter à de la préciosité'. Face aux difficultés ponctuelles liées à la signification, Michel Raskine revendique le droit à la traduction. Si un mot a changé de signification au point de créer un problème de compréhension tel chez le spectateur que sa perception du

---

16. 'Je ne l'utilise pas non. Ou alors pour dire Marivaux, ce n'est absolument pas du marivaudage, jouer Marivaux est à l'opposé de ce qu'on a pu appeler *marivaudage*.'

texte en est perturbée, il n'hésite pas à effectuer des modifications ponctuelles. La question du sens est donc posée ici à la fois pour l'acteur et pour le spectateur.[17]

La grande majorité des metteurs en scène évoquent une langue difficile pour l'acteur. La première idée est que l'enchaînement des phrases est problématique. Guillaume Lévêque insiste sur ce point:

> Ce qui me surprend toujours quand je le lis, et particulièrement en ce moment, c'est la liberté qu'il y a dans cette œuvre-là, la liberté de forme. Marivaux s'autorise des sautes et des ellipses d'une réplique à l'autre, d'une phrase à l'autre. C'est un art incroyable de la rupture et du mouvement. C'est très difficile à jouer car c'est d'une mobilité de jeu absolument inouïe. C'est comme de travailler sur toutes les strates possibles, avec des retournements possibles d'une phrase à l'autre. Si le terme marivaudage pouvait recommencer à me parler, c'est là-dedans. J'ai toujours l'impression qu'il fait une scène à un endroit et une autre scène à un autre endroit. C'est valable d'une scène à l'autre mais aussi à une échelle plus petite: quand on descend de plus en plus à l'intérieur des répliques, je suis assez subjugué par les retournements d'une phrase à l'autre. Autrement dit, pour les acteurs, je ne sais pas si j'utiliserai le mot mais ce dont il sera beaucoup question dans le travail, c'est un problème de mobilité de jeu. Il s'agira d'acquérir cette liberté-là: ne jamais tenter de reconstituer d'une réplique à l'autre l'enchaînement causal, s'autoriser à passer d'une chose à l'autre sans donner la clé de comment ça se fait. C'est comme si c'était une écriture qui fonctionnait par juxtaposition plutôt que par enchaînement de causalité, avec une mobilité incroyable. Et cela a, probablement, à voir avec le marivaudage. Avec le jeu ou avec l'écart très exactement entre le texte et la réalité de ce que les gens sentent, entre ce que les gens disent et ce qu'ils sentent, comme si allait poindre dans ce jeu-là quelque chose qui serait leur réalité ou en tout cas ce sur quoi vont se fonder leurs rapports.

Le point essentiel est l'articulation entre la langue et la pensée. Cette question est toujours centrale pour l'acteur. Plusieurs metteurs en scène insistent sur ce point. C'est le cas de Daniel Mesguich:

> Ce qui est difficile chez Marivaux, c'est sa fluidité. Il faudrait pouvoir le lire *à la fois* très vite et très lentement. Très vite parce que toutes les phrases semblent toujours déjà aux lèvres, qu'elles filent comme les pensées, réveillent chaque fois une électricité 'incumulable' de la langue... Et très lentement, parce qu'elles sont à double, triple, quadruple détente, qu'elles sont des colis piégés, des bombes à retardement, et il faudrait les observer à la loupe, tourner sept fois la langue dans sa bouche avant d'en prononcer le premier mot... Comme, *à la fois*, sociales, négociables, et directement issues de l'inconscient... Les acteurs contemporains ne sont pas – pas tous –

---

17. Sans aller néanmoins jusqu'à la modernisation de portions complètes du texte comme l'avait fait Dominique Lardenois dans sa mise en scène de *L'Île des esclaves* en 2005 au théâtre de Feyzin.

toujours prêts à une telle virtuosité de syntaxe intérieure, à de tels slaloms dans la langue.

Cendre Chassanne fait le même constat:

> Il me semble que la difficulté tient à la langue. Il faut apprendre à parler Marivaux comme lorsqu'on apprend une langue étrangère. C'est le travail de fond avec chaque auteur. Mais avec Marivaux cela se révèle peut-être encore plus incontournable. La langue est excessivement riche, le vocabulaire est dense, précis, les secrets sont multiples. La langue exprime le corps ou la langue dissimule le corps... c'est assez vertigineux et c'est ce que nous avons tenté de ne pas éviter: le vertige.

S'interrogeant sur la langue et sur la pensée, quelques metteurs en scène sont amenés à considérer la question du personnage. Après avoir constaté la réactivité de la langue, Michel Raskine déclare: 'Ce qui m'intéresse ce sont les écarts de langage entre les personnages. Les personnages qui tendent un piège aux autres pensent que leur arme, c'est le langage. La plupart du temps, cela se retourne contre eux. Ils pensent maîtriser les sentiments parce qu'ils pensent maîtriser la langue. Mais les sentiments sont plus forts que la langue'. Marc Paquien s'attache, quant à lui, à la situation du personnage:

> J'ai l'impression que l'être marivaudien se distingue par sa non-compréhension du monde qui l'entoure! Il y a bien entendu toujours cet effet d'endormissement, d'alanguissement, qui l'empêche de sortir de sa torpeur et de revenir au réel (c'est-à-dire de rendre les armes), mais aussi une vraie peur de l'inconnu à venir (on ne compte plus les 'où suis-je / que va-t-il m'arriver / que vais-je devenir, où allons-nous, etc.'). Le personnage chez Marivaux se découvre en même temps qu'il découvre le monde, il se construit en même temps qu'il appréhende son nouveau réel, son nouvel amour. Je cite toujours la très belle phrase de Georges Poulet à propos de l'être marivaudien: 'ce que je sais c'est que je suis, ce que je ne sais pas c'est ce que je suis'! Voilà un appui de jeu extraordinaire pour l'acteur. Chaque instant, chaque scène est un point dans le temps qui finit par former une ligne, construire un parcours... Pourtant je reste persuadé que ce théâtre est d'une incroyable difficulté à appréhender pour l'acteur, certainement à cause de son degré de perfection. Ses pièces se répètent à l'infini et ne sont que des variations autour des sentiments humains, et c'est un équilibre fragile. Il faut jouer le bas et le haut, la terre et le ciel, c'est un geste acrobatique, un théâtre 'd'escrimeur' comme dit Jouvet.

Les défauts à éviter sont de deux ordres. La fabrication de la musique évoquée par Michel Raskine, cette diction artificielle qui passe par-dessus le sens. C'est aussi de musique que parle Jean-Pierre Vincent:

> Pour faire court, la principale difficulté quand on travaille Marivaux aujourd'hui (encore aujourd'hui!), c'est de tuer les vieilles musiques, les vieilles intonations indurées dans notre culture. C'est incroyable, de voir

comment de génération en génération, qu'ils connaissent Marivaux ou non, les acteurs reproduisent ces tics, comme s'ils étaient génétiques. Cela concerne aussi Musset et quelques autres, ceux qui ont été châtrés durant des générations de culture bourgeoise. Il faut être extrêmement (férocement) attentif à oser écouter ce que dit Marivaux en réalité. Il faut progresser pas à pas, ne pas se laisser emporter par le charme (réel) de la langue. C'est un défaut général des acteurs (des gens de théâtre) français: courir dans la langue, considérer instinctivement qu'une tirade de dix lignes est une phrase de dix lignes, qu'elle n'est pas faite de multiples segments de pensée (c'est-à-dire de vie) qui s'articulent les uns aux autres, de façon parfois hachée, contradictoire. On doit pouvoir s'arrêter en plein milieu! On parle pour dire ce qu'on pense, mais dès qu'on a commencé à parler, c'est toute une aventure dangereuse. C'est ainsi au théâtre comme dans la vie: au théâtre de Marivaux particulièrement, mais dans toutes les bonnes pièces du répertoire. Un exemple parmi tant d'autres de ce que je fais pour aider les acteurs à remédier à cela: je tape moi-même le texte de répétitions. J'introduis dans le texte des retours à la ligne pour casser l'automatisme, le ronron, pour signaler à l'acteur qu'il y a sans doute là une articulation de pensée (de vie), que chaque phrase peut être la dernière de la pièce, qu'il faut se demander pourquoi on dit la suivante, et donc comment.

L'autre risque est celui de transformer le dialogue en conversation, en bavardage. Qu'est-ce que la conversation? C'est un jeu dans lequel ce que l'on dit est en surface, n'a aucune importance, est d'une absolue légèreté. Guillaume Lévêque résume cela ainsi: 'Ce qui m'étonne, c'est quand des acteurs se mettent à parler sur le plateau pour ne rien dire, qu'ils disent quelque chose mais qu'ils pourraient dire autre chose.'[18] Les difficultés sont nombreuses et paradoxalement les metteurs en scène qui sont pédagogues insistent sur le fait que c'est justement cette difficulté qui rend Marivaux très formateur pour les apprentis comédiens. C'est ce qu'affirme Daniel Mesguich:

> Les jeunes acteurs, dans leur majorité, ont tendance à jouer tous les textes comme s'ils avaient été écrits à la même époque (en général, la leur) et par le même auteur (en général, quelque écrivain du 'naturalisme psychologique'). Marivaux leur est, donc, une formidable école. Dès qu'on peut le jouer, et jouer à le jouer, on peut presque tout jouer.

Marc Paquien donne souvent cours sur Marivaux dans les écoles:

> Car même s'il y a peu de chance que les jeunes acteurs arrivent à intégrer toutes ces difficultés, ils peuvent tout de même toucher à des points essentiels du jeu de l'acteur: ils sont obligés de se concentrer sur l'instant de l'écriture et sur la sincérité absolue, même dans le mensonge... et sont confrontés à de la langue, ce qui me semble absolument primordial pour de

---

18. P. Chéreau, dans 'Donnez-moi votre cœur pour compagnon de voyage et je m'embarque', *Théâtre en Europe* 6 (1985), p.22-24, disait cela autrement: 'il faut donner à ces scènes du poids, la nécessité de vouloir dire les choses qu'on dit' (p.22).

la formation. Et aussi le fait qu'ils perdent leurs repères, et qu'au fond ils n'y comprennent pas grand chose me semble intéressant, cela les oblige à lâcher les automatismes et à chercher ailleurs.

Comment pallier ces difficultés? Comment travailler Marivaux?

Evidemment, la plupart des metteurs en scène reviennent sur la question du travail sur la langue. Marc Paquien insiste sur ce point:

> Je ne crois pas qu'il faille contourner la difficulté de ce théâtre, mais au contraire qu'il faut l'élever, la porter à son point absolu d'exigence. Et cela passe avant tout par un grand travail sur la langue, pour arriver à lui rendre son inventivité de chaque instant (car c'est une langue inventée, fabriquée, qui suit les mouvements intérieurs du personnage), sa limpidité et sa complexité. Je trouve enfin que c'est une langue absolument moderne (en cela le film *L'Esquive* illustrait merveilleusement à quel point nous sommes tous étrangers à notre propre langue et qu'il nous faut nous en saisir et la réinventer).[19]

Pour effectuer ce travail sur la langue, les approches et les techniques sont diverses. Cendre Chassanne:

> Je crois que nous avons appris à parler Marivaux en travaillant d'abord assidûment à la table: lire et lire et relire et tout examiner puis tracer des lignes dans l'espace très schématiques dans la foulée et retours à la table. Dix jours de suite. Puis les acteurs sont partis apprendre leurs partitions et lorsqu'ils sont revenus un mois plus tard, ils parlaient Marivaux.

Philippe Sire, lui aussi, souligne l'intérêt de ce travail à la table 'pour bien expliciter, et désenchevêtrer' la complexité des situations:

> Bien repérer les arrière-plans liés au pouvoir, à l'argent, au politique. Créer la juste distance entre la naïveté et la perfidie, la révérence et l'irrespect, le calculé et le subi, le sincère et le fin... Trouver la dimension ludique, le premier degré des situations les plus complexes, l'endroit où le corps est en jeu, les actions primaires (soif, désir, peur, envie de mourir, chagrin, envie de tuer, etc.).

Pour Michel Raskine, il faut découvrir avec les acteurs la complexité des personnages, se mettre d'accord sur cette complexité. Cela passe par exemple par des mystères du texte, comme dans *Le Jeu de l'amour et du hasard*: pourquoi Silvia ne dit-elle pas à Dorante qu'elle l'aime? Il insiste aussi sur le fait qu'il faut travailler à partir des situations. Guillaume Lévêque, quant à lui, se méfie d'un trop long théâtre à la table car 'faire

---

19. Lorsque le jeune metteur en scène Eric Massé a fait des stages en prison parallèlement à son projet sur *L'Île des esclaves*, les personnes incarcérées étaient persuadées que Marivaux avait lui-même été en prison tant il parlait de l'enfermement d'une façon qui leur paraissait juste et les touchait.

du théâtre, ce n'est pas forcément sur un accord de la raison que cela se fabrique'. Et il s'agit d'expérimenter dans le travail théâtral les béances:

> Je vais aider les acteurs à comprendre qu'il y a une différence fondamentale entre une phrase et une autre à l'intérieur d'une même réplique, et donc il faut tenter de jouer autre chose à chaque fois. Ne pas lisser les choses, ne pas faire de roman causal. Il y a des trous dans Marivaux, il y a des trous dans les causalités. Cela dit une chose et la seconde d'après cela peut dire le contraire. Et ce n'est pas problématique pour celui qui le dit. Et là-dedans, le mouvement ou la part de l'inconscient, obligatoirement, à un moment donné, finira par apparaître de lui-même, sans même que j'aie aidé à le chercher.

Et il rajoute à propos de *La Surprise de l'amour*: 'J'ai toujours l'impression que, dans cette pièce-là en tout cas, la tragédie c'est de parler. S'ils se taisaient tous, cela se passerait très bien mais ils parlent.'

Quelques réflexions en guise de synthèse

Nous avons pu constater que le marivaudage était objet de soupçon pour les praticiens de théâtre dès qu'ils l'inscrivaient dans la sphère du plateau. Cela tient sans doute au fait qu'en même temps qu'apparaît le marqueur théorique de la thèse de Deloffre, se met en place un marqueur artistique qu'est l'axe Planchon / Chéreau. Or, ces deux artistes emploient le mot marivaudage dans un sens négatif, comme le symbole de l'ennemi à combattre. Il suffit de lire pour s'en rendre compte les textes qu'ils écrivent eux-mêmes ou les comptes rendus que font les journaux de l'époque. Ainsi, en ce qui concerne *La Dispute*, un article de *L'Unité* (Jean-Paul Liégeois, 26 octobre 1973) rapporte les propos de Chéreau sur la pièce: 'C'est une allégorie qui a la force et la violence de certains romans de Sade, de certains contes d'Hoffman. C'est à la fois un conte fantastique et un conte philosophique. C'est tout sauf du marivaudage.' Et il ajoute plus loin: 'On a parlé de légèreté de Marivaux. Il faudrait finir par s'apercevoir de sa densité, de sa virtuosité à décrire les rapports humains et les contradictions dans lesquelles les gens s'empêtrent.'

En réalité, des étapes théâtrales antérieures avaient marqué déjà un ébranlement du concept. C'est la mise en scène par Planchon de *La Seconde Surprise de l'amour* (TNP, 1959); c'est le travail de Chéreau sur *L'Héritier de village* (Nancy, 1965); à chaque fois, un scandale retentissant; à chaque fois un coup de boutoir contre une certaine vision de Marivaux. Ainsi, face au spectacle de Planchon, Max Favalelli écrit:

> Pour la première fois, les créatures de Marivaux sont des créatures de chair et de sang. Elles vivent, respirent, se meuvent à l'aise dans un cadre qui leur est familier. Les rapports qui les unissent entre elles ont l'accent de la vérité.

Ainsi que Luchino Visconti avait dépouillé Goldoni des fausses virtuosités de la commedia dell'arte, Planchon débarrasse Marivaux du marivaudage.[20]

Vincent raconte ainsi le tohu-bohu qui a concerné *L'Héritier de village*:

> Cela fit un scandale mémorable. Fureur dans la salle, ou plutôt combat entre les 'pro' et les 'anti'. Marivaux était à cette époque, malgré l'aventure – d'ailleurs aussi scandalisante – de Planchon en 1960, joué dans la mignardise et le bonbon.[21] C'était l'apanage d'une certaine Comédie-Française. Chéreau et moi faisions éclater un Marivaux terrien, insolent et réaliste.[22]

Néanmoins, malgré ces ruptures antérieures, c'est bien le Chéreau de *La Dispute* qui apparaît comme le marqueur entre un avant et un après. Pourquoi? Sans doute parce que le spectacle était si magnifique qu'il a été perçu comme une proposition un peu scandaleuse, mais aussi comme un acte interprétatif idéalement réussi.[23] Grâce à lui, il est possible de considérer un Marivaux en dehors du marivaudage. C'est bien ce que montre l'article de l'*Encyclopedia Universalis* consacré à *La Dispute*. Son auteur Anouchka Vasak concède qu'il est possible d'adhérer à la lecture que fait Chéreau 'déportant la pièce vers le tragique, à rebours de toute interprétation "puérile" et galante'. Mais elle ajoute aussitôt:

> Il est vrai que l'on peut faire de cette œuvre une lecture absolument inverse, et y voir une comédie écrite en langage de salon. La virtuosité rhétorique, dont témoigne un usage appuyé de la synecdoque ('mon cœur désire vos mains') et de l'hyperbole, la chorégraphie (jeux de scène en miroir, symétries multiples), l'ingénuité capricieuse d'Eglé, peuvent être toutes comme autant de figures élaborées qui feraient de *La Dispute* un chef-d'œuvre du marivaudage.[24]

D'un côté la scène et son interprétation, de l'autre l'analyse littéraire et son interprétation. On peut penser qu'à l'époque de Planchon, comme à celle de Chéreau, le sens de 'marivaudage' était celui que la thèse de Deloffre mettait aussi en cause. Néanmoins, au lieu que s'établisse une alliance contre un ennemi commun, la séparation entre le livre et le

---

20. *Paris-Presse* (20 juin 1959); article cité par Michel Bataillon dans *Un défi en province. Planchon: chronique d'une aventure théâtrale, 1957-1972* (Paris, 2001), p.76. L'article fait référence à la mise en scène de *La Locandiera* par Visconti en 1952.
21. La presse joue un grand rôle aussi. Jean-Jacques Lerrant écrit à propos de ce spectacle: 'Patrice Chéreau a exploité la saveur paysanne de la comédie de Marivaux, mais en bannissant la joliesse et les complaisances un peu fades du marivaudage' (*Le Progrès*, 7 mai 1968).
22. Jean-Pierre Vincent, *Le Désordre des vivants: mes quarante premières années de théâtre*, entretiens avec Dominique Darzacq (Besançon et Nanterre, 2002), p.15.
23. Emmanuel Daumas et Eric Massé, lors d'un débat que j'animais au Théâtre des Célestins de Lyon en octobre 2005, reconnaissaient ce spectacle comme une référence pour eux alors qu'ils étaient trop jeunes pour l'avoir vu.
24. http://www.universalis.fr/encyclopedie/la-dispute/2-un-conte-noir/

plateau s'est trouvée confortée. Cela tient sans doute à la façon dont l'universitaire est parti en guerre contre les praticiens, contre Planchon d'abord. Comme l'écrit Michel Bataillon: 'Dans Lyon, pendant un trimestre, hérétiques et orthodoxes s'affrontent, et les salles sont pleines. L'enjeu est d'importance: pour le patrimoine littéraire, artistique, culturel, c'est une affaire de vie ou de mort.'[25] Et c'est encore pire pour *La Dispute*.[26] La scène française semble garder une mémoire de cette polémique comme en témoigne d'ailleurs ce que dit Jean-Pierre Vincent en associant dans l'histoire Planchon / Chéreau et Deloffre.

Avec Chéreau, en même temps que l'on met en soupçon le marivaudage, on met en place un certain nombre de postulats qui vont revenir comme des invariants dans les mises en scène ultérieures: la cruauté,[27] la gravité,[28] le rapport avec Sade, le tragique, la violence des relations. Les metteurs en scène interrogés sont tous héritiers de cette conception qui a créé ce que l'on pourrait nommer un 'marivaudage scénique' qui ne dit pas son nom et que l'on retrouve fréquemment dans les articles ou les interviews aujourd'hui.[29] Néanmoins, l'entretien avec Daniel Mesguich comme celui avec Guillaume Lévêque témoignent d'une certaine remise en cause de l'héritage de Chéreau. Le premier affirme en effet:

> Il m'arrive *aussi* de défendre, chez Marivaux, une certaine légèreté. Dans les années 70, le théâtre français dans son ensemble avait découvert comme un seul homme (et c'était une bonne chose) que Marivaux pouvait être sérieux, cruel, violent, etc. Et il s'est mis à mépriser le 'marivaudage' (il en avait fait de même avec Tchekhov, découvrant qu'il pouvait être drôle)... Il ne s'agit pas, aujourd'hui, de simplement revenir à un Marivaux de marivaudage, ou à un Tchekhov tragique. Ce serait tout aussi 'simple', tout aussi univoque, tout aussi... sot. Mais de ne rien exclure: Marivaux est *aussi* drôle et léger, et Tchekhov est *aussi* grave et tragique.

L'enjeu devient: comment retrouver un lien avec le comique qui ne détruirait pas la gravité? Car, on tombe alors, dit Guillaume Lévêque, dans le risque d'un autre tabou contemporain, celui du divertissement. On voit bien d'où vient le tabou, la crainte que disparaisse avec ce mot le

---

25. M. Bataillon, *Un défi en province*, p.74.
26. Voir son article: 'Massacre pour une "Dispute"', *Le Point* (5 novembre 1973).
27. Même si le terme est déjà employé par Vilar à l'occasion de sa mise en scène du *Triomphe de l'amour* en 1956.
28. Celle-ci pouvant être tirée du côté de la mélancolie. En témoigne la mise en scène de Luc Bondy de *La Seconde Surprise de l'amour* en 2007.
29. Voir par exemple à propos du *Triomphe de l'amour* mis en scène par Philippe Sireuil, le *Quinzième jour du mois*, mensuel de l'Université de Liège, n° 128 (novembre 2003), qui titre 'L'œuvre de Marivaux ne se réduit pas au marivaudage'. L'auteur de l'article comme le metteur en scène opposent marivaudage et cruauté. http://www2.ulg.ac.be/le15jour/Archives/128/S05.html

théâtre d'art. Mais la méfiance contre le divertissement a eu comme dégât collatéral la disparition du comique. C'est ce que déplore Guillaume Lévêque: 'On a besoin d'un comique. Pas le comique codé mais le comique de l'inconscient car je sens bien que le comique fait partie intégrante de l'inconscient, de son fonctionnement.' Par ailleurs, tout en affirmant à plusieurs reprises son admiration pour Planchon et Chéreau, le metteur en scène pense qu'ils font système dans leur mise en scène, Chéreau en faisant des personnages des machinateurs ou des machiavéliques, Planchon sur un plan sociologique. Or, d'après lui Marivaux est un auteur qui échappe à tout système.

Qu'en est-il de la réflexion sur le jeu lui-même? Outre la remise en cause du marivaudage, Chéreau a ouvert la voie à un jeu différent dans lequel une grande partie du langage de l'acteur passe par le corps. Trouver le langage du corps de l'acteur marivaudien a été un objet de réflexion pour de nombreux metteurs en scène.[30] Déjà en 1966, Jacques Lassalle montrait le rapport dans le jeu de l'acteur entre la pensée, les mots et le corps:[31]

> C'est un théâtre où l'on réalise après l'avoir dit ce qu'on vient de dire. Il s'agit d'un univers où l'on observe la plus grande continence, où l'on se surveille, puis brusquement on est dépassé. Et cela passe par un engagement corporel: un travail trop analytique casse ce rapport immédiat à la langue. Dans toute recherche sur le langage marivaudien, le rapport au corps est essentiel. Le corps est en révolte. Il échappe totalement au contrôle.[32]

La problématique du corps est rappelée par Guillaume Lévêque dans son lien avec l'inconscient:

> Il y a une sagesse des corps et une sagesse de la parole. Je vais travailler là-dessus, c'est sûr. Je me suis rendu compte l'autre jour, à propos d'inconscient, qu'il était possible que deux personnes, qui ne cessent de dire qu'elles ne veulent pas de l'amour, puissent, dans l'inconscient des corps, se retrouver l'une avec la tête sur l'épaule de l'autre tout en disant: 'quel bonheur toujours de pouvoir se détester à ce point-là!' C'est cela que j'appelle l'inconscient. Il faut toujours travailler dans l'écart, toujours. Travailler sur l'écart entre ce que dit le langage et ce que dit le corps. Ce n'est pas parce que quelqu'un dit 'je méprise tout le monde' qu'il faut mettre en scène le mépris de cette personne pour tout le monde. On doit pouvoir à mon avis travailler sans arrêt sur l'écart et sur le paradoxe. C'est à vérifier sur

---

30. Marc Paquien y fait référence en rappelant l'histoire des liens entre Marivaux et les Comédiens-Italiens.
31. Dans un entretien, 'Un indécidable sourire', *Europe* (1996), p.26.
32. Ce travail sur le corps était magnifiquement à l'œuvre dans *Le Jeu de l'amour et du hasard* de Jean-Pierre Vincent. Le personnage est trahi par son corps: ainsi l'émoi de Dorante se traduit par des évanouissements. Le corps traduit aussi l'inadaptation sociale: Arlequin ne parvient pas à concilier le fait de tenir la fausse Silvia par la main, comme dans le grand monde, et le fait de franchir une porte. Son corps n'a pas appris les usages sociaux.

le plateau. Mais cela veut dire amener les acteurs à une mobilité incroyable. C'est du jonglage. Souvent je travaille comme cela. J'ai une grande méfiance envers l'unification. Au moment où les choses s'unifient, c'est toujours pour moi un moment délicat. Quand le spectacle s'unifie trop, c'est-à-dire qu'il perd le degré qu'il faut d'hétérogène.

Le parcours dans ces paroles de metteurs en scène montre que leur refus du mot marivaudage est en réalité le symptôme d'une méfiance devant un terme qui viserait à donner une vision essentialiste. Autrement dit, Marivaux vaut mieux que le marivaudage car il n'est réductible à aucun mot globalisant. Ainsi, *marivaudage* s'inscrit dans un champ d'expressions qui relèvent souvent du tabou sur les plateaux comme le mot 'divertissement' ou l'expression 'jeu psychologique'.[33]

Peut-on établir une conclusion sur ce que disent les metteurs en scène interrogés sur la question du jeu? Nous avons le sentiment, qu'en ce qui concerne le jeu de l'acteur, c'est comme si le lien entre langage du texte et pensée de l'acteur était réinterrogé. La complexité du théâtre de Marivaux est, semble-t-il, qu'il induit une disjonction entre les deux. En réfutant que les personnages sont machiavéliques, Guillaume Lévêque réfute finalement que la pensée produise du langage selon un circuit court. En évoquant l'inconscient, il brise l'immédiateté et la logique de cette relation. C'est autre chose qui parle qu'une pensée ou des sentiments traduits en mots. De même, on peut penser que cette insistance sur la disjonction anéantit toute forme de réduction au caractère. Marc Paquien affirme d'ailleurs: 'je ne suis pas certain qu'il y ait une logique intérieure chez les personnages'. L'acteur doit donc affronter la mobilité, la réactivité, la labilité de ce langage.[34] Il ne peut s'installer, il est intégralement au présent. Selon Guillaume Lévêque, il doit être 'crédule'. Il doit lutter contre toutes les tentations d'unification. Comme Michel Raskine, Guillaume Lévêque utilise alors les notions d'écart ou de complexité. C'est pourquoi il est si difficile de parler de psychologie.

Les metteurs en scène interrogés récusent la notion de jeu psychologique mais ils s'interrogent sur la notion de psychologie. Jean-Pierre Vincent ne la refuse pas complètement à condition de la détacher de la notion de personnage:

---

33. Cette notion est très souvent employée sur les plateaux de théâtre comme repoussoir: 'ne joue pas psychologique, c'est un temps psychologique'. Mais curieusement, comme pour le mot marivaudage, chaque metteur en scène met derrière cette expression un sens différent. Je réserve pour des travaux ultérieurs une réflexion sur cette question. J'ai choisi donc de ne pas faire état ici des réponses des metteurs en scène sur ce point car cela demanderait un très long développement.
34. Patrice Chéreau insistait déjà sur ce fait pendant les répétitions de *La Fausse Suivante*: 'On ne peut garder un état psychologique très longtemps. Chaque fois qu'on a une rupture, la pièce se met à exister' dans 'Donnez-moi votre cœur', p.22.

Bien sûr, quand il y a un théâtre des personnages, il y a ce qu'on peut appeler de la psychologie. C'est comme la politique: il y en a partout. Mais la politique, au moins, contient la psychologie. Un personnage, pour moi, cela n'existe pas avant la fin du travail: c'est la somme des informations, contradictions, transformations d'une figure qui a un nom sur le papier, mais qui est passée par la personnalité de celle / celui qui a sué sang et eau pour l'interpréter, lui trouver une existence, une suite de comportements, de rapports de force avec d'autres, sur tous sujets abordés par les situations du récit. Ce n'est pas de la psychologie, ça. La psychologie, c'est une voie de garage de l'Université.

Pour Michel Raskine, la psychologie, c'est le lien que nous pouvons peut être établir avec nos propres complexités. Les personnages ont une psychologie dans la mesure où ils ont cette complexité de la vie. Daniel Mesguich rattache la psychologie à ce qu'il nomme l'intériorité:

Aucun art ne saurait se passer d'"intériorité'. Même le plus formel. Donc, de 'psychologie'. Mais il s'agit pour moi, par un tel mot, de dire l'aventure vers ce qu'on ne sait pas de soi-même, et d'entendre les sens minoritaires, les doubles, les triples sens des mots, des phrases, d'entendre aussi ce qui ne se dit pas, etc. Rien à voir, donc, avec le stanislavskisme de bon aloi qui sévit majoritairement au théâtre (et surtout au cinéma), drapé dans les costumes de la 'Vérité', du 'Naturel', de l'"Authenticité', du 'quotidien', etc. De ce point de vue, les textes de Marivaux sont une mine d'or, qui savent que la 'vérité', si elle existe, ne peut jamais se dire directement, et qu'il faut en passer, pour l'entrevoir, par le simulacre, la mauvaise foi, le mensonge, le tordu, le faussé, etc.

Enfin, Guillaume Lévêque se réfère à ce qu'il appelle une psychologie des profondeurs:

Dès qu'on met en place de l'hétérogénéité, ou de la discontinuité ou des ruptures, alors le jeu ne devient plus la pâte unifiée d'une psychologie reconnaissable, typologisable, etc. On entre dans ce qu'on pourrait appeler une psychologie des profondeurs et donc la seule qui nous importe mais elle est toujours psychologique. [...] Le jeu qui est approprié, c'est de travailler sur des choses qui ne vont pas dans le même sens. Et dans cet écart-là, il y aura de la psychologie. On ne peut pas faire autrement et il ne faut pas faire autrement. Ce que je pourrais critiquer, c'est la continuité psychologique. Ce qui me semble non vivant, c'est de faire la continuité tout le temps. On travaillera à casser le système.

Dès lors, on peut constater à quel point la question du jeu réinterroge la question du marivaudage. Pour l'acteur, il s'agit face au théâtre de Marivaux d'inventer un nouveau rapport entre le langage d'un côté, la pensée et le corps de l'autre. Il ne s'agit pas de lisser, d'unifier mais de rendre les fractures, les écarts.[35] En définitive, n'est-ce pas une façon de

---

35. On ne s'étonnera pas, dans ces conditions que les metteurs en scène, agissent de

relire Marivaux à la lumière de ce que la psychanalyse et la linguistique de l'énonciation nous ont appris sur le langage et son fonctionnement?[36] Mais c'est en même temps, une façon de relire ce théâtre à la lumière des réflexions actuelles sur l'art de l'acteur. Et finalement, n'est-ce pas à travers le prisme de l'acteur que pourrait se réfléchir Marivaux à l'épreuve de la scène? Nous laisserons donc la conclusion à Philippe Sire:

> La démarche de l'acteur est quelque chose de profond, d'intime, de personnel et de mystérieux qui n'a rien à voir avec le jeu des apparences sociales, pas plus qu'avec la dualité mensonge et vérité, ni qu'avec le travestissement de la vérité pour arriver à ses fins. L'acteur ne connaît que la vérité, il croit en ce qu'il joue, il le défend. Bien sûr il change son apparence, il met en avant d'une manière autre que dans la vie son corps et sa voix, il utilise des langages autres que le sien, il raconte des histoires, il prétend être ce qu'il n'est pas. Il donne une représentation à travers laquelle il laisse entrevoir sa sensibilité propre, son rapport au monde, son ego. Mais tout ceci s'inscrit dans un processus très ritualisé et cadré, avec des partenaires et un metteur en scène qui se mettent au service d'un poème produit par un auteur.

---

l'extérieur pour provoquer des déplacements, des conditions d'énonciation renouvelées. Ainsi, Michel Raskine, en choisissant pour *Le Jeu de l'amour et du hasard* des acteurs mûrs, bouscule la pièce de l'extérieur. C'est le cas aussi des conventions. Tous les apartés de la mise en scène sont adressés.

36. En particulier la théorie des actes du langage et les recherches sur l'implicite.

Mettre en scène *La Dispute* de Marivaux: 'dance with words' entre savoir et vérité, le bouger-trembler des corps

ANNE DENEYS-TUNNEY

> Le fétichisme de l'origine est une des caractéristiques de la métaphysique.
>
> Jurgen Habermas, *Le Discours philosophique de la modernité*.[1]

De toutes les fictions philosophiques produites par les Lumières, celle de l'état de nature est sans doute l'une des plus complexes, des plus riches, et aussi des plus ambiguës.[2] On pourrait même dire que l'ambiguïté du concept de l'état de nature – pris entre un modèle synchronique et diachronique, entre une réalité à la fois perdue et / ou retrouvée, et une pure fiction – est constitutif de ce que l'on a l'habitude d'appeler 'les Lumières'. Les Lumières ont la passion de l'origine, mais une passion que l'on peut qualifier d'"ambiguë". L'origine est à la fois définie par elles comme un concept théorique abstrait plutôt qu'un passé historique. Elle est aussi ce qui permet de penser et de représenter le présent, l'état présent dans sa particularité et sa différence constitutive par rapport à une norme universelle qu'elle incarnerait. La nature est ainsi constituée comme un mouvement de balancier instable entre un passé révolu à jamais et un présent qui continue obscurément à nous habiter.[3] L'état de nature est en tout cas souvent défini comme une fiction romanesque ou théâtrale, voire comme une pure construction philosophique. Le temps du discours philosophique ou du récit cette fiction se trouve en quelque sorte réalisée ou incarnée dans une histoire, dans un récit ou un spectacle qui lui donne une forme de vérité et de réalité. Entre

---

1. (Paris, 1988), p.223. L'article qui suit est la version écrite d'une conférence donnée à l'université de Nanterre en mai 2011, sur l'invitation de Christophe Martin que je tiens ici à remercier. Je dédie cet article à mes acteurs, en particulier à Karen Santos da Silva, mon assistante, et Carise inoubliable.
2. Je renvoie sur ces questions à la somme toujours non dépassée de Jean Erhard, *L'Idée de la nature en France dans la première moitié du 18ᵉ siècle* (1963; Paris, 1994). Ainsi qu'à l'analyse décisive de Christophe Martin: ' "Voir la nature elle-même": le dispositif expérimental dans *La Dispute*', *Coulisses* 34 (2006), p.139-52.
3. Cette présence de la nature au cœur de la culture, c'est ce que Rousseau appelle 'la voix de la nature' dans le *Discours sur l'origine et les fondements de l'inégalité parmi les hommes* (1755).

raisonnement hypothético-déductif comme chez Rousseau, présentation argumentative, utopie ou fiction philosophique, et / ou origine positive qui permet de mesurer la réalité historique à son propre passé, les Lumières hésitent.[4] Il est ainsi difficile de trouver un texte des Lumières qui ne pose pas la question de l'origine, et qui ne fasse pas référence à la nature comme au nom de cette origine. Il est tout aussi difficile de trouver un texte qui échappe à ces ambiguïtés qui font toute la richesse et la profondeur de ces mêmes Lumières. Le mot d'*origine* – pris entre la fiction, le concept opératoire comme chez Rousseau, et un modèle diachronique et historial comme ici chez Marivaux – est donc au cœur des Lumières. De même, le mot et le concept de *nature* expriment et incarnent pour ainsi dire l'origine immanente et non transcendante de toutes les origines.

Ecrite et jouée une seule fois, le 29 octobre 1744, puis tombée le soir même tant son contenu et sa forme ont choqué les contemporains, *La Dispute* est sans doute la pièce la plus profonde et la plus philosophique du théâtre de Marivaux.[5] En ce sens, elle s'accommode mal des définitions qui cantonnent le marivaudage dans la préciosité et la galanterie.[6] Elle participe de ce que l'on pourrait appeler un marivaudage philosophique dans la mesure où elle pose la question de l'origine dans un jeu entre un montrer cacher de la vérité et de sa représentation par le spectacle. De toutes les pièces de Marivaux, elle est aussi la plus osée, la plus scandaleuse, d'un point de vue à la fois moral et philosophique.

J'ai mis en scène *La Dispute* deux fois à New York à dix-huit ans d'intervalle.[7] C'est à partir de cette pièce que j'ai défini, à tâtons, et au cours des nombreuses années qui suivirent ma première mise en scène, la technique de jeu originale que j'ai développée avec mes acteurs, technique que j'ai appelée par la suite 'dance with words'. Pour la définir rapidement, c'est une espèce de recherche du flou ou du bouger-trembler des corps. Comme une hystérisation des corps des acteurs toujours en mouvements, comme des corps traversés par un flux

---

4. C'est la fameuse définition de Rousseau de 'l'état de nature' dans le *Second Discours* comme 'un état qui n'existe plus, qui n'a peut être point existé, qui probablement n'existera jamais' (*Discours sur les arts et les sciences*, éd. Jacques Roger (Paris 1971), p.151.
5. Voir Alain Grosrichard, 'Le prince saisi par la philosophie', dans *Ornicar* 26-27 (1983), http://www.unige.ch/lettres/framo/articles/ag_prince.html
6. Toutes nos références à *La Dispute, pièce en un acte*, sont tirées de Marivaux, *Théâtre complet*, éd. Frédéric Deloffre, t.2 (Paris, 1981), p.195.
7. J'ai été admise au Lincoln Center Director's Lab (Laboratoire de mise en scène de théâtre expérimental) de New York en 1997. J'ai mis en scène *La Dispute* pour la deuxième fois à New York en mars 2005 au Judson Memorial Church (décor conçu et réalisé par Stephen Tunney, musique originale composée par Dogbowl et Michael Schumacher, son pris par Stéphane Craneanschi). Photos du spectacle, Sophie Tunney.

constant qui les déborde de toutes parts. Cette instabilité exagérée des corps et des mouvements est une tentative de représenter ou de donner à voir sur scène un autre corps. Dans un autre rapport au temps et à l'espace, c'est-à-dire au désir. Cet autre rapport du corps au temps et à l'espace permet de s'approcher d'une expression (plutôt que d'une représentation) de l'écart entre savoir et vérité que la pièce met en scène – question qui est avec celle de la nature, de l'origine et du désir, l'axe central de la pièce. Ce qui suit est une tentative d'expliquer en termes critiques ou théoriques ce que la mise en scène de la pièce donnait à voir et à sentir.

Pourquoi, après avoir mis en scène une quinzaine d'autres pièces (de Marivaux pour l'essentiel mais aussi de Molière) revenir en 2005, dix-huit ans après, à *La Dispute*? Sans doute parce que cette pièce m'intrigue, qu'elle n'a pas cessé de m'obséder, et que son sens demeure pour moi, malgré tout ce qui a pu en être dit et tout ce qui a été montré d'elle, fondamentalement énigmatique.[8] Elle m'apparaît comme une esquisse, à la fois philosophique et fantasmatique, qui concentre toutes les obsessions de Marivaux, les donne à lire et les dérobe au regard tout à la fois dans une construction dramatique cristalline, à la fois remarquablement lisible et opaque tout à la fois. Celle-ci s'apparente par sa simplicité, sa lisibilité, sa fulgurance aussi et ses audaces, à une esquisse libertine au fusain, où tout est à la fois montré et suggéré, avec une liberté et une spontanéité propre à ce genre réservé au dix-huitième siècle à un public très restreint d'initiés. Comment exprimer cela sur scène, avec des acteurs de chair et d'os, dans un espace-temps particulier?

Le plus difficile pour moi dans la mise en scène de ce chef-d'œuvre a été de parvenir à maintenir le jeu ou la tension entre la naïveté ou l'ingénuité des personnages d'un côté, et la profondeur extraordinaire de ce qui est montré ou signifié, mais jamais dit directement. La profondeur philosophique s'exprime ici de biais, de manière indirecte, déductive – le spectacle représenté sur scène restant pour le spectateur mystérieux ou énigmatique, malgré la profusion des significations et des signes produits par le spectacle. Ce sont les corps qui parlent ici autant que les bouches. Contrairement à ce qui est souvent dit, le théâtre de Marivaux est un théâtre fondamentalement anti-intellectuel et anti-

---

8. D'importantes analyses de la pièce ont été faites, parmi lesquelles: Jean Michel Racault: 'Narcisse et ses miroirs: système des personnages et figures de l'amour dans *La Dispute* de Marivaux', *Revue d'histoire du théâtre* 33:2 (1981), p.103-15. Mais ces analyses ne résorbent pas pour moi le caractère énigmatique de la pièce dès lors qu'il s'agit de la mettre en scène, et non plus seulement de l'analyser de manière théorique. L'écart entre lecture de la pièce et mise en scène est aussi en arrière-fond de l'analyse éclairante de Patrice Pavis dans 'Une dispute sans réconciliation: Patrice Chéreau', dans *Marivaux à l'épreuve de la scène* (Paris, 1986).

psychologique; les personnages n'ont aucune intériorité: ils sont interchangeables et ne sont que la somme de leurs émois et de leurs désirs. Le désir les habite totalement (les enfants de la nature: Eglé, Adine, Azor, Mesrin) et les traverse avec une force irrépressible, mais cette force reste toujours dans son origine même énigmatique. Interpréter ces rôles (plutôt que ces personnages) ne peut se faire pour les acteurs qu'à partir d'un véritable travail d'athlète ou de danseur, un travail avant tout physique qui mobilise tout le corps.

Cette technique, ou plutôt cet art autre de jouer: 'dance with words', jeu ou 'technique' très particulière qui repose sur une mise en branle du corps par les paroles prononcées par les acteurs dépend en réalité de la vision esthétique et éthique que j'ai de la pièce. Les mots prononcés par les personnages ou les acteurs mettent en branlent leurs corps de manière constante créant une impression de flou ou de bougé permanent très fatiguant à l'œil du spectateur et épuisant pour l'acteur qui ne peut jamais rester immobile. Ici c'est le corps qui est sujet, qui agit (et non pas la pensée ou l'esprit), dans une chorégraphie en grande partie improvisée qui fait parfois ressembler ce spectacle à un spectacle de pantins ou de marionnettes, ou qui peut parfois rappeler, sans jamais l'imiter, le jeu expressionniste des acteurs de mélodrame, ou la pantomime du théâtre italien. L'essentiel pour moi était en tout cas que les acteurs ou les personnages de la pièce apparaissent comme étant traversés de part en part par une vérité qu'ils ne maîtrisent pas, à laquelle ils n'ont pour ainsi dire jamais accès, ou seulement par lueurs et par intervalles. Soit, pour le dire autrement à partir de Lacan dans le *Séminaire 20, Encore*: 'Là où ça parle ça jouit, et ça sait rien.'[9]

Le texte qui suit est une tentative de développer avec des mots ce que j'ai réalisé de la manière la plus instinctive possible dans l'espace; tenter de dire ce que mettre en scène cette pièce – la plus inouïe du répertoire français – m'aura révélé d'elle. Il n'est pas possible de décrire avec des mots une mise en scène qui est pour le spectateur essentiellement une expérience sensorielle, en grande partie extérieure au langage. Je dirai simplement que le caractère souvent désarticulé ou incontrôlé des mouvements du corps des acteurs de la pièce visait à exprimer que quelque chose toujours échappe à la conscience ou à la volonté du sujet, qu'ils sont en tant que sujets agités ou mis en branle de l'intérieur par quelque chose qui les dépasse, qu'ils ne peuvent pas se représenter à eux-mêmes. Autrement dit, cette technique particulière de jeu 'dance with words' vise à signifier visuellement qu'ils sont débordés par ce que j'appellerai aujourd'hui le désir, la machine du désir.[10]

9. Jacques Lacan, *Séminaire 20, Encore* (Paris, 1975), p.95.
10. Sur la notion centrale de 'machine du désir', voir Michel Deguy, *La machine matrimoniale ou Marivaux*.

La pièce commence par une querelle entre un Prince et son amante Hermiane pour savoir qui, de l'homme ou de la femme, a pu commettre la première infidélité. Hermiane soutient que seuls les hommes ont pu avoir la cruauté d'être les premiers infidèles. Le Prince lui répond que pour pouvoir répondre à cette question et savoir ce qui s'est réellement passé à l'origine, il est nécessaire d'interroger la nature. Il dévoile alors en véritable philosophe et expérimentateur des Lumières qu'il est, l'expérience par laquelle la vérité sur cette question va pouvoir être révélée. Deux couples d'enfants 'sauvages' ou 'naturels': deux garçons (Azor et Mesrin), et deux filles (Eglé et Adine) ont été élevés afin de permettre de donner une réponse à cette question de l'infidélité, loin de la civilisation, dans la forêt. Ces quatre enfants de la nature ne se connaissent pas les uns les autres, et n'ont jamais eu de relations avec personne, sauf deux domestiques, Carise et Mesrou qui les ont nourris. Ces quatre enfants incarnent la nature, en tant qu'elle est l'origine non encore pervertie de ce qui viendra après elle et que l'on nomme la culture. L'expérience du Prince consiste à les faire se rencontrer pour la première fois: ces conditions artificielles vont permettre de retrouver l'origine de l'humanité et du désir. Il s'agit ici de mettre en spectacle la nature, afin que la culture puisse voir et comprendre qui de l'homme ou de la femme va commettre la première inconstance ou infidélité. Le Prince explique à Hermiane le sens de cette expérimentation: 'Oui, c'est la nature elle-même que nous allons interroger, il n'y a qu'elle qui puisse décider la question sans réplique, et surement elle prononcera en votre faveur.' Et il continue (scène i, p.604):

> oui, les hommes et les femmes de ce temps-là, le monde et ses premières amours vont reparaître à vos yeux tels qu'il étaient, ou du moins tels qu'ils ont dû être; ce ne seront peut-être pas les mêmes aventures, mais ce seront les mêmes caractères; vous allez voir le même état de cœur, des âmes tout aussi neuves que les premières, encore plus neuves s'il est possible.

La philosophie a souvent utilisé la fiction ou l'utopie pour penser.[11] On songe à la fiction du 'Malin génie' chez Descartes, à la fiction de l'état de nature plus tard dans le *Discours sur l'origine et les fondements de l'inégalité parmi les hommes* (1755) de Rousseau, texte qui partage avec la pièce de Marivaux, la mise en scène ou la construction de ce que Marivaux comme Rousseau désigne comme l'origine, ou la nature.

Ces quatre enfants de la nature apparaissent d'abord comme des ingénus. Que veut dire ce mot? Il signifie essentiellement une absence de savoir, en particulier du savoir de la culture. Voltaire écrira plus tard *L'Ingénu* (1767) dont le personnage se caractérise, ainsi qu'il le dit

---

11. Sur cette question voir Pierre Cassou-Noguès, *Mon zombie et moi: la philosophie comme fiction* (Paris, 2010).

lui-même, par un certain rapport au langage et au corps qui consiste à 'dire naïvement ce que je pense et faire ce que je veux'.[12] Comme dans le conte de Voltaire, la pièce de Marivaux met en scène l'ingénuité des enfants de la nature, en tant que cette ingénuité, définie comme absence de savoir, porte d'abord et avant tout sur la sexualité, et en particulier la question de la différence des sexes.

L'ingénuité ou le spectacle des ingénus permet la représentation sur une scène de théâtre de l'irreprésentable, à savoir du passage de l'ignorance du désir et de la jouissance, à l'expérience du désir et de la jouissance, soit ce que l'on pourrait appeler la 'connaissance de la chose sexuelle'. Mais la condition de l'ingénuité est d'abord – c'est un point très remarquable de la pièce de Marivaux – l'absence d'accès à la connaissance de la différence sexuelle. Ainsi dans les premières scènes, si Eglé se reconnaît et tombe amoureuse d'elle-même dans le ruisseau lorsqu'elle se penche vers son image – chez Marivaux la femme se caractérise d'abord par son narcissisme – lorsqu'elle voit Azor pour la première fois à la scène iv, elle ne l'identifie pas comme un homme, mais l'appelle 'elle'. Ici 'elle' désigne la personne universelle avant toute identification sexuelle. Eglé désigne ensuite Azor par le mot masculin d''objet'. Au niveau du genre, ce passage du féminin universel de la personne au masculin 'objet', puis 'homme', est très significatif. Tout le comique du début de la pièce émane du fait que ni Eglé ni Azor ne savent encore qu'ils sont de deux sexes différents, alors qu'ils se désirent et se touchent dès qu'ils se voient (scène iv, p.607):

> AZOR. – J'obéis car je suis à vous.
> EGLÉ. – Elle obéit; venez donc tout à fait, afin d'être à moi de plus prés. (*Il vient.*) Ah! La voilà, c'est vous, qu'elle est bien faite! en vérité, vous êtes aussi belle que moi'.

La connaissance ou le savoir de la différence sexuelle entre l'homme et la femme n'arrive que plus tard dans la pièce, à la scène v, la pièce ne comportant que vingt courtes scènes en tout. Ce sont les instances parentales, incarnées ici par Carise et Mesrou qui nomment la différence sexuelle et l'identité sexuelle respective de chacun (p.608, nous soulignons):

> EGLÉ. – J'ai fait l'acquisition d'un objet qui me tenait la main tout à l'heure [...]
> MESROU. – Je sais qui c'est, je crois même l'avoir entrevu qui se retirait. *Cet objet s'appelle un homme, c'est Azor, nous le connaissons.*

Au moment inaugural du coup de foudre entre Eglé et Azor, l'ignorance de la différence des sexes révèle ici que le désir est indépendant de

---

12. Voltaire, *L'Ingénu*, dans *Micromégas; L'Ingénu*, éd. Jacques Van den Heuvel et Frédéric Deloffre (Paris, 2002), p.63-64.

l'identification sexuelle masculin / féminin. Autrement dit, le désir ne vise pas l'autre en tant qu'il est 'autre' sur le plan sexuel, mais en tant qu'il est pour le sujet un objet, l'objet de son désir. Dans le même temps, la nature fondamentale du désir se trouve révélée: le désir désubjectivise l'autre, le réduit à l'état d'objet, ou si l'on en croit la psychanalyse, d'un objet pris entre l'imaginaire, le symbolique et le réel.[13]

Cette question de l'indistinction du genre ou de l'identité sexuelle resurgit à la dernière scène de la pièce. A la scène xx, apparaît soudain un troisième couple d'enfants de la nature qui vont se révéler fidèles. Contrairement aux deux autres couples précédents d'enfants de la nature qui se sont tous révélés également – hommes et femmes confondus – irrépressibles dans leurs désirs et inconstants, eux ne s'intéressent pas à d'éventuels nouveaux partenaires érotiques. Le surgissement *ex machina* de ce dernier couple fidèle peut-être interprété comme une tentative ultime pour tenter d'effacer le scandale de ce qui a été montré ou démontré – à savoir que l'infidélité est universelle et originelle – et qu'une pulsion désirante anarchique est également partagée par l'homme et par la femme. Il faut souligner que ce dernier couple de la pièce, Meslis et Dina, les enfants fidèles, sont eux aussi des ingénus. Marivaux souligne la raison de leur fidélité: ils sont fidèles précisément parce qu'ils ignorent la différence sexuelle comme l'indique cet échange (p.627):

> MESLIS *s'arrêtant au milieu du théâtre*. – Ah chère Dina, que de personnes!
> DINA – Oui, mais nous n'avons que faire d'elles.
> MESLIS – Sans doute, il n'y en a pas une qui vous ressemble. Ah! C'est vous Carise et Mesrou, tout cela est-il hommes ou femmes?
> CARISE – Il y a autant de femmes que d'hommes; voilà les unes, et voici les autres.

L'interrogation sur l'identité sexuelle des nouveaux adolescents que Dina et Meslis aperçoivent à la dernière scène renforce ce qui n'était que suggéré au début, à savoir que l'ingénuité est d'abord une ignorance fondamentale qui porte sur la différence sexuelle. Pour Marivaux, il semble que la condition de la fidélité à la fin de la pièce réside avant tout dans cette ignorance de la différence des sexes, et pas du tout dans l'application d'un quelconque principe moral. Tout semble ici se jouer d'un bout à l'autre de la pièce entre des personnages pris dans un espace scénique et psychique qui bascule constamment entre ce savoir et cette ignorance. On pourrait même dire qu'un des véritables sujets de cette

---

13. Sur ces questions plus générales de l'interprétation par la littérature de la psychanalyse et vice versa, je renvoie au livre remarquable de Paul Audi, *Le Théorème du surmâle: Lacan selon Jarry* (Paris, 2011).

pièce est d'abord cet écart entre ce savoir et cette ignorance de la différence sexuelle.

Mais qu'est-ce que cela signifie que le seul couple fidèle de la pièce soit ce couple d'enfants naturels qui ignorent encore la différence des sexes? Qu'ils sont dans un état d'innocence ou d'ignorance comparable à celui d'Adam et Eve, au paradis terrestre, avant que n'ait été commis le péché originel, qui est justement un péché de la connaissance? L'accès à la connaissance de la différence sexuelle est relié dans l'Ancien Testament à l'accès à la connaissance en général. C'est ainsi qu'Adam et Eve, après qu'Eve a croqué la pomme, se découvrent nus, et éprouvent la honte de cette nudité, parce que précisément elle signifie qu'ils ont découvert la différence sexuelle. Dina et Meslis sont donc restés dans un état d'innocence antérieur à ce savoir, et c'est cette ignorance qui garantit leur fidélité l'un envers l'autre. Le couple des enfants fidèles est aussi sur le plan dramaturgique comme l'esquisse d'une possible bifurcation de l'histoire, vers une restauration de la morale, ou une rédemption morale. Il y aurait eu, peut-être, un autre possible de la nature, qui en serait resté à l'état d'innocence, à l'état d'avant le péché originel, avant l'accès à la connaissance de la différence des sexes. Mais comme on le sait, cet état est une pure utopie. Nous participons tous de ce savoir de la différence des sexes qui, si l'on en croit la pièce, rend impossible dès lors la fidélité d'un sexe envers l'autre.

A l'opposé de cette ignorance persistante, les deux autres couples (Eglé-Azor, Adine-Mesrin) vont dépasser cette ignorance et accéder au savoir de cette différence sexuelle. Du même coup, c'est une autre vérité essentielle qui surgit. La pièce révèle, expose le rapport qui lie entre eux tout en les dissociant, vérité et savoir. Le non-savoir des enfants de la nature permet de faire émerger la vérité, leur vérité, à savoir la vérité du désir, d'un désir qui n'a d'abord rien à voir avec la connaissance de la différence des sexes qu'ils ignorent. Plusieurs vérités vont apparaître par la suite, qui ont toutes à voir avec le désir, vérités que le savoir des mœurs, de la culture, des bienséances et de la religion ont pour fonction habituellement de masquer.

Lacan et la psychanalyse dans son ensemble ont fait la théorie du rapport et de l'écart entre vérité et savoir. Cet écart ne laisse aucune place à la possibilité du mensonge dans la pièce de Marivaux. On est ici d'emblée dans l'espace de la nature, qui n'est même pas au départ (de même que chez Rousseau plus tard) un espace de l'intersubjectivité. Eglé apparaît pour la première fois sur scène, seule dans la forêt, au bord du ruisseau, simplement guidée par Carise. La seule présence d'autrui ici est incarnée par les fonctions parentales (Carise et Mesrou). Cet état de nature, tel que le construit Marivaux est une espèce de court-circuit du savoir et de la vérité. Les enfants de la nature n'ont aucun savoir, ni sur eux-mêmes, ni sur autrui, ils ignorent tout, y compris la différence des sexes, comme ils ignorent aussi une grande partie du langage. Ainsi le début de la pièce met en scène un véritable apprentissage du langage et de ses termes clefs (scène iii, p.605):

> EGLÉ. – Qu'est ce que c'est que cette eau que je vois et qui roule à terre? Je n'ai rien vu de semblable à cela dans le monde d'où je sors.
> CARISE. – Vous avez raison, et c'est ce qu'on appelle un ruisseau.

Mais ce défaut de savoir ou cette ingénuité va permettre – c'est le paradoxe de la pièce qui fait tout le génie de Marivaux – l' expression dure et brutale sur scène de la vérité. Cette vérité a un rapport à ce que la psychanalyse appelle la parole pleine. Lacan définit la 'parole pleine' comme cette parole de l'analysant dans laquelle la vérité de l'inconscient du sujet se dit, se parle, malgré lui. Dans cette parole pleine résonne la vérité du sujet, sans qu'il le sache, ou plutôt sans qu'il puisse avoir accès de manière consciente à cette vérité.[14] Pour rendre visible ce paradoxe d'une vérité qui n'est accessible au personnage que comme un manque, j'ai demandé à mes acteurs de jouer comme en tremblant (d'où les photos volontairement très floues, qui montrent le corps toujours en mouvement des acteurs sur scène): le désir devait s'emparer d'eux, avant même qu'ils aient conscience de ce qu'est le désir et de ce qu'il signifie.

Un autre élément important de ma mise en scène de la pièce était le son et la voix des acteurs. Cette voix était totalement dénaturalisée puisque chaque acteur parlait dans un micro (soit mobile, soit fixe) et l'écho prodigieux de l'église où ont eu lieu les représentations, amplifiait encore le son et le brouillait au point d'être parfois à la limite du supportable pour les oreilles des spectateurs – les paroles et les voix étant aussi brouillées et floues que les corps des acteurs, sans arrêt en mouvement.

La pièce de Marivaux fait du désir une espèce de mouvement irrépressible qui met en crise à la fois l'identité des personnages (chacun a toujours au moins un double ici: Eglé / Adine; Azor / Mesrin); et fait que les personnages sont chacun pris dans des séries. Ainsi, les scènes i et ii sont parallèles à la scène xx (dispute entre le Prince et Hermiane); la scène iii (découverte d'Eglé par elle-même) est parallèle à la scène iv (découverte de 'l'autre', Azor); la scène iv (découverte par Eglé de l'homme) parallèle à la scène ix (Eglé découvre la femme, Adine); la scène ix (entre les deux femmes de la nature) parallèle à la scène xiii (entre les deux hommes de la nature); la scène iv (Eglé découvre Azor) parallèle à xiv (Eglé découvre Mesrin); la scène vi (don du portrait d'Eglé

---

14. Slavoj Žižek dans *La Subjectivité à venir* (Paris, 2011) caractérise ainsi cet écart: 'Selon Lacan, la vérité et le savoir entretiennent les mêmes rapports que le désir et la pulsion' (p.55). 'Le savoir et la vérité' est une section de J. Lacan, *Séminaire 20*, p.83-94.

Figures 1-6: Mise en scène Anne Deneys-Tunney; décor et installation sonore Stephen Tunney; costumes Anne Deneys-Tunney. Judson Memorial Church, New York City, avril 2007

Figure 2

Figure 3

Figure 4

Figure 5

Figure 6

à Azor) parallèle à xix (échange des portraits entre Adine et Eglé); la scène vi (baptème du couple Azor-Eglé) parallèle à la scène xx (baptème du troisième couple d'enfants de la nature). Ce dédoublement multiplié crée un mouvement de répétition et de prolifération qui se répète à l'infini. Cette structure sérielle inscrit dans la pièce l'infini, et l'excès, le débordement. Elle indique que tout échappe aux enfants de la nature, même leur désir qu'ils ne contrôlent pas et qu'ils subissent presque comme une forme passive et tragique de l'extériorité ou du destin.

Cette question du rapport entre désir et subjectivité est aujourd'hui reposée. On pourrait diviser le discours moral actuel du vingtième et vingt-et-unième siècle en deux clans: d'un côté, une éthique moderne qui s'affirme comme une poursuite de la pulsion et du désir (c'est le discours qui consiste à dire: ma vérité en tant que sujet, c'est mon désir qui l'incarne). De l'autre, une éthique traditionnelle qui tente de vivre avec juste mesure le désir, de le subordonner à la poursuite éthique du bien, d'un bien moral et social reconnu comme favorable à la vie sociale. Dans le cadre de cette opposition, les deux couples principaux d'Eglé et Azor, Adine et Mesrin incarneraient cette 'éthique' de la pulsion et du désir. Le désir serait une forme libre et anarchique qui laisse s'exprimer librement une pulsion machinale et sérielle qui soumet les sujets à sa toute-puissance, c'est-à-dire la loi des séries et de l'inconstance universelle. Face à cela, Hermiane et le Prince tentent d'incarner au contraire la loi morale de la culture qui se scandalise finalement de ces révélations, et veut y mettre un terme en arrêtant l'action de la pièce à la dernière scène (xx).

La Dispute montre ainsi *de manière scandaleuse, au delà du désir*, l'accès des sujets à la jouissance, jouissance de soi, jouissance de l'autre. La pièce met en scène et montre aussi la différence des sexes dans le rapport à la jouissance. La femme est dominée par le narcissisme et la séduction dans le rapport à l'autre. L'homme est par contre dans une relation à la femme qui dépend moins de l'imaginaire et qui est plus active. Dans les scènes vi et vii, Eglé préfère ainsi un miroir à la présence d'Azor. De même, plus tard, Adine est mobilisée dans son désir pour Azor lorsqu'elle découvre qu'Eglé est l'amie d'Azor, sa jalousie à l'égard d'Eglé précédant et déclenchant son désir pour Azor avant même qu'elle ne l'ait vu (scène x). Ici, il semble qu'il n'y a pas d'oppression patriarcale des femmes. Elles désirent et jouissent d'elles-mêmes librement. Elles exercent aussi librement la rivalité qu'elles éprouvent l'une envers l'autre. Eglé ne pense pas, elle sent et elle jouit, hors la dimension du savoir. Elle représente en tant que telle la pulsion libidinale dans toute sa pureté et sa vérité. Il suffit qu'elle aperçoive Azor pour qu'elle le désire (scène iv). De même plus tard, il suffit qu'elle aperçoive Mesrin pour qu'elle le désire à nouveau (scène xiv).

Selon la psychanalyse, désir et jouissance sont fondamentalement antagonistes.[15] La raison d'être du désir n'est pas de réaliser son but, mais de se reproduire en tant que désir, ce qui suppose qu'il demeure fondamentalement toujours inassouvi ou inaccompli en tant que désir.[16] La fonction de l'objet du désir est, selon le schéma lacanien, de tenter de relier la désir et la jouissance, fondamentalement incompatibles ou opposés par ailleurs, l'objet étant défini par Lacan dans le *Séminaire 20, Encore*, comme le cadre formel qui donne sa consistance au désir.[17] Le désir est fondamentalement métonymique, il bascule d'un objet à l'autre, tout en conservant une structure identique à chaque fois. C'est cette structure qui permet à l'objet rencontré de devenir un objet du désir pour le sujet. Eglé donne la clef de ce système et sa définition à la scène xv (p.623):

> EGLÉ. – Mais cet avantage-là est considérable, n'est-ce rien que d'être nouveau venu? N'est-ce-rien que d'être un autre? Cela est fort joli, au moins, ce sont des perfections qu'Azor n'a pas.

Ces paroles font écho aux propos antérieurs de la scène iv (p.607):

> AZOR – Vous êtes si mignonne, si délicate!
> EGLÉ – Oui, mais je vous assure qu'il vous sied fort bien ne pas l'être tant que moi, je ne voudrais pas que vous fussiez autrement, c'est une autre perfection, je ne nie pas la mienne, gardez-moi la vôtre.

Ce que révèle la pièce, c'est l'automatisme du désir. Eglé désire l'autre précisément en tant qu'il est 'un autre'. Le fantasme est lié à l'émergence quasi mécanique ou automatique du désir. Il provient selon Lacan fondamentalement de ce 'qu'il n'y a pas de rapport sexuel'.[18] D'où dans *La Dispute* la nécessité de séparations – et de la relation à l'autre toujours dans la médiation (par l'intermédiaire d'un miroir et d'un portrait). La formule de Lacan dans *Le Séminaire 20, Encore* 'il n'y a pas de rapport sexuel' signifie que chaque sexe vit l'amour dans une relation imaginaire à l'autre, qui est la sienne. Cette absence fondamentale de rapport sexuel – ce n'est pas l'autre qui provoque le désir, mais cette structuration en soi qui pour chaque sujet fait désirer à partir d'une structure fantasmatique qui le conditionne – est représentée dans la pièce dans les nombreuses scènes où de fait Eglé et Azor sont séparés et jouissent séparément.[19]

---

15. P. Audi, *Le Théorème du surmâle*, p.142-49.
16. Cette incomplétude ou inassouvissement nécessaire du désir pour qu'il se maintienne comme tel, Platon l'a admirablement définie et représentée par un attelage dans *Phèdre*, le mythe de l'attelage ailé, le désir est fait à la fois de richesse et de pauvreté.
17. Voir J. Lacan, 'De la jouissance', dans *Séminaire 20*, p.9 et suiv. Pour la définition de l'objet, voir J. Lacan, *Séminaire 20*, p.159-60.
18. J. Lacan, *Séminaire 20*, p.17.
19. Voir les scènes vii et viii.

Le sens de l'expérience du Prince apparaît ici: il faut révéler cette structure qui permet au désir d'advenir, de ce désir qui est antérieur à la conscience de la différence des sexes et qui est sans rapport au savoir de cette vérité. Cela ne peut être dit que dans l'ordre d'une représentation théâtrale, c'est-à-dire dans l'ordre de l'espace, de la distance et du fantasme. Le théâtre a valeur ici expérimentale, il montre aux spectateurs, il leur donne à voir sur une scène ce qui n'est pas pensable. Comme le dit Lacan 'la vérité a structure de fiction'. *La Dispute* dit la vérité du désir (en deçà ou au delà de tout savoir sur le désir), tous les personnages étant des machines à désirer, le but du désir étant à chaque fois, l'autre, l'altérité, le nouveau, etc., au delà de tout objet du désir individualisé. Cette pièce est à l'articulation d'une idéologie néo-épicurienne et chrétienne. Il y a comme une universalité morale de la reconnaissance de l'autre dont le désir serait le premier stade. Cette reconnaissance de l'autre dans le désir se situe avant le stade moral de la reconnaissance de l'autre comme sujet (et plus simplement comme objet, objet du désir). La question de la pièce étant: jusqu'où va aller cette extension, cette expansion vertigineuse du désir d'objet en objet? Et comment l'intégrer – cette vérité de la nature du désir – à la culture et à sa morale, à son savoir et à ses codes?

Hermiane, à la fin de la pièce, met fin à l'obscénité du spectacle qui vient d'avoir lieu sur scène (c'est-à-dire à toute la pièce qui précède) par une incartade. Elle dénonce au nom de la morale, le scandale des révélations qui viennent d'avoir lieu sous les yeux des spectateurs. C'est à ce moment que surgit comme par magie, le troisième couple d'enfants de la nature, mais eux sont sages. La loi (de la cour et de la culture) reprend ses droits, fait irruption dans l'espace jouissif et scandaleux que la nature et le désir ont entrouvert grâce à l'expérimentation du Prince.

'De quel monde cela sort-il?' demande Eglé à Carise (scène ix, p.615). Cette question innocente d'Eglé, comme un lointain écho du thème subversif de la pluralité et de la diversité des mondes selon Epicure, puis Fontenelle, dit qu'il y a des mondes divers, autrement dit, qu'il n'y a pas d'universalité dans le monde de la nature, pas plus que dans celui opposé en principe de la culture.[20] La pièce montre ce que la culture veut cacher. Elle révèle aux spectateurs la nature et le désir dans sa mécanique implacable; elle révèle ce qui met ce désir en branle, et son mode opératoire – la loi des séries – et que c'est à chaque fois la séduction du nouveau, le désir de l'autre qui l'emporte. Il n'y a pas ici d'universalité

---

20. Sur les rapports de *La Dispute* avec la philosophie et l'éthique épicuriennes, je me permets de renvoyer à mon article 'Marivaux et la pensée du plaisir', dans *Dix-huitième siècle* 35 (2003), *L'Epicurisme des Lumières*, p.211-29.

ou de continuité entre le monde de la nature et celui de la culture, mais bien ruptures et contradictions violentes. D'où dans ma mise en scène, ces mouvements saccadés et apparemment désordonnés des corps des acteurs sur scène, comme une violence irrépressible du désir.

Faire se rejoindre les deux mondes, le monde de l'origine, de la nature et le monde de la culture, c'est toute l'ambition du Prince. Cela suppose d'abord un premier travail sur la langue, sur la définition des mots. C'est par la langue que se crée la véritable universalité. Ainsi dans les premières scènes, Eglé joue avec Carise au jeu des définitions de mots. Ces premières scènes sont très drôles. L'universalité n'est accessible que par un travail, potentiellement infini lui aussi, de définition des mots. La question de Mesrin à la scène xvi, question politique subversive par excellence: 'qu'est-ce que c'est qu'un maître?' reste sans réponse. Tout questionnement sur l'origine du pouvoir de la culture de fabriquer la nature par une expérimentation reste ainsi interdit, censuré. Mais malgré ce silence, ce qui se dit ici c'est l'expérience violente de la séparation de la nature et de la culture. C'est aussi la révélation scandaleuse de la vérité du désir, de cette vérité qui n'a rien à voir avec un quelconque savoir des personnages ou de la morale.

Quel sens prend ce spectacle pour le spectateur? Il est pour ainsi dire placé entre ces deux mondes de la nature et de la culture, désarticulé lui aussi, entre le monde du savoir et de la vérité. Il est un intermédiaire ou une médiation vers la vérité, puisqu'il a accès à ces deux mondes, par la représentation théâtrale. Il est à la fois du côté du pouvoir et de la culture et, le temps de la pièce, il peut aussi s'identifier aux enfants de la nature. La représentation théâtrale est aussi dédoublée: Hermiane et le Prince assistent aussi à ce 'spectacle' de dévoilement de la nature par la culture et de la culture par la nature, et le spectateur observe d'autres spectateurs et leur réaction à ce même spectacle. Tout ici est réciproque si bien qu'à la fin plus rien ne sépare les deux espaces ou les deux mondes.

La pièce finalement fait voler en éclats l'opposition du même et de l'autre. L'autre est en nous, c'est ça la révélation insupportable de la pièce: la nature est en nous dans la culture, rien n'y échappe, rien ne la dirige. Il y a en nous une mécanique anarchique du désir plus forte que tout. Comment maintenir dans ces conditions l'opposition morale du bien et du mal? Comment parler du mal à propos de ceux qui ignorent le bien et le mal? Du coup le bien et le mal apparaissent comme une pure convention, une construction artificielle de la culture, pas une essence. Il n'y a pas d'ontologie du bien et du mal, ni de la morale chez Marivaux.

L'ingénuité des enfants de la nature fait par ailleurs surgir comme on l'a vu, l'écart insurmontable entre la vérité et le savoir. Chez les personnages de la nature, on ne trouve aucun savoir, et pourtant une vérité qui parle d'elle-même tout le temps. Ce que la pièce montre, c'est la puissance totalisante du désir, ce côté mécanique et marionnette du désir, de ces sujets toujours pris dans les mêmes schèmes, avec cette vérité supplémentaire tout aussi scandaleuse qui s'ajoute à la précédente: que le masculin et le féminin ont le même rapport au désir. Ils sont tous aussi infidèles les uns que les autres. Il n'y a pas l'annonce ici d'une rédemption finale, on est laissé en plein chaos à la fin de la pièce, ou en plein conflit entre Hermiane et Le Prince.

Cette machine à la fois réglée et désarticulée du désir, telle qu'elle apparaît dans *La Dispute* est déjà construite mais amoindrie dans *La Double Inconstance* (1723). L'inconstance est au cœur de la représentation qui est le résultat d'une manipulation du Prince et de Flaminia. Dans cette pièce en trois actes, le désir est machiné de l'extérieur autant que de l'intérieur.[21] L'ensemble de ces deux pièces constituant une critique de l'origine comme fiction, une déconstruction de la fiction de l'origine de la nature et de la culture, en tant qu'elles se signifient l'une l'autre, ou renvoient comme dans un miroir l'une vers l'autre. Ces deux pièces sont aussi une mise en scène des relations de pouvoir, en ce que le pouvoir a toujours à voir avec la chose sexuelle. Le pouvoir dans *La Dispute* consiste d'abord à faire dire le désir, c'est le fait de Carise et Mesrou. Si 'Le fétichisme de l'origine est une des caractéristiques de la métaphysique', selon Habermas, on peut dire que le théâtre de Marivaux est ambigu dans son rapport à la métaphysique et la question de l'origine. Il la pose et la met en scène, mais à chaque fois pour finalement révéler ce qu'elle est, à la fois une vérité et une pure fiction, c'est-à-dire un pur jeu, du théâtre. Mais de ce jeu le spectateur ne sort pas indemne. Il aura vu la vérité surgir, cette vérité selon laquelle c'est entre le savoir et la méconnaissance que quelque chose se dit et s'expérimente pour le sujet dans son rapport au désir, à la jouissance et à la parole. Ce quelque chose de la vérité ne peut se dire qu'au travers de l'ingénuité, de cette parole par laquelle l'homme ou la femme devint sujet double, à la fois sujet de l'énonciation et sujet de l'énoncé, soit le sujet divisé que la psychanalyse théorisera deux siècles plus tard, et que la scène permet ici d'entrevoir, au delà de tout savoir, dans l'ordre immuable et universel de ce que l'on nomme la vérité.

Le marivaudage est donc peut-être finalement ce jeu autour de la vérité, de ses rapports au désir et à l'identité sexuelle de chacun. La nouveauté de Marivaux est d'avoir compris que la vérité déborde le sujet de la conscience, qu'elle ouvre sur une autre scène qui ne peut être

---

21. *La Double inconstance* a été représentée pour la première fois en 1723. Elle est donc antérieure à *La Dispute* qui est comme la version plus 'abstraite' ou philosophique de *La Double inconstance*.

entrevue que par le biais d'une représentation, à la fois dans la distance et sous la forme d'un spectacle qui donne autant à voir qu'à entendre. Au théâtre le corps des acteurs parle autant que leur bouche. Pour rendre cette vision plus parlante, plus signifiante, il faut que les corps parlent leur langue propre, qu'ils bougent selon leur rythme. 'Dance with words' est le nom de cette aventure qui aura duré pour moi et mes acteurs plus de quinze ans, aventure dont le but fut de tenter de révéler la puissance du théâtre de Marivaux dans toute sa vérité et sa poésie forte, belle et moderne.

Lisette en Seine-Saint-Denis: le marivaudage en jeu dans *L'Esquive* d'Abdellatif Kechiche

GUILLAUME GOMOT

> Enfin, ma reine, je vous vois et je ne vous quitte plus, car j'ai trop pâti d'avoir manqué de votre présence, et j'ai cru que vous esquiviez la mienne
> Marivaux, *Le Jeu de l'amour et du hasard* (III.vi).

Quelles formes pourrait prendre aujourd'hui le marivaudage dans une cité de Seine-Saint-Denis, en banlieue parisienne?

A partir de cette question, les pages qui suivent se proposent de montrer comment le film d'Abdellatif Kechiche, *L'Esquive*, constitue une relecture contemporaine originale des enjeux esthétiques et politiques propres au marivaudage, à travers *Le Jeu de l'amour et du hasard*.[1] En effet, le film prend pour cadre les répétitions de la pièce de Marivaux par un groupe d'adolescents dans un quartier de la banlieue parisienne. Il suit plus particulièrement Lydia (Sara Forestier), la jeune fille qui répète le rôle de Lisette, et montre les élans maladroits qu'elle suscite chez le jeune interprète d'Arlequin, Krimo (Osman Elkharraz). Cette expérience cinématographique allie la brillante comédie des masques qu'est *Le Jeu de l'amour et du hasard* à la réalité crue et enjouée du quartier, confrontant la langue du dix-huitième siècle à la parole populaire recréée par le cinéaste.

Le film de Kechiche s'anime grâce à la dialectique tendue et féconde qui le relie à la pièce de Marivaux. Et la notion de marivaudage, ainsi que les figures majeures qui la composent, y sont sans cesse éclairées de manière neuve. L'alacrité des adolescents et leur faconde soulèvent des interrogations cardinales: que cache et que révèle ce langage profus? Les mots peuvent-ils vraiment suivre les mouvements du cœur? Que produit le dialogue de ces deux idiomes stéréotypés, la prétendue 'langue des cités' et celle de Marivaux? La feinte, l'illusion et l'impossible communion des âmes et des cœurs dessinent un marivaudage original qui

---

1. *L'Esquive*, mise en scène d'Abdellatif Kechiche, scénario d'Abdellatif Kechiche et Ghalya Lacroix, avec Osman Elkharraz, Sara Forestier, Sabrina Ouazani, Nanou Benahmou (Lola Films, Noé Productions, CinéCinéma, 2003). Le film a reçu quatre césars en 2005: meilleur film, meilleur réalisateur, meilleur scénario et meilleur espoir féminin pour Sara Forestier, qui interprète le rôle de Lydia.

vient toutefois puiser sa force à la source vive du *Jeu de l'amour et du hasard*, à travers ses intrigues et ses motifs (notamment celui du travestissement). Mais le marivaudage, dans *Le Jeu de l'amour et du hasard* comme dans *L'Esquive*, est également déterminé par des enjeux politiques: il se fonde sur des codes sociaux et des rapports de classe qu'il met en scène et qu'il se plaît à subvertir. Dévoilés par leurs mots, les adolescents s'approprient alors le théâtre de Marivaux et le font vivre dans des lieux et sous des espèces inusités, tandis que le discours du film en déploie une relecture critique. Car *L'Esquive* propose finalement une redéfinition du marivaudage, à l'épreuve du cinéma, comme on le verra.

Une partie de masques

Dans *L'Esquive*, Kechiche reprend et adapte cette tension fondatrice du théâtre de Marivaux, qui confronte la feinte et l'aveu, le détour et la franchise, la dissimulation et la révélation. Montrer en cachant, dire et ne pas dire: de telles structures paradoxales expliquent l'usage complexe du travestissement chez Marivaux, mais aussi dans le film de Kechiche, où l'on découvre Lydia déguisée dès les premières minutes du film. La jeune fille, et le jeune Krimo qui tombe amoureux d'elle, ne cessent de s'exprimer à mots couverts. Refusant d'avouer leurs sentiments, mentant aux autres personnages pour les empêcher de sonder leurs cœurs, ils avancent masqués sur la scène sociale.[2] Dans *Le Jeu de l'amour et du hasard*, c'est Silvia qui a l'idée du travestissement; au début de *L'Esquive*, c'est Lydia, l'interprète de Lisette, qui en est à l'origine: elle a commandé son costume de scène auprès d'un couturier du quartier, en négociant son prix pendant plusieurs minutes. Krimo, qui passait par *hasard*, observe la jeune fille blonde, sûre d'elle, qui dénigre la robe pour faire baisser son prix, puis, à la demande de Lydia, lui prête les dix euros qui lui manquent pour l'acquérir. Accompagnée par Krimo, Lydia traverse ensuite sa cité de banlieue parisienne, paradant fièrement et sans honte aucune entre les immeubles. Sous le regard du jeune homme, la robe devient d'ailleurs un objet de désir, et par métonymie, c'est vers elle-même que Lydia oriente les multiples compliments qu'elle sollicite en montrant son joli costume, obligeant ses interlocuteurs à l'admirer, grâce à une formule interro-négative répétée: 'Elle est pas belle?' Le plaisir du masque, que Lydia éprouve comme Silvia et Lisette, annonce le plaisir du *jeu* qui anime la jeune femme: sa joie sur scène, sa connaissance parfaite du texte pendant les répétitions et l'outrance de ses manières démontrent tout au

---

2. On retrouve bien ici les 'grands motifs du théâtre marivaudien' cités par Catherine Gallouët: 'le jeu, l'épreuve, le triomphe de l'amour, le thème de l'être et du paraître, la problématique du dire', dans *'Les Fausses Confidences*: magie et scandale', *L'Ecole des lettres* 8 (février 1997), p.149-58 (p.150).

long du film une délectation pour le texte de Marivaux et sa mise en scène. Saisie par *Le Jeu de l'amour et du hasard*, Lydia échappe aux contingences qui l'environnent et goûte au ravissement artistique que la pièce éveille en elle. Quand elle passe sous les fenêtres d'une amie, Lydia lui fait admirer son costume en souriant et en tournant sur elle-même, et son amie la complimente en lançant: 'On dirait Miss France'. Cette robe d'un autre temps renvoie donc à un autre lieu social, entremêlant dans cette référence candide à Miss France l'intuition d'un changement de classe et le rêve féerique d'une beauté et d'une grâce qui emporteraient Lydia par-delà sa condition. Le prénom même de la jeune fille, qui réunit les sonorités que l'on retrouve au début de '*Li*sette' et à la fin de 'Silv*ia*', contribue à faire de Lydia, dès l'ouverture du film, un être littéralement excentrique, sorte de créature noble et étrange traversant la cité. Sa blondeur, sa grâce et son costume la placent, même si elle joue en réalité une suivante (et qu'elle conserve ses baskets!), au-dessus de tous les autres personnages, vêtus de leurs habits quotidiens et que Lydia domine et surpasse par sa présence extravagante. Il est d'ailleurs intéressant de remarquer que la liberté de Lydia par rapport aux codes et aux usages conformistes de la cité la détache de toute structure familiale prééminente: on ne voit jamais l'intérieur de l'appartement où elle vit, on ne sait rien de ses parents ni de son entourage familial proche. Elle avance dans le film comme une création *sui generis*, à l'image de cette robe incongrue dont elle a voulu maîtriser la confection et qui paraît si inconvenante dans la cité populaire qui l'entoure.

Mais, quelques minutes plus tard, le bonheur du costume qui la pare et la distingue n'est pas apprécié par la jeune Frida (Sabrina Ouazani), qui joue le rôle de Silvia, et qui reproche d'emblée à Lydia son retard à la répétition en plein air qu'organisent les adolescents, dans un espace en forme d'amphithéâtre où ils se mettent eux-mêmes en scène. Une dispute (c'est d'ailleurs la modalité habituelle des échanges verbaux entre les deux jeunes filles) éclate alors et Lydia tente d'expliquer que le costume d'époque lui permet d'être plus proche du personnage de Lisette. Au contraire, pour Frida, le costume n'est qu'un accessoire: 'Les habits, on n'en a rien à foutre', crie-t-elle; ce qui compte, au-delà des apparences, c'est le cœur et la nature profonde des personnages. Ces deux conceptions opposées du jeu de l'acteur, où pointe aussi peut-être une certaine jalousie de Frida face au joli succès de Lydia en costume, peuvent également être comprises dans un sens plus général qui intéresse le film de Kechiche et son regard sur Marivaux et le marivaudage.

En effet, que veut dire Lydia en arborant son costume tandis que ses autres partenaires portent tous leurs habits quotidiens? Elle désigne à coup sûr la force du leurre, le pouvoir souverain et plaisant du travestissement. Elément perturbateur du film dès ses premiers plans, Lydia provoque donc la confusion des signes et des identités dans un milieu extrêmement codifié et normé, où l'apparence, le langage et le comportement sont régis par des règles strictes et par des répartitions de genre irrévocables. Se promenant, souriante, en costume dix-huitième et proclamant les mots de Marivaux avec facilité, elle remet de fait en question les usages du quartier et vit avec bonheur ses élans subversifs. Car Lydia n'attache aucune importance aux regards scrutateurs ou méprisants qui sont portés sur elle. Le personnage de Lisette constitue alors pour la jeune fille une occasion d'émancipation, comme une levée des codes et des lois du quartier. Le théâtre de Marivaux est donc le ferment de sa liberté personnelle. Interprétant Lisette déguisée en Silvia, elle profite doublement de l'inversion des rôles et du pouvoir neuf que le théâtre lui confère, sur Frida (qui joue Silvia déguisée en Lisette et à qui elle refuse le droit de 's'afficher'), sur les autres acteurs et sur le quartier tout entier. Il n'est ainsi pas étonnant que Fathi (Hafet Ben-Ahmed), un ami de Krimo, confonde vers la fin du film Lydia et son amie Nanou (Nanou Benahmou). Fathi retrouve Lydia et ses amies dans la cité et veut forcer la jeune fille à donner une réponse claire à Krimo en enfermant les deux adolescents dans une voiture. Mais n'ayant jamais vu Lydia, il la confond avec son amie: le quiproquo est un motif dramaturgique qui prouve à quel point la liberté de Lydia déstabilise son environnement, fissurant de façon ténue les blocs sociaux immuables.

Les jeux de l'amour

Lorsque, au début du *Jeu de l'amour et du hasard*, Dorante et Silvia viennent de se rencontrer, portant tous les deux les habits de leurs valets Arlequin et Lisette, Marivaux utilise les ressources scéniques des apartés pour donner au spectateur un accès aux pensées des personnages. 'Quelle espèce de suivante es-tu donc avec ton air de princesse?' s'interroge Dorante en Arlequin, séduit d'emblée par la fausse Lisette.[3] 'Mais en vérité, voilà un garçon qui me surprend malgré que j'en aie', constate Silvia dans la même scène, attirée elle aussi par le jeune homme disert et galant (p.622). Ces apartés soulignent la surprise de l'amour, le trouble d'une attraction réciproque qui va, si l'on peut dire, aimanter les personnages de façon irrésistible comme le montre cette réplique de Silvia à la fin de la scène: 'Malgré tout ce qu'il m'a dit, je ne suis point partie, je ne pars point, me voilà encore, et je réponds!' (p.623). Le trouble amoureux à l'œuvre chez Silvia prend des formes multiples qui

---

3. Marivaux, *Le Jeu de l'amour et du hasard*, dans *Théâtre complet*, éd. Henri Coulet et Michel Gilot, t.1, p.621.

expriment toutes l'intensité de son tumulte intérieur: elle rougit, s'effraie d'aimer un valet, craint même de voir l'esprit lui tourner, jusqu'à ce que Dorante lui avoue sa véritable identité. Comme l'écrit Françoise Rubellin, 'loin de lui apporter la protection qu'elle souhaitait, le travestissement fait naître un état de *désordre*. Silvia, prise à son propre piège, ne peut plus discerner le mensonge de la vérité jusqu'à ce que Dorante se démasque'.[4] Car l'amour, chez Marivaux, est 'un cheminement complexe et pas toujours abouti vers une véritable quête de soi', pour reprendre les mots de Karine Bénac-Giroux dans le présent ouvrage, p.165-78.

Dans *L'Esquive*, Kechiche ne met en place aucun dispositif permettant de connaître les pensées et les sentiments profonds des personnages, cachés sous la surface des dialogues incessants qui ne les démasquent jamais vraiment. Mystérieux, le taciturne Krimo est parfois filmé seul dans sa chambre, replié sur lui-même, perdu dans des réflexions ou des rêves inaccessibles au spectateur. Et Lydia, si bavarde, reste pourtant incertaine tout au long du film, qui s'achève sans que l'on sache quelle réponse elle allait donner aux avances de Krimo.[5] On la voit en bas de l'immeuble où vit le jeune homme; elle l'appelle mais il ne lui répond pas, craignant peut-être un refus. Lydia se retourne alors et s'en va au loin, proposant au spectateur une fin irrésolue, propre au cinéma moderne. Mais la modernité filmique de *L'Esquive* rappelle ici l'originalité dramaturgique des pièces de Marivaux, telle qu'elle apparaît dans l'article rédigé par Catherine Ailloud-Nicolas pour le présent volume, p191-208: les différents metteurs en scène interrogés y emploient les notions de 'disjonction', d''écart' ou de 'complexité' pour définir les personnages marivaudiens et leurs rapports troubles.

De plus, les enjeux érotiques sont implicites et fréquemment refoulés dans *L'Esquive*. On se souvient que, chez Marivaux, Arlequin déclare sa flamme et son désir à Lisette en lui lançant notamment: 'Que voulez-vous? je brûle, et je crie au feu' (p.630). A l'inverse, dans le film de Kechiche, les seuls propos érotiques sont tenus par Fathi à l'oreille de Krimo, et sont quasiment inaudibles. Filles et garçons n'ont que peu de contacts physiques, si ce n'est précisément lorsqu'ils répètent la pièce de Marivaux et adoptent une tendre gestuelle, qui contraste avec une scène de contrôle policier violent ou encore avec l'agression de Frida par Fathi.

4. Françoise Rubellin, *Marivaux dramaturge*, p.205 (l'auteur souligne).
5. Pour Kechiche comme pour Marivaux, les dialogues des personnages troublent parfois davantage une situation qu'ils ne l'éclaircissent. Comme l'écrit Jean-Paul Sermain, 'le message de l'écrivain ne se réduit pas à ce que veulent dire les personnages, [...] il s'appuie sur leur confrontation et sur le croisement des scènes pour révéler ce que précisément ils ne peuvent voir ou dire' ('La donne des femmes dans le jeu de l'amour et du mariage', *L'Ecole des lettres* 8, février 1997, p.139-47, ici p.142).

Les corps adolescents sont ici mis en scène avec une pudeur et une réserve qui expliquent justement des élans parfois agressifs, marques physiques des désirs réprimés. Et les audaces des personnages de Marivaux sur scène s'opposent aux attitudes contrôlées et au conformisme gestuel des jeunes gens qui les interprètent, comme engoncés dans un rôle social pesant, qui leur interdit le risque du ridicule et l'épanchement amoureux, sous peine de honte publique. La dénégation est ainsi fréquente dans la bouche des personnages de *L'Esquive*. Lydia assure à ses amies qu'elle ne veut pas 'serrer' Krimo et qu'elle ne l'a pas 'ambiancé', peut-être faussement inconsciente de ses stratégies de séduction. 'On s'embrouille entre nous', ajoute Nanou, suggérant par le choix de ce verbe le trouble des sentiments, la confusion et la *brouille* qui se propagent aux autres personnages. Quand, forcée par Fathi, Lydia se retrouve enfermée dans une voiture avec Krimo pour lui donner une réponse, elle ne peut pas choisir et avoue littéralement son trouble: 'Tu crois que je suis claire?' Et l'on trouve ici un écho inversé de la réplique de Silvia chez Marivaux, lorsqu'elle apprend que Dorante n'est pas un valet: 'Ah! je vois clair dans mon cœur' (p.641). Mais dans le cœur de Lydia semblent régner la confusion et les sentiments embrouillés, raisons pour lesquelles elle esquive les confrontations et les aveux.

Ainsi la pièce de Marivaux et le film de Kechiche se rejoignent dans cette mise en abyme qu'offre au spectateur la séquence où Lydia et Krimo répètent la scène vi de l'acte III du *Jeu de l'amour et du hasard*. Arlequin reproche à Lisette d'*esquiver* sa présence, et Lydia joue cette esquive en ne cessant pas de 's'éventailler', selon son plaisant néologisme.[6] Mais ce qu'elle redoute aussi, c'est l'amour du jeune homme et ses avances, qui apparaissent à travers ses erreurs. En effet, il transforme à plusieurs reprises la fin d'une réplique d'Arlequin. 'Je voudrais bien pouvoir baiser ces petits mots-là, et les cueillir sur votre bouche avec la mienne' devient à chaque fois 'et les cueillir sur ma bouche avec la tienne' (p.649). L'intention est claire: Krimo étreint Lydia qui, en tentant de l'esquiver une dernière fois, tombe avec lui à la renverse du haut des cagettes en bois qui leur servaient de fauteuils. Cette chute comique, à l'italienne, après un baiser forcé, laisse Lydia indécise. Le jeune homme, peu habile avec les mots, est passé directement à l'acte, donnant une conclusion vive et concrète au marivaudage amorcé, mais Lydia ne sait quoi répondre à Krimo qui l'interroge ensuite: 'Alors, tu veux?' Si le film donne à cette scène un rôle majeur, c'est d'abord parce qu'elle réunit l'intrigue de Marivaux et celle

---

6. Marivaux, *Le Jeu de l'amour et du hasard*, p.649 ('j'ai trop pâti d'avoir manqué de votre présence, et j'ai cru que vous esquiviez la mienne').

de Kechiche, mais aussi parce qu'elle oppose avec éclat la parole réjouissante et ininterrompue de Lydia aux propos maladroits et mollement articulés du taciturne Krimo. Belle occasion de remettre en jeu avec humour l'idée même du marivaudage comme art du langage.

Dans la pièce de Marivaux, si les valets s'avouent rapidement leur amour réciproque, les maîtres, au contraire, ne cessent de différer cet aveu, au moyen de diverses structures dilatoires et détournées, à l'image de la célèbre litote cornélienne que reprend Silvia en parlant à Dorante: 'je ne te hais point' (p.636). Dans L'Esquive, l'aveu impossible de Lydia à Krimo montre comment l'amour est déterminé par des enjeux sociaux qui dépassent les personnages et les terrorisent parfois. Les interdits et les censures qu'intègre et reproduit le corps social du quartier où vit Lydia créent donc une reconfiguration moderne et inédite du marivaudage, ce qui explique pourquoi la jeune fille se tient en permanence dans cet espace indécis cher à Marivaux, entre le oui et le non.[7]

Et malgré une retenue face aux sujets érotiques, Kechiche filme le désir de Krimo pour Lydia à travers des gros plans de ses yeux et de sa bouche, quand elle lui demande de l'accompagner à la répétition et juste avant qu'il ne l'embrasse. Les beaux yeux de Lydia sont des 'filous', comme le dit Arlequin à Lisette, qui le séduisent, tout comme sa bouche babillarde sur laquelle il souhaiterait cueillir les mots de la jeune fille, tout comme aussi ses cheveux blonds qui s'agitent au soleil (p.629). Ces plans subjectifs soulignent l'effet même du texte de Marivaux sur Krimo et constituent l'emblème filmique de son désir, accru voire déclenché par la lecture et les répétitions du *Jeu de l'amour et du hasard*.

Enjeux de classe

Les préjugés de classe des maîtres à l'égard des valets abondent dans la pièce de Marivaux, qui utilise le double travestissement pour les mettre en exergue. Silvia prétend faire sentir à Arlequin toute la distance qui les sépare et Dorante déclare ne pas aimer 'l'esprit domestique' (p.620). 'Avec quelle impudence les domestiques ne nous traitent-ils pas dans leur esprit! comme ces gens-là vous dégradent', renchérit d'ailleurs Silvia plus loin, consciente de sa valeur et de son rang, tandis qu'elle n'apprécie plus le jeu qu'elle a elle-même conçu (p.633).

M. Orgon, le père de Silvia, et Mario son frère n'ont bien sûr pas dit à la jeune femme que Dorante avait eu la même idée qu'elle: se travestir en valet et l'observer sous le costume d'Arlequin. Le père et le frère de Silvia mènent donc le divertissement comme une expérience sociale et amoureuse et attendent d'en mesurer les conséquences: 'voyons si leur

---

7. Pour reprendre le titre de l'ouvrage d'Antoine Scapagna, *Entre le oui et le non: essai sur la structure profonde du théâtre de Marivaux* (Berne, 1978).

cœur ne les avertirait pas de ce qu'ils valent', dit Mario (p.617). Notion polysémique, la valeur renvoie tout à la fois à la qualité profonde de l'être et à son prix, à sa position sociale décidée par la naissance. Dans *L'Esquive* également, la tension entre le cœur et la valeur, l'amour et l'argent, est mise en scène dès les premières minutes à travers la négociation concernant le prix de la robe de Lydia et les dix euros prêtés par Krimo: le lien amoureux est aussi d'emblée financier et, pour se rapprocher de la jeune fille, Krimo n'hésite pas à acheter le rôle d'Arlequin à son camarade Rachid (Rachid Hami), mettant le prix qu'il faut pour espérer obtenir les faveurs de Lydia.

Pendant les répétitions dans la salle de classe, la question sociale resurgit lors d'un nouveau conflit entre Frida et Lydia, à propos de leurs manières de jouer: Frida (qui joue Silvia déguisée en Lisette) reproche à Lydia un jeu trop maniéré, et cette dernière reproche à Frida de s'imposer excessivement sur scène, faisant trop sentir que son personnage n'est pas en réalité une suivante. Frida rappelle alors avec force qu'elle joue 'la bourge' et que Lydia doit 'faire la fausse bourge'. Cette rivalité d'actrices permet à l'enseignante (Carole Franck) qui monte la pièce avec ses élèves de leur faire entrevoir une interprétation assez sombre de l'œuvre de Marivaux: les personnages seraient prisonniers de leur condition sociale et de leur milieu d'origine. Pour elle, puisqu'ils se reconnaissent malgré leur déguisement, à travers tous ces signes distinctifs de leurs classes respectives, c'est qu'il n'y aurait, d'une certaine manière, ni amour ni hasard dans *Le Jeu de l'amour et du hasard*. 'Souvenez-vous qu'on n'est pas les maîtres de son sort', dit d'ailleurs Lisette à Arlequin (p.630). L'argumentation efficace et la maîtrise oratoire de l'enseignante semblent alors faire mouche auprès de son auditoire, qui suit avec attention ses développements. Mais c'est oublier bien trop rapidement le personnage de Dorante, qui n'apprend qu'à la dernière scène que Lisette est en fait Silvia et dont l'amour est toujours aussi fort après une double épreuve: la différence sociale qui le sépare censément de la jeune femme, et la fausse jalousie ourdie par Mario. Dorante sort vainqueur de toutes ces embûches et réaffirme à Silvia, qu'il croit encore domestique, son amour: 'ma fortune nous suffit à tous deux, et le mérite vaut bien la naissance: ne disputons point, car je ne changerai jamais' (p.656). Beau contre-exemple du déterminisme social souligné par l'enseignante de *L'Esquive*, dont l'interprétation est finalement réductrice: Dorante est prêt au 'suicide social' par amour, et court avec joie le risque d'une mésalliance.[8] La dialectique du mérite et

---

8. Raymond Joly et André Lambert, 'Naître rien: être tout. *Le Jeu de l'amour et du hasard*', *L'Ecole des lettres* 8 (février 1997), p.127-38 (p.129).

de la naissance, qui semble annoncer ici le théâtre de Beaumarchais, rejoint d'ailleurs l'idée de valeur évoquée plus haut.

Et quand Arlequin, dans la scène vi de l'acte III, fait deviner à Lisette son vrai statut, c'est au moyen d'un lexique pécuniaire qu'il s'exprime. Dans un dialogue rapide, fondé sur de nombreuses stichomythies et un jeu enlevé, Arlequin découvre progressivement son identité en employant le vocabulaire de l'argent et des comptes ('marchander', 'arithmétique', 'ruinera', 'dépense') et des images évoquant la dissimulation de manière aussi hétéroclite que son habit chamarré ('pas au grand jour', 'où gît le lièvre', 'ma couverture'). Réunissant les motifs de la feinte et de l'argent, il se définit comme une 'fausse monnaie', et fait ainsi deviner sa valeur et son mensonge, dans une scène comique éclatante (p.650).

On doit aussi noter que, dans *L'Esquive*, les personnages qui intéressent vraiment Kechiche sont Lisette et Arlequin, et ce n'est donc pas un hasard si le discours du film se développe à partir des valets, incarnés par des adolescents vivant en banlieue parisienne, et soumis aux rapports de classe qui organisent la société contemporaine. Silvia et Dorante sont moins présents car le point de vue du cinéaste, comme dans tous ses films, se porte avant tout sur les opprimés au sens large, dont il filme avec attention les combats et les errances.[9] Le geste cinématographique décisif de *L'Esquive* consiste bien à décentrer le regard du spectateur, le faisant passer des maîtres aux valets, en montrant la force politique de ce changement de point de vue.

La parlure et la tchatche

Marivaux fait dire à Arlequin, qui veut être sûr de l'amour indéfectible de Lisette, même quand elle aura découvert qu'il n'est pas Dorante: 'jurons-nous de nous aimer toujours, en dépit de toutes les fautes d'orthographe que vous aurez faites sur mon compte' (p.630). Kechiche reprend cette réplique dans *L'Esquive*, attestant la puissance de la métaphore des fautes d'orthographe. En effet, la question linguistique est majeure dans la pièce de Marivaux puisque les personnages tantôt se camouflent, tantôt se révèlent par leur langage, et que le travestissement concerne aussi la parole. Les fautes d'orthographe d'Arlequin désignent son identité masquée mais aussi son incapacité à atteindre le niveau de langue de Dorante et ses manières raffinées. Un vocabulaire trop familier, une syntaxe parfois lourde dénotent immédiatement l'imposture et Dorante s'emporte en voyant Arlequin si mal tenir son rôle.

---

9. C'est le cas du jeune immigré clandestin, héros de *La Faute à Voltaire* (2000), du père de famille dans *La Graine et le mulet* (2007), et aussi de Saartjie Baartman, la 'Vénus hottentote' de *Vénus noire* (2010).

Cependant la langue comique, vivante et rapide d'Arlequin rappelle la parlure énergique et rythmée des adolescents de *L'Esquive*, qui n'est pas le calque d'une 'langue des cités' de banlieue parisienne improvisée par les comédiens, mais le résultat d'un processus de création filmique assez long de la part de Kechiche et l'aboutissement de très nombreuses répétitions avec ses acteurs. La langue du film emprunte bien sûr de multiples tournures idiomatiques existantes, mais elle est aussi en soi une création collective du cinéaste et des acteurs. Et c'est pourquoi l'héroïne de *L'Esquive*, Lydia, est marquée par sa 'tchatche', par son plaisir incessant de parler, par la saveur des mots, des répliques et des pointes qu'elle lance à ses amis, telle une virtuose de la 'parole explosive', pour reprendre l'expression de Claude Hagège dans la préface du *Dictionnaire du français contemporain des cités* rédigé par Jean-Pierre Goudailler.[10] On songe alors à ce que Mario dit à sa sœur Silvia: 'Ha, ha, ha, que ton cœur a de caquet, ma sœur, quelle éloquence!' (p.647). Lydia, de même, ne 'lâche rien' et ses joutes oratoires avec Frida, d'une grande violence verbale, le prouvent aisément: la parole souveraine est une arme puissante pour s'imposer dans leur quartier et les deux amies, enfin réconciliées après la représentation de la pièce, offrent leurs visages lumineux et souriants à la caméra de Kechiche. Car, comme l'écrit David Lepoutre, 'pour se faire entendre dans les groupes de pairs, il ne faut pas seulement parler fort, il faut aussi parler vite. La rapidité d'élocution de certains adolescents est en ce sens tout à fait étonnante. Cette vitesse s'applique aussi bien à l'articulation qu'à l'enchaînement des mots et des phrases, et au rythme même des échanges'.[11] Et cette parole contemporaine énergique n'est pas sans rappeler le jeu vif des Comédiens-Italiens qui jouèrent pour la première fois la pièce de Marivaux en 1730: leur diction rapide, leur volubilité et leur art de la mimique convenaient parfaitement à la langue du dramaturge, moins adaptée au contraire au jeu plus déclamatoire et hiératique des Comédiens-Français. Chez Kechiche comme chez Marivaux, on semble donc suivre la ligne de cette 'philosophie de l'à-propos et de la prompte répartie, où la présence d'esprit tient lieu de raisonnement'.[12]

En définitive, la chicane perpétuelle, les répliques enchaînées à partir d'un mot sur lequel rebondit l'interlocuteur rapprochent l'écriture du *Jeu de l'amour et du hasard* et les dialogues de *L'Esquive*. Le cœur de Lydia a tant de caquet, elle semble tellement apprécier le plaisir de la conversation que l'on comprend tout à fait son engouement pour la pièce de

---

10. Jean-Pierre Goudailler, *Comment tu tchatches! Dictionnaire du français contemporain des cités* (Paris, 2001), p.3.
11. David Lepoutre, *Cœur de banlieue: codes, rites et langages* (Paris, 2001), p.167.
12. Yves Moraud, 'Une "maïeutique du charme": *La Double Inconstance* et *Le Jeu de l'amour et du hasard*', *L'Ecole des lettres* 8 (février 1997), p.67-82 (p.82).

Marivaux, son envie de la jouer et de s'y donner sans réserve. Comme une nouvelle esquive, le marivaudage lui permet de s'échapper de sa vie présente en sollicitant justement toutes ses qualités et toutes ses appétences. Lydia figure alors une Lisette neuve, qui réinvente l'art de marivauder dans le film de Kechiche, à partir de la joie puisée à la source du *Jeu de l'amour et du hasard*.

A l'inverse, le personnage de Krimo est incapable de tels exploits oratoires et n'arrive pas à jouer convenablement le rôle d'Arlequin, qu'il finit par abandonner et rendre à Rachid.[13] Lors d'une répétition décevante, l'enseignante lui avait demandé de faire cet effort: changer de langage, de manière de parler, s'amuser. Mais Krimo n'y est pas parvenu et le seul effet qu'a eu sur lui le plaisir du texte de Marivaux n'a peut-être été que d'accroître la charge érotique portée par Lydia à ses yeux. Le jeune homme fait donc partie de ces adolescents qui sont incapables 'd'employer des mots ou des expressions qui leur paraissent étrangers [...] et dont l'usage est ressenti comme une trahison symbolique du monde de leur sociabilité ordinaire', tels que les décrivent Mathias Millet et Daniel Thin.[14] Car Krimo, comme les autres personnages, est soumis tout au long du film à la contrainte de son milieu. Ses amis méprisent son attitude vis-à-vis de Lydia et son rôle ridicule d'Arlequin[15] et, parmi eux, Fathi souhaite que Krimo retourne auprès de son ancienne petite amie, Magalie (Aurélie Ganito).[16] Le personnage de Fathi fait d'ailleurs songer à M. Orgon et à Mario, qui veulent mener le jeu et diriger les amoureux de la pièce de Marivaux, se conformant ainsi à la célèbre 'structure du double registre' définie par Jean Rousset. En effet, 'les personnages témoins ne se bornent pas à regarder les héros aller leur train, ils interviennent pour diriger leur progression quand elle menace de stagner. Toute pièce de Marivaux est une marche vers l'aveu.'[17] Marche forcée vers l'aveu dans *L'Esquive*, quand Fathi fait monter Lydia aux côtés de Krimo dans une voiture pour qu'elle donne enfin sa réponse. Et si les meneurs de jeu marivaudiens mettent en

---

13. 'D'une façon générale, les engourdis et les flegmatiques ont du mal à se faire une place au sein des groupes de pairs de la culture des rues', écrit David Lepoutre (*Cœur de banlieue*, p.168).
14. Mathias Millet et Daniel Thin, 'Ecole, jeunes de milieux populaires et groupes de pairs', dans *Les Bandes de jeunes: des 'blousons noirs' à nos jours*, éd. Marwan Mohammed et Laurent Mucchielli (Paris, 2007), p.152-53.
15. 'V'là le pédé', dit un des camarades de classe de Krimo à son sujet, raillant son costume et le fait qu'il fasse du théâtre. Les risques pris par Krimo pour séduire Lydia l'écartent donc du groupe de garçons de son quartier et mettent en question à leurs yeux sa virilité.
16. On rencontre alors des 'conflits de normes linguistiques autour des usages langagiers socialement acceptables' (M. Millet et D. Thin, 'Ecole, jeunes de milieux populaires et groupes de pairs', p.152).
17. Jean Rousset, 'Marivaux ou la structure du double registre', dans *Forme et signification: essai sur les structures littéraires de Corneille à Claudel* (1957) (Paris, 1995), p.57.

lumière 'les lois qui régissent l'union des couples, les ressorts secrets de la psyché, la mécanique du sentiment', l'entourage de Krimo et Lydia déploie lui aussi des jeux de forces identiques pour les faire agir.[18] C'est cette 'pression' dont se plaint à plusieurs reprises Lydia, qu'il faut comprendre de manière figurée mais aussi au sens mécanique du terme, comme on le voit dans la formule 'coup de pression' employée dans le film. Les nombreuses fuites de Krimo constituent finalement la seule solution pour échapper à ces contraintes sociales et au poids des regards, quand on ne sait marivauder ni sur scène ni dans la vie: il est distant envers Magalie et ses amis, il abandonne le rôle d'Arlequin, quitte la salle de classe, n'assiste pas au spectacle et refuse de parler à Lydia dans les derniers plans du film. Ses rêves de liberté exotique apparaissent dans les voiliers qui tapissent sa chambre, comme un désir d'évasion pour un fils dont le père est justement en prison.

Et c'est le personnage de Fathi, qu'on voit en gros plan dès les premières images du film, qui représente en quelque sorte la loi de la cité et son pesant conformisme. A l'instar de certains personnages de Marivaux, il souhaite certes organiser les intrigues amoureuses (entre Magalie, Krimo et Lydia) mais se comporte en fait comme un metteur en scène tyrannique et menaçant. Quand il brutalise Frida et lui confisque son téléphone portable, c'est la conversation et, partant, le marivaudage moderne, qu'il interdit.

Mais Lydia, sans cesse pressée d'avouer ses sentiments par ses amies ('tu le kiffes?'), résiste mieux à la contrainte que Krimo et réussit toujours à éviter une réponse catégorique et définitive, jusqu'au dernier plan du film. La fin apparemment inachevée du film de Kechiche laisse aux deux personnages principaux le dernier mot, en gardant intact le secret de leur cœur, et interroge le spectateur, seul face à d'invérifiables hypothèses. Le dénouement de la pièce de Marivaux, quant à lui, paraît plus ferme et complet que celui de *L'Esquive*.[19] Mais si la double union des valets et des maîtres est devenue possible, il n'en demeure pas moins que le spectateur quitte le théâtre en se demandant quelles répercussions, peut-être dangereuses, les feintes et les jeux de masques qui constituent la pièce pourraient avoir sur les personnages (Dorante et Silvia surtout) au fil du temps. On toucherait alors à un certain goût de l'inachèvement marivaudien, qui viendrait remettre en jeu les interprétations trop péremptoires de la pièce.[20]

---

18. Christophe Martin, 'Dramaturgies internes et manipulations implicites', p.70.
19. Concernant ce dénouement, voir notamment Françoise Rubellin, *Lectures de Marivaux*, p.140-52.
20. On reprend ici le titre de l'ouvrage de Trude Kolderup, *Le Goût de l'inachèvement: esthétique et narration dans l'œuvre de Marivaux* (Paris, 2011).

La scénographie de Kechiche place à plusieurs reprises les adolescents dans un lieu qui constitue la métaphore de l'espace social où ils évoluent: un petit amphithéâtre composé de quelques gradins, au milieu des tours, sorte d'agora abandonnée où les adolescents viennent répéter. Ce lieu est le point de convergence des sentiments, de la parole, des forces qui les animent, théâtre dérisoire et pourtant vivant où s'échangent des cris, des regards, des coups, un baiser. Les autres espaces du film sont plus exigus: un petit square, une salle de classe, un appartement, une voiture où l'on veut forcer Lydia à se décider, en vain. Seul l'amphithéâtre en plein air, ouvert sur un paysage plus vaste, autorise vraiment les apprentis comédiens à s'abandonner au texte de Marivaux, avant de le jouer et de le faire revivre devant leurs familles et leurs camarades dans la salle culturelle du quartier. Mais même dans ce lieu où l'on entrevoit le ciel et la végétation, les personnages, et en premier lieu Lydia, sont toujours encerclés par les tours qui imposent à l'arrière-plan leur présence impassible. Les fenêtres vitrées des immeubles sont autant d'yeux métaphoriques fixant les adolescents et figurant un relais architectural du chœur actif de *L'Esquive* qui aimerait tant connaître et dominer les sentiments de son héroïne, ce chœur de garçons et de filles qui observe et interroge sa conversation ininterrompue, sa 'tchatche' irrésistible.[21]

> Qui dit de nos jours marivaudage pense à un dialogue. Cette acception inconnue du XVIIIe siècle constitue par elle-même une sorte d'hommage à un maître du style dramatique. Les interprètes modernes de Marivaux louent unanimement son art exceptionnel dans ce domaine. Les 'dialoguistes' brillants n'ont assurément pas manqué depuis à la scène ou au cinéma français. Mais nul n'avait songé avant lui, et nul n'a songé depuis, à faire du dialogue un élément autonome, aux lois distinctes des lois psychologiques ordinaires, principe de progression, de trouble ou de retard.[22]

On comprend mieux, au terme de cette étude, comment le film d'Abdellatif Kechiche a pu redessiner de manière originale les contours du marivaudage, reprenant ses figures, modulant ses motifs, tels que Frédéric Deloffre les avait définis en parlant de 'préciosité nouvelle'. Expérience esthétique neuve, *L'Esquive* confronte Marivaux à l'inconnu, et la force vive de son théâtre apparaît plus éclatante encore. Les enjeux soulevés par cette redéfinition cinématographique du marivaudage sont multiples: ils intéressent les rapports de genre et de classe qui transparaissent dans le langage, interrogeant au sein d'un film la nature même de la théâtralité et l'idée de représentation, que le jeu social et

---

21. A l'inverse, pour fuir les regards, Krimo choisit la nonchalance silencieuse, la mollesse apathique, et s'enferme dans sa chambre, alors qu'on ne voit pas une seule fois Lydia chez elle mais toujours dans l'espace public de la cité.
22. F. Deloffre, *Une préciosité nouvelle*, p.498-99.

artistique entre la feinte et la vérité met en scène. Sur le théâtre du monde (salon du dix-huitième siècle ou quartier populaire de Seine-Saint-Denis), le marivaudage constitue finalement le rêve d'un art parfait de la conversation, où la parole engagerait ensemble l'âme, le corps et le cœur, où le langage serait 'rempli de finesses, d'allusions, d'expressions à double face, de tours adroits, de traits délicats et subtils', ainsi que l'écrivait Marmontel, dans une perspective à laquelle Lydia pourrait tout à fait souscrire.[23] Enregistrer les puissances troubles du langage comme on fixe des vertiges: tel est aussi le défi de *L'Esquive*.

---

23. Jean-François Marmontel, *Eléments de littérature* (1787), dans *Œuvres complètes*, 7 vol. (Genève, 1968), t.4, 2ᵉ partie, p.540.

Résumés

Sur l'apparition du mot 'marivaudage' et de l'expression 'tomber amoureux'
Françoise Rubellin

Ce n'est pas chez Diderot qu'on trouve la première occurrence de *marivaudage*, mais chez Mme de Graffigny, en 1739; on y trouve aussi *marivauder* en 1743. *Tomber amoureux* n'est pas un néologisme de Marivaux, malgré ce qu'en a dit le *Dictionnaire néologique* de Bel et Desfontaines: on rencontre trois fois l'expression dans le théâtre de Regnard à la fin du dix-septième siècle. Les découvertes lexicologiques ont du mal à passer dans la critique; les nouveaux moyens d'investigation sur le web multiplieront les trouvailles mais peuvent faire perdurer les erreurs.

'Chacun à son gré peut manier ses sujets': Marivaux commentateur
Christelle Bahier-Porte

Comme on le sait, Marivaux n'est pas avare de réflexions métadiscursives sur son propre style (ou absence de style) ou celui de ses personnages, dans une stratégie défensive, contre les critiques, comme dans une perspective théorique. Les commentaires des œuvres d'autres auteurs permettent de montrer que la confrontation au style des écrivains du siècle précédent ou contemporains permet à Marivaux d'affiner sa propre conception du style. Nous proposons ainsi d'envisager le marivaudage, concept polémique dès le dix-huitième siècle, comme un concept critique.

L'union du renard et de la cigogne: hybridité et préciosité moderne chez Marivaux
Sarah Benharrech

Nous étudions l'apport de la nouvelle préciosité dans la circulation des idées entre sciences et belles-lettres pendant la Querelle d'Homère. Nous voyons dans le marivaudage une 'poétique du savoir' manifeste dans le rejet marivaudien de la composition méthodique et dans la réalisation du projet néologique, afin de comprendre comment ces aspects témoignent d'un *ethos* de 'poète-philosophe' et d'une invention fondée sur l'hybridation des formes discursives.

'Voilà bien des riens pour un véritable rien': les enjeux du marivaudage
Catherine Gallouët

Tels que Paul Gazagne les a réunis dans son ouvrage (1970), il est utile de reconsidérer les commentaires des contemporains de Marivaux les plus significatifs pour comprendre la face cachée des enjeux de la polémique sur la pratique de l'écriture marivaudienne, le marivaudage. Alors que l'interrogation des écrits de Marivaux révèle non pas une doctrine, mais une pratique de l'écriture qui proclame sa liberté absolue, les commentaires contemporains révèlent une sourde inquiétude qui suggère que cette affirmation est perçue comme remise en question de l'ordre, qu'il soit littéraire ou social.

La réponse de Marivaux ou la face cachée du marivaudage
Franck Salaün

Marivaux semble avoir pris soin d'effacer les traces de sa vie et de son travail, afin de ne laisser derrière lui que ses textes, comme pour ne pas leur faire d'ombre. Ce sont eux finalement qui doivent nous révéler sa conception de l'art et la logique de son parcours. Ses réponses doivent être cherchées du côté de la structure de ses pièces, des personnages et des effets, sachant que de façon générale il ne renonce jamais à son style de comédie. Cette façon particulière de répondre par ses œuvres, dans tous les genres qu'il a explorés, constitue une marque de fabrique qui mérite d'entrer dans la définition du marivaudage.

L'*Esprit de Marivaux* (1769): analectes et marivaudage
Françoise Gevrey

Cet article considère l'influence de l'anthologie donnée par Lesbros de La Versane en 1769 sur la définition du marivaudage. Les indices sont à rechercher dans l'éloge historique, comme dans le choix et le classement des textes retenus pour illustrer la morale et le style de Marivaux. Cet *esprit* d'auteur est un genre à la mode, d'autant plus intéressant que Lesbros de La Versane s'inspira de Marivaux dans ses œuvres romanesques.

Critique du marivaudage et marivaudage critique dans le théâtre de Marivaux
Jean-Paul Sermain

Le terme de marivaudage est autant un hommage à la singularité de la représentation des relations amoureuses par Marivaux qu'une critique des excès qu'elle comporte. Marivaux a répondu aux attaques très vives contre son style dans ses journaux (*Le Spectateur français, Le Cabinet du philosophe*). Dans ses pièces plus tardives, il attribue à des personnages ridicules les traits de langage qu'on lui a reprochés. Il dénonce ainsi la mauvaise foi et l'aveuglement de personnages qui invoquent les valeurs mêmes qu'il défend (comme la sincérité et l'originalité), intégrant ainsi au développement de son œuvre le dialogue avec ses lecteurs (même peu favorables).

Marivaudages tragiques: Marivaux et Racine
Elena Russo

A partir de la relecture de textes de Ferdinand Brunetière, cet article examine le parallèle, entre la représentation du discours amoureux dans la dramaturgie de Marivaux et dans celle de Racine. L'analyse critique des motifs qui soutiennent ce rapprochement surprenant nous permet d'une part de situer la notion de marivaudage dans le contexte du débat esthétique et idéologique autour de la galanterie, débat qui traverse le dix-septième et le dix-huitième siècle, comme en témoignent les écrits de Voltaire sur Racine; de l'autre, elle dévoile le lien intime et structurel qui existe entre le discours comique et le discours tragique: un lien qui n'est pas sans provoquer une grande anxiété de la part de tragédiens tardifs comme Voltaire.

Marivaudage et éducation: l'éthique du sentiment maternel dans *L'Ecole des mères* et *La Mère confidente*
Philippe Barr

L'article examine la représentation théâtrale marivaudienne de l'éducation féminine à la lumière de la corrélation établie au Grand Siècle entre la recherche de la vérité et la sincérité. A travers la réécriture théâtrale du scénario mère-fille de *La Princesse de Clèves* de Mme de Lafayette, Marivaux tourne en dérision la réflexion classique sur l'éducation des femmes en soulignant les affinités qui lient les principes de l'éducation précieuse à l'éthique galante.

Marivaudage et redondances: un style dramatique entre langage-action et métalangage
Sarah Legrain

Les premières définitions du marivaudage y voyaient un bizarre mélange de *naturel de la conversation* et de *métaphysique*. Cette ambivalence pourrait découler d'une articulation originale des dimensions pragmatique et autoréflexive de la parole. Le marivaudage constitue en effet un style dramatique singulier qui allie la progression de l'action à des phénomènes de redondances: les fameux enchaînements par la réplique sur le mot, les rapports de discours répétitifs, sont autant de 'boucles réflexives' métadiscursives et métadramatiques creusant la linéarité de l'intrigue. L'intrication de ces procédés sous-tend des dispositifs différents, comme la réaction en chaîne, le piège ou l'obsession; l'art de la redondance participe alors à la fois de l'unité et de la variété du marivaudage.

Les bégaiements du cœur et de l'esprit: Marianne, la récapitulation et le marivaudage romanesque
Ugo Dionne

Pour Marianne, le 'déjà dit' n'est jamais un obstacle au discours. Les épisodes du roman sont régulièrement évoqués dans de petites tirades récapitulatives et synthétiques. Le procédé est manifestement lié à la périodicité de *La Vie de Marianne*, qui paraît en livraisons irrégulières de 1731 à 1742: le discours récapitulatif cherche à empêcher que le récit ne soit aboli par le temps. Mais cela ne suffit peut-être pas à en épuiser le sens et la portée. Le procédé sériel fait l'objet d'un investissement spécifique à Marivaux; on peut donc l'étudier à l'aide des grands principes qui nourrissent et constituent sa poétique – le marivaudage en premier lieu. C'est l'ensemble de ces pistes – périodique, narratologique, rhétorique – que cet article se propose d'explorer.

Quelques héritiers du marivaudage
Karine Bénac-Giroux

S'inscrivant dans le sillage d'un siècle qui n'a de cesse de réhabiliter les passions, le marivaudage peut être appréhendé comme ensemble de dialogues et de structures dramaturgiques réfléchissant sur la construction du sujet sensible et conjointement sur le genre de la comédie. Dans cette optique, nous nous demanderons comment et pourquoi le terme de marivaudage est encore opérant chez trois dramaturges de la fin du siècle et dans quelle mesure il trouve peut-être là ses limites.

Le marivaudage en espagnol: avatars d'un mot français en terres hispaniques
Lydia Vázquez et Juan Manuel Ibeas

En 2011, le terme marivaudage n'existe toujours pas dans le *Diccionario de la RAE* (Dictionnaire de l'Académie royale de la langue espagnole), fait étonnant dans une langue moins réticente que d'autres à adopter des mots étrangers. Or, avec cette réflexion nous prétendons prouver que non seulement le vocable est bien intégré dans la pratique langagière de l'espagnol, mais que, de plus, il apporte, par rapport à son sens français, des traits spécifiques qui l'enrichissent et le singularisent. Une recherche annexe en catalan est intégrée dans ce bref aperçu autour des avatars de ce terme qui nous est cher et qui s'est promené en terres espagnoles et américaines depuis le dix-huitième siècle jusqu'à nos jours malgré les difficultés de prononciation et d'écriture.

Le marivaudage: un outil pour l'acteur?
Catherine Ailloud-Nicolas

La question de la relation entre le marivaudage et le jeu de l'acteur est souvent évacuée, sans doute parce qu'elle échappe au champ de l'analyse littéraire. Or, Marivaux lui-même, selon l'éloge de D'Alembert, la pose en demandant aux comédiens de ne jamais 'sentir la valeur de ce qu'ils disent'. Qu'en est-il aujourd'hui? C'est à cette question que nous tentons de répondre dans cet article à partir d'une enquête auprès de sept metteurs en scène. Emploient-ils le mot 'marivaudage' dans la direction d'acteur? Quelles difficultés rencontre-t-on quand on joue Marivaux? Nous montrons comment le marivaudage contraint l'acteur à s'interroger sur les fondements de son art.

Mettre en scène *La Dispute* de Marivaux: 'dance with words' entre savoir et vérité, le bouger-trembler des corps
Anne Deneys-Tunney

La Dispute est l'utopie la plus philosophique du théâtre de Marivaux; son sens déborde largement une simple mise en fiction de la philosophie, et ouvre vers des significations complexes, que la psychanalyse nous aide à interpréter. Donnée comme une expérimentation du Prince par laquelle la Nature va être interrogée pour savoir qui du premier (de l'homme ou de la femme) a commis la première infidélité. La pièce met en scène par le biais des deux couples d'enfants naturels représentés, des 'ingénus'. Mais leur ingénuité va déboucher sur la révélation d'une vérité insoupçonnée, qui est celle de l'écart entre vérité et savoir, soit comment la vérité suppose un non savoir fondamental du sujet, vérité que seule la représentation théâtrale peut mettre en scène.

Lisette en Seine-Saint-Denis: le marivaudage en jeu dans *L'Esquive* d'Abdellatif Kechiche
Guillaume Gomot

Quelles formes pourrait prendre aujourd'hui le marivaudage dans une cité de Seine-Saint-Denis, en banlieue parisienne? Cette étude se propose de montrer comment l'œuvre d'Abdellatif Kechiche (César 2005 du meilleur film) constitue une relecture contemporaine originale des enjeux esthétiques et politiques propres au marivaudage à travers *Le Jeu de l'amour et du hasard*, dont il interroge les motifs principaux, à l'épreuve du cinéma.

Bibliographie

i. Avant 1800

Argens, Jean-Baptiste de Boyer, marquis d', *Réflexions historiques et critiques sur le goût et sur les ouvrages des principaux auteurs anciens et modernes* (1743) dans Marivaux, *Théâtre complet*, éd. Frédéric Deloffre et Françoise Rubellin (Paris, 2000).

Argenson, René-Louis de Voyer, marquis d', *Notices sur les œuvres de théâtre*, éd. H. Lagrave, SVEC 42-43 (1966).

Aristote, *La Poétique d'Aristote*, trad. André Dacier (Paris, Claude Barbin, 1692).

–, *La Poétique d'Aristote*, traduite du grec par le sieur de Norville (Paris, Thomas Moette, 1671).

Aubignac, François Hédelin, abbé d', *La Pratique du théâtre* (1715), éd. H. Baby (Paris, 2001).

Beaumarchais, Pierre-Augustin Caron de, *Œuvres*, éd. Pierre Larthomas (Paris, 1988).

Boindin, Nicolas, *Œuvres de M. Boindin*, 2 vol. (Paris, Prault fils, 1753).

Buffier, Claude, *Examen des préjugés vulgaires, pour disposer l'esprit à juger sainement de tout* (Paris, Jean Mariette, 1704).

Charnes, Jean-Antoine, abbé de, 'Préface', dans *Conversations sur la critique de 'La Princesse de Clèves'* (1679), éd. Françoise Weil (Tours, 1973).

Collin d'Harleville, Jean-François, 'Supplément', dans *Malice pour malice. Répertoire du théâtre français ou recueil des tragédies et des comédies restées au théâtre depuis Rotrou*, t.25 (Paris, 1819).

–, *Théâtre et poésies fugitives*, 4 vol. (Paris, 1805).

Condillac, Etienne Bonnot de, *Traité des sensations* (Londres et Paris, De Bure l'aîné, 1764).

Corneille, Pierre, *Œuvres complètes*, éd. Georges Couton, t.3 (Paris, 1987).

–, *Œuvres complètes*, éd. Alain Niderst, t.1 (Rouen, 1984).

Crébillon fils (Claude-Prosper Jolyot de Crébillon *dit*), *Tanzaï et Néadarné. Histoire japonaise* (1734), éd. Jean Sgard (Paris, 1999).

D'Alembert, Jean Le Rond *dit*, 'Eloge de Marivaux', dans *Œuvres philosophiques, historiques et littéraires*, éd. J.-F. Bastien, 18 vol. (Paris, 1805), t.10.

–, *Eloge de Marivaux* (1785), dans Marivaux, *Théâtre complet*, t.2, éd. Frédéric Deloffre et Françoise Rubellin (Paris, 1992).

–, 'Essai sur la société des gens de lettres et des grands' (1753), dans *Mélanges de littérature, d'histoire et de philosophie*, t.1 (Amsterdam, Zacharie Chatelain et fils, 1760).

–, et Denis Diderot (éds.), *Encyclopédie, ou Dictionnaire raisonné des sciences, des arts et des métiers, par une société de gens de lettres*, 35 vol. (Paris et Neufchâtel, 1751-1780).

Descartes, René, *Discours de la méthode. Pour bien conduire sa raison, et chercher la vérité dans les sciences* (La Haye, Ian Maire, 1634).

Desfontaines, Pierre François Guyot, abbé, 'Lettre XL' (février 1734), dans *Observations sur les écrits modernes*, t.3 (Paris, Chaubert, 1735).

–, *Lettre sur les derniers discours prononcés à l'Académie française* (s.l. n.d.).

–, *Observations sur les écrits modernes*, t.3 (Paris, Chaubert, 1735).

–, et Jean-Jacques Bel, *Dictionnaire néologique à l'usage des beaux esprits du siècle, avec l'éloge historique de Pantalon-Phœbus par un avocat de province* (Amsterdam, Michel-Charles Le Cène, 1731).

–, et Louis Fuzelier, *Le Dictionnaire néologique à l'usage des beaux esprits du siècle. Avec l'éloge* (Amsterdam et Leipzig, Arkstée et Merkus, 1750).

Destouches, Philippe Néricault, *Le Glorieux*, dans *Théâtre du XVIIIe siècle*, éd. Jacques Truchet, t.1 (Paris, 1972).

Diderot, Denis, *Correspondance*, dans *Œuvres*, t.5, éd. Laurent Versini (Paris, 1997).

–, *Correspondance inédite*, t.1 (Paris, 1938).

–, *Le Fils naturel*, éd. Jean Goldzink (Paris, 2005).

–, *Le Fils naturel ou les Epreuves de la vertu, comédie en cinq actes en prose avec l'Histoire véritable de la pièce* (Amsterdam, 1757).

–, *Œuvres philosophiques*, éd. Paul Vernière (Paris, 1998).

–, *La Religieuse*, éd. Florence Lotterie (Paris, 2009).

Dissertation sur les tragédie de 'Phèdre' et 'Hippolyte' (1677), dans Racine, *Œuvres complètes*, t.1, éd. Georges Forestier (Paris, 1999).

Dubos, Jean-Baptiste, *Réflexions critiques sur la poésie et sur la peinture*, 7e éd., t.1 (Paris, Pissot, 1770).

Dumaniant, Antoine-Jean Bourlin, *Les Intrigants ou Assaut de fourberie* (Paris, Cailleau, 1788).

Dumarsais, César Chesneau, *Des tropes ou des différents sens* (1730), éd. Francoise Douay-Soublin (Paris, 1988).

Fontenelle, Bernard Le Bouyer de, *Œuvres complètes*, éd. Alain Niderst, 9 vol. (Paris, 1990-2001).

–, *Rêveries diverses: opuscules littéraires et philosophiques*, éd. Alain Niderst (Paris, 1994).

Forest, abbé, 'Discours qui a remporté le prix, par le jugement de l'Académie des jeux floraux, en l'année 1753, sur ces paroles: combien les sciences sont redevables aux belles-lettres. Par M. l'abbé Forest, de Toulouse, bachelier de Sorbonne', *Mercure de France* (août 1753).

[Fréron], *Opuscules de M. F****, t.2 (Amsterdam, Arkstée et Merkus, 1753).

Fuzelier, Louis, manuscrit *Opéra-comique*, Bibliothèque de l'Opéra, Carton I, C.6.

Gamaches, Etienne Simon de, *Les Agréments du langage réduits à leurs principes* (1718), éd. Jean-Paul Sermain (Paris, 1992).

Garnier, Jean-Jacques, *Le Bâtard légitimé, ou le Triomphe du comique larmoyant, avec un examen du 'Fils naturel'* (Amsterdam [Paris], 1757).

Graffigny, Françoise d'Issembourg de, *Correspondance de Mme de Graffigny*, éd. J. A. Dainard, , M.-P. Ducretet, E. Showalter (Oxford, 1985-).

Grimm, Frédéric-Melchior, *Correspondance littéraire, philosophique et critique de Grimm et de Diderot, depuis 1753 jusqu'en 1790*, t.6 (Paris, 1829).

–, *Correspondance littéraire, philosophique et critique, par Grimm, Diderot, Raynal, Meister, etc.*, éd. Maurice Tourneux, 16 vol. (Paris, 1877-1882).

La Bruyère, Jean de, 'Des jugements', dans *Des caractères*, éd. Robert Garapon (Paris, 1990).

La Motte, Antoine Houdar de, *Fables nouvelles dédiées au roi, avec un discours sur la fable* (Paris, Grégoire Dupuis, 1719).

La Nauze, Louis Jouard, abbé, 'Des rapports que les belles-lettres et les sciences ont entre elles' (19 avril 1735), dans *Mémoires de* littérature, tirés des registres de l'Académie royale des inscriptions et belles-lettres, t.13 (Paris, imprimerie royale, 1740).

La Fayette, Marie-Madeleine Pioche de La Vergne, comtesse de, *La Princesse de Clèves*, éd. Jean Mesnard (Paris, 1996).

La Harpe, Jean-François de, *Lycée ou Cours de littérature ancienne et moderne*, 18 vol. (Paris, 1799), dans *La Critique littéraire de Laharpe à Proust* (Paris, 1998), [ressource électronique] http://www.lib.uchicago.edu/efts/ARTFL/databases/bibliopolis/cli/

Lambert, Anne-Thérèse de Marguenat de Courcelles, marquise de, 'Portrait de M. de Lamotte par Madame la marquise de Lambert', dans *Œuvres complètes de madame la marquise de Lambert; suivies de ses Lettres à plusieurs personnages célèbres* (Paris, 1808).

Lamy, Bernard, *La Rhétorique ou l'Art de parler*, éd. Benoît Timmermans (Paris, 1998).

Le Guay de Prémontval, Pierre, *L'Esprit de Fontenelle, ou Recueil de pensées tirées de ses ouvrages* (La Haye, P. Gosse, 1744).

Le Sage, Alain-René, et d'Orneval, Jean-Philippe, *Le Théâtre de la Foire ou l'Opéra-comique* (Paris, Veuve Pissot, 1728).

Lesbros de La Versane, Louis, *Caractères des femmes, ou Aventures du chevalier de Miran*, 2 vol. (Londres et Paris, chez la Veuve Pierres, 1769).

–, *Esprit de Marivaux ou Analectes de ses ouvrages, précédés de la Vie historique de l'auteur* (Paris, chez la Veuve Pierres, 1769).

–, *Les Soirées d'un honnête homme, ou Mémoires pour servir à l'histoire du cœur* (Londres et Paris, Dessaint et Couturier, 1770).

Marivaux, Pierre Carlet de Chamblain de, *Journaux*, éd. Marc Escola, Erik Leborgen et Jean-Christophe Abramovici, 2 vol. (Paris, 2010).

–, *Journaux et œuvres diverses*, éd. Frédéric Deloffre et Michel Gilot (Paris, 1988; 2001).

–, *Œuvres de jeunesse*, éd. Frédéric Deloffre et Claude Rigault (Paris, 1972).

–, *Le Paysan parvenu*, éd. Michel Gilot (Paris, 1965).

–, *Le Télémaque travesti*, éd. Frédéric Deloffre (Genève, 1956).

–, *Théâtre complet*, éd. Bernard Dort (Paris, 1964).

–, *Théâtre complet*, éd. Frédéric Deloffre, 2 vol. (Paris, 1968; 1981).

–, *Théâtre complet*, éd Frédéric Deloffre et Françoise Rubellin, 2 vol. (Paris, 1989 et 1992; 1996, 1999; 2000).

–, *Théâtre complet*, éd. Henri Coulet et Michel Gilot, 2 vol. (Paris, 1993 et 1994).

–, *La Vie de Marianne, ou les Aventures de madame la comtesse de ****, éd. Frédéric Deloffre (1963; Paris, 1990).

–, *La Vie de Marianne, ou les Aventures de madame la comtesse de ****, éd. Michel Gilot (Paris, 1978).

'Marivaux', dans *Anecdotes dramatiques* (Paris, Veuve Duchesne, 1775), t.3.

Marmontel, Jean-François, *Eléments de littérature* (1787), t.4, 2e partie, dans *Œuvres complètes*, 7 vol. (Genève, 1968).

Marsollier des Vivetières, Benoît-Joseph, *Céphise ou l'Erreur de l'esprit* (Neuchâtel, 1784).

Maupertuis, Pierre Louis Moreau de, 'Discours prononcé le 27 juin 1743, par M. de Maupertuis, de l'Académie des sciences, lorsqu'il fut reçu à la place de M. l'abbé de Saint-Pierre', dans *Choix de discours de réception à l'Académie française: depuis son établissement jusqu'à sa suppression*, t.1 (Paris, 1808).

–, *Lettres*, dans *Œuvres de Mr de Maupertuis*, t.2 (Dresde, George Conrad Walter, 1752).

Montesquieu, Charles-Louis de Secondat, baron de La Brède et de, *De l'esprit des lois*, éd. Robert Derathé, 2 vol. (Paris, 1973).

–, *Lettres persanes*, dans *Œuvres complètes de Montesquieu*, éd. Jean Ehrard et Catherine Volpilhac-Auger (Oxford et Naples, 2004).

–, *Lettres persanes*, éd. Paul Vernière (Paris, 1975).

Mouhy, Charles de Fieux, chevalier de, *La Paysanne parvenue ou les Mémoires de madame la marquise de L. V.*, éd. Henri Coulet (Paris, 2005).

Nivelle de La Chaussée, Pierre-Claude, *La Fausse Antipathie*, éd. Maria-Grazia Porcelli (Taranto, 2002).

Novelas amorosas de diversos ingenios (siglo XVII), éd. Evangelina Rodríguez (Madrid, 1986).

Parfaict, Claude, et François Parfaict, *Mémoires pour servir à l'histoire des spectacles de la Foire, par un acteur forain* (Paris, Briasson, 1743).

–, et Quentin Godin d'Abguerbe, *Dictionnaire des théâtres de Paris* (Paris, Rozet, 1767).

Racine, Jean, *Œuvres complètes*, éd. Georges Forestier, t.1 (Paris, 1999).

Regnard, Jean-François, *Le Bal*, éd. Charles Mazouer (Genève, 1991).

–, *Comédies du Théâtre-Italien*, éd. Alexandre Calame (Genève, 1981).

–, *Œuvres de Regnard*, éd. Edouard Fournier (Paris, 1876).

Rousseau, Jean-Jacques, *Discours sur les arts et les sciences*, éd. Jacques Roger (Paris, 1971).

–, *Discours sur l'origine et les fondements de l'inégalité parmi les hommes* (Paris, Marc Michel Rey, 1755).

–, *Œuvres complètes*, éd. Bernard Gagnebin et Marcel Raymond, 5 vol. (Paris, 1959-1995).

Saint Hyacinthe, Thémiseul de, *Lettre à Madame Dacier, sur son livre des Causes de la corruption du goût* (s.l., 10 avril 1715).

Scudéri, Madeleine de, *Clélie, histoire romaine* (Paris, Augustin Courbé, 1656).

Sévigné, Marie de Rabutin-Chantal, marquise de, *Lettres*, éd. Roger Duchêne, 3 tomes (Paris, 1953-1957).

Smith, Adam, *The Theory of moral sentiments* (1759; Indianapolis, IN, 1982).

Terrasson, Jean, *Dissertation critique sur l'Iliade d'Homère*, 2 vol. (1715; Genève, 1971).

Tite-Live, *Histoire romaine* (Paris, 1998).

Trublet, Nicolas Charles Joseph, *Lettre à Mme TDLF (Trublet de la Flourie) sur M. Houdart de La Motte* (Paris, Chaubert, s.d.).

Truchet, Jacques et André Blanc (éd.), *Théâtre du XVIIe siècle* (Paris, 1992).

Villars, Nicolas-Pierre-Henri de Montfaucon, abbé de, 'La critique de *Bérénice*' (1771), dans Jean Racine, *Œuvres complètes*, t.1, éd. Georges Forestier (Paris, 1999).

Voltaire, *A Mlle Clairon*, préface à *Zulime*, éd. Jacqueline Hellegourc'h, *OCV*, t.18B.

–, *Discours prononcé avant la représentation d'Eriphyle*, éd. Robert Niklaus, dans *OCV*, t.5.

–, *Dissertation sur la tragédie ancienne et moderne (Sémiramis)*, éd. Robert Niklaus, *OCV*, t.30A.

–, *Hérode et Mariamne*, éd. Michael Freyne, *OCV*, t.3C.

–, *Micromégas; L'Ingénu*, éd. Jacques Van den Heuvel et Frédéric Deloffre (Paris, 2002).

– *Nanine ou le préjugé vaincu*, éd. Marie-Rose de Labriolle et Colin Duckworth, *OCV*, t.31B.

- *Questions sur l'Encyclopédie*, éd. Nicholas Cronk et Christiane Mervaud, *OCV*, t.38.

-, *Vie de Molière*, éd. Samuel S. B. Taylor, *OCV*, t.9.

ii. Après 1800

Ailloud-Nicolas, Catherine, 'Le dénouement dans les pièces en un acte de Marivaux: structure dramaturgique', thèse de doctorat, Université de Lyon, 2003.

-, ' "Il ne me faut presque qu'un tablier": relecture du *Jeu de l'amour et du hasard* par la mise en scène de Michel Raskine', *Méthode!* 16 (2009), p.149-62.

-, 'Reconnaissance et dramaturgie dans le théâtre de Marivaux', dans *La Reconnaissance sur la scène française (XVIIe-XXIe siècle)*, éd. Françoise Heulot-Petit et Lise Michel (Arras, 2009).

Aldington, Richard, 'Marivaux and marivaudage', *The North American review* 216-801 (1922), p.254-58.

Asprer Hernández, Nuria d', 'La letra y el signo icónico', *Saltana 2, Revista literaria y de traducción* (2009), p.95-115.

Attinger, Gustave, *L'Esprit de la Commedia dell'arte dans le théâtre français* (Paris, 1950).

Audi, Paul, *Le Théorème du surmâle: Lacan selon Jarry* (Paris, 2011).

Austin, John Langshaw, *Quand dire, c'est faire. How to do things with words*, trad. Gilles Lane (Paris, 1970).

Authier-Revuz, Jacqueline, *Ces mots qui ne vont pas de soi: boucles réflexives et non-coïncidences du dire* (Paris, 1995).

-, 'Quelques repères dans le champ du discours rapporté' (I), *Information grammaticale* 55 (1992), p.38-42.

Bahier-Porte, Christelle, ' "Cette éternelle surprise de l'amour": aux origines du marivaudage?', *Coulisses* 34 (2006), p.123-38.

-, 'Les réécritures modernes du bouclier d'Achille: l'inavouable pertinence d'un modèle inconvenant (Lesage, La Motte, Marivaux)', dans *Impertinence générique et genres de l'impertinence du XVIe au XVIIIe siècle*, éd. Isabelle Garnier-Mathez et Olivier Leplâtre (Paris, 2012).

Bakhtine, Mikhaïl, *François Rabelais et la culture populaire au Moyen Age* (Paris, 1970).

Baladier, Louis, 'Le *marivaudage*', *L'Ecole des Lettres* 12 (1987), p.29-37.

Barthes, Roland, *Fragments d'un discours amoureux* (Paris, 1977).

-, *Le Plaisir du texte* (Paris, 1973).

-, 'Préface' au catalogue de l'exposition d'Alejandro dans la Galerie des Brières (Paris, 1971).

Bataillon, Michel, *Un défi en province. Planchon: chronique d'une aventure théâtrale, 1957-1972* (Paris, 2001).

Bazán, Emilia Pardo, *La literatura francesa moderna*, 2e éd. de *Obras completas de Emilia Pardo Bazán*, t.37 (Madrid, 1911), www.cervantesvirtual.com/obra/la-literatura-francesa-moderna-el-romanticismo (8 septembre 2012).

Beer, Jean de, 'Marivaux sans le marivaudage', *Cahiers Renaud-Barrault* 28 (1960), p.5-67.

Belhoste, Bruno, *Paris savant: parcours et rencontres au temps de Lumières* (Paris, 2011).

Bénac-Giroux, Karine, *Destouches: masque et métamorphose du moi* (Rennes, 2011).

-, 'De l'amour et de ses surprises', dans *Marivaux ou les préjugés vaincus?*, éd. Catherine Ailloud-Nicolas (Paris, 2009).

–, *L'Inconstance dans la comédie du XVIIIe siècle* (Paris, 2010).
–, (éd.), *Jeux de rappels chez Marivaux, Coulisses* 40 (2010).
Benharrech, Sarah, *Marivaux et la science du caractère*, SVEC 2013:06.
–, ' "Lecteur que vous êtes bigearre! Marivaux et la "Querelle de Montaigne" ', *Modern language notes* 120:4 (2005), p.925-49.
Benveniste, Emile, *Problèmes de linguistique générale* (Paris, 1974).
Bergson, Henri, *Le Rire: essai sur la signification du comique* (Paris, 1997).
Bernadet, Arnaud, 'Marivaux: le théâtre et la manière. Réflexions improvisées autour du "marivaudage" ', *Coulisses* 34 (2006), p.77-94.
Bordas, E., 'A propos de quelques occurrences de subordination inverse chez Marivaux: fait de langue ou fait de style?', *L'Information grammaticale* 92 (janvier 2002), p.31-35.
Bory, Jean-Louis, 'La dramatisation d'un style', dans *Marivaux sans le marivaudage, Cahiers Renaud-Barrault* 28 (janvier 1960), p.20-28.
Bret-Vittoz, Renaud, 'Ruses et pièges chez Marivaux ou les déprises de l'amour', dans *Marivaux: jeu et surprises de l'amour*, éd. Pierre Frantz (Oxford, 2009).
Brian, Eric, et Christiane Demeulenaere-Douyère (éd.), *Histoire et mémoire de l'Académie des sciences. Guide de recherches* (Paris, 1996).
Brouard-Arends, Isabelle, *Vies et images maternelles dans la littérature française du XVIIIe siècle*, SVEC 291 (1991).
Brunetière, Ferdinand, *Etudes critiques sur l'histoire de la littérature française* (Paris, 1894), dans *La Critique littéraire de Laharpe à Proust* (Paris, 1998), [ressource électronique] http://www.lib.uchicago.edu/efts/ARTFL/databases/bibliopolis/cli/

Caplan, Jay, *The King's wake: post-absolutist culture in France* (Chicago, 1999).
Cassou-Noguès, Pierre, *Mon zombie et moi: la philosophie comme fiction* (Paris, 2010).
Castille, Jean-François, 'Le dire et le dit dans *La Surprise de l'amour* de Marivaux', *Questions de style, Dossier: Genres littéraires et pratiques énonciatives*, http://www.unicaen.fr/puc/revues/thl/questionsdestyle/print.php?dossier=dossier7&file=02castille.xml
Cave, Christophe, 'Marivaux revu par Voltaire', dans *Marivaux et les Lumières: l'homme de théâtre et son temps*, actes du colloque international d'Aix-en-Provence, 4-6 juin 1992, éd. Henri Coulet et Geneviève Goubier (Aix-en-Provence, 1996).
Chaouche, Sabine, *La Philosophie de l'acteur: la dialectique de l'intérieur et de l'extérieur dans les écrits sur l'art théâtral français 1738-1801* (Paris, 2007).
Charbonneau, Frédéric (éd.), 'Introduction', dans *L'Art d'écrire la science: anthologie de textes savants du XVIIIe siècle français* (Rennes, 2006).
Chéreau, Patrice, 'Donnez-moi votre cœur pour compagnon de voyage et je m'embarque', *Théâtre en Europe* 6 (1985), p.22-24.
Chouillet, Anne-Marie, 'Dossier du *Fils naturel* et du *Père de famille*', SVEC 208 (1982), p.73-166.
Clément, Bruno, 'Ecrire singulièrement au siècle des règles ou du Dieu caché', *Littératures* 137 (mars 2005), p.60-82.
Cook, Malcolm, et Marie-Emmanuelle Plagnol-Diéval (éd.), *Critiques au 18e siècle* (Berne, 2006).
Coulet, Henri, 'De l'usage du langage selon Marivaux', dans *Marivaux subversif?*, éd. Franck Salaün (Paris, 2003).
–, 'Erotisme et marivaudage', *Visages*

de Marivaux, *Romance studies* 15 (1989), p.75-98.
–, *Marivaux romancier: essai sur l'esprit et le cœur dans les romans de Marivaux* (Paris, 1975).
–, et Michel Gilot, *Marivaux: un humanisme expérimental* (Paris, 1973).
Courville, Xavier de, 'Jeu italien contre jeu français', *Cahiers de l'Association internationale des études françaises* 15 (1963), p.189-99.
Dagen, Jean, 'Marivaux et la tragédie', dans *Campistron et consorts*, éd. Jean-Philippe Grosperrin, *Littératures classiques* 52 (2004), p.115-25.
–, 'Marivaux: un vrai faux auteur?', dans *Marivaux subversif?*, éd. Franck Salaün (Paris, 2003).
Deguy, Michel, *La Machine matrimoniale ou Marivaux* (Paris, 1981).
Deloffre, Frédéric, *Une préciosité nouvelle: Marivaux et le marivaudage* (1955; 1971; Genève, 1993; 2009).
Delon, Michel, 'Préface', dans *L'Art d'écrire la science*, éd. Frédéric Charbonneau (Rennes, 2006).
Démoris, René, *Le Roman à la première personne* (Paris, 1975).
–, 'Violence et loi du père chez Marivaux', dans *Marivaux: jeu et surprises de l'amour*, éd. Pierre Frantz (Oxford et Paris, 2009).
Deneys-Tunney, Anne, 'Les *Journaux* de Marivaux et la critique du langage', dans *Marivaux et les Lumières: l'éthique d'un romancier*, actes du colloque international organisé à Aix-en-Provence, 4-6 juin 1992, éd. Henri Coulet et Geneviève Goubier (Aix-en-Provence, 1996), p.89-101.
–, 'Marivaux et la pensée du plaisir', *Dix-huitième siècle* 35 (2003), *L'Epicurisme des Lumières*, p.211-29.
Deschamps, Gaston, *Marivaux* (Paris, 1897).
Dessons, Gérard, *L'Art et la manière: art, littérature, langage* (Paris, 2004).

Desvignes, Lucette, 'Dancourt, Marivaux et l'éducation des filles', *RHLF* (1963), p.394-414.
Dialogues: du marivaudage à la machine, éd. Catherine Kerbrat-Orecchion et al., *Revue de linguistique* 36-37 (1987).
Dickhaut, Kirsten, 'Touché! La sympathie affectée par la galanterie chez Watteau et Marivaux', dans *Les Discours artistiques de l'amour à l'âge classique*, numéro spécial, *Littératures classiques* 69 (2009), p.109-24.
Didier, Béatrice, 'Structures temporelles dans *La Vie de Marianne*', *Revue des sciences humaines* 182 (1981), p.99-113.
–, *La Voix de Marianne: essai sur Marivaux* (Paris, 1987).
Dionne, Ugo, 'L'inconnu du Palais-Royal: roman périodique et autoréflexivité', dans *L'Assiette des fictions: enquêtes sur l'autoréflexivité romanesque*, actes des colloques de Lausanne (mars 2007) et de Leuven (juin 2007), éd. Jan Herman, Adrien Paschoud, Paul Pelckmans et François Rosset (Louvain, 2010).
–, *La Voie aux chapitres: poétique de la disposition romanesque* (Paris, 2008).
Ducrot, Oswald et al., 'Car, parce que, puisque', *Revue Romane* 10, fasc. 2 (1975), p.248-80.
Dufour-Maître, Myriam, *Les Précieuses: naissance des femmes de lettres en France au XVIIe siècle* (Paris, 2008).
Dupont, Paul, *Un poète au commencement du XVIIIe siècle: Houdar de La Motte, 1672-1731* (Paris, 1898).
Durry, Marie-Jeanne, *A propos de Marivaux* (Paris, 1960).
Durski, Stefan, 'Ksawery Godebski i jego Marivaudage', *Dialog: Miesiecznik Poswiecony Dramaturgii Wspolczesnej: Teatralnej, Filmowej, Radiowej, Telewizyj* 13-7 (1968), p.98-102.

Erhard, Jean, *L'Idée de la nature en France dans la première moitié du 18ᵉ siècle* (1963; Paris, 1994).

Escola, Marc, ' "Une singularité d'esprit et conséquemment de style": de Montaigne à La Bruyère et de Pascal à Marivaux', *Littératures* 137 (mars 2005), p.93-107.

Europe Marivaux 811-812 (1996).

Faguet, Emile, *Etudes critiques sur l'histoire de la littérature française* (Série 3, 1894), dans *La Critique littéraire de Laharpe à Proust* (Paris, 1998) [ressource électronique] http://www.lib.uchicago.edu/efts/ARTFL/databases/bibliopolis/cli/

-, *Dix-huitième siècle. Etudes littéraires* (Paris, 1890).

- *Dix-huitième siècle. Etudes littéraires*, dans *La Critique littéraire de Laharpe à Proust* (Paris, 1998).

Fleury, Jean, *Marivaux et le marivaudage, suivi d'une comédie, de la suite de 'La Vie de Marianne', et de divers morceaux dramatiques qui n'ont jamais paru dans les œuvres de Marivaux* (Paris, 1881).

Forestier, Georges, 'Andromaque. Notice', dans Jean Racine, *Œuvres complètes*, éd. Georges Forestier, t.1 (Paris, 1999).

Foucault, Michel, *L'Ordre du discours* (Paris, 1971).

Fournier, Michel, *Généalogie du roman: émergence d'une formation culturelle au XVIIᵉ siècle en France* (Sainte-Foy, 2006).

-, 'La "révolution" de la lecture romanesque au XVIIIᵉ siècle en France: institutionnalisation de la lecture et émergence d'une nouvelle sensibilité', *Revue d'histoire moderne et contemporaine* 54:2 (2007), p.55-73.

Fournier, Nathalie, 'Dire et redire: formes et fonctions du rapport de paroles dans les comédies de Marivaux', *Littératures classiques* 27 (1996), p.231-42.

Frantz, Pierre (éd.), *Marivaux: jeu et surprises de l'amour* (Oxford, 2009).

Freud, Sigmund, *Trois essais sur la théorie sexuelle* (Paris, 2011).

Fumaroli, Marc, 'Les abeilles et les araignées', dans *La Querelle des Anciens et des Modernes*, éd. Anne-Marie Lecoq (Paris, 2001).

Gallouët, Catherine, '*Les Fausses Confidences*: magie et scandale', *L'Ecole des lettres* 8 (1997), p.149-58.

-, 'L'imaginaire de l'Autre dans les *Journaux* de Marivaux,' dans *Marivaux et l'imagination*, éd. Françoise Gevrey (Toulouse, 2001).

-, *Marivaux: journaux et fiction* (Orléans, 2001).

-, 'Les narrateurs de Marivaux et l'invention des romans,' dans *Marivaux subversif?*, éd. Franck Salaün (Paris, 2003).

-, 'Spectateurs et écriture dans les *Journaux* de Marivaux', dans *Marivaux journaliste: hommage à Michel Gilot*, éd. Régine Jomand-Baudry (Saint-Etienne, 2009).

Gazagne, Paul, *Marivaux* (Paris, 1979).

Genette, Gérard, *Figures I* (Paris, 1966).

Gevrey, Françoise, *Marivaux, 'Le Spectateur français', 'L'Indigent philosophe', 'Le Cabinet du philosophe': l'image du moraliste à l'épreuve des journaux* (Paris, 2001).

Gilot, Michel, *L'Esthétique de Marivaux* (Paris, 1998).

-, *Les Journaux de Marivaux: itinéraire moral et accomplissement esthétique*, 2 vol. (Paris, 1993).

-, 'Marivaux à la croisée des chemins, 1719-1723', *Studi Francesi* 47-48 (1972), p.262-70.

-, 'Marivaux dans la société de son temps', *Revue des sciences humaines* 153 (1974) p.79-101.

-, 'Le peuple dans l'œuvre de Marivaux', dans *Images du peuple au XVIIIᵉ siècle*, actes du colloque d'Aix-en-Provence, 25-26 octobre 1969, Centre aixois d'études et de recherches sur les XVIIIe siècle (1973), p.257-80.

Girard, René, 'Marivaudage, hypocrisy and bad faith (1965)', dans *Mimesis and theory. René Girard. Essays on literature and criticism, 1953-2005*, éd. Robert Doran (Stanford, CA, 2008).

Goldzink, Jean, *Comique et comédie au siècle des Lumières* (Paris, 2000).

–, 'Qu'est-ce que le marivaudage?', *Coulisses* 34 (2006), p.95-105.

–, 'Théâtre et subversion chez Marivaux', dans *Marivaux, subversif?*, éd. Franck Salaün (Paris, 2003).

Gondret, Pierre, 'Rabutinage et rabutinade: formation et compréhension par la postérité de deux créations suffixales de Mme de Sévigné et de son cousin Bussy', *Le Français préclassique 1500-1650* 4 (1995), p.75-95.

Gossot, Emile, *Marivaux moraliste* (Paris, 1881).

Goubier, Geneviève et Henri Coulet (éd.), *Marivaux et les Lumières: l'éthique d'un romancier*, actes du colloque international organisé à Aix-en-Provence, 4-6 juin 1992 (Aix-en-Provence, 1996).

Goudailler, Jean-Pierre, *Comment tu tchatches! Dictionnaire du français contemporain des cités* (Paris, 2001).

Graille, Patrick, 'Portrait scientifique et littéraire de l'hybride au siècle des Lumières', *Eighteenth-century life* 21:2 (1997), p.70-88.

Granier, Jean-Maxence, 'Le fonctionnement de la métaréplique dans le dialogue marivaudien', dans *Le Dialogique*, actes du colloque international sur les formes philosophiques, linguistiques, littéraires, et cognitives du dialogue, Université du Maine, 15-16 septembre 1994 (Berlin, 1997).

Grosperrin, Jean-Philippe, 'Des tours séduisants de l'imagination: Marivaux et le sublime tragique', dans *Marivaux et l'imagination*, éd. Françoise Gevrey (Toulouse, 2001).

Grosrichard, Alain, 'Le prince saisi par la philosophie', *Ornicar* 26-27 (1983), http://www.unige.ch/lettres/framo/articles/ag_prince.html

Guilhembet, Jacques, 'A l'école du théâtre: quelques aspects dramaturgiques de *L'Ecole des mères* et de *La Mère confidente*', *Revue Marivaux* 3, numéro spécial *Etudes sur 'L'Ecole des mères', 'La Mère confidente'* (1992), p.121-38.

Gusdorf, Georges, *Les Sciences humaines et la pensée occidentale*, t.1 (Paris, 1966).

Habermas, Jürgen, *Le Discours philosophique de la modernité* (Paris, 1988).

Hamon, Philippe, *L'Ironie littéraire: essai sur les formes de l'écriture oblique* (Paris, 1996).

Hartman, Pierre, 'Subversion esthétique et critique sociale dans le *Spectateur français*', dans *Marivaux subversif?*, éd. Franck Salaün (Paris, 2003).

Herman, Jan, Mladen Kozul et Nathalie Kremer (éd.), *Le Roman véritable: stratégies préfacielles au XVIIIe siècle*, SVEC 2008:08.

Herschberg-Pierrot, Anne, et Olivia Rosenthal (éd.), *La Singularité d'écrire aux XVIe-XVIIIe siècles*, *Littératures* 137 (mars 2005).

Heurtel, Pascale, et Françoise Serre, 'Les grands livres de la nature', dans *Tous les savoirs du monde: encyclopédies et bibliothèques, de Sumer au XXIe siècle*, éd. Roland Schaer (Paris, 1996).

Hoffmann, Paul, 'Marivaudage de Diderot', *L'Information littéraire* 39:2 (1987), p.55-62.

Howells, Robin, 'La subversion dans les formes', dans *Marivaux subversif?*, éd. Franck Salaün (Paris, 2003).

Jacoebee, W. Pierre, *La Persuasion de la charité: thèmes, formes et structures dans les 'Journaux et œuvres diverses' de Marivaux* (Amsterdam, 1976).

Jamieson, Ruth Kirby, *Marivaux, a study in sensibility* (1941; New York, 1969).

Janin, Jules, *Histoire de la littérature dramatique*, 6 vol. (Paris, 1853), dans *La Critique littéraire de Laharpe à Proust* (Paris, 1998) [ressource électronique] http://www.lib.uchicago.edu/efts/ARTFL/databases/bibliopolis/cli/

Jaubert, Anna, 'De bagatelle en marivaudage: le poids des mots-plumes', dans *Mots chiffrés et déchiffrés: mélanges offert à Etienne Brunet*, éd. Sylvie Mellet, Marcel Vuillaume et Charles Muller (Paris, 1998).

Joly, Raymond (éd.), *Vérités à la Marivaux*, *Etudes littéraires* 24:1 (été 1991).

–, et André Lambert, 'Naître rien: être tout. *Le Jeu de l'amour et du hasard*', *L'Ecole des lettres* 8 (février, 1997), p.127-38.

Jousset, Philippe, *Anthropologie du style: propositions* (Bordeaux, 2007).

Jugan, Annick, *Les Variations du récit dans 'La Vie de Marianne' de Marivaux* (Paris, 1978).

Kerbrat-Orecchioni, Catherine, *L'Implicite* (Paris, 1986).

–, *Les Interactions verbales* (Paris, 1990).

Kibédi Varga, Aron, *Rhétorique et littérature: études de structures classiques* (Paris, 1970).

Kolderup, Trude, *Le Goût de l'inachèvement: esthétique et narration dans l'œuvre de Marivaux* (Paris, 2011).

Kozul, Mladen, Jan Herman, Paul Pelckmans et Kris Peeters (éd.), *Préfaces romanesques*, actes du XVIIe colloque international de la SATOR, Leuven-Anvers, 22-24 mai 2003 (Louvain, 2005).

Lacan, Jacques, *Séminaire 20, Encore* (Paris, 1975).

Lagrave, Henri, *Marivaux et sa fortune littéraire* (Bordeaux, 1970).

Larroumet, Gustave, *Marivaux, sa vie et son œuvre d'après de nouveaux documents* (Paris, 1882).

Larthomas, Pierre, 'Arlequin ou la répétition impertinente', *L'Information grammaticale* 21 (mars 1984), p.17-19.

–, *Le Langage dramatique, sa nature, ses procédés* (1972; Paris, 1980).

Lavezzi, Elisabeth, 'Un théâtre de petites choses: remarques sur les deux *Surprises de l'amour* et *Le Jeu de l'amour et du hasard*', dans *Marivaux: jeu et surprises de l'amour*, éd. Pierre Frantz (Oxford, 2009).

Leal Duart, Julio, *El teatro francés de Corneille a Beaumarchais* (Madrid, 2007).

–, Nacho Ramos et Lydia Vázquez, *Utopía Marivaux* (Valence, 2007).

Lecoq, Anne-Marie (éd.), *La Querelle des Anciens et des Modernes, XVIIe-XVIIIe siècles* (Paris, 2001).

Lemaître, Jules, *Impressions de théâtre*, 2e série (Paris, 1887), dans *La Critique littéraire de Laharpe à Proust* (Paris, 1998) [ressource électronique] http://www.lib.uchicago.edu/efts/ARTFL/databases/bibliopolis/cli/

Lepoutre, David, *Cœur de banlieue: codes, rites et langages* (Paris, 2001).

Lévrier, Alexis, *Les Journaux de Marivaux et le monde des 'spectateurs'* (Paris, 2007).

–, 'Les "lambeaux sans ordre" de *L'Indigent philosophe*, ou le pari de la radicalité', *RHLF* 3 (2012), p.577-92.

Lièvre, Eloïse, 'D'une Querelle à l'autre: l'auteur et le critique, une relation sociale et morale', dans *Critique, critiques au 18e siècle*, éd. Malcolm Cook et Marie-Emmanuelle Plagnol-Diéval (Oxford, 2006).

–'Expérimentations, bifurcations,

corrections et faux départs: Marivaux et les pièces possibles', *Coulisses* 34 (2006), p.187-98.

–, 'Les fonctions du récit dans les comédies de Marivaux', *Loxias* 12 (6 mars 2006), http://revel.unice.fr/loxias/?id=971

–, 'Imaginations, images, image de la pensée (Préface de *L'Homère travesti*, 1716 – *Pensées sur différents sujets*, 1719)', dans *Marivaux et l'imagination*, éd. Françoise Gevrey (Toulouse, 2001).

Lojkine, Stéphane, 'Crébillon et le marivaudage', *Cours d'agrégation sur les Lettres de la Marquise de Crébillon* (Université de Provence, décembre 2010), http://www.univ-montp3.fr/pictura/Crebillon/CrebillonMarivaudage.php

Lotterie, Florence, 'Mutation des savoirs au XVIIIe siècle: de Dieu à l'homme', dans *Histoire de la France littéraire. Classicismes: XVIIe-XVIIIe siècles*, éd. Jean-Charles Darmon et Michel Delon (Paris, 2006).

Macé, Marielle (éd.), 'Du style!', *Critique* 752-753 (janvier-février 2010).

Mallinson, Jonathan, *Des rires et des pleurs: Racine, Molière et la réception de la tragédie*, dans *La Réception de Racine à l'âge classique*, éd. Nicholas Cronk et Alain Viala, SVEC 2005:08.

Le Marivaudage: corps, passion et politique, éd. Arnaud Bernadet, *Coulisses* 34 (1996).

Martin, Christophe, 'Dramaturgies internes et manipulations implicites dans *La Surprise de l'amour*, *La Seconde Surprise de l'amour* et *Le Jeu de l'amour et du hasard*', dans *Marivaux: jeu et surprises de l'amour*, éd. Pierre Frantz (Oxford, 2009).

–, '*Microlectures*. Sujets mineurs et finesse de perception dans les *Journaux* de Marivaux', *Littératures* 45 (2001), p.133-49.

–, ' "Voir la nature elle-même": le dispositif expérimental dans *La Dispute*', *Coulisses* 34 (2006), p.139-52.

Mason, Haydn, 'Voltaire vu et commenté par Marivaux', *Revue Marivaux* 4 (1994), p.37-44.

Mazauric, Simone, *Fontenelle et l'invention de l'histoire des sciences à l'aube des Lumières* (Paris, 2007).

Mauzi, Robert, *L'Idée du bonheur dans la littérature et la pensée françaises au XVIIIe siècle* (Paris, 1960).

Mazouer, Charles, *Le Personnage du naïf dans le théâtre comique du Moyen Age à nos jours* (Paris, 1979).

McFarland, Arna M., An attempt to define the term "marivaudage" ', thèse de maîtrise, Indiana University, 1963.

Meiner, Carsten, *La Mutation de la clarté: exemple, induction et schématismes dans l'œuvre de Marivaux* (Paris, 2007).

Millet, Mathias, et Daniel Thin, 'Ecole, jeunes de milieux populaires et groupes de pairs', dans *Les Bandes de jeunes: des 'blousons noirs' à nos jours*, éd. Marwan Mohammed et Laurent Mucchielli (Paris, 2007).

Molina Foix, Vicente, 'Amores moluscos', *Letras libres* (novembre 2006), http://www.letraslibres.com/revista/artes-y-medios/amores-moluscos

–, 'El genio en toda su modestia', *Letras libres* (février 2010), http://www.letraslibres.com/revista/artes-y-medios/el-genio-de-la-modestia

Molnar, Harriet Gambie, 'Libertinage et marivaudage ou l'Education sentimentale dans Marivaux: *Le Paysan parvenu* et Crébillon: *Les Egarements du cœur et de l'esprit*', Dissertation abstracts, Section A (Ann Arbor, MI, 1976), 37, 3677A.

Moraud, Yves, 'Une "maïeutique du charme": *La Double Inconstance* et *Le Jeu de l'amour et du hasard*',

L'*Ecole des lettres* 8 (février 1997), p.67-82.

Morris, Thelma, *L'Abbé Desfontaines et son rôle dans la littérature de son temps*, SVEC 19 (1961).

Moureau, François, 'Marivaux contre Voltaire: une lettre retrouvée', dans *Langue, littérature du XVIIe et du XVIIIe siècle: mélanges offerts à Frédéric Deloffre* (Paris, 1990).

Mühlemann, Suzanne, *Ombres et lumières dans l'œuvre de Pierre Carlet de Chamblain de Marivaux* (Berne, 1970).

Muldrow, Mary Frances, 'Marivaudage: a style and a psychology', thèse de maîtrise, Duke University, 1946.

Noille-Clauzade, Christine, 'Styles ou style? L'invention du singulier dans la réflexion rhétorique classique', *Littératures* 137 (2005), p.55-68.

Nunberg, Geoff, 'Google Books: the metadata mess', Google Book settlement conference, UC Berkeley (28 août 2009), http://languagelog.ldc.upenn.edu/myl/GoogBookSM.pdf

O'Neal, John C., *The Progressive poetics of confusion in the French Enlightenment* (Newark, DE, 2011).

Ordóñez, Marcos, 'Las bostonianas de Mamet', *El País, Babelia* (26 janvier 2002).

Otxoa, Julia, *Un león en la cocina* (Saragosse, 1999).

Paillet, Anne-Marie, ' "Ah, vraiment, mon frère, il y a bien d'autres nouvelles": information et implicitation dans le *Jeu de l'amour et du hasard*', *L'Information grammaticale* 71 (octobre 1996), p.3-8.

–, 'Le discours d'exposition dans le *Jeu de l'amour et du hasard*: efficacité et réflexivité', dans *Masques italiens et comédie moderne*, éd. Annie Rivara (Orléans, 1996).

–, 'Ironie et construction dialogale dans le théâtre de Marivaux', *Coulisses* 34 (octobre 2006), p.171-86.

Pascal, Jean-Noël, 'A propos de *Mahomet II*: Marivaux entre Chateaubrun, Lanoue et Baour-Lormian', *Revue Marivaux* 5 (1995), p.81-104.

Pavis, Patrice, *Marivaux à l'épreuve de la scène* (Paris, 1986).

Pelous, Jean-Michel, *Amour précieux, amour galant, 1654-1675: essai sur la représentation de l'amour dans la littérature et la société mondaine* (Paris, 1980).

Perrin, Jean-François, 'Dire l'implicite', dans *Marivaux journaliste: hommage à Michel Gilot*, éd. Régine Jomand-Baudry (Saint-Etienne, 2009).

Picard, Raymond, 'Les tragédies de Racine: comique ou tragique?', *RHLF* (mai-août 1969), p.462-74.

Pieresca, Bruna, 'Il marivaudage ovvero "La clarté du discours" ', dans *Annali Istituto Universitario Orientale*, Naples, Sezione Romanza 20 (1978), p.183-201.

Porcelli, Maria Grazia, 'Le dernier Marivaux ou la réflexion sur le théâtre', dans *Marivaux subversif?*, éd. Franck Salaün (Paris, 2003).

Poulet, Georges, 'La distance intérieure', *Etudes sur le temps humain* 2 (Paris, 1952), p.1-34.

Racault, Jean Michel, 'Narcisse et ses miroirs: système des personnages et figures de l'amour dans *La Dispute* de Marivaux', *Revue d'histoire du théatre* 33:2 (1981), p.103-15.

Reboul, Olivier, *Introduction à la rhétorique: théorie et pratique* (Paris, 1994).

Reguig-Naya, Delphine, ' "Il faut estre autre chose que grammairien": la fable et la norme à la fin du XVIIe siècle', dans *Fictions classiques* (2007), http://www.fabula.org/colloques/document432.php

Rey-Debove, Josette, *Le Métalangage* (1978; Paris, 1997).

Rivara, Annie, *Les Sœurs de Marianne: suites, imitations, variations, 1731-1761*, SVEC 285 (1991).

–, (éd.), *Masques italiens et comédie moderne: Marivaux, La Double Inconstance, Le Jeu de l'amour et du hasard* (Orléans, 1996).

Rizzo, Nicola Comunale, 'Teoría e historia sobre el arte escénico' (Grenade, 23 mai 2007_), dans Cesar Oliva et Francisco Monreal Torres, *Historia básica del Arte Escénico* (Madrid, 1997), http://www.nicolacomunale.com/teoria.escenica/his_teor_esc.html

Roger, Jacques, *Les Sciences de la vie dans la pensée française au XVIIIe siècle: la génération des animaux de Descartes à l'Encyclopédie* (Paris, 1993).

Roger, Philippe, 'Plus dure sera la chute: désamour et inachèvement dans *La Vie de Marianne*', dans *Amicitia Scriptor. Littérature, histoire des idées, philosophie: mélanges offerts à Robert Mauzi*, éd. Annie Becq, Charles Porset et Alain Mothu (Paris, 1998).

Rosier, Laurence, *Le Discours rapporté: histoire, théories, pratiques*, (Bruxelles, 1999).

Rousseau, Jean (éd.), *L'Invention verbale en français contemporain* (Paris, 2003).

Rousset, Jean, 'Marivaux ou la structure du double registre', dans *Forme et signification: essai sur les structures littéraires de Corneille à Claudel* (Paris, 1995).

Roy, Claude, *Lire Marivaux* (Neuchâtel et Paris 1947).

Rubellin, Françoise, *Lectures de Marivaux: 'La Surprise de l'amour', 'La Seconde Surprise de l'amour', 'Le Jeu de l'amour et du hasard'* (Rennes, 2009).

–, 'Le marivaudage dans *L'Ecole des mères*', *Revue de littérature française et comparée* 1 (novembre 1992), p.167-76.

–, *Marivaux dramaturge: 'La Double inconstance', 'Le Jeu de l'amour et du hasard'* (Paris, 1996).

'Une adaptation burlesque de l'*Iliade*: *L'Homère travesti* de Marivaux', dans *Homère en France après la Querelle*, éd. Françoise Létoublon et Catherine Volpilhac-Auger (Paris, 1999).

Russo, Elena, *La Cour et la ville de la littérature classique aux Lumières* (Paris, 2002).

–, 'Libidinal economy and gender trouble in Marivaux's *La Fausse Suivante*', *Modern language notes* 115:4 (2000), p.690-713.

–, *Styles of the Enlightenment: taste, politics, and authorship in eighteenth-century France* (Baltimore, MD, 2007).

Sabry, Randa, 'Le dialogue au second degré dans le théâtre de Marivaux', *Poétique* 115 (1998), p.305-25.

Saint-Amand, Pierre, 'Marivaux ou les surprises de la paresse', *Dix-huitième siècle* 37 (2006), p.549-60.

Sainte-Beuve, Charles-Augustin, 'Marivaux' (16 janvier 1854), dans *Causeries du lundi*, 3e éd., 15 vol. (Paris, 1857-1872), t.9.

Salaün, Franck, *L'Autorité du discours* (Paris, 2010).

–, (éd.), *Marivaux subversif?* (Paris, 2003).

Salomon-Bayet, Claire, *L'Institution de la science et l'expérimentation du vivant* (Paris, 2008).

Sanaker, John Kristian, *Le Discours mal apprivoisé: essai sur le dialogue de Marivaux* (Oslo et Paris, 1987).

Sanciez-Château, Anne, 'Vocabulaire', dans *Introduction à la langue de XVIIe siècle*, t.1 (Paris, 1992).

Sauvage, Pierre, 'Derrière la légèreté apparente, le vrai Marivaux', dans

Analyses et réflexions sur Marivaux, 'Les Fausses Confidences': l'être et le paraître (Paris, 1987).

Scherer, Jacques, *La Dramaturgie classique en France* (Paris, 1986).

Schlötke-Schroer, Charlotte, 'Marivaux und die Probleme der Marivaudage', dans *Stil- und Formprobleme in der Literatur*, éd. Paul Böckmann (Heidelberg, 1959).

Sermain, Jean-Paul, 'Les Bruits de la ville: Marivaux metteur en scène', *Marivaux et la mise en scène* (Paris, 2013).

–, 'Le corps étranger dans le théâtre de Marivaux: une dramaturgie de la présence', *Dix huitième siècle* 38 (2006), p.541-52.

–, 'La donne des femmes dans le jeu de l'amour et du mariage', *L'Ecole des lettres* 8 (février 1997), p.139-47.

–, 'L'invention littéraire face à quelques concurrents: l'inspiration et la création, la technique et la culture', dans *Les Figures de l'invention*, éd. Sylviane Léoni (Paris, 2012).

–, 'Le "marivaudage", essai de définition dramaturgique', *Coulisses* 34 (2006), p.107-22.

–, 'Nivelle de La Chaussée: rival ou disciple de Marivaux?', dans *La Chaussée, Destouches et la comédie nouvelle au XVIIIe siècle*, éd. Jean Dagen, Catherine François-Giappiconi et Sophie Marchand (Paris, 2012).

–, *Le Singe de Don Quichotte: Marivaux, Cervantès et le roman postcritique*, SVEC 368 (1999).

–, et Chantal Wionet, *Les Journaux de Marivaux* (Paris, 2002).

Sgard, Jean, 'Marivaux dans la correspondance de Mme de Graffigny', *Revue Marivaux* 5 (1995), p.192-93.

Simonin, Charlotte, 'Vie privée, vie publique: hommes et femmes de lettres à travers la correspondance de Françoise de Graffigny', dans *Le Pauvre Diable: destins de l'homme de lettres au XVIIIe siècle*, éd. Henri Duranton (Saint-Etienne, 2006).

Soriano, Elena, et Carlos Gurménez, *Literatura y vida: Defensa de la literatura y otros ensayos* (Madrid, 1993).

Spacagna, Antoine, *Entre le oui et le non: essai sur la structure profonde du théâtre de Marivaux* (Berne, 1986).

Sturzer, Felicia, ' "Marivaudage" as self-representation', *French review* 49:2 (1975) p.212-21.

Tane, Benoît, 'Marivaudage, mots et images', *Le Français dans tous ses états, Dossier Marivaux* 52 (2003), p.9-15.

Tilley, Arthur, 'Marivaudage', *The Modern language review* (1930), p.60-77.

Timmermans, Linda, *L'Accès des femmes à la culture (1598-1715): un débat d'idées de saint François de Sales à la marquise de Lambert* (Paris, 1993).

Tomllinson, Robert, *La Fête galante: Watteau et Marivaux* (Genève, 1981).

Truchet, Jacques (éd.), *Théâtre du XVIIIe siècle*, 2 vol. (Paris, 1972).

Vázquez, Lydia (éd.), *Marivaux moderne et libertin: nouvelles perspectives*, numéro spécial de la *Revue des sciences humaines* (2008), p.291.

Verhoeff, Han, *Marivaux ou le dialogue avec la femme* (Orléans, 1994).

Vincent, Jean-Pierre, *Le Désordre des vivants: mes quarante premières anneees de théâtre*, entretiens avec Dominique Darzacq (Besançon et Nanterre, 2002).

Vitali, Ilaria, 'Marivaudage ou tchatche? Jeux de masques et travestissements linguistiques dans *L'Esquive* d'Abdellatif Kechiche', *Francofonia: Studi e ricerche sulle letterature di lingua francese (Francofonia)* 29-56 (2009), p.3-16.

Woodward, Servanne, Jeremy Worth, et Wilson Baldrige (éd.), *Marivaux avec Michel Deguy, French studies eBook collection* 4 (London [Canada], 2001).

Wyngaard, Amy, 'Switching codes: class, clothing, and cultural change in the works of Marivaux and Watteau', *Eighteenth-century studies* 33 (2000), p.523.

Zimic, Stanislav, *La Novelas ejemplares de Cervantes* (Madrid, 1996).

Žižek, Slavoj, *La Subjectivité à venir* (Paris, 2011).

iii. Dictionnaires

Analyse et traitement informatique de la langue française, http://atilf.atilf.fr

Centre national des ressources textuelles et lexicale, http://www.cnrtl.fr/definition/Marivaudage

Dictionnaire de l'Académie française, 1re éd. (Paris, chez la Veuve de Jean-Baptiste Coignard, 1694).

Dictionnaire de l'Académie française, 4e éd. (Paris, 1762), http://artfl-project.uchicago.edu/content/dictionnaires-dautrefois

Furetière, Antoine, *Dictionnaire universel; contenant généralement tous les mots françois tant vieux que modernes, et les termes de toutes les sciences et des arts, sçavoir...* recueilli et compilé par feu Messire Antoine Furetière, 3 vol. (La Haye et Rotterdam, Arnout et Reinier Leers, 1690).

García Gallarín, Consuelo, *Léxico del 98* (Madrid, 1998).

–, *Léxico temático y característico de Pío Baroja* (Madrid, 1991).

Le Grand Robert de la langue française, 2e éd., version électronique, éd. Alain Rey (Paris, 2001).

Littré, Emile, *Dictionnaire de la langue française*, t.3 (1877; Paris, 1957).

Trésor de la langue française (1994), http://www.cnrtl.fr

Wartburg, Walther von, *Französisches Etymologisches Wörterbuch*, XIII/2 sv (1967).

Index

Abbondanza, Jorge, 184
Ailloud-Nicolas, Catherine, 66n, 171n, 231
Alejandro, Ramón, 181
Argenson, René-Louis de Voyer marquis d', 66n, 100, 247
Argental, Charles-Augustin de Ferriol d', 64

Baroja, Pío, 187
Barthes, Roland, 101, 181, 182, 251
Beaumarchais, Pierre-Augustin Caron de, 68, 88, 174, 189, 235, 247
Belbel, Sergi, 180, 188
Blanc, André, 15n
Boindin, Nicolas, 37n, 247
Boissy, Jean-François de, 78, 175
Bondy, Luc, 193n, 204n
Brunetière, Ferdinand, 101, 102, 107, 251
Buffier, Claude, 43, 44, 247

Calame, Alexandre, 15n
Célestins (théâtre des), 168n, 203n
Cervantes, Miguel de, 180n, 188
Charnes, Jean-Antoine abbé de, 25, 26, 27, 30, 247
Chéreau, Patrice, 192, 203n, 206n, 211n, 252
Cicéron, 13, 91n, 98
Clément, Bruno, 20
Comédiens-Italiens (les), 64, 65
Corneille, Pierre, 35, 57, 62, 103, 104, 127n, 189, 237n, 247
Coulet, Henri, 2, 3n, 14n, 21, 22, 23n, 47, 49n, 50n, 56n, 58, 58n, 59n, 61n, 67n, 75n, 77n, 88n, 99n, 143n, 144n, 230n, 252-53
Crébillon, Claude-Prosper Jolyot de, 12, 22, 23, 26, 27, 28, 29, 30, 48n, 57n, 60, 75, 160, 161n, 247
Cruz, Ramón de la, 184, 187n

Dacier, Anne née Lefèvre, 23, 24, 26, 28, 29, 37, 46n

Dainard, Alan J., 12n
D'Alembert, Jean Le Rond dit, 6, 34, 35n, 55, 56, 58n, 71, 77, 98n, 100, 107n, 141n, 247
Deguy, Michel, 120, 121n, 212n, 253
Deloffre, Frédéric, 2, 3, 5, 6n, 11, 13n, 14n, 15, 19, 20, 21n, 23, 33, 33n, 44, 45n, 49, 50n, 52, 54n, 55n, 56, 60, 61n, 62n, 67n, 71n, 74n, 75n, 76n, 77n, 87, 88, 89, 90n, 97, 100n, 101, 107n, 109, 110, 111, 116, 118, 120, 123, 124, 125n, 128n, 138n, 143n, 173n, 180n, 191, 193, 194, 195n, 202, 203, 204, 210n, 214n, 239, 239n, 253
Descartes, René, 34, 36, 38, 42n, 213, 247
Desfontaines, Pierre-François Guyot abbé, 4, 13, 15n, 19, 20, 21, 23, 26, 33, 44, 45, 46, 49, 50, 54, 55, 56, 58, 73, 77, 78, 90, 91, 124n, 160, 247
Dessons, Gérard, 20n
Destouches, Philippe Néricault, 60, 61, 64, 65, 66, 69, 166, 167, 170, 175, 248
Devaux, François-Antoine, 11, 11n, 12, 67
Diderot, Denis, 4, 11, 12, 13, 16, 35n, 43, 44n, 60, 66, 67, 68, 69, 79, 97, 98, 99, 114, 196n, 248
Didier, Béatrice, 148n, 253
Dodart, Denis, 41, 42n
D'Orneval, Jacques Philippe, 14, 15n
Duart, Julio Leal, 189
Dubos, Jean-Baptiste, 106, 107n
Dubuisson, Emile, 51, 52, 55
Duchêne, Roger, 12n
Dumarsais, César Chesneau, 98, 248

Erhard, Jean, 211n, 254
Escarpit, Robert, 70n
Escola, Marc, 27

Faguet, Emile, 51, 102, 254

Fénelon, Jean-Baptiste-Augustin de Salignac, 21, 24, 111
Feyzin, (théâtre de), 198n
Fleury, Jean, 4, 4n, 191, 191n, 254
Foix, Vicente Molina, 182, 183
Fontaine-Martel, comtesse, 64
Fontenelle, Bernard Le Bouyer de, 2, 36, 37, 40, 41, 42n, 72, 75, 76, 81, 223, 248
Forest, abbé, 35, 248
Foucault, Michel, 47, 254
Furetière, Antoine, 27n, 34, 35, 40, 87n, 100n
Fuzelier, Louis, 14, 248

Gallouët, Catherine, 16, 23n, 33n, 39n, 74n, 228n
Genlis, Stéphanie Félicité du Crest de Saint-Aubin, madame de, 117
Gevrey, Françoise, 4, 27n, 31n, 78n
Gilot, Michel, 2, 3n, 6, 7n, 13n, 14n, 21n, 22, 23n, 39n, 47, 48, 49n, 50n, 52, 56n, 58, 58n, 59n, 61n, 62n, 67, 75n, 88n, 90n, 99n, 230n, 254-55
Giraudoux, Jean, 186, 189
Godin d'Abguerbe, Quentin, 14n
Goldoni, Carlo, 203
Goldzink, Jean, 5, 19, 33, 69n, 111, 120, 123, 165n, 193n
Gondret, Pierre, 12, 13n
Graffigny, Françoise d'Issembourg de, 11, 248
Grimm, Frédéric-Melchior, 50, 79n, 100, 196n, 248
Grosperrin, Jean-Philippe, 31n, 61n
Gurménez, Carlos, 179, 179n

Habermas, 209, 225, 255
Hernàndez, Felisberto, 182n, 185
Herschberg-Pierrot, Anne, 20n
Homère, 24, 29, 37, 38, 159
Houdar de la Motte, Antoine, 21-24, 26, 28-30, 32, 36n, 37, 44, 61, 64, 248

Janin, Jules, 100
Jaucourt, Louis chevalier de, 35
Jousset, Philippe, 25n
Jouvet, Jean, 199
Jugan, Annick, 148, 256

Kar-wai, Wong, 184
Kidébi-Varga, Aron, 150n, 256

La Bruyère, Jean de, 27n, 71, 72n, 75, 97, 104
Lacan, Jacques, 217 et n, 222, 256
Laclos, Pierre Ambroise François Choderlos de, 121
Lafayette, Marie-Madeleine Pioche de la Vergne madame de, 30, 112, 249
Lagrave, Henri, 49n, 50, 51n, 52n, 55n, 58n, 66n, 70, 191, 256
La Harpe, Jean-François de, 1, 100, 123n, 186, 249
Lambert, Anne-Thérèse de Marguenat de Courcelles marquise de, 48, 87n, 234n
Lamy, Bernard, 25
La Nauze, Louis Jouard abbé de, 35
Larrieu, Arnaud, 183, 184
Larrieu, Jean-Marie, 183, 184
Larthomas, Pierre, 68n, 125n, 126n
Lemaître, Jules, 102
Leplatre, Olivier, 30n
Lesbros, Louis de la Versane, 4, 22n, 52, 71-84, 249
Lièvre, Eloïse, 27n, 40n, 127n
Littré, Emile, 1, 16
Lope de Vega, Félix, 180, 184, 188
Lorca, Frederico García, 185
Lucien de Samosate, 66

Macé, Marielle, 25n
Maintenon, Françoise d'Aubigné madame de, 111
Malebranche, Nicolas, 31
Malherbe, François de, 22
Mallinson, Jonathan, 105
Mamet, David, 181
Marcos, Ordóñez, 181
Marivaux
Les Aventures de ***, Les Effets surprenants de la sympathie, 48, 146
Le Cabinet du philosophe, 19, 21, 22, 23, 26, 27, 30n, 31, 42, 50, 52, 78, 79
La Double inconstance, 3, 49, 189n, 225n, 236n
L'École des mères, 5, 111-15, 117, 189n, 243

Les Fausses confidences, 102, 174, 177, 180, 180n, 228n, 254
La Fausse suivante, 3n, 49, 118, 206n, 259
L'Heureux stratagème, 52, 92
L'Homère travesti, 19, 21, 23, 24, 26, 27n, 28, 38, 73
L'Ile des esclaves, 14, 16n, 49, 76, 91, 93, 103, 168, 176, 198n, 201n
L'Indigent philosophe, 39, 50, 78, 80, 80n, 81, 256
Le Jeu de l'amour et du hasard, 3n, 15n, 16, 17, 49, 61n, 103, 107, 119, 126, 129n, 132, 167, 168, 172, 173, 192, 193, 201, 205n, 208, 227, 228, 229, 230, 232, 233, 234, 236, 237
Lettres sur les habitants de Paris, 21, 35, 36n
La Mère confidente, 51, 55, 109, 111, 114
Le Miroir, 6n, 38, 62, 78
Le Paysan parvenu, 48, 50, 76, 150, 249
Pensées sur différents sujets, 52, 53, 88
Pharsamon, ou Les Nouvelles folies romanesques, 48n, 56, 57, 73, 180n
Le Prince travesti, 49, 104, 130n, 192, 195
Réflexions sur l'esprit humain, 26n, 35, 57, 62n
Le Spectateur français, 2n, 13n, 14, 16, 23, 26, 30, 32, 38, 39, 48, 49, 52, 57, 61, 73, 74n, 75, 77, 78, 80n, 119
La Surprise de l'amour, 3, 15n, 49, 50n, 51, 63, 202
Le Triomphe de l'amour, 63, 64, 65, 100, 184, 189, 192, 204, 228n
La Vie de Marianne, 2n, 5, 19, 48, 53, 54, 74, 76, 77n, 79, 79n, 84, 143, 144, 146, 147, 153, 157, 249
La Voiture embourbée, 146
Marmontel, Jean François de, 83, 125, 138n, 240, 249
Maupertuis, Pierre Louis Moreau, 37, 41n, 46, 249
Mazouer, Charles, 15n
Mirepoix, Anne Marguerite Gabrielle de Beauvau-Craon maréchale de, 67
Modernes (les), 2, 4, 13, 15, 19, 23, 29, 30n, 33, 36, 37, 38, 42, 44, 46, 48, 56, 57, 61, 72, 87, 91
Molière, Jean-Baptiste Poquelin, 2, 50, 55, 88, 93, 103, 105, 106, 111, 112, 117, 167, 168, 170, 174, 179, 180, 196, 211
  Misanthrope, 93, 167, 175, 196
  Tartuffe, 196
Molina, Tirso de, 180, 182, 183
Moncrif, François-Augustin de Paradis de, 67
Montaigne, Michel de, 27n, 32, 52, 53n
Morín, Emilio Ichikawa, 181
Mouhy, Charles de Feux chevalier de, 144, 250
Musset, Alfred de, 186, 189, 194, 200

Nicole, François, 37
Nivelle de la Chaussée, Pierre-Claude, 60, 69n, 117, 250
Noille-Clauzade, Christine, 25n
Nunberg, Geoff, 17n

Paquien, Marc, 192, 193, 195, 197, 199, 200, 201, 205n, 206
Parfaict, Claude, 14n, 250
Parfaict, François, 14n, 250
Pavis, Patrice, 3 et n, 48 et n, 211 et n, 258
Picard, Raymond, 107n
Planchon, Roger, 194, 202, 203, 204, 205
Platon, 97, 222n
Pons, Jean-François de, 23n
Poulet, Georges, 199, 258
Prévost, Antoine-François, abbé, 12, 51

Querelle d'Homère (la), 4, 36, 37, 46

Racine, Jean, 35, 57, 62, 97, 101, 102, 103, 105, 106, 107, 250
Racine, Louis, 106
Rameau, Jean-Philippe, 12
Raskine, Michel, 191, 192, 193, 195, 196, 197, 199, 201, 206, 207, 208n

Regnard, Jean-François, 15, 15n, 17, 250
Reguig-Naya, Delphine, 25n, 26n
République des Lettres (la), 54, 55, 58, 60, 70
Reza, Yasmina, 183, 184
Ríos, Leopoldo Torres, 188
Rivara, Annie, 81n, 126n, 144n, 258, 259
Rochefoucauld, François duc de, 19, 23, 27
Rodríguez, Eric, 103
Rosenthal, Olivia, 20n
Rousseau, Jran-Jacques, 80, 122n, 209n, 210, 210n, 213, 216, 250
Rubellin, Françoise, 4, 6n, 7, 14n, 15n, 24n, 47, 48n, 50, 55n, 59n, 61n, 67n, 71n, 74n, 107n, 128n, 173n, 231, 238n, 259

Sade, Donatien-Alphonse-François marquis de, 183n, 186, 189, 202, 204
Le Sage, Alain-René, 14, 249
Saint-Jorry, Louis Rustaing de, 13
Sainte-Beuve, Charles-Augustin, 97, 97n, 124n, 250
Salaün, Franck, 4, 21n, 48n, 63n, 111n
Sanaker, John Christian, 6, 6n, 131n
Saurin, Bernard-Joseph, 37
Scarron, Paul, 21, 24, 73
Scudéry, Madeleine de, 106, 110, 250
Sermain, Jean-Paul, 4, 5, 7, 19, 33n, 55n, 69n, 111n, 168, 169n, 180n, 231n, 260
Sévigné, Marie de Rabutin-Chantal marquise de, 12n, 250
Sgard, Jean, 12, 161n, 247, 260
Shakespeare, William, 180, 188, 189n
Sherer, Jacques, 1n, 112n, 260
Showalter, English, 11, 11n, 12n, 67n
Smith, Adam, 106, 108n, 250
Soriano, Elena, 179, 179n

Tchekhov, Anton, 196, 204
Terrasson, Jean, 37
Thieriot, Nicolas-Claude, 62n
Truchet, Jacques, 15n, 65n

Valincour, Jean-Baptiste Henri de, 25, 26
Vaugelas, Claude Favre de, 22, 25
Versini, Laurent, 12n, 98n
Vilar, Jean, 204n
Villars, Nicolas-Pierre-Henri de Montfaucon abbé de, 106, 250
Visconti, Luchino, 203
Volland, Sophie, 11, 186n
Voltaire, François-Marie Arouet, 47, 50, 60, 61, 61n, 62, 64, 65, 69, 71, 72n, 79n, 98, 104, 105, 106, 107, 108, 196, 213, 214, 235n, 250
L'Ingénu, 98, 213
Lettres philosophiques, 62, 209
Œdipe, 61, 63